전략적
브랜드 마케팅

이명식
양석준
최은정

Strategic Brand Marketing

박영사

제2판
전략적 브랜드 마케팅

초판발행	2014년 2월 25일
제2판발행	2018년 3월 10일
중판발행	2023년 1월 30일

지은이	이명식·양석준·최은정
펴낸이	안종만·안상준

편 집	전채린
기획/마케팅	오치웅
표지디자인	권효진
제 작	고철민·조영환

펴낸곳	(주)**박영사**
	서울특별시 금천구 가산디지털2로 53, 210호(가산동, 한라시그마밸리)
	등록 1959. 3. 11. 제300-1959-1호(倫)

전 화	02)733-6771
f a x	02)736-4818
e-mail	pys@pybook.co.kr
homepage	www.pybook.co.kr
ISBN	979-11-303-0530-1 93320

정 가   29,000원

전략적
브랜드 마케팅

Strategic Brand Marketing

제 2 판
머리말

세상이 빠르게 변화하고 있다. 이에 따라 기업을 둘러싼 환경도 변화무쌍하게 움직이고 있다. 특히, 최근에는 '4차 산업혁명'이 화두가 되고 있다. 일반적으로, 제4차 산업혁명(인더스트리 4.0)은 3차 산업혁명을 기반으로 한 디지털과 바이오산업, 물리학 등의 경계를 융합하는 기술 혁명이라고 말할 수 있다. 디지털 기술과 제조업의 융합을 일컫는 4차 산업혁명은 기존의 사업영역을 창조적으로 파괴하며 새로운 비즈니스 영역을 만들어가고 있다. 인공지능, 빅데이터, 블록체인, 3D프린팅, 자동차의 자율 주행기능, IoT, 바이오 테크놀로지 등이 4차 혁명의 대표적인 사례라 할 수 있다. 이러한 혁명은 기존에 존재하던 현상과 맞물리면서 현실생활의 각 영역에서 다양한 트렌드로 표출되어 메가트렌드로 바뀌고 있다. 이러한 상황변화에 대응하여 시장에서 소비자의 행동도 빠르게 변모해 가고 있다. 왜냐하면 소비자는 새로운 것을 지향하고 끊임없이 변화하기 때문이다. 또한 새로운 제품을 출시해도 전형적인 마케팅 방법만으로 변덕스러운 소비자의 마음을 사로잡기란 여간 어려운 일이 아니다. 소비자들의 입맛에 맞게 마케팅도 변화하고 새로워져야 한다. 따라서 소비자와 시장을 활발히 움직이게 하는 다양한 마케팅 방법을 개발하고 활용하는 것만이 급변하는 시장에서 살아남을 수 있는 방법이다. 기업의 성패를 좌우하는 열쇠는 고객이 쥐고 있으며, 고객과 만나는 곳이 바로 시장이기 때문이다. 따라서 기업은 시장에서 고객에게 경쟁사와는 차별되게 접근할 수 있는 의미있는 그 무엇(something)이 필요하다. 이 과정에서 핵심으로 부상하고 있는 것이 바로 브랜드이다.

현대의 브랜드란 용어는 굉장히 많은 것을 포함하고 있는 용어이다. 즉, 이전에 이야기하던 상표나 라벨 같은 것으로 쉽게 정의하기에는 너무 많은 복잡하고 어려운 요소들을 포함하고 있다. 이상적인 브랜드는 기업과 제품의 필수적인 요소이며 가장 강력한 마케팅의 수단이고, 제품과 고객을 물질적인 것 이외의 감성적인 것으로 연결시켜주는 강력한 고리(link)라고 할 수 있을 것이다. '제품은 공장에서 만들어지지만 브랜드는 소비자의 머리에서 창조된다'라는 말이 있다. 특정 상품이나 서비스를 떠올렸을 때 소비자가 처음 생각하는 이름이 브랜드다. 어찌 보면 브랜드는 마케팅의 알파요, 오메가라 할 수 있다. 마케팅을 위한 가장 첫걸음으로 소비자의 머릿속에 어떻게 다가갈 것인가를 결정하기 때문이며, 그렇게 만들어진 브랜드는 머릿속에 이미지를 형성하고 파워를 구축하고 다른 상품이나 서비스와 차별화를 이루게 되기 때문이다. 20년이 채 되지 않은 짧은 기간 동안 브랜드에 대한 높은 열의와 투자를 바탕으로 우리나라에서도 삼성전자, 현대자동차, 포스코와 같은 글로벌 유명 브랜드들이 등장했다. 이러한 시대적 조류에 따라 많은 기업들이 브랜드 가치를 향상하기 위해서 투자하고 있다. 이제는 브랜드 시대다. 기업은 사라져도 브랜드는 남는다. 따라서 그 어느 때보다도 브랜드 마케팅에서 소비자들과의 다양한 접점관리가 중요해지고 있다. 기업들은 다양한 접점을 성공적으로 관리함으로써 자사 브랜드들을 더 많은 소비자들에게 노출할 수 있고, 무엇보다도 브랜드가 지닌 다양한 특성 및 개성을 전달할 수 있다. 이 때문에 호의적이고 독특한 브랜드와 소비자와의 관계는 대부분 기업의 최우선 과제가 되어가고 있다.

2014년에 본서의 초판이 나온 지 거의 4년이 흘렀다. 본서는 그동안 학생, 교수, 그리고 업계 관계자 등 독자 여러분들로부터 질책과 격려를 많이 받았다. 초판 출간 당시와 지금 이 시점에서의 시장상황은 많이 바뀌었다. 가장 대표적으로는 제4차 산업 혁명의 도래를 들 수 있다. 사회적으로는 고령화 및 1인 가구 증가 트렌드가, 기술적 측면에서는 ICT 보급 확대 및 핀테크 고도화 트렌드가 주요한 메가트렌드로 나타나고 있다. 환경적 측면에서는 환경 친화·웰빙·힐링 및 개성추구가, 경제적으로는 고용·소득 불안과 부의 양극화가 주요한 메가트렌드로 분석되고 있다. 마지막으로 정치적인 측면에서는 규제완화 및 자유무역주의 확산이 주요한 메가트렌드로 나타나고 있다. 즉, 메가트렌드가 소비패턴의 변화를 가져오고 있는 것이다. 이렇듯 복잡다단하게 엮어져 있는 시장 환경 속에서 성공하는 기업이 되기 위해서는 시장과 소비자를 앞서서 이끌 수 있는 강력하고 효과적인 마케팅이 절대적으로 필요하다. 현대 마케팅에서는 고객과 접촉하는 모든 접점을 통해서 그들의 개별적 니즈를 충족시킬 수 있는 제품, 서비스, 경험 등을 전달하는 것이 가장 중요하다. 4년이 지난 지금 이 시점에서 생각해 보면, 브랜드 마케팅에 대한 연구는 급속히 진전되었고 소비자 트렌드 또한 급격하게 변화하고 있다는 점을 감안했을 때 이제야 2판을 출간하는 것이 늦은 감이 있기도 하다.

2판을 집필하면서 본서는 다음과 같은 점에 중점을 두면서 개정을 하였다.

첫째, 본서의 구성은 브랜드에 대한 이해, 브랜드 자산의 형성 전략, 브랜드 자산의 유지와 확장, 그리고 브랜드 이슈 등 초판에서 보여주었던 틀을 그대로 견지하여 브랜드 마케팅에 대한 서술의 일관성을 유지하였다.

둘째, 그동안 기업을 둘러싼 환경이 변화하였기 때문에 이를 반영하여 브랜드 전략 수립(Chapter11) 및 디지털 브랜드 마케팅(Chapter12)을 새롭게 추가하였고, 브랜드 인지 및 지각된 품질(Chapter3)과 브랜드 포트폴리오, 계층구조 및 브랜드 아키텍처(Chapter10)를 각각 통합하여 연관성을 강화하였다.

셋째, 각 장의 도입부인 '도입사례'는 그동안 브랜드 마케팅 환경이 크게 달라졌기 때문에 부합된 내용으로 모두 대체하였고, 이에 맞추어 'Strategic Brand Planning Form' 또한 도입사례를 연관시켜 적용할 수 있도록 하였다.

넷째, 각 장에서 서술된 이론적 내용이 실제로 어떻게 적용될 수 있는지를 보여주고 있는 '사례' 또한 브랜드 마케팅의 환경변화를 반영하여 모두 최신 내용으로 바꾸었다.

다섯째, 브랜드 마케팅의 서술내용에 대한 이해를 돕기 위해서 그 상황에 부합되는 적절한 그림과 표를 갱신하여 적재적소에 삽입하였다.

제4차 산업혁명이 점진적으로 적용되면서 그동안 개별적인 산업이 채워주지 못했던 다양한 요구 사항이 충족되고 새로운 가치를 창출하는 가치사슬의 재구성이 형성되고 있으며 고객 니즈와 기술의 발전에 맞는 새로운 비즈니스 모델의 개발이 계속적으로 이루어지고 있다. 이러한 상황일수록 시장에서 고객의 마음을 열고 접점에서 커뮤니케이션을 수행하는 기업의 활동은 매우 중요하며 그 중심에는 브랜드가 자리잡고 있다. 2판을 집필하는 데도 많은 분들의 도움을 받았다. 특히, 출판 측면에서 전폭적인 지원을 해주신 박영사의 안상준 상무와 마케팅부의 오치웅 대리, 그리고 세심하고 성실하게 편집업무를 맡아준 전채린 과장, 아울러 산뜻한 책이 나올 수 있도록 표지를 디자인해 준 권효진 대리에게 고마운 마음을 전하고 싶다. 본서가 이러한 시대의 변화선상에서 독자들이 브랜드 마케팅에 대한 기초적이고 중요한 이론 및 실제 적용을 이해하는데 도움이 될 수 있다면 저자들은 더할 나위 없는 보람으로 여길 것이다.

2018년 2월
이명식, 양석준, 최은정

머리말

　생존이 기업들의 최대 화두가 되고 있다. 수많은 기업들이 시장에서 명멸하고 있기 때문이다. 고객과 만나는 곳이 바로 시장이라는 점에서 기업의 성패를 좌우하는 열쇠는 고객이 쥐고 있다. 마케팅이란 바로 시장에서 고객의 마음을 여는 기업의 모든 활동이다. 이 마케팅에서 브랜드가 핵심으로 떠오르고 있다. 소유권이 바뀌고 기업은 사라져도 브랜드는 남기 때문이다. 현대에서 브랜드와 소비자의 관계는 점차적으로 이방인, 고객, 친구를 넘어서 동반자가 되어 가고 있다. 마케터들 또한 소비자를 단지 우리 제품을 구매하는 사람이 아니라 우리에게 마음을 주는 사람으로 만들고 싶어 한다. 이는 제품이나 서비스를 가격과 품질로만 비교하는 이성적인 관계가 아니라 감정적이고 정서적인 관계를 말한다. 이 과정에서 브랜드는 마케터와 소비자 사이의 접착제 역할을 하게 된다. 마케터는 브랜드를 통해서 시장과 소통하고 있다.

　이제는 브랜드 시대다. 그러면, 브랜드란 무엇인가? 한마디로 정의하기가 쉽지 않다. 왜냐하면 현대의 브랜드란 용어는 굉장히 많은 것을 포함하고 있는 용어이기 때문이다. 브랜드는 특정 카테고리에서 자사 제품을 다른 제품과 차별되게 만드는 의미있는 그 무엇이다. 기본적으로 브랜드는 제품이나 기업을 나타내며 고객을 창출하고 유지시키는 역할을 한다. 그리고 강력한 브랜드는 차별화의 수단으로서 지속적으로 작용한다. 똑같이 시장에 나온 제품이라도 이름이 붙은 것과 이름 없는 것은 시장에서 소비자의 인식이 확연히 달라진다. 마케터는 그들의 제품이 구매할 만한 가치가 있음을 소비자에게 설득하는 효과적이고 강력한 수단으로서 브랜드 자산을 구축하고자 한다. 실제적으로, 애플, 벤츠, 샤넬, 코카콜라, 인텔, 삼성 등 유명 브랜드들은 이미 그 자체만으로도 소비자를 설득하는 강력한 파워를 가지고 있다. 이제 파워브랜드는 우수한 품질이나 탁월한 경영시스템을 뛰어넘어 세계적 초우량기업의 최고의 성공비결로 자리매김하고 있다.

　브랜드 이론에 대해서 충분히 이해하고 이러한 이론을 마케팅환경에 효과적으로 적용할 때 비로소 시장에서 소비자의 마음을 사로잡을 수 있는 브랜드의 개발이 가능해진다. 현실적으로 호의적이고 독특하며 강력한 브랜드만이 굳건한 고객로열티 기반을 확보할 수 있고 가격경쟁에 휘말리지 않은 상태에서 안정된 수익성을 유지해 나갈 수 있게 된다. 많은 학자들은 '좋은 브랜드들은 태어난다기보다는 관리되고 양육된다'라고 이야기하고 있다. 삼성,

LG, 현대자동차, 포스코 등과 같은 국내 대표 브랜드들 역시 처음 세상에 나왔을 때는 아주 미약하였고 존재감이 부족하였다. 그러나 불과 수십 년 만에 세계 유수의 브랜드들과 어깨를 나란히 할 수 있도록 성장한 것은 브랜드 가치 향상을 위해 지속적인 노력과 투자를 했기 때문이다.

상품의 개념에서부터 시작하여 개발하고 시장 진출까지 전 과정에 걸쳐 이루어지는 것이 브랜드마케팅이다. 아무런 의미가 없는 제품에 브랜드명을 부여해서 어떻게 판매할까를 고민하고 궁극적으로 소비자에게 소구할 수 있는 어엿한 상품을 만들어 내는 것이 바로 브랜드마케팅의 묘미라 할 수 있다. 똑같이 브라질에서 커피콩을 들여다가 커피를 만들어도 레쓰비라는 이름으로는 편의점에서 6백원에 팔리고 있지만 스타벅스라는 이름을 달면 3천원 이상으로 팔린다. 이것이 브랜드의 힘이다. 얼마 전에 국내 맥주시장 점유율 1위 기업인 OB맥주의 주인이 또 바뀌었다. 세계 1위 맥주기업인 AB인베브는 OB맥주를 재인수한 것이다. OB맥주는 외환위기를 겪던 1998년, 소유주였던 두산그룹에 의해 벨기에 인터브루(AB인베브의 전신)에 매각됐다. AB인베브는 2009년 자금 부족을 해소하기 위해 OB맥주를 미국 사모펀드인 KKR 등에 다시 팔았다가 판매가격보다 3조 8,000억원을 더 주고 다시 인수하였다. 역시 OB맥주라는 브랜드의 힘에 기인하는 것이다.

1991년 David A. Aaker 교수가 *Managing Brand Equity*를 출간하면서 브랜드의 중요성이 새로이 부각되고 이에 따라 브랜드에 관한 많은 국내외 연구결과들과 서적들이 경쟁적으로 쏟아져 나오고 있다. 그동안 브랜드에 관한 연구가 나름대로 많은 성과를 거두었지만 아직도 많은 부분에서 일치가 되지 않은 상태에서 다양한 주장들이 제기되고 있다. 따라서 '브랜드가 무엇인가'라는 질문의 관점에 따라서 상당히 많은 답이 나올 수 있는 것이다. 브랜드 마케팅이 진화를 거듭하고 있기 때문이다. 이제 브랜드의 진화는 만들어진 상품에 로고, 심볼, 브랜드명을 부가시켜 판매하는 데만 관여하는 것이 아니라 소비자의 욕구를 먼저 파악하고 그 니즈에 맞춰서 역으로 상품을 만들어 내는 단계로까지 발전했다. 이렇듯 다양하고 변화무쌍하게 움직이는 브랜드의 진화를 보면서 브랜드마케팅에 대한 이론과 실제를 보다 체계적으로 접근하고 누구나 쉽게 이해하며 실무에도 적용이 가능한 저서의 필요성을 간절하게 느끼다가 본서를 직접 집필하게 되었다. 따라서 본서는 대학교에서 공부하는 대학생이나 대학원생, 그리고 현장에서 브랜드 마케팅의 개념을 정리하고 활용하고자 하는 실무자들 모두에게 유용한 지침서가 될 것으로 믿어 의심치 않는다.

이를 위해서 본서는 다음과 같은 점에 주안점을 두어 서술하였다.

첫째, 본서는 4부(part)로 구성되어 있다. 1부는 브랜드에 대한 이해, 2부는 브랜드 자산의 형성 전략, 3부는 브랜드 자산의 유지와 확장, 그리고 4부는 브랜드 이슈이다. 1부에서는 브랜드 자산의 개요 및 브랜드 포지셔닝을 고찰함으로써 브랜드에 대한 전반적인 이해를 돕는 데 주력하였다. 2부에서는 브랜드 연상, 브랜드 인지도, 지각된 품질, 그리고 브랜드 로열티를 검토해 봄으로써 브랜드 자산의 핵심적 구성요소를 기본으로 브랜드 자산의 형성전략을 체계적으로 설명하고자 하였다. 3부에서는 브랜드 자산의 측정, 브랜드 확장, 글로벌 브랜딩에 대한 주제를 다룸으로써 브랜드 자산을 유지시키고 확장시키는 요소를 규명하는 데 초점을 맞추었다. 마지막으로 4부에서는 브랜드 포트폴리오, 브랜드 아키텍처, 브랜드 커뮤니티 등 뒤늦게 브랜드 마케팅에서 핵심요소로 부상하고 있는 브랜드 이슈를 살펴봄으로써 브랜드 개념의 외연을 넓히고 보다 탄력적으로 브랜드 마케팅을 수행할 수 있도록 하였다.

둘째, 각 부(part)는 '바다→수증기→구름→비→바다'라는 총체적 개념모델을 통해서 책 전체 체계에서 차지하고 있는 해당 부의 위치, 다루어질 주제, 그리고 부(part) 상호간에 어떤 연관이 있는지를 독자들이 한눈에 쉽게 알아볼 수 있도록 하였다. 즉, 브랜드에 대한 이해를 시작으로 브랜드 자산을 형성하는 전략을 수립할 수 있으며 이를 통해 브랜드 자산을 유지하고 확장시킬 수 있는 전략으로 연결시키고 진화하고 있는 브랜드 이슈를 살펴봄으로써 브랜드에 대한 이해를 더욱 심화시킬 수 있는 순환적인 특성을 반영하고자 하였다.

셋째, 각 장의 기술은 '도입사례'로 시작하였다. 이 '도입사례'는 각 장에서 취급하게 될 내용과 연계되어 있기 때문에 해당 장에서 논의되는 핵심개념을 보여주기 위해서 실제 기업이나 실제 상황 및 마케터들에 대한 사례 시나리오를 제시하였다. 이러한 사례는 독자들에게 해당 장에 대한 예고와 더불어 흥미를 유발시키는 역할을 하게 될 뿐만 아니라 전체적 개요(big picture)를 파악하고 시작부터 주제의 관련성을 이해하는 데 도움을 줄 수 있다.

넷째, 각 장마다 브랜드 마케팅의 이론이 실제로 어떻게 적용될 수 있는지 가능한 많은 예를 들어 주었으며 보다 더 이해를 돕기 위해서 그림, 사진, 표 등이 적재적소에 배치되었다. 또한 필요한 부분마다 관련사례를 제시함으로써 독자들로 하여금 마케팅 시사점을 스스로 개발해 볼 수 있도록 하였다.

다섯째, 각 장 말미에는 독자들에게 해당 장에서 기술된 내용에 대해 단순하고 간결한 '요약'을 제공해 주고 있다. 이러한 요약은 독자들이 전체적인 개요를 종합적으로 파악하는 데 도움을 줄 수 있을 것이다.

여섯째, 본서에서는 ㈜한경희생활과학의 협조를 얻어 학생들 및 실무자들이 브랜드 마케팅 이론을 실제 현장에 적용하는 데 도움을 주기 위해 중심사례를 개발하여 부록으로 첨부하였다. ㈜한경희생활과학을 선정한 이유로는 대기업과는 달리 상대적으로 일반인에게 덜 알려진 중소기업 브랜드라 독자들이 기존자료에 영향을 받지 않고 각자 학습한 이론을 창의적으로 사례에 적용할 수 있다는 점, 그러나 스팀가전, 살균가전, 생활용품, 주방용품의 4가지 분야에서 핵심 기술력을 개발하고 보유하고 있어 대기업과 마찬가지로 다양한 분야에서 브랜드 경쟁력이 있다는 점, 그리고 신브랜드로 고려되었던 화장품 시장에 진출하여 HAAN BEAUTY 브랜드를 출시하고, HAAN COOKWARE 브랜드를 신규로 출시하였다는 점 등으로 본서에서 다루고 있는 브랜드 마케팅의 다양한 장르들을 창의적으로 적용해 볼 수 있다는 점을 고려하였다.

마지막으로, 본서는 학생들이 이론 학습이후에 '㈜한경희생활과학'이라고 하는 중심사례를 부록으로 제공된 'Strategic Brand Planning Form'을 이용하여 과제수행을 통해서 브랜드 마케팅에 관련된 이론에 대한 적용능력을 고양시키고자 하였다. 즉, 첫 시간에 미팅을 통해서 조원별 역할과 책임의 분할 소재를 분명하게 결정한 이후 각 장(chapter)별 전략분석 개별적 실시(15분), 각자의 분석을 토대로 상호토의 및 최적안 도출(25분), 발표준비(10분), 조별 발표(20분) 순서로 진행이 될 수 있도록 구체적인 방안을 제시하였다. 'Strategic Brand Planning Form'을 이용해서 교수 · 강사들은 용이하게 학생들을 학습시킬 수 있게 되는 것이다. 이는 어찌 보면 지금까지 발간된 여타 브랜드 관련 서적과는 분명하게 차별화되는 본서만의 대표적인 특징이라고 말할 수 있다.

우리 세 사람이 의기투합하여 본서를 집필한 지도 어언 1년이 넘었다. 본서를 집필하는데 도와주신 많은 분들께 감사의 말씀을 드린다. 특히, 선뜻 자료제공에 동의해 주신 ㈜한경희생활과학의 한경희 대표, 출판 측면에서 전폭적인 지원을 해주신 박영사의 안상준 상무와 이처럼 산뜻하게 책이 나올 수 있도록 모든 면에서 세심하게 신경써주고 관리해준 편집부의 전채린 대리, 아울러 표지 등 책 전반에 걸쳐 깔끔하게 디자인 해준 최은정 대리에게 뜨거운 감사를 표하고 싶다. 본서는 학자들이나 학생, 그리고 마케팅현장에 있는 실무자들에게 브랜드마케팅에 대한 통찰력 있는 시사점을 체계적으로 접근할 수 있는 지침서가 될 것으로 확신한다.

2014년 2월
이명식, 양석준, 최은정

차 례

PART 1 브랜드에 대한 이해

PART 2 브랜드 자산의 형성 전략

PART 3 브랜드 자산의 유지와 확장

PART 4 브랜드 이슈

부록 Strategic Brand Planing Form

PART 1 브랜드에 대한 이ㅎ

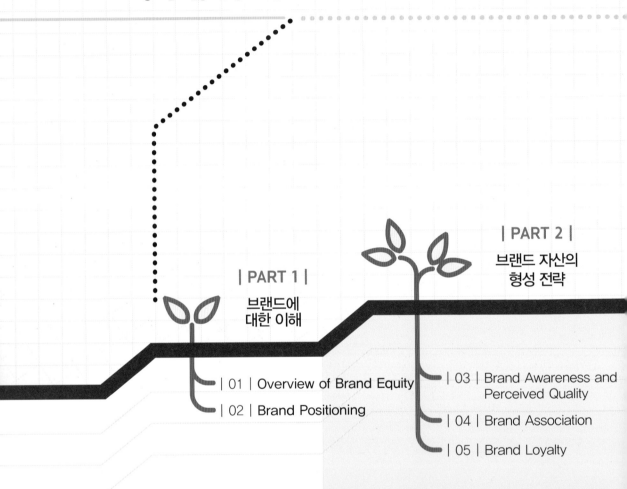

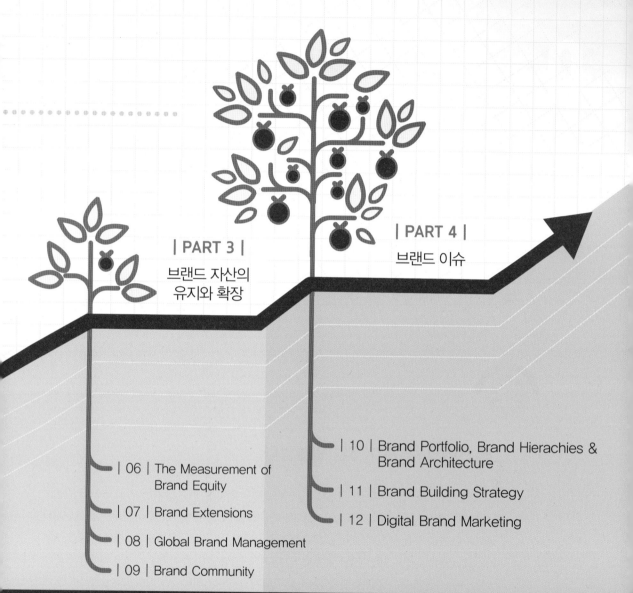

STRATEGIC BRAND MARKETING

브랜드 자산의 개요

학습 목표

- 브랜드와 상품에 대한 인식을 제고시킨다.
- 강력한 브랜드를 위한 조건을 살펴본다.
- 브랜드 자산의 개념을 이해한다.
- 브랜드 자산과 브랜드 개성을 학습한다.
- 브랜드 관리의 중요성을 알아본다.

도입 사례

美 IT기업, 세계 1~5위 휩쓸었다

애플, 알파벳(구글 지주회사), 마이크로소프트(MS), 아마존, 페이스북 등 미국 소프트 IT(정보기술) 기업들의 기업 가치가 세계 1~5위를 휩쓸었다. 25일 현재 애플의 시가총액은 8,000억 달러(약 895조원)에 이른다. 2위 알파벳(6830억 달러), 3위 마이크로소프트(5,382억 달러), 4위 아마존(4,791억 달러), 5위 페이스북(4,462억 달러)도 올해 들어 주가가 20~30%씩 급등하면서 기업 가치가 천정부지로 치솟고 있다. 지난 3월 시총 8위에 머물렀던 페이스북은 두 달 새 메이저 석유 회사 엑손모빌, 세계 최대 제약사 존슨앤드존슨, 워런 버핏이 이끄는 버크셔 해서웨이를 차례로 제치고 5위까지 순위를 끌어올렸다. 10년 전만 해도 시총 10위 안에 테크 기업은 마이크로소프트 단 한 곳뿐이었다는 점을 감안하면 엄청난 변화이다.

차두원 한국과학기술기획평가원 연구위원은 "소프트 테크 기업의 가치가 100년 가까이 세계 산업을 이끌어온 석유·자동차·금융 기업을 압도하고 있다"고 말했다. 이 기업들의 공통점은 인공지능(AI) 기술과 함께 다른 기업들이 쫓아가기 힘든 수준의 빅데이터를 확보하고 있다는 것이다.

이병태 KAIST(한국과학기술원) 경영학과 교수는 "인공지능을 활용한 빅데이터 분석 기술은 금융·교통·유통 등 여러 분야와 결합하며 막대한 부가가치를 창출할 것"이라며 "두 가지를 모두 갖고 있는 미국의 '빅5' 소프트 기업이 새롭게 떠오르는 시장을 독식할 가능성이 크다"고 말했다.

올해 들어 미국 '빅5' 기업의 주가가 계속 치솟는 것은 지금까지의 폭발적인 성장세가 앞으로 상당기간 지속될 것이라는 기대감 때문이다. 2000년대 초반 인터넷 붐을 타고 보다폰(영국), NTT도코모(일본) 등 통신 서비스업체와 장비 업체들이 글로벌 시가 총액 상위권을 차지했다가 IT 버블 붕괴와 함께 급격히 쇠락한 것과 차원이 다르다는 분석이다.

글로벌 시가총액 5대 기업

■ 미국　■ 중국

2007년	➡	2017년 현재
1위 페트로차이나		1위 애플
2 엑손모빌		2 알파벳
3 제너럴일렉트릭		3 마이크로소프트
4 차이나모바일		4 아마존
5 중국공상은행		5 페이스북

자료: 파이낸셜타임스·나스닥

우선 이들 '빅5'는 각 분야에서 확고한 독점적 위치를 차지하고 있으며 매출 성장세와 이익 등에서 다른 기업을 압도하고 있다. 애플의 경우 작년 매출 242조원, 영업이익 67조원으로 경쟁사인 삼성전자(매출 201조원, 영업이익 29조원)를 크게 앞선다. 구글 역시 모바일광고 사업이 연평균 20% 이상 성장을 거듭하고 있는 데다 인공지능 알파고(딥마인드)와 자율주행차(웨이모) 등 미래시장을 주도하는 강력한 기술을 보유하고 있다. 미국 투자은행 모건스탠리는 24일 보고서에서 "웨이모의 시장가치가 GM·포드·크라이슬러를 능가하는 700억 달러(약 78조원)에 이른다"고 분석했다.

스티브 잡스 사후 가장 혁신적인 기업인으로 추앙받는 제프 베조스가 이끄는 아마존은 미국에서 가장 성장세가 높은 기업으로 꼽힌다. 스위스 크레디트스위스는 "아마존은 창립 이후 매

[5대 IT 대기업 현황]

	애플	알파벳(구글) Alphabet	마이크로소프트 Microsoft	아마존 amazon	페이스북
시가총액	895조원	765조원	602조원	536조원	500조원
2016년 매출	242조원	101조원	95조원	152조원	31조원
주요 제품	스마트폰, 태블릿, 노트북	검색·동영상 광고, 앱 장터, 모바일 운영 체제(OS)	문서 프로그램, 서버 임대 서비스, 게임기, 운영체제(OS)	전자상거래, 동영상, 서버 임대 서비스	소셜 미디어 광고

※ 시가총액은 5월 25일 기준. 원·달러 환율 1,120원 기준.

년 20% 이상 성장했고, 향후 10년간 연평균 16%씩 성장할 것"이라며 "매출 100조원이 넘는 기업이 연간 15% 이상 성장하는 것은 전무후무한 기록"이라고 평가했다. 아마존 매출은 현재 세계 최대 유통기업인 월마트의 절반에 이르고, 미국 인터넷 유통 시장의 33%를 차지한다. 또 클라우드(원격 서버 임대) 사업은 인공지능과 사물인터넷 열풍을 타고 매 분기 50%씩 매출이 늘고 있다.

◇ 빅데이터 독점 우려 높아져

이들 기업이 더 무서운 것은 엄청난 규모의 빅데이터를 확보하고 있다는 것이다. 영국 주간지 이코노미스트는 "20세기에 석유가 가장 가치 있는 자원이었다면, 지금 가장 중요한 자원은 데이터"라며 "이 데이터가 이들 빅5 기업에 집중되고 있다"고 지적했다. 이들 기업은 인공지능으로 빅데이터를 분석해 고객들이 무엇을 검색하는지, 어떤 제품을 소비하는지 정밀하게 파악한 뒤 최적의 사업 전략을 구사할 수 있다는 것이다. IT 업계 관계자는 "이들 '빅5' 기업은 과거 데이터 분석을 통해 시험 답안지를 미리 보고 시험을 치르는 셈"이라며 "데이터 기반이 없는 기업은 앞으로 경쟁상대가 안 될 것"이라고 말했다.

게다가 이들 빅5는 막대한 현금 보유고를 앞세워 성장 가능성이 높은 스타트업(초기 벤처기업)을 대거 인수하며 미래의 잠재적 경쟁자들을 없애고 있다. 대표적으로 페이스북은 세계 최대 모바일 메신저 기업인 왓츠앱을 190억 달러(21조원)에 인수했고, 구글 역시 동영상 서비스 유튜브와 스마트폰 운영체제 안드로이드 등을 잇따라 인수하며 모바일과 콘텐츠를 장악했다.

이로 인해 일각에서는 과거 미국 정부 당국이 석유 메이저와 통신 독점 기업을 강제 분할했듯이 '빅5'의 독주를 막기 위해서는 정부가 강력한 규제를 해야 한다는 의견도 나온다.

조선비즈 2017.5.27. 기사

브랜드란 무엇인가

세상이 빠르게 변하고 있다. 오늘날 소비자로서 우리들은 브랜드로 점철된 세상에서 살고 있다고 해도 과언이 아니다. 우리 모두는 매일 소비를 하고 있고 그때마다 무엇을 살 것인지에 대해 의사결정을 하곤 한다. 어떤 상품들을 살 경우에 우리들은 하나 혹은 두 개 정도의 호감이 가는 특정 브랜드들 중에서 구매결정을 하게 되지만, 다른 상품들을 살 경우에는 세일 중인 상품을 사는 등 당시 주어진 상황에 맞추어 구매를 하곤 한다. 사실 브랜드(brand)라는 용어는 굉장히 많은 것을 포함하고 있어서, 우리들이 이전에 이야기하던 상표나 라벨 등으로 쉽게 정의를 내리기에는 복잡하고 난해한 요소들을 포함하고 있다. 브랜드는 당초에는 무엇인가를 식별하기 위한 역할을 했다. 사용자가 유사한 사물이나 서비스, 현상들을 구분하기 위해 그것의 기능, 혹은 특성을 축약해서 이해하고 기억하기 쉽도록 만들고 자신이 좋아하는 용어로 이름을 짓고 불렀을 것이다. 이러한 상황이 상업화, 산업화, 정보화가 진전되면서 점차 차별화의 수단 및 마케팅의 수단으로 변모하였고 현재는 한 마디로 정의하기에는 너무나 복합적인 의미를 지닌 개념으로 변해버렸다. 마케팅에서 브랜드의 주안점도 시대가 바뀜에 따라 특징(features), 혜택(benefits), 경험(experiences), 정체성(identity) 등으로 계속 변화해 왔다.

역사적으로 브랜드(brand)라는 단어는 '굽다(burn)'를 의미하는 고대 노르웨이 단어인 brandr'(불에 달구어 지지다, 화인하다)에서 유래됐다고 알려지고 있다. 관련문헌을 살펴보면, 일찍이 고대의 한 통치자가 나라에서 생산된 제품에 대해 문제가 있을 경우, 그 책임소재를 분명히 하기 위해서 제품에 생산자를 밝히도록 했다는 자료도 있고, 고대 이집트의 유적에서도 사용된 벽돌에 제조공의 이름이 각인된 사실이 발견되었으며, 로마시대에는 도공이 도기바닥에 자신의 손가락모양, 별, 원, 네모, 세모, 십자가 등을 표시하여 자신이 제조자임을 증명했다는 기록도 남아 있다. 영국에서는 15세기 앵글로 색슨족이 인두로 가축에 낙인을 찍어(brand) 자신의 소유임을 증명하였고, 16세기에는 위스키 제조업자들이 위스키 나무통 위에 인두를 찍어 자신들의 제품을 다른 제조업자들의 제품과 구분하곤 하였다. 어느 것이나 모두 공통적으로 자신의 것과 타인의 것을 구분하기 위한 표식으로서의 개념을 반영하고 있다고 할 수 있다.

브랜드에 관한 정의를 살펴보기로 하자. Aaker(1991)는 '브랜드란 판매자 혹은 일단의 판매자들이 상품이나 서비스를 구분시키고 경쟁자들의 것과 차별화하기 위해서 사용하는 독특한 이름이나 상징물'이라고 정의하였다. Kotler(1991)는 '브랜드는 판매자가 상품이나 서비스를 경쟁자들로부터 차별화하기 위하여 사용하는 독특한 이름이나 로고, 상징, 등록상품, 포장디자인의 종합'이라고 정의를 내렸다. 미국 마케팅학회(AMA: American Marketing Association, 1995)에 따르면, 브랜드는 "한 판매자 혹은 일단의 판매자 그룹의 제품이나 서비스를 경쟁자들의 것과 구분하고 차별화시키기 위한 의도로 만들어진 이름, 용어, 상징, 디자인, 혹은 이러한 것들의 결합체"라는 것이다. 이러한 정의들을 종합해 보았을 때, 브랜드는 브랜드명뿐만 아니라 표현, 상징물, 디자인 등을 모두 포함하고 있으며 한 마케터가 자신의 제품 혹은 서비스를 고객에게 명확하게 인식시키고 경쟁자들로부터 차별화시키기 위한 중요한 도구라 할 수 있다. 결국, 마케터가 신상품에 대해 새로운 이름, 로고(logo), 혹은 상징을 만들어 낼 때마다, 그 마케터는 어떤 브랜드를 만들어 낸 것이라 말할 수 있다.

그러나 마케팅 실무자들은 브랜드를 그 이상으로 생각하고 있다. 즉, 일정 수준의 인지도, 평판, 명성 등을 실제로 만들어 내고 시장에서도 효과를 보이는 그 무엇(something)이라고 생각하고 있는 것이다. 이러한 점들을 종합적으로 고려해 볼 때, 브랜드는 가치(value)에 대해 구체적인 약속(specific promises)을 하는 확인가능한 독립체(identifiable entity)라고 정의할 수 있다.

단어를 중심으로 해서 이러한 브랜드 정의를 쉽게 풀어 설명해 보자. 첫째, '확인가능한(identifiable)'이다. 우리들은 유사한 것들을 어떤 의미를 부여해서 쉽게 구분할 수 있다. 이때 자주 사용되는 것들이 단어, 색깔, 혹은 상징(로고) 등이다. 둘째, '독립체(entity)'이다. 독립체란 분리되어 구분되는 존재이다. 셋째, '구체적 약속(specific promises)'이다. 제품이나 서비스는 각각 소비자들에게 전달해 줄 수 있는 것에 대해 주장을 하고 있다. 예를 들어, 치약은 충치예방, 구취제거, 미백효과 등을 주장하고 있는데 이러한 주장들이 바로 약속이다. 넷째, '가치(value)'이다. 사람들은 무엇을 구입해서 사용하든 간에 그 소유물에 대해 어느 정도는 애착을 보이기 마련이다. 예를 들어, 서울과 같은 대도시에 사는 소비자들은 성능이 아무리 좋다하더라도 트랙터의 가치를 높이 평가하지는 않는다. 반면에, 야간 늦게까지 영업하고 있는 쇼핑센터에 대해서는 직장 퇴근 후에 이용할 수 있어 많은 가치를 부여하고 있다. 이러한 네 가지 요소들을 중심으로 생각해 볼 때, 사물이나 현상의 그 무엇이 브랜드가 될 수 있을까? 컴퓨터, 전자제품, 생필품, 구두, 테니스라켓 등 수많은 사물들이 존재한다. 회계업무, 의료서비스, 여행서비스, 금융서비스, 옷세탁, 집안청소 등 수많은 서비스가 존재한다. 이러한 것들 외에도 과거에는 상상조차 할 수 없었던 다양한 비즈니스가 전개되면서 이와 관련된 사물 및 서비스에 대한 브랜딩(branding)의 기회가 생겨나고 있다. 여기서 브랜딩이란, 어떤 약속을 할 것인지, 어떤 종류의 가치를 선택할 것인지, 그리고 한 독립체가 갖게 될 확인가능한 요소들을 어떻게 선택할 것인지 그 전체 과정을 말한다.

앞서 언급했듯이, 현대의 브랜드란 수많은 의미를 포함하고 있는 용어라 할 수 있다. 따라서 "브랜드란 무엇인가"라고 질문을 던진다면 관점에 따라서 수많은 답이 나올 수 있을 것이다. 이 때문에 브랜드의 정의를 내리기 위해서는 좀 더 체계적으로 고찰해 볼 필요가 있다. 가장 대표적인 방법이 외재적 및 내재적 구성요소로 접근해 보는 것이다.

먼저 브랜드의 외재적 구성요소 접근방법(extrinsic components approach)이다. 상업적인 용도의 브랜드는 외재적으로 로고(logo)와 상징(symbol)이라고 하는 두 가지 구성요소를 지니고 있으며, 대부분의 경우 이 두 가지 구성요소가 결합하는 형태를 띠고 있다.

첫째, 로고는 브랜드가 가지고 있는 정체성(identity)을 문자의 형태를 이용해서 함축적으로 표현한 것으로 텍스트로 표현된다. 특정지역에서 기업활동을 하는 경우에는 로고가 그 지역언어로 주로 표현되고 있으나, 글로벌기업의 경우에는 주로 영어로 표현되고 있다. 그러나 최근에는 글로벌화가 급격하게 이루어지면서 기업명의 첫 글자나 사업주 이름을 따서 영어를 이용해서 만들어지기도 한다. 로고의 예를 들자면, 국내에서는 삼성, 현대자동차, SK, LG, KT, POSCO, 배상면주가, 안철수연구소, 한국수자원공사, 기업보증평가, 예금보험공사 등을, 해외에서는 Estee Lauder, Porche, Proctor & Gamble, GE, GM 등의 텍스트를 생각해 볼 수 있다. 이를 다시 세분해 보면, 기업 및 제품의 기능과 연상되는 경우는 삼성, 현대자동차, 한국수자원공사, 기업보증평가, 예금보험공사 등을 들 수 있으며, 기업명의 첫 글자를 따 온 경우는 SK, LG, KT, POSCO, GE, GM 등을 꼽을 수 있고, 사업주의 이름을 사용한 경우는 배상면주가, 안철수연구소, Estee Lauder, Porche, Proctor & Gamble 등이 포함된다.

둘째, 상징은 브랜드가 가지고 있는 속성 및 정체성을 기초로 해서 디자인 및 그래픽요소를 형상화시킨 것을 말한다. 로고가 형상화될 수도 있고, 별도의 아이콘으로 표현하는 경우도 있다. 결국, 로고가 브랜드가 지니고 있는 기능적 속성을 나타내고 있다면, 상징은 브랜드의 이미지를 형상화하는 역할을 하고 있다고 볼 수 있다.

다음으로, 브랜드의 내재적 구성요소 접근방법(intrinsic components approach)을 생각해 볼 수 있다. 브랜드에는 기업이나 제품의 가치가 내재되어 있다. 여기에는 기업과 제품이 표방하는 가치, 기업이나 제품의 객관적인 실제 가치, 고객이 기대하는 가치, 그리고 고객이 기업이나 제품을 체험하는 가치 혹은 체험한 후에 평가되는 가치 등이 포함된다. 제품이 표방하는 가치는 브랜드를 고객에게 커뮤니케이션시키는 중에 나타나게 되며, 주로 기업이 고객에게 '우리 제품은 어떤 것이다'라고 약속하는 형태로 전달된다. 제품의 실제 가치는 기업의 약속과 고객의 기대와는 관계없이 실제로 제품에 내재된 기능적 속성이며, 객관적인 측정치로 표현될 수 있다. 고객이 기대하는 가치는 광고나 구전 등을 통해 고객이 제품을 체험하기 전에 이미 기대하고 있는 가치로 이야기할 수 있다. 이 부분은 제한된 정보 속에서 고객의 주관이 가장 강력한 판단의 준거로 작용하기 때문에 일반적으로 객관성이 결여될 수 있다. 고객의 제품체험 가치 혹은 체험 후에 평가되는 가치는 기업의 커뮤니케이션 활동, 제품의 실제 가치, 그리고 고객의 기대가치가 결합되어 나타나기 때문에 고객만족과 연결되어 궁극적으로 고객로열티로 귀결될 수 있다. 요컨대, 제품에는 실제 가치가 있어 기업은 커뮤니케이션 활동을 통해 그 가치를 표방하게 되는데 이러한 약속을 접한 고객은 나름대로 설정한 가치를 기대하게 된다. 이러한 과정을 거쳐 기업이 사전에 약속했던 부분이 어느 정도 실현되었는지 평가받게 되며 이를 통해 고객로열티가 결정된다. 결국 브랜드는 내재된 구성요소를 통해서 제품이나 기업을 나타내는 역할을 하게 된다.

 ## 2 브랜드와 상품

우리가 익히 잘 알고 있는 브랜드 중 상당수는 세계 어디서나 누구에게나 잘 알려진 것들이다. Apple, McDonald, Microsoft, 삼성, Google, Coca Cola, e-Bay, Amazon, Mercedes Benz, Nike, Starbucks 같은 브랜드는 이미 월드브랜드(world brand)가 되었으며, P&G나 Unilever, GM 및 현대자동차 등과 같은 기업들은 세계 각국에서 다양한 브랜드명으로 마케팅을 전개해 나가고 있다.

그러면 브랜드와 상품은 어떻게 구별될 수 있을까? 상품(product)은 주의, 획득, 구매, 사용, 혹은 소비를 위해서 시장에 제공되어 소비자의 욕구와 필요를 충족시켜줄 수 있는 모든 것으로 정의될 수 있다. 따라서 자동차, 컴퓨터, 가전제품, 우유, 옷, 축구공 등 물리적 제품; 항공사, 은행, 신용카드 등 서비스; 슈퍼마켓, 백화점, 아울렛 등과 같은 유통기관; 정치가, 배우, 가수, 운동선수 등 사람; 시민운동단체, 거래기관, 혹은 예술가 그룹 등 조직; 도시, 국가, 유적지, 관광지 등 장소; 심지어 환경보전, 야생동물보호 등 사회적 이슈도 하나의 상품이 될 수 있는 것이다. 반면에, 브랜드는 상품 그 이상이라 할 수 있다. 왜냐하면, 브랜드는 동일한 니즈를 충족시켜주기 위하여 설계된 다른 상품들과 어떠한 형태로든지 간에 차별화될 수 있는 속성들을 지니고 있기 때문이다. 이러한 차이는 주로 관계적·유형적 특성, 그리고 상징적·정서적 및 무형적 특성에서 연유한다. 여기서 관계적·유형적 특성이라 함은 어떤 브랜드의 제품 성과와 관련이 있다. 또 상징적·정서적 및 무형적 특성이라 함은 브랜드가 나타내고자 하는 것과 관련이 있다. 결국 브랜드화된 제품(branded product)과 그렇지 못한 제품(unbranded product)의 차이는 제품의 속성들 및 어떤 성과를 내느냐에 대한 소비자들의 인식과 느낌, 브랜드명 및 그 의미, 그리고 브랜드와 관련된 기업의 이미지에서 발생한다고 볼 수 있다.

그림 1-1 2017 세계 10대 브랜드 가치평가

출처: http://brandfinance.com

Brandfinance에 따르면, 2017년도 세계 10대 브랜드 순위(The World's Most Valuable Brand 2017)는 〈그림 1-1〉과 같이 나타나고 있다. IT업계의 대표주자들인 Google, Apple, Amazon이 나란히 1, 2, 3위를 차지하고 있음을 알 수 있으며 국내 브랜드인 삼성은 6위로 자리매김하고 있는 것이 눈에 띈다. 10대 브랜드는 한국의 삼성 및 중국의 공상은행(ICBC) 외에는 모두 미국계 브랜드로 채워져 있다. 1990년대까지 한창 잘 나가고 한때는 브랜드의 모범사례로도 꼽혔던 Sony는 100위 밖으로 랭크되어 격세지감을 느끼게 해준다. 그만큼 글로벌 시장에서 브랜드를 통한 경쟁이 날로 치열해져 가고 있음을 말해 주고 있는 것이다.

일반적으로, 제품에 브랜드를 사용하여 상품을 만드는 것은 세 가지 목적이 있기 때문이다. 첫째, 상품을 구분하기 위함이다. 브랜드를 통해서 마케터는 자신의 상품을 다른 경쟁자의 상품과 구분시킬 수 있다. 많은 브랜드명들이 소비자에게 친숙하며 이러한 브랜드명들은 품질을 나타내고 있다. 현실적으로, 강력한 브랜드는 기업에게 가치를 제공해주고 있으며 여타 상품들과 마찬가지로 구매되고 판매될 수 있다. 실제로 잠재적 시장 및 수익성을 증대시킬 요량으로 브랜드는 점차 글로벌화되어 가고 있다. 둘째, 반복적으로 판매하기 위함이다. 반복판매의 핵심기반은 만족한 고객들이다. 브랜드는 소비자들이 재구매하고 싶어 하는 상품과 재구매를 피하고 싶어 하는 상품을 구별하는 데 도움을 줄 수 있다. 셋째, 신상품의 판매를 촉진하기 위함이다. 신상품을 출시할 때 유명한 브랜드를 보유하고 있는 기업들은 그렇지 않은 기업들보다 훨씬 쉽게 소비자들로 하여금 자사 상품을 주목하게 하고 받아들이도록 만들 수 있다.

 ## 강력한 브랜드의 중요성

최근 들어서 파워 브랜드(power brand)라는 용어가 자주 사용되고 있다. 파워 브랜드란 글자 그대로 강력한 브랜드라는 말이다. 우수 브랜드, 톱 브랜드, 빅 브랜드, 히트 브랜드 등 브랜드 앞에 붙는 접미사는 다르지만 모두 강력한 브랜드를 지칭하는 표현이라 할 수 있다. 그러면 무엇이 강력한 브랜드일까? 그리고 왜 브랜드는 중요한 걸까? 강력한 브랜드는 구매시 가장 먼저 소비자의 뇌리에 떠오르고 소비자의 마음을

그림 1-2   강력한 브랜드

사로잡아 시장에서 선택되게 된다. 강력한 브랜드가 왜 중요한지를 살펴보기 위해서는 소비자 측면과 기업 측면에서 나누어 생각해 볼 필요가 있다.

(1) 소비자 측면

소비자는 자신의 니즈를 충족시키기 위해서 제품, 서비스, 경험, 아이디어 등을 선택하고, 사용하며, 처분하기도 하는 개인, 그룹, 혹은 조직이라고 할 수 있다. 이러한 소비자에게 브랜드는 매우 중요한 역할을 한다. 브랜드는 제품의 메이커나 출처를 명확하게 해주고 있고 소비자들이 특정 제조업체나 유통업체에게 어떤 책임을 물을 수 있도록 해주고 있으며 많은 의미도 전달해 주고 있다. 또한 그동안의 경험을 통해서 소비자들은 어떤 브랜드가 만족스러우며 어떤 브랜드가 그렇지 않음도 알게 된다. 브랜드는 해당 기업이 시장에 제공하는 일종의 보증서라 할 수 있다. 브랜드는 소비자들이 짧은 시간 동안에 제품에 대한 의사결정을 빠르게 내리게 만들어 주는 기제 (mechanism) 역할을 한다. 만약 소비자들이 어떤 특정 브랜드에 대해서 잘 인지하고 있으며 관련정보도 많이 보유하고 있다면 상품에 대한 의사결정과정에서 정보처리에 많은 시간을 소비할 필요가 없다. 결국 정보탐색과정에서 내적탐색이든 외적탐색이든 간에 비용을 거의 들이지 않게 되는 것이다. 이처럼 소비자들은 자신들이 어느 브랜드에 대해서 이미 알고 있는 내용에 기초해서 그 브랜드에 대해 미처 알고 있지 못한 부분에 대해서 가정을 하고 기대를 하게 된다.

브랜드가 강력해지면 상품을 구매할 때 의사결정과정에서 발생할 수 있는 위험을 상당부분 줄여 줄 수 있다. 일반적으로 이를 인지된 위험(perceived risk)이라 부르고 있다. 인지된 위험은 제품 및 서비스의 구매 및 사용에 의해 초래될 수 있는 예기치 않은 결과에 대한 불확실성이라 할 수 있다. 어느 정도의 인지된 위험은 구매과정에서 항상 수반되지만 서비스의 경험적 특성 때문에 제품에서보다는 서비스에서 인지된 위험이 높다. 따라서 소비자 입장에서는 이 위험을 줄이고 싶어 하고 실제로 어떤 형태로든지 간에 줄이는 수단을 강구하게 된다. 여기서 위험구성요소로서 불확실성 (uncertainty)과 초래된 결과(consequences)를 들 수 있다. 불확실성은 특정 결과가 일어날 가능성을 말하며 초래된 결과는 그 자체의 중요성 및 위험 정도를 나타낸다. 상품을 구매하고 소비할 때 나타날 수 있는 인지된 위험은 다음과 같다.

- 성능 위험(performance risk): 상품이 기대에 부응하지 못 하는 경우
- 재무적 위험(financial risk): 상품이 지불된 가격만큼 가치가 없는 경우
- 시간 위험(time risk): 상품의 실패가 다른 만족하는 상품을 찾는 기회비용을 유발하는 경우
- 신체적 위험(physical risk): 상품이 사용자나 다른 사람의 신체적 안전 상태나 건강을 위협하는 경우
- 사회적 위험(social risk): 상품 때문에 다른 사람들로부터 곤란한 상황을 당하는 경우
- 심리적 위험(psychological risk): 상품이 사용자의 심리적 안정 상태에 영향을 주는 경우

소비자들이 이와 같은 위험에 대처하기 위해서는 여러 가지 방법이 있을 수 있으나 가장 대표적인 대처 방법에는 유명한 브랜드를 구입하는 경우를 상정해 볼 수 있다. 특히, 산업재를 구매하는 B2B 마케팅에서는 발생할 수 있는 인지된 위험의 가능

성을 낮추기 위해서라도 브랜드화된 원자재를 구매하는 것이 매우 중요하다.

브랜드는 또한 소비자들에게 어떤 상품특성을 나타내는 데 중요한 역할을 할 수 있다. 일반적으로 상품의 품질은 다음과 같이 크게 탐색품질(search quality), 경험품질(experience quality), 신용품질(credence quality) 등 세 가지로 분류하고 있다. 탐색품질은 상품을 구매하기 전에 소비자가 결정할 수 있는 속성으로서 색, 크기, 스타일, 디자인, 무게, 딱딱함, 냄새 등 시각 혹은 후각 등 감각적 평가에 의해 판단된다. 경험품질은 구매 후나 소비 중에만 구분될 수 있는 속성으로서 음식이나 여행, 기계 등이 포함되고 있다. 예를 들어, 자동차의 경우 안정성, 승차감, 속도, 내구성, 핸들링 등은 실제로 시운전하고 수차례의 경험을 통해서 그 품질을 느낄 수 있는 것이지, 단순한 검사를 통해서 평가될 수 있는 것은 아니다. 신용품질은 구매 후나 소비 후에도 일정기간 평가하기가 불가능한 특성으로서 소비자들은 단기간에 상품속성을 알 수는 없다. 수술과 같은 의료서비스 상품이나 펀드와 같은 실적위주의 금융상품, 그리고 자동차수리와 같은 카센터 서비스상품 등이 대표적인 예라 할 수 있다. 따라서 탐색품질보다는 경험품질이, 그리고 경험품질보다는 신용품질과 관련된 상품일수록, 특히 상품 속성과 혜택을 평가하고 이해하는 데 어려움이 있는 경우에, 강력한 브랜드를 지닌 상품은 품질과 다른 속성들을 소비자들에게 효과적으로 전달할 수 있다.

강력한 브랜드는 소비자들에게 특별한 의미를 부여함으로써 해당제품에 대한 인식이나 경험을 변화시킬 수 있다. 동일한 종류의 제품이라 하더라도 브랜드가 다를 경우 소비자들은 그 제품을 다르게 받아들이게 된다. 브랜드가 강력하면 강력할수록 소비자들이 해당제품을 인식하고 수용하는 수준은 차이가 날 것이며 차이가 나는 만큼 복잡하고 다양한 구매과정에서 의사결정을 단순하게 만들어 줄 수 있다.

(2) 기업 측면

브랜드는 기업 측면에서도 상당히 중요한 역할을 하고 있다. 기본적으로, 제품을 취급하고 관리하는 데 있어서 각 제품에 대한 정체성을 확보할 수 있도록 하여 제품관련 마케팅 업무를 단순화시켜주고 있다. 특히, 브랜드는 재고관리나 회계처리 업무를 체계적으로 처리할 수 있도록 도와주고 있다. 브랜드는 법적으로 지적재산권(intellectual property right)에 속한다. 현실적으로 시장에서는 어느 상품 하나가 소비자들에게 좋은 반응을 얻게 되면 이내 복제품이 등장하는 경우가 많다. 이때 브랜드는 지적재산권을 통해서 상품의 품질은 물론이거니와 제조과정, 디자인, 포장, 심지어 색깔까지도 안전하게 보호해 주는 역할을 하게 된다. 이러한 브랜드의 역할은 고유한 연상과 의미를 부여하여 해당상품을 경쟁상품과는 차별화시키게 된다. 이는 소비자들에게 상품에 대해서 일정 수준의 품질을 인식시키게 되고 한번 만족한 소비자들은 쉽게 재구매에 대한 결정을 내릴 수 있게 된다. 이러한 과정이 지속적으로 반복이 되다보면 소위 말하는 브랜드 로열티(brand loyalty)가 생기게 된다. 따라서 경쟁사들이 제조공정이나 제품의 디자인은 쉽게 모방할 수 있지만 시간이 경과하면서 소비자들 마음속에 브랜드로 각인된 해당 상품에 대한 인상은 쉽게 복제될 수 없는 것이다. 결국 브랜드 로열티는 경쟁기업들이 시장에 진입하기 어렵게 하는 진입장벽을 만들고 기업에 대한 수요를 안정적으로 발생시키고 예측가능하게 만들어 주고 있다. 예를 들어, Chanel, Louis Vuitton 및 Gucci 등은 여성용 가방부문에서, 삼성과 i-Phone은 휴대폰부문에서, Estée Lauder, Lancôme 및 Sisley는 화장품부문에서, 그리고 Nike, Adidas, Reebok, Puma 및 New Balance 등은 스포츠용품 부문에서 경쟁우위를 확실하게 지켜주는 강력한 브랜드들이라 할 수 있다.

요컨대 브랜드는 지적재산권으로 보호를 받고 있으며 소비자의 구매동기를 활성화시키고 실제로 현재 및 미래의 매출액 증대에 결정적 역할을 하고 있기 때문에 강

그림 1-3 럭셔리 브랜드 TOP10(2015)

출처: http://news.jtbc.joins.com

력한 브랜드의 마케팅적 가치는 간단하게 계산될 수 있는 것이 아니다. 이런 이유로, 유명 브랜드를 대상으로 하는 흡수합병 작업은 지속적으로 이루어져 왔다. 따라서 많은 기업들은 내재적 가치가 저평가되어 있는 기업을 시장에서 찾고자 노력하였는데 이는 투자나 기업인수에 따른 수익을 창출하기 위함이었다. 이러한 기업들의 가장 주된 저평가된 자산 중에 하나가 바로 브랜드였다. 일반적으로 강력한 브랜드는 훌륭한 실적으로 연계되어 기업의 수익성을 제고시키고 결과적으로 주식가치도 크게 증진시켜주게 된다. 소비자들이 소위 명품이라 불리는 상품들에 프리미엄 가격을 지불하는 것은 브랜드로부터 얻게 되는 추가적 혜택에 의해서 정당화되어 왔다. 최근의 경영트렌드를 살펴보면, 유형적 자신이 기업에서 차지하는 비중은 점차 줄어들고 있으며 반대로 무형적 자산이나 영업권 등의 비중이 계속 커지고 있는데 무형적 자산의 70% 이상이 브랜드에 의해서 제공되고 있는 것으로 나타나고 있다.

 ## 브랜드 자산의 개념

브랜드는 세 가지 주요 기능을 가지고 있다. 즉, 상품 정체성(product identification), 반복 구매(repeat purchase) 및 신상품 판매(new product sales)이다. 이 중 가장 중요한 기능은 바로 상품 정체성이라 할 수 있다. 브랜드를 통한 마케팅활동은 마케터가 자신의 상품을 경쟁상품들과 식별할 수 있도록 해주고 있다. 많은 브랜드명들이 소비자들에게는 친숙하며 품질을 나타내기도 한다. 결국 높은 가치를 지닌 브랜드는 소비자들의 강력한 브랜드 로열티를 획득하여 프리미엄 가격설정을 가능하게 만들어 주고 있고 결과적으로 시장에서 높은 수익성을 낼 수 있도록 도와주고 있다. 이러한 이유로 브랜드는 단순히 차별적 가치를 표현하는 데 그치는 것이 아니라 중요한 가치로 인식되는데 이를 브랜드 자산(brand equity)이라 한다. 간략히, 브랜드 자산은 기업 및 브랜드명의 가치와 관련이 있다. 즉, 소비자들 사이에서 인지도, 지각된 가치 그리고 브랜드 로열티가 높게 나타난다면 브랜드 자산은 큰 것이다. 당연히 강력한 브랜드 자산을 갖춘 브랜드는 가치가 큰 자산이 될 것이다.

브랜드 자산 개념은 1980년대에 마케팅 분야에서 부상한 가장 중요하고 대중적인 개념 중의 하나라 할 수 있다. 브랜드 자산의 개념을 통해서 마케팅전략에서 브랜드의 중요성은 더욱 커져 갔으며 경영적 관심과 연구활동에 대한 주안점을 제공할 수 있었다. 그러나 브랜드 자산에 대한 개념은 서로 다른 목적을 위해서 수없이 다양한 방법으로 정의되어 왔다. 기본적으로 브랜드를 이용한 마케팅활동은 제품이나 서비스에 브랜드 자산의 파워를 부여하는 모든 활동이라 할 수 있다. 브랜드 자산을 이론적으로 체계화시킨 사람은 Aaker 교수라 할 수 있다. 그는 〈브랜드 자산의 관리〉(Managing Brand Equity)라는 책을 1991년에 출판하면서 본격적으로 그리고 전문적으로 브랜드 자산의 개념을 이론적으로 정립하였다. Aaker에 따르면, 브랜드 자산이란, 브랜드의 이름과 상징에 관련된 자산과 부채의 총체라고 정의하였으며, 그렇기 때문에 제품이나 서비스가 기업과 그 기업의 고객에게 제공하는 가치를 증가시키거나 감소시키는 역할을 한다고 주장하였다. 즉, 마케팅에서는 브랜드 차별화를 위해서 상품의 특성, 디자인, 포장, 이름, 광고, 유통경로, 가격설정, 촉진 등을 이용해 왔는데 이러한 노력의 목적은 '평범한 상품'을 '브랜드화된 상품'으로 바꾸어 소비자들이 상품을 구매할 때 가격의 영향을 줄이고 상품의 차별적 특성을 강조하기 위함이라는 것이다. 결국 공통의 시장에서 경쟁자 간에 동일한 노력을 투입했을 때 브랜드화된 상품과 평범한 상품에서 발생하는 이익의 차이가 브랜드 자산이라 할 수 있다. 여기서 유의할 점은 모든 브랜드가 자산으로서의 가치를 갖는 것은 아니기 때문에 브랜드가 실제적인 가치를 가질 수 있도록 지속적으로 관리해주는 것이 필요하다는 점을 인식하는 것

그림 1-4　브랜드 자산의 구성요소

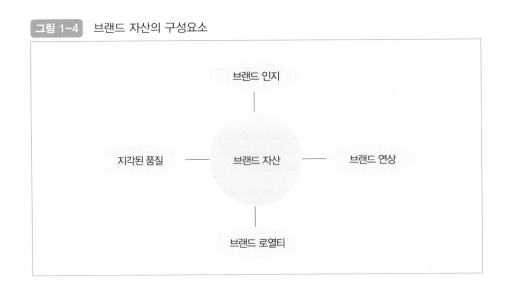

이다.

Aaker는 브랜드 자산을 소비자중심적이며 마케팅관리적인 시각으로 조망하였으며 이러한 시각에서 브랜드 자산의 근간을 이루는 브랜드의 자산과 부채는 브랜드 인지(brand awareness), 지각된 품질(perceived quality), 브랜드 연상(brand association), 브랜드 로열티(brand loyalty) 및 기타 독점적인 브랜드 자산으로 구성된다고 제안하였다.

- 브랜드 인지: 소비자는 기본적으로 자신이 친숙한 것에 대해서는 굉장히 호의적이다. 낯선 브랜드와 친숙한 브랜드를 대하는 소비자의 태도는 다를 수밖에 없다. 브랜드 인지는 소비자가 어떤 제품군에 속한 특정 브랜드를 기억해 낼 수 있는 능력을 말한다. 소비자가 그 브랜드를 용이하게 떠올릴 수 있다는 것은 그만큼 소비자의 구매결정에 영향을 미칠 수 있으며 이 때문에 브랜드 인지도는 브랜드 자산이 되는 것이다.

- 지각된 품질: 지각된 품질은 다른 이미지 요소들과 연계되거나 이를 주도하여 하나의 브랜드가 어떻게 인식되는가를 나타내는 브랜드 자산이다. 지각된 품질은 구매결정과 브랜드 로열티에 직접적인 영향을 미치게 되는데 구매자가 동기부여가 되어 있지 않거나 구매상황을 제대로 분석할 형편이 아닐 경우에는 특히 영향력이 커지게 된다. 모든 브랜드 이미지 중 오직 지각된 품질만이 프리미엄 가격전략을 통해 재무적 성과를 직접 나타낼 수 있으며 이를 통해 브랜드 자산에 재투자할 수 있는 수익도 만들어 낼 수 있다.

- 브랜드 연상: 브랜드 연상은 특정 브랜드가 소비자의 감각기관을 통해 수용되고 해석되는 의미라고 정의할 수 있다. 브랜드 자산은 대부분 특정 브랜드에 의해 형성되는 소비자의 브랜드 연상으로 구성된다. 소비자의 브랜드 연상은 일반적으로 개별 브랜드에 대한 연상을 의미하지만 해당 기업이 생성시키는 이미지도 포함하고 있다. 브랜드 연상은 제품으로서의 브랜드, 조직으로서의 브랜드, 사람으로서의 브랜드(브랜드 개성), 그리고 국가, 지역, 유명인 모델 등이 포함된다.

- 브랜드 로열티: 브랜드 로열티는 소비자가 특정 브랜드에 대해서 지속적으로 재구매하는 성향을 말한다. 이 때문에 브랜드 로열티는 경쟁자의 마케팅 성과를 감소시킬 수 있고 유통에서도 영향력을 증대시킬 수 있으며 소비자들의 프리미엄 가격 지불도 가능하게 만들 수 있다. 브랜드 자산의 가장 중요한 구성요소라 할 수 있으며 종종 브랜드 자산의 핵심으로 인식되고 있다.

브랜드 자산은 우연히 형성되는 것이 아니다. 소비자들이 해당 브랜드와 강력하고(strong), 호의적이며(favorable), 독특한(unique) 연상 및 경험을 구축할 수 있는 마케팅 프로그램에 의해서 신중하게 만들어지고 육성되는 것이다. 브랜드 자산을 형성하는 과정에서 가장 큰 비중을 차지하고 있는 것이 브랜드명(brand name)이다. 우리는 Apple, Google, Sony, Adidas 등과 같은 브랜드명을 당연시 하고 있다. 그러나 현실적으로 기업이 훌륭한 브랜드명을 만들어내는 것은 어렵고 비용이 많이 소요되는 작업이다. 예를 들어, Intel은 마이크로칩의 대명사인 펜티엄(pentium)이라는 이름을 만들어내는데 $45,000을 소비하였다. 그러면 좋은 브랜드명의 특징은 무엇일까? 일반적으로 다음과 같은 특징들이 거론되고 있다.

- 발음하기가 쉬워야 한다.
- 인식하기가 쉬워야 한다.
- 간결해야 한다.
- 차별적이고 독특해야 한다.
- 제품을 나타낼 수 있어야 한다.
- 제품사용에 대해서 기술해야 한다.
- 제품의 혜택을 나타낼 수 있어야 한다.
- 긍정적 의미를 담고 있어야 한다.
- 바람직한 제품 이미지를 강화시킬 수 있어야 한다.
- 국내 및 해외시장에서 법적으로 보호받을 수 있어야 한다.
- 다른 나라 언어로도 번역될 수 있어야 한다.

 ## 브랜드 자산과 브랜드 개성

브랜드 자산이란, 브랜드의 이름과 상징에 관련된 자산과 부채의 총집합체라고 앞서 설명하였다. 따라서 브랜드 자산관리의 핵심은 브랜드와 관련된 강력하고(strong), 호의적이며(favorable), 독특한(unique) 브랜드연상(brand association)을 관리하는 것이라 할 수 있다. 이러한 점에서 브랜드에서의 상징적 의미는 차별화된 브랜드 포지셔닝(brand positioning)의 수단으로서 더욱 중요해지고 있으며 이 중에서도 브랜드 개성(brand personality)은 이를 구체화할 수 있는 핵심개념이라 할 수 있다. 브랜드가 무생물체로 보이지만, 소비자들은 종종 브랜드를 인간적인 특성을 가진 생물체로 인식하곤 한다. 일찍이 Aaker(1997)는 브랜드 개성을 "브랜드와 관련된 인간적인 특성들의 집합"이라고 정의하였다. 따라서 브랜드 개성은 소비자가 자신의 이미지를 표현할 수 있는 매개체 역할을 할 수 있다. 즉, 브랜드 개성은 자기를 투영할 수 있는 잠재적 기회를 제공하기 때문에 소비자들이 자신의 일상생활에서 브랜드를 더욱 의미있는 존재로 생각하게 만들 수 있다. 이에 따라 브랜드 개성은 브랜드들 간의 기능적 속성 차이가 점차 줄어드는 현실에서 차별화 포인트를 제공하여 치열한 시장경쟁하에서 경쟁력을 제고할 수 있는 강력한 수단이 된다. 예를 들면, Harley Davison 모터사이클의 "거칠고 남성적이고 서구적인" 특성이나, 벤츠 자동차의 "최고급의 품격있는, 그리고 세련된" 이미지가 바로 브랜드 개성의 한 예가 될 수 있을 것이다. 즉, 인간에게 개성이 있는 것처럼 브랜드도 나름대로 개성을 지닐 수 있는 것이다.

브랜드 개성에 관한 연구는 Aaker(1997)가 '브랜드 개성의 5개 차원'을 측정하는 항목들(BPS: Brand Personality Scale)을 제시하면서 본격적으로 시작되었다고 할 수 있다. Aaker는 미국 소비자들을 대상으로 60여 개의 브랜드를 114개의 인간적 특성으로 평가하게 한 후, 요인분석을 통해 42개 측정항목으로 압축하였으며, 이를 다시 성실함(sincerity), 흥미 유발(excitement), 자신감(competence), 세련됨(sophistication), 강인함(ruggedness)이라는 5가지 브랜드 개성 차원으로 축약하였다. 이러한 BPS는 몇몇 심리학자들에 의해 지적 능력(intellectual ability)이나 사회적 지위(social status) 등 인간의 개성을 측정할 때 일반적으로 배제시키는 측정항목들을 포함하고 있다는 사실을 근거로 적절한 측정방법이 아니라고 지적되었지만 이러한 한계에도 불구하고 대다수의 브랜드 개성 연구에 사용되고 있다.

즉, 마케터들은 "이 브랜드가 사람이라면 당신에게 무엇이라고 이야기할 것 같은가?"라는 질문을 소비자에게 던짐으로써 표적시장에서 해당 브랜드가 어떻게 받아들여지고 있으며 이 시장에서 어떻게 효과적으로 관계를 맺을 수 있을지에 대해서 어떤 감(some feel)을 가질 수 있게 된다.

그림 1-5 브랜드 개성의 5개 차원 구조

Sincerity (진실성)	Excitement (흥미 유발)	Competence (자신감)	Sophistication (세련됨)	Ruggedness (강인함)
· Down-to-earth (사실 그대로)	· Daring (대담한)	· Reliable (믿을만한)	· Upper-class (고상한)	· Outdoorsy (외향적인)
· Family oriented (가족 지향적)	· Trendy (최신 유행의)	· Hard-working (열심히 일하는)	· Glamorous (화려한)	· Masculine (남성인)
· Small-town (편협한)	· Exciting (흥미 진진한)	· Secure (안전한)	· Good-looking (잘생긴)	· Western (서부적인)
· Honest (정직한)	· Spirited (열정적인)	· Intelligent (똑똑한)	· Charming (매력적인)	· Tough (거친)
· Sincere (진심 어린)	· Cool (멋진)	· Technical (기술적인)	· Feminine (여성스러운)	· Rugged (튼튼한)
· Real (사실적인)	· Young (젊은)	· Corporate (공동의)	· Smooth (부드러운)	
· Wholesome (깨끗한)	· Imagination (창의적인)	· Successful (성공적인)		
· Original (독창적인)	· Unique (독특한)	· Leader (선두)		
· Cheerful (생기 있는)	· Up-to-date (최첨단의)	· Confident (자신만만한)		
· Sentimental (감상적인)	· Independent (독립적인)			
· Friendly (친근한)	· Contemporary (현대적인)			

성실함(sincerity)

성실함은 어떤 브랜드가 사실 그대로 정직하게 나타내고 건전하고 다정하며 가족지향적인 이미지의 인간적인 특성을 상품이나 기업에게 부여하는 브랜드 개성의 한 차원이다. 예를 들어, 아시아나항공은 친절하고 상냥한 승무원을 전면에 내세워 비행기를 탑승하는 사람들의 마음과 생각을 공감하고 배려해주는 이미지를 전달하고자 노력하였다. 이러한 항공서비스의 특성을 브랜드 정체성(brand identity)에 담고자 "고객에 대한 관심과 배려"라는 개념을 구축하여 "아름다운 사람들, 아시아나"라는 슬로건 하에 '성실함'이라는 브랜드 개성을 시장에 심어주고 있다. 다른 예로, Audi와 같은 자동차는 원산지가 독일인 관계로 국가 이미지와 결부되어 매사에 정확하고 근면·성실한 독일인의 개성을 반영하고 있다.

그림 1-6   친절하고 상냥한 승무원을 전면에 내세우는 아시아나항공

흥미 유발(excitement)

흥미 유발은 멋지고 창의적이며 첨단적인 속성을 지닌 브랜드 개성이라 할 수 있다. 때로는 대담하고 열정적이며 젊고 독립적인 이미지도 아울러 보여주고 있다. 대표적으로, Nike, Adidas, 혹은 Puma 같은 스포츠용품 기업들이 추구하는 이미지라 할 수 있다. 이들 브랜드들은 시간을 내서 활동적이고 적극적으로 몸을 움직이는 사람들의 모습을 통해 소비자들에게 역동성을 보여주고 싶어 한다. 예를 들면, 나이키의 경우 육상, 농구, 축구, 골프 등과 관련된 남성용, 여성용, 아동용 신발, 상의, 하의, 용품 등을 시장에 출시하면서 "Just do it"이라는 슬로건을 내세우며 자사의 스포츠용품

그림 1-7   역동성을 나타내고 있는 NIKE

으로 또 다른 인생을 즐기라는 메시지를 소비자들에게 심어주고 있다. Coca Cola나 Pepsi같은 탄산음료수 기업들도 젊은 광고모델들을 전면에 내세워 소비자들에게 짜릿하고 역동적인 분위기를 보여주고 있다.

자신감(competence)

그림 1-8 Mercedes-Benz SLK-Class

자신감은 믿을 만하고 안전하며 성공적이고 선두를 달리는 이미지를 형상화시키는 브랜드 개성이다. 따라서 똑똑하고 첨단적이며 자신만만한 속성을 지니고 있다고 할 수 있다. Mercedes-Benz 자동차의 경우, 오랜 역사를 지닌 명차로서 고급차 시장에서 오랜 시간 인정을 받으며 최고의 차로 군림해 왔다. 특히, 기술력에 대한 자신감은 타사의 추종을 불허하고 있다. 높은 출력의 엔진을 만드는 기술이나, 차선을 따라 달리듯 정확한 핸들링을 가능케 하는 관련 부속품 등은 벤츠만의 자랑이라 할 수 있다. 벤츠는 이러한 자신감을 자사 브랜드의 개성에 그대로 반영하고 있다. 또한 Wall Street나 The Financial Review같은 경제신문도 재테크 관련 기사를 주로 다루고 금융시장 및 재계에서 성공한 사람들의 이미지를 부각시키며 상류층의 자신감을 은연중에 표출시키고 있다.

세련됨(sophistication)

그림 1-9 고가의 보석 브랜드 Tiffany

세련됨은 화려하고 매력적이며 최고급의 품격을 지향하는 이미지를 형상화하고 있다. 이에 따라 세련된 디자인과 고상하고 여성적인 매력도 발산하는 브랜드 개성을 나타내 주고 있다. Tiffany와 같은 고가의

TIFFANY KEYS

보석 브랜드나 Chanel과 같은 여성패션 브랜드는 고가격으로 인해 세련되고 부유한 상류층의 품격을 연상시키고 이러한 품격에 걸맞는 세련된 미학을 제품 디자인에 반영하고 있다.

강인함(ruggedness)

강인함은 거칠고 튼튼하며 남성적인 매력을 발산하는 브랜드 개성이라 할 수 있다. 야외지향적이고 활동적이며 도전적인 이미지도 아울러 함께 표출하고 있다. 강인함을 나타내는 대표적인 브랜드 개성은 Harley−Davidson 모터사이클에서 찾아볼 수 있다. 할리데이비슨은 자전거를 좀 더 편하게 타기 위하여 연구를 시작한 William Harley와 Arthur Davidson이 만들어 낸 최초의 바이크가 그 시초이며 1903년 이미 3대의 모터사이클을 제조하면서 그 명성을 날리기 시작하였다. 배기량 883cc에서 1,450cc에 이르는 대형 모터사이클로, 400~800cc인 일반 레저용 모터사이클보다 배기량이 훨씬 높고, 엔진 소리도 우렁차서 일반적으로 '모터사이클의 황제'로 일컬어진다. 현재 전 세계의 대형 고급 모터사이클의 대명사이자 미국의 강력한 파워를 상징하는 브랜드로 자리 잡고 있다. Marlboro 또한 시장에 출시하면서부터 드넓은 황야를 질주하는 거친 카우보이를 내세워 마초(macho)적인 이미지를 소비자들에게 강력하게 어필하고 있다. 이 두 브랜드들은 마케팅에서 강인함이라는 브랜드 개성을 나타내는 대표적인 브랜드라 할 수 있다.

그림 1-10 'King of the Road'라는 슬로건을 내세우는 Harley−Davidson

그림 1-11 마초(macho)적인 이미지를 강조하는 Marlboro

이 밖에 5가지 브랜드 개성을 조합하여 새로운 브랜드 개성을 창출할 수도 있다. 기본적으로 브랜드 개성은 특정한 세분시장을 표적시장으로 만드는 방법으로서 사용될 수 있으므로 마케터는 자신의 브랜드 개성을 관리하고 커뮤니케이션활동을 전개해 나갈 필요가 있기 때문이다. 예를 들어, 프랑스 화장품회사인 부르주아(Bourjois)는 여러 세분시장별로 각기 다르게 소구할 수 있는 차별화된 브랜드개성을 알릴 수 있도록 독특한 메이크업 세트를 만들어냈다. 즉, 이들은 자신들의 제품인 메이크업 세트를 만들 때 포장에 자사의 브랜드개성들의 속성들을 보여주는 다양한 종류의 칵테일, 휴가여행지, 그리고 독특한 복장들을 표현하였다. 가령, 어떤 메이크업 세트는 '마티니

(martini)'의 이미지를 사용해서 커뮤니케이션하면서 패블러스 플러티니(Fabulous Flirtini)라고 명명하였다. 이처럼 칵테일을 사용해서 다양한 이름을 짓는 것은 가능한 많은 소비자들을 끌어들이기 위해서, 그리고 다양한 계층의 소비자들과 연결될 수 있는 다양한 브랜드 개성들을 홍보하기 위해서 화장품이

그림 1-12 Bourjeois의 브랜드 개성

메이크업 세트를 포장할 때 다양한 종류의 칵테일, 휴가여행지, 그리고 독특한 복장들을 사용한다.

란 동일한 주제에 각기 다른 스토리를 제공하는 전략인 셈이다.

브랜드 개성을 나타내기 위해서 다양한 요소들이 사용될 수 있다. 특히, 브랜드 개성을 이용한 광고전략에서는 다음과 같은 세 가지 요소가 중요한 역할을 하고 있다.

- 유명인 광고모델: 유명인 광고모델(celebrity endorser)은 브랜드에 인간적인 개성을 불어 넣어주는 데 유용하게 사용될 수 있다. 왜냐하면 유명인사의 특성과 의미는 해당 브랜드에 그대로 전이될 수 있기 때문이다. 예를 들면, Michael Jordan은 Nike에 자신의 활기차고 역동적인 모습을 각인시켰다. 또한 이효리는 '처음처럼' 소주가 자신 있고 섹시한 이미지로 주류시장에서 돌풍을 일으키는 데 크게 공헌하였다.

- 사용자 형상: 사용자 형상(user imagery)은 해당 브랜드를 사용 중에 수행하게 될 활동 유형에 대한 이미지를 이용해서 특정 사용자를 보여주는 것을 말한다. 이러한 사용자 형상은 누구가 특정한 사용자가 될지를 특성, 활동, 정서 등을 이용해서 정의하는 것을 도와준다. 활동에 대한 정서 및 분위기 또한 해당 브랜드로 전이될 수 있다. 예를 들어서, 카스맥주는 흥미롭고 짜릿한 활동에 참여하고 있는 젊고 활동적인 사용자를 특징으로 하고 있다.

- 광고제작 요소: 광고제작 요소(executional factors)는 핵심 메시지를 뛰어 넘어 '어떻게 표현하고 전달될 것인가'를 포함하고 있다. 광고의 분위기(심각함 vs. 변덕스러움), 사용된 소구점(공포 vs. 유머), 로고 및 인쇄서체의 특성(글꼴에 따라 세련미가 달라진다), 광고 영상 속도, 그리고 사용된 매체 또한 브랜드 개성을 나타내고 표현할 수 있다. 예를 들어, 하이마트는 항상 유머광고를 통해서 자사 브랜드의 개성을 재미있고 즐거운 가전제품 구매 및 사용과 연결시키고 있다. 포스코는 자사 특유의 간결하고 단아한 posco 글꼴을 사용하여 그 이미지를 그대로 브랜드 개성에 전이시키고 있다.

SUMMARY

● 역사적으로 브랜드(brand)라는 단어는 '굽다(burn)'를 의미하는 고대 노르웨이 단어인 brandr'(불에 달구어 지지다, 화인하다)에서 유래됐다고 알려지고 있다. 마케팅 학계에서 나온 많은 정의들을 종합해 보았을 때, 브랜드는 브랜드명뿐만 아니라 표현, 상징물, 디자인 등을 모두 포함하고 있으며 한 마케터가 자신의 제품 혹은 서비스를 고객에게 명확하게 인식시키고 경쟁자들로부터 차별화시키기 위한 중요한 도구라 할 수 있다.

● 상품(product)은 주의, 획득, 구매, 사용, 혹은 소비를 위해서 시장에 제공되어 소비자의 욕구와 필요를 충족시켜줄 수 있는 모든 것으로 정의될 수 있다. 반면에, 브랜드는 상품 그 이상이라 할 수 있다. 일반적으로, 제품에 브랜드를 사용하여 상품을 만드는 것은 세 가지 목적이 있기 때문이다. 첫째, 상품을 구분하기 위함이다. 둘째, 반복적으로 판매하기 위함이다. 셋째, 신상품의 판매를 촉진하기 위함이다.

● 강력한 브랜드는 구매시 가장 먼저 소비자의 뇌리에 떠오르고 소비자의 마음을 사로잡아 시장에서 선택된다. 소비자 측면에서 볼 때, 브랜드는 제품의 메이커나 출처를 명확하게 해주고 있고 소비자들이 특정 제조업체나 유통업체에게 어떤 책임을 물을 수 있도록 해주고 있으며 많은 의미도 전달해 주고 있다. 기업 측면에서는 보았을 때도, 브랜드는 제품을 취급하고 관리하는 데 있어서 각 제품에 대한 정체성을 확보할 수 있도록 하여 제품관련 마케팅 업무를 단순화시켜주고 있다. 요컨대 브랜드는 지적재산권으로 보호를 받고 있으며 소비자의 구매동기를 활성화시키고 실제로 현재 및 미래의 매출액 증대에 결정적 역할을 하고 있기 때문에 강력한 브랜드의 마케팅적 가치는 간단하게 계산될 수 있는 것이 아니다.

● 높은 가치를 지닌 브랜드는 소비자들의 강력한 브랜드 로열티를 획득하여 프리미엄 가격설정을 가능하게 만들어 주고 있고 결과적으로 시장에서 높은 수익성을 낼 수 있도록 도와주고 있다. 이러한 이유로 브랜드는 단순히 차별적 가치를 표현하는 데 그치는 것이 아니라 중요한 가치로 인식되는데 이를 브랜드 자산(brand equity)이라 한다. 브랜드 자산의 근간을 이루는 브랜드 자산은 브랜드 인지(brand awareness), 지각된 품질(perceived quality), 브랜드 연상(brand association), 브랜드 로열티(brand loyalty) 및 기타 독점적인 브랜드 자산으로 구성된다.

● 브랜드 자산관리의 핵심은 브랜드와 관련된 강력하고(strong), 호의적이며(favorable), 독특한(unique) 브랜드 연상(brand association)을 관리하는 것이라 할 수 있다. 이러한 점에서 브랜드에서의 상징적 의미는 차별화된 브랜드 포지셔닝(brand positioning)의 수단으로서 더욱 중요해지고 있으며 이 중에서도 브랜드 개성(brand personality)은 이를 구체화할 수 있는 핵심개념이라 할 수 있다. 브랜드 개성은 성실함(sincerity), 흥미 유발(excitement), 자신감(competence), 세련됨(sophistication), 강인함(ruggedness)이라는 5가지 브랜드 개성 차원으로 축약될 수 있다.

CHAPTER

02

브랜드 포지셔닝

학습 목표

● 브랜드 포지셔닝에 대한 기본개념을 고찰한다.

● 브랜드 포지셔닝의 절차를 학습한다.

● 브랜드 포지셔닝의 접근방법을 속성, 사용상황, 제품사용자, 그리고 경쟁제품 등의 측면에서 학습한다.

● 포지셔닝맵의 전략적 유용성에 대해서 살펴본다.

도입 사례

불가리(BVLGARI) 하이 주얼리, 진짜 부자들의 재테크 수단

　같은 럭셔리 브랜드에서 나오는 제품이라 해도 '급'이 모두 같은 것은 아니다. 대중적으로 접근하는 엔트리(entry) 제품이 있는가 하면, 워낙 귀해 웬만한 매장에는 진열조차 되지 않는 최상급 제품이 있다. 이탈리아 명품 브랜드 불가리(BVLGARI)가 선보이는 하이 주얼리 컬렉션은 후자의 대표적인 사례다. 제품 하나에 수천만원에서 수억원을 호가하기 때문에 일반인은 감히 엄두도 낼 수 없다. 패션업계 관계자들에 따르면 한국의 명품시장이 성숙기에 접어들며 VIP를 대상으로 하는 하이 주얼리에 대한 선호도가 갈수록 높아지고 있다. 전반적인 명품 시장은 죽고 있지만, 희소성이 큰 '명품 중의 명품'인 위버럭셔리(uber luxury)의 매출은 오히려 늘고 있다. 이희승 롯데백화점 수석바이어는 "최근 5년 사이 하이엔드 파인주얼리에 대한 수요가 꾸준히 늘어나고 있다"며 "지난달 명품관 에비뉴엘에 전시한 불가리 주얼리 세트(8억원대) 역시 문의가 많았다"고 말했다. 실제로 대부분 명품 브랜드의 고전에도 불구하고 불가리코리아의 매출은 2013년 이후로 꾸준히 성장세다. 2년 전 이미 국내 매출 1천억원을 넘어섰다. 금융감독원

전자공시시스템에 따르면 불가리코리아의 2015년 매출은 1,097억원으로 전년(953억원) 대비 15% 증가했다. 같은 기간 순이익은 125억 3,000만원으로 전년(96억 1,000만원)과 비교해 30% 늘었다. 불가리코리아의 2016년 실적은 다음달 공개될 예정인데, 업계에서는 두 자릿수 성장은 무난히 달성할 것으로 보고 있다.

하이 주얼리에 대한 인기가 높아진 이유는 보석의 '자산 가치' 때문이다. 보석은 증여세를 피하면서 대를 이어 물려줄 수 있어 상속, 증여의 수단으로 활용할 수 있다. 특히 불가리 하이 주얼리 컬렉션은 전세계에 1,600여 점밖에 존재하지 않는다는 점에서 재테크 가치도 크다. 김종목 한국귀금속보석단체장협의회 회장은 "안전자산인 금 투자를 하는 것은 많이 알려져 있지만 금은 보유하는 데 한계가 있다"며 "진짜 부자들은 일찍이 보석에 투자하고 있다"고 설명했다. 일례로 다이아몬드의 경우 보관과 이동이 용이하고 희소성과 환금성의 가치가 있는 것으로 평가된다. 김 회장은 "최근 10년 사이 1캐럿 다이아몬드의 가격은 약 두 배 뛰었다"며 "자연이 만든 상품으로 전 세계 어디에서나 통용되고 오래 보유하면 가격이 오르는 것이 분명하기 때문에 자산가들의 투자 수단으로 활용된다"고 말했다. 지난해 보석에 대한 개별소비세가 완화된 점도 호재다. 작년 1월부터 보석에 대한 26%의 개별소비세 과세 기준가격이 200만원에서 500만원으로 상향 조정됐다. 또 매 공정마다 부과되는 데서 반출 한 번 과세로 변경됐다. 명품 브랜드 판매원 A씨는 "억대 이상의 고가 보석을 샀다는 것을 알리고 싶어 하는 자산가는 없다"며 "하이주얼리의 판매는 알음알음 소개로 운영되고 있고, 보안상 문제로 정보도 거의 노출하지 않기 때문에 누가 얼마 어치의 보석을 샀는지는 쉽게 알 수 없다"고 말했다.

불가리의 주얼리는 창립 초기부터 프랑스계 브랜드인 까르띠에나 반클리프 아펠, 미국계 브랜드인 티파니나 해리 윈스턴과는 사뭇 달랐다. 특유의 대범하고 관능적인 디자인과 화려한 색채 조합은 이탈리아 브랜드만의 개성을 드러내기에 충분했고, 이내 불가리 고유의 스타일로 대중들 사이에서 각인되며 많은 사랑을 받게 된다. 그리스의 고전적인 아름다움과 이탈리아의 대범함을 잘 조화시킨 불가리의 디자인은 많은 예술가에게 영감을 주기도 했다. 팝아티스트 앤디 워홀은 "내게 있어 불가리 매장에 들르는 것은 최고의 컨템포러리 아트(contemporary art · 현대미술) 전시회를 방문하는 것과 같다"고 말한 바 있다. 불가리는 1940년대부터 그리스 · 로마신화에서 풍요, 부활, 불멸을 상징하는 뱀을 모티브로 한 다양한 스타일의 시계와 주얼리를 선보이고 있다. 대표적인 제품이 '세르펜티(Serpenti · 이탈리아어로 뱀을 뜻함) 컬렉션'이다. 세르펜티 컬렉션은 뱀의 비늘 모양에서 힌트를 받아 개별 부속을 연결해 뱀이 똬리를 트는 동작을 시계와 주얼리의 디자인으로 형상화했다. 옐로 골드와 자개, 화이트 골드와 다이아몬드, 핑크 골드와 오닉스 등의 소재를 활용한 다채로운 제품으로 구성되었다. 뉴밀레니엄을 기념하며 2000년 출시되어 불가리를 대표하는 켈렉션으로 평가받고 있는 비제로원(B.zero1)은 나선 모양과 불가리 브랜드 로고가 결합된 세련된 디자인이 돋보인다. 비제로원이라는 이름은 불가리의 'B'와 숫자 0과 1을 결합한 것이다. 플레인 골드, 다이아몬드와 다양한 원석으로 세팅된 반지

를 시작으로 팔찌, 펜던트, 귀고리, 시계 그리고 핸드백 부속물에 이르기까지 여러 아이템으로 탄생되었다. 불가리역사에 있어 가장 성공적인컬렉션 중 하나로, 론칭된 이래 전세계에서 150만 개 이상팔린 베스트셀러이기도 하다.

많은 패션 전문가들은 불가리의 성공 비결을 시대와 취향의 변화를 제품에 적절히 반영한 것에서 찾고 있다. 불가리의 장인들은 스타일이 시간의 흐름, 사람들의 취향 변화에 따라 끊임없이 바뀌고 있다는 점을 간파하고 있다. 이렇게 탄생한 불가리의 스타일은 고전 정신의 틀을 유지하면서 현대적인 감각과 디자인을 반영하는 것이다. 니콜라 불가리(Nicola Bulgari) 불가리 이사회 부회장은 "과거의 영광만으로 살려는 생각은 어리석은 것"이라며 "성공하려면 과거와 현재 그리고 미래를 함께 아우를 수 있어야 한다"라고 말한 바 있다. 불가리의 가장 큰 강점은 현지화 전략에 충실하다는 점이다. 불가리는 각 시장 소비자 입맛을 고려해 나라별로 출시한 제품에 약간씩 변형을 준다. 프란체스코 트라파니 최고 경영자는 과거 상하이에서 열린 비즈니스 오브 럭셔리 포럼에서 "아시아 고객의 경우 약간 널찍한 디자인의 반지를 선호한다는 점을 감안해 아시아 시장에서 판매하는 반지류는 타 시장에 비해 둘레가 넓도록 디자인했으며 또 아시아 고객들이 섬세하면서도 상큼한 과일향을 좋아한다는 점을 감안해 이 지역을 위해 '옴니아 크리스털라이즈' 향수를 출시했다"고 말했다.

조선비즈 2017. 3. 15 기사에서 발췌

1 브랜드 포지셔닝의 기본개념

포지셔닝(positioning)이란 개념은 원래 광고 분야에서 시작되었다. 광고회사 간부였던 Al Ries and Jack Trout이 1972년에 〈Advertising Age〉라는 광고신문에 "The Positioning Era Comes"라는 논문을 게재하면서 도입한 광고개념이었으나 오늘날에는 마케팅에는 물론 경영학 전반에 걸쳐 이 개념이 적용되고 있다. 포지셔닝은 정보가 넘쳐나는 시대에 중요한 속성들에 대해 소비자들의 마음속에 경쟁자들보다는 상대적으로 우위를 점할 수 있는 위치를 설정하기 위해 제품을 개발하고 커뮤니케이션을 하는 활동을 말한다. 포지셔닝의 개념은 다양하게 적용될 수 있으나 브랜드와 결합된 브랜드 포지셔닝(brand positioning)은 마케팅전략의 핵심이라 할 수 있다. 소비자의 바람직한 브랜드 지식구조(desired brand knowledge structure)를 결정하는 것은 브랜드를 포지셔닝하는 것을 의미한다. 즉, 표적시장의 고객들 마음속에 경쟁사들과는 차별적으로 가치있게 심어준 기업의 상품이나 이미지를 설계하는 활동인 것이다. 다시 말해서, 개인이나 조직에서 브랜드의 다양한 활동 간의 조화와 일관성을 유지하고 경쟁브랜드와는 무엇인가 다른 것(something different)을 소비자의 마음속에 심어줌으로써 경쟁력을 강화해 나가는 것을 의미한다. 훌륭한 브랜드 포지셔닝은 자사 브랜드는 무엇을 의미하며, 경쟁사와 비교했을 때 어떻게 독특하고 어떻게 유사한지, 그리고 소비자들이 구매해서 사용해야 되는 이유를 분명하게 해줌으로써 마케팅 전략의 근간을 만들고 있다.

오늘날과 같이 커뮤니케이션 과잉시대에 성공하려면 마케터는 소비자의 마음속에 특정한 포지션을 창조해야 한다. 이를 통해 자신의 브랜드의 강·약점은 물론 경쟁사 및 그 브랜드의 강·약점까지도 감안하여 포지션을 설정하는 것이다. 아울러 소비자들에게 전달할 메시지는 단순화되어야 한다. 소비자의 마음속에 들어가기 위해서는 애매하고 복잡한 부분을 단순·명료하게 만들 수 있어야 한다. 이러한 과정을 통해서 메시지는 효과적으로 소비자의 기억 속에 남을 수 있다. 또한 이러한 단순·명료한 메시지가 광고, 인적판매, 판매촉진, 홍보, 구전 등을 통해 오랜 시간 동안에 걸쳐 전달되고 알려질 때 소비자의 마음속에 특정 브랜드의 이미지가 형성되는 것이다. 〈그림 2-1〉은 지금까지의 설명내용을 나타낸 것이다. 결국 훌륭한 브랜드 포지셔닝은 그 브랜드에 관한 모든 것을 알려주고 얼마나 독특하고 경쟁사와 어떻게 유사한

그림 2-1 브랜드 포지셔닝 과정

커뮤니케이션 과잉시대(over-communicated society)

↓

전달 메시지의 단순화(simplified message)

↓

단순 · 명료한 이미지(simplified clear image)

지, 그리고 소비자들이 구매하고 사용해야 하는 이유 등을 확실하게 해줌으로써 마케팅전략을 수립하는 데 결정적 역할을 하고 있다.

브랜드 포지셔닝은 바람직한 브랜드 지식구조를 소비자들에게 전달함으로써 기업이 원하는 방향으로 브랜드의 이미지를 형성하고자 하는 마케팅 활동의 기본적인 계획을 의미하기도 한다. 브랜드 포지셔닝 전략을 수립하기 위해서는 다음과 같은 질문에 명쾌한 해답이 제시되어야만 한다.

- 어떤 시장을 표적으로 할 것인가?
- 경쟁사들은 누구인가?
- 경쟁사들과 얼마나 유사한가?
- 경쟁사들과 어떻게 차별화되고 있나?
- 언제 주로 사용되고 있나?
- 무엇을 위한 브랜드인가?
- 우리만 줄 수 있는 혜택은 무엇인가?

브랜드 포지셔닝이 성공하기 위해서는 브랜드는 해당 제품 카테고리(product category)에서 원형(prototype)이 되어 그 카테고리를 소유해야 한다. 여기서 원형이란, 해당 카테고리를 가장 잘 나타내는 전형적인 대상을 의미하는데 이처럼 원형에 가까운 대상은 그 카테고리를 대표하기 때문에 소비자들이 더욱 쉽게 기억해 낼 수 있어 해당 브랜드의 선택에 대한 판단을 빠르고 유리하게 내릴 수 있게 된다. 브랜드가 해당 제품 카테고리에서 원형이 되기 위해서는 시장에서 품질이 최고이거나(best), 점유율이 최대이거나(most), 아니면 진입순서를 빠르게(first) 가져가는 것이 필요하다. 특히, 시장 진입순서가 뒤쳐졌다고 판단이 되었을 때 마케터 입장에서는 해당 제품 카테고리를 분화하여 그 분화된 시장에서 새로운 원형이 되는 전략을 수립하는 것이 중요하다.

(1) 표적시장

브랜드 포지셔닝 전략을 제대로 수립하기 위해서는 여러 개의 세분시장들 중에서 표적시장을 제대로 결정하는 것이 무엇보다 중요하다. 이는 다른 소비자들은 서로 다른 브랜드 지식구조를 갖고 있기 쉬우며 이에 따라 인식(perception)이나 선호도(preference)도 달라질 수 있기 때문이다. 마케터가 이러한 소비자특성을 제대로 이해하지 않으면 강력하고(strong), 호의적이며(favorable), 독특한(unique) 브랜드 연상이미지를 구축하기가 어려워진다. 표적시장을 선택하기 위해서는 먼저 전체시장을 여러 개의 작은 시장으로 나누는 시장세분화가 이루어져야 한다. 시장세분화(market segmentation)는 '전체시장에서 다양한 니즈를 가지고 있는 고객들을 니즈 및 소비행태의 유사성을 기준으로 몇 개의 공통된 욕구 선호도를 갖는 세분시장으로 나누는 과정'이라 할 수 있다. 이렇게 세분시장으로 나누기 위해서는 당연히 시장을 나누는 세분시장기준이 있어야 한다.

이 기준은 이론적으로 크게 인구통계변수, 지리적 변수, 사회-경제적 변수 등과 같은 물리적 속성기준(physical attributes base)과 사이코그래픽스(psychographics), 사용(usage)상황, 추구효익(benefit sought) 등과 같은 행동적 속성기준(behavioral attributes base)으로 구분된다. 인구통계변수로는 나이, 성별, 인종, 가구수, 가족생애주기(family life cycle) 등이 있고, 지리적 변수에는 도시, 농촌, 근교지역, 혹은 대도시, 중도시, 소도시 등 인구규모에 따른 지역 구분, 또는 국내시장 및 해외시장 등이 있으며, 사회-경제적 변수에는 소득, 교육, 직업, 지위 등이 있다. 사이코그래픽스에는 라이프스타일(lifestyle), 가치, 의견, 태도, 개성, 활동 등이 포함되고, 사용상황에는 다량사용(heavy usage), 중간사용(medium usage), 소량사용(light usage), 非사용(non-usage) 등의 사용률(usage rate), 하위층, 중산층, 상류층 등의 사용자 지위(user status), 처음사용, 규칙적 사용, 특별한 사용 등의 사용상황(usage occasion)이 포함된다. 그리고 추구효익에는 품질, 가격, 부가서비스, 속도, 편리성, 차별화된 특성 등이 포함된다.

실무적으로는 가격대에 따른 구분, 즉 고급시장(high-end market), 대중시장(mass market), 가치시장(low-end market), 매스티지 시장(masstige market)으로 구분하는바, 고급시장을 겨냥하는 브랜드는 럭셔리브랜드, 대중시장을 겨냥한 브랜드는 대중브랜드 혹은 중가브랜드, 그리고 가치시장을 겨냥한 브랜드는 저가브랜드라고 부를 수 있다. '매스티지'는 프레스티지(prestige)와 매스(mass)의 합성어로 럭셔리브랜드와 대중브랜드 사이의 틈새시장을 겨냥한 새로운 브랜드의 출현으로 파생된 시장을 일컫는다. 또 다른 실무적 기반의 구분은 사용상황(TPO)에 의한 구분이다. TPO는 시간(Time), 장소(Place), 상황(Occasion)을 의미하는데 소비자들은 사용상황에 따라 필요와 욕구가 달라지기 때문에 마케터는 이를 반영해서 시장을 세분화할 수 있다.

그러나 시장을 세분화할 때는 무작정 나누는 것이 아니라 세분시장 자체가 의미가 있도록 다음과 같은 기준에 의해서 나누어야 한다.

• **확인성**(identifiability): 세분시장이 파악가능하고 측정가능한가?
• **크기**(size): 세분시장의 크기가 적정한가?
• **접근성**(accessibility): 유통경로 및 커뮤니케이션 매체가 접근가능한가?
• **반응성**(responsiveness): 세분시장이 얼마나 호의를 가지고 반응하는가?

표적시장을 선택할 때 마케터 입장에서는 세심한 주의가 필요하다. 만약 세분시장을 너무 좁게 규명하면, 적정한 매출규모나 수익성을 얻는데 실패할 수 있다. 반면에 세분시장을 너무 광범위하게 규정하면, 투자할 수 있는 경영자원의 한계성 때문에 마케팅 노력이 희석되어 상대적 비용만 증가할 수 있기 때문이다. 앞서 언급한 대로 전체 시장을 세분시장으로 나누는데 사용하는 기준이 필요하듯이, 표적시장을 효과적으로 선택하기 위한 기준도 필요하다. 일반적으로 표적시장을 선택하는 데 필요한 5가지 기준들은 다음과 같다.

• **시장규모**(size): 세분시장의 추정된 규모는 그 세분시장을 선택할 가치가 있는지를 결정하는 데 핵심적 역할을 하고 있다.
• **기대 성장률**(growth): 세분시장의 규모가 현재는 작다고 할지라도 향후 빠른 속도로 성장할 수 있다고 기대할 수 있다면 이는 세분시장 선택에 매우 중요한 요소이다.
• **경쟁**(competition): 경쟁이 적으면 적을수록 매력적인 시장이라 할 수 있다. 따라서 현

재 경쟁이 치열하거나 혹은 미래에 치열해질 것으로 예상되는 것은 세분시장 선택에 결정적으로 작용할 수 있다.

• **도달비용**(reaching cost): 마케팅 활동으로 접근하기 힘든 세분시장은 비용이 막대하게 발생하기 때문에 처음부터 포기하는 편이 효과적이다.

• **공존가능성**(incompatibility): 조직의 목표와 자원이 양립하기 힘든 상황으로서, 특정 세분시장이 한 가지 기준으로 보면 매력적으로 보일지 몰라도 다른 기준에 의하면 전혀 매력적이지 않을 수 있다.

표적시장을 대상으로 하는 마케팅인 표적마케팅(target marketing)은 세분시장의 개수와 마케팅 프로그램의 숫자에 따라 집중적 마케팅과 차별적 마케팅으로 나눌 수 있다. 집중적 마케팅(concentrated marketing)은 한마디로 이야기해서 하나의 세분시장 (single-segment)을 대상으로 하나의 프로그램만을 가동하여 집중적으로 관리하는 마케팅이라 할 수 있다. 마케터는 단일시장에만 소구하면 되기 때문에 해당 세분시장 고객들의 니즈, 동기부여 및 만족 등을 이해하고 이에 적합한 전문화된 마케팅믹스 프

그림 2-2   Roll-Royce의 포지셔닝

비행사인 찰스 롤스와 엔지니어인 헨리 로이스가 설립한 Roll-Royce는 세월이 흘러도 디자인, 성능, 감성까지도 그대로 간직하고 있다고 평가받는 고급차의 대명사로 포지셔닝하고 있다.

로그램을 개발하고 유지하는 데만 집중할 수 있다. 실제적으로 많은 기업들이 좁게 규정된 세분시장의 니즈에 자원을 집중하는 것이 여러 개의 다른 세분시장에 자원을 분산시키는 것보다 훨씬 양호한 수익성을 낼 수 있음을 보여주고 있다. 예를 들어, Rolls-Royce나 Ferrari는 세월이 흘러도 디자인, 성능, 감성까지도 그대로 간직하고 있다고 평가받는 고급차의 대명사로 차량가격 및 유지비용 등을 고려하면 쉽게 구매할 수 있는 차량이 아니기 때문에 상류층 자동차 매니아들의 단일시장을 대상으로 집중적 마케팅을 전개하고 있다. 이러한 기업들은 제한된 자원으로 단일의 세분시장전략을 시작할 수 있다. 그러나 시장규모가 성장할 것으로 기대되는 경우 대기업들이 막대한 자본을 가지고 시장에 진입할 수 있다. 집중적 마케팅의 결정적 단점은 시장규모가 작거나 시장상황의 변동에 따라 그 수요가 움츠러들 경우 해당기업은 부정적인 결과를 경험할 수 있고, 단일시장에서 보여주었던 강력한 브랜드 명성은 다른 세분시장으로 확장할 경우 상당한 어려움에 처할 수 있다 점이다.

차별적 마케팅(differentiated marketing)은 두 개 이상의 세분시장에 두 개 이상의 마케팅 프로그램을 가동하는 경우를 말한다. 복수의 잘 정의된 세분시장을 대상으로 차별화된 마케팅믹스를 적용하고 있기 때문에 복수세분시장마케팅(multi-segment marketing)이라고도 불린다. 때때로 기업들은 완전히 다른 마케팅 믹스요소들을 사용하기보다는 촉진요소들만 다르게 시장에 적용하기도 한다. 예를 들어, 오비맥주는 카스, OB블루, 카스라이트, 카스레드, 카스레몬, 카스2X, 카프리, 호가든 등 다양한 맥주를 다양한 연령대별 시장에 광고 및 판매촉진을 통해 차별적으로 소구하고 있다. 이처럼 복수세분시장마케팅을 통해 기업들은 판매량이 증대하고, 높은 수익성을 시현할 수 있으며, 시장점유율도 증대시킬 수 있는 등 많은 잠재적 혜택을 얻을 수 있다. 그러나 복수세분시장마케팅도 단점이 있다. 먼저, 제품디자인, 생산, 촉진, 제고 마케팅리서치에 많은 비용이 소요된다는 점이다. 또한 신제품들이 기존 제품들의 시장을 잠식해 들어가는 이른바 자기시장잠식(cannibalization)효과가 발생할 수 있다. 즉, 한 기업에서 새로 출시하는 상품으로 인해 그 기업에서 기존에 판매하던 다른 상품들의 판매량, 수익, 시장점유율 등이 감소하는 현상을 말한다. 그러나 때로는 자기시장잠식이 발생하더라도 신제품 출시를 포기하지 않는 것이 기업에게 이로울 수도 있다. 이는 시장에서 자기잠식이 일어난다는 것은 그만큼 새로운 시장의 개발가능성이 있다는 증거이므로 경쟁사들이 그 시장을 공략하기 전에 먼저 선점하는 것이 경쟁력 제고에 더 큰 효과가 있을 수 있기 때문이다.

(2) 경쟁사

브랜드 포지셔닝 전략을 수립할 때 어떤 세분시장을 표적으로 선택한다 하더라도 반드시 그 시장의 경쟁상황을 파악하는 것이 중요하다. 이는 경쟁사들도 해당 세분시장을 이미 표적으로 결정했거나 혹은 미래에 선택할 계획을 갖고 있을 수 있으며, 아울러 해당 세분시장에 속한 고객들 또한 구매결정 시에 다른 브랜드들에 대해 관심을 가질 수도 있기 때문이다. 이때 유통경로도 경쟁상황을 인식하는 데 중요한 역할을 하고 있다. 마케터가 수익성이 높은 시장을 선택하기 위해서는 자원, 역량, 경영계획 등 다른 경쟁사들의 전체적인 마케팅 요소들에 대한 정보파악을 가능케 해주는 경쟁사 분석을 수행할 필요가 있다. 여기서 중요한 점은 경쟁자를 너무 좁게 규정하지 않는다는 점이다. 이른바 1961년에 Levitt교수가 제안한 마케팅근시(marketing myopia)가 발생할 수 있기 때문이다. Levitt교수는 스스로의 산업범위를 너무 좁게 규정했기 때문에 기술이 진보하고 경영환경이 변화함에 따라 기업이 필연적으로 쇠퇴할 수밖에 없었던 상황을 과거 미국의 철도회사들의 예를 인용하면서 지속적인 성장을 통해 생존하기 위해서는 자사산업의 범위를 폭넓게 규정하라고 제안하였다. 당시 미국 철도회사들은 자신의 사업을 운송업(transportation business)으로 보지 않고 철도업(railroad business)으로만 국한시키고 다른 철도회사들 간의 경쟁에만 초점을 맞추었기 때문에 고속버스, 비행기, 바지선(barge), 파이프라인, 자동차 등 다른 교통수단에 자신들의 고객들을 빼앗기는 우(愚)를 범하였다. 또한 이 회사들은 고객지향적(customer oriented)이기보다는 제품지향적(product oriented)이었다는 데에도 실패의 원인이 있다 하겠다. 이는 경쟁이 제품의 속성수준에서 보다는 제품이나 서비스가 제공하는 혜택

`그림 2-3` 마케팅근시로 위기에 처했던 미국의 철도회사들

수준에서 발생하는 경우가 더 많이 있음을 간과한 것이라 말할 수 있다. 이러한 점에서 본다면, 영화나 오디오, 혹은 사치품이나 여행 등은 소비자의 쾌락적 가치(hedonic value) 측면에서 서로 경쟁상대가 될 수 있을 것이다.

이제 경쟁은 비단 동종 제품 카테고리 내에서만 발생하는 것이 아니다. 따라서 마케터는 제품들이 계층적 형태로 소비자들의 마음속에 자리 잡아가고 있기 때문에 여러 개의 다른 수준에서 경쟁을 정의할 수 있어야 한다. 예를 들어, 새롭게 시장에 진입한 카카오뱅크는 서비스 형태(service type)수준에서는 같은 인터넷전문은행인 케이뱅크와 경쟁할 수 있고, 서비스 카테고리(service category)수준에서는 간편결제 측면에서 모든 종류의 카드사들과 경쟁할 수 있으며, 서비스 계층(service class)수준에서는 은행을 비롯한 모든 금융사들과 경쟁하게 되는 것이다. 어떤 고객층을 표적으로 하고 누구와 경쟁할 것이냐에 따라 브랜드 인지도의 폭은 바뀌게 되고 브랜드와 관련된 단서 상황 및 형태도 변하게 된다. 따라서 각기 다른 경쟁수준의 특성을 파악하는 것은 바람직한 브랜드 연상을 구축하는 데 매우 중요한 시사점을 제공해 주고 있다.

그림 2-4 카카오뱅크의 포지셔닝

소비자금융시장에서 돌풍을 일으키고 있는 인터넷전문은행인 카카오뱅크

(3) 차이점과 유사점

차이점(point of difference: POD)은 시장에서 소비자들이 경쟁사들에게는 존재하지 않으나 해당 브랜드에서는 연상이 되고 긍정적으로 평가하게 되는 속성이나 제품혜택을 말한다. 반면에, 유사점(point of parity: POP)은 반드시 독특할 필요가 있는 것이 아니고 오히려 다른 경쟁사들과 일정 부분 공유하고 있는 연상이라고 말할 수 있다. 월 판매량이 4,000만병을 넘어설 정도로 비타민C 음료계에서 리더로 군림하고 있는 광동제약의 비타500은 제품을 출시할 때부터 박카스와 유사한 병모양이나 로고를 사용하고 '피로회복 강장제'라는 제품개념도 유사하였는데(POP), 오히려 이 부분의 제품군을 주로 사용해 왔던 버스기사나 샐러리맨들과 같은 중장년층의 남성 대신 젊고 발랄

한 젊은 여성들을 광고 전면에 내세움으로써, 그리고 약국보다는 일반 슈퍼마켓에서 판매케 함으로써(POD) 기존의 제품들과는 완전히 다르게 소비자의 마음속을 파고들고 있다.

그림 2-5 비타500의 포지셔닝

편의점에서도 살 수 있는 카페인 없는 마시는 비타음료로 포지셔닝한 비타500

브랜드 포지셔닝에서 차이점과 유사점을 설명하는 데 사용되는 대표적인 사례가 바로 Miller Lite의 슬로건인 "Great Taste, Less Filling"이다. 즉, 칼로리가 적은 맥주는 맛이 없을 거라는 사람들의 선입견을 깨기 위해 당시 대세였던 Budweiser처럼 맛은 좋으나(Great Taste, POP), 포만감이 덜하다는 점(Less Filling, POD)을 내세움으로써 맥주시장에서 대성공을 거두었다.

사실 브랜드 포지셔닝에서 차이점 (POP)은 1950년대 Rosser Reeves와 Ted Bates 광고대행사가 창안한 '고유판매명제(unique selling proposition: USP)'의 개념과 유사하다. 이들이 말하는 고유판매명제의 기본적인 개념은 '광고라는 것은 어떻게 하든 소비자들에게 경쟁사들은 도저히 따라올 수 없는 자사제품을 사야만 하는 이유를 줄 수 있어야만 한다'라는 것이었다. 따라서 광고란 구별되고 독특한 제품혜택을 알릴 수 있도록 고안이 되면 됐지, 반드시 창의적일 필요는 없다는 것이다. 즉, 고유판매명제는 광고에서 표현하는 방식보다는 전달하고자 하는 내용을 중시하였다. 브랜드 포지셔닝의 또 다른 개념은 부분적으로 지속가능한 경쟁우위(sustainable competitive advantage)라 할 수 있다. 이는 오랜 기간 동안 시장에서 우월한 가치를 전달할 수 있는 경쟁력을 달성할 수 있는 기업의 능력을 말한다. 비록 지속가능한 경쟁우위는 차이점보다는 다소 광범위한 개념이라 할 수 있지만 차별화(differentiation)의 중요성을 강조하고 있다. 결국 차이점(POP)의 개념은 고유판매명제 및 지속가능한 경쟁우위와 밀접한 관계가 있으며 경쟁 브랜드와 차별화시키기 위해서 강력하고(strong), 호의적이며(favorable), 독특한(unique) 브랜드 연상을 지니고 있어야만 한다는 사실을 지속적으로 각인시켜주고 있다.

그러나 차별화가 제대로 이루어지지 않아 포지셔닝이 실패했을 때 극단적으로 기업이 몰락할 수도 있다. 한때는 세계최대의 유통업체였던 Sears가 대표적인 사례라고 할 수 있다. Sears는 1900년대 초 도시가 발달하면서 혼잡해진 도시중심의 복잡한 유통구조를 벗어나 카탈로그를 통한 우편판매라는 아이디어로 소비자들이 빠르고 편리하게 구매할 수 있는 시스템을 구축하며 새로운 유통시대를 열면서 미국 제일의 유통업체로 발돋움하였다. 그러나 1970년대 Walmart가 주도하는 할인점이란 업태가 주는 변화를 무시하였고 1990년대 후반에 시작된 온라인 쇼핑의 변화에도 동참하지 않았다. Sears는 백화점으로 출발했지만 고급 백화점으로서의 위상을 유지한 것도 아니고 Walmart처럼 저가에 가성비가 높은 제품을 판매하는 곳도 아니다. 또한 Costco처럼 제품을 다량 판매할 수 있는 회원제 할인점도 될 수 없었다. 뒤늦게 중산층 소비자의 니즈를 충족시키는 유통기업으로 포지셔닝했지만 이러한 전략은 시대가 변화하며 중산층이 몰락하면서 실패로 귀결되었다. 오히려 새로운 소비주도세력으로 등장한 중하층은 Walmart, Home Depot, 혹은 Target의 성장가능성을 열어주었다. Sears는 중산층의 니즈를 충족시키는 브랜드로 포지셔닝되기를 원했지만 유통형태가 할인점도 아니고 전형적인 백화점도 아닌, 소비자들이 왜 방문해야 되는지에 대한 타당성을 주지 못하고 Sears만의 고유한 포지셔닝에는 실패한 것이다. 이는 그대로 경영실적에 반영되고 있다. 2011년부터 2016년까지 6년간 누적적자는 거의 1,000억 달러에 이르러 파산 일보직전이라 할 수 있다.

그림 2-6 Sears의 포지셔닝 실패

한때는 세계 제일의 유통업체였던 Sears는 자사의 고유한 포지셔닝에 실패하면서 시장에서 퇴출되기 일보직전이다.

유사점(POP)은 독특하지는 않지만 다른 브랜드와 공유하는 연상이라 할 수 있다. 기본적 유사점(category POP)과 경쟁적 유사점(competitive POP)이라고 하는 두 가지 형태가 있다. 기본적 유사점은 해당 제품 카테고리에 들어가기 위해 소비자가 당연시하는 연상으로서 어떤 브랜드를 선택하는 데 필요조건이며, 반드시 충분조건일 필요는 없다. 따라서 최소한도 일반제품(generic product)수준에서는 존재하며 기대제품(expected product)수준에서도 대부분 존재한다. 여기서 일반제품이란, 실제로 시장에 공급되어 구매 계약조건을 만족시켜주는 제품이다. 기대제품은 소비자가 구매를 고려할 때 자신이 살 물건에 당연히 포함되어 있다고 생각하는 제품이나 서비스를 말한다. 예를 들어, 우리가 여행 중 호텔에 숙박할 때 많은 사람들이 조식이 제공되는 것을 기대한다. 그러나 대부분의 호텔들은 조식을 숙박료에 포함시키지 않고 있다. 이 경우, 조식용 쿠폰은 기대제품으로 소비자가 구매목적을 달성하기 위해서는 절대적으로 필요한 제품이기도 하다. 기본적 유사점은, Kotler(1991)가 말했듯이 마케팅이란 게임에 참여하기 위한 일종의 '참가비(green fee)'라 할 수 있으나 경영환경의 변화에 따라 바뀔 수도 있다. 경쟁적 유사점은 경쟁 브랜드의 POD를 무력화시키기 위해서 만들어지는 연상이라 할 수 있다. 소비자 관점에서 보았을 때, 이러한 경쟁적 유사점이 경쟁사의 차별화 포인트와 비교해도 손색이 없고 더 나아가 자신만의 강력하고 호의적이며 독특한 POD로 자리잡을 수 있다면 그 브랜드는 해당 제품 카테고리에서 뛰어난 경쟁력을 갖게 된다.

2 브랜드 포지셔닝의 절차

차별화가 효과적으로 이루어진 브랜드 포지셔닝을 만들어내기 위해서는 표적으로 삼고 있는 세분시장에서 고객들이 중요하게 평가하고 있는 브랜드의 속성들이 무엇이며, 경쟁사들은 이 중요한 속성들을 어떻게 관리하고 획득해 가고 있는지, 아울러 자사의 브랜드가 이 속성들에 대해 잠재고객들 마음속에 어떻게 자리 잡고 있는지, 또한 이러한 위치가 시간이 지남에 따라 변화할지, 만약 변화한다면 고객들 마음속의 어느 지점으로 리포지셔닝 해야 하는지에 대한 정확하고 폭넓은 이해가 필요하다. 결

그림 2-7 브랜드 포지셔닝 절차

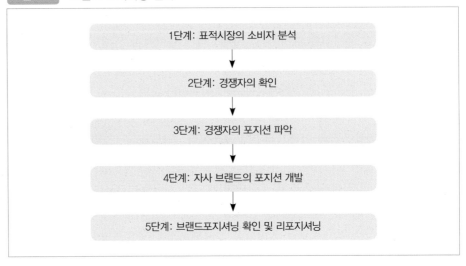

국 브랜드 포지셔닝의 절차는 〈그림 2-7〉과 같은 순서로 이루어지게 되는 것이다.

즉, 첫 번째 '소비자 분석' 단계에서는 해당 제품 카테고리에서 소비자들이 얻고자하는 핵심 속성이나 혜택이 무엇인지, 그리고 기존 제품들에 대한 불만사항이 무엇인지 등 표적시장 내의 소비자들 니즈와 기존제품에 대한 불만족 원인 등을 파악하는 과정이다.

두 번째 '경쟁자 확인' 단계에서는 자사 브랜드의 도입과정에서 경쟁상대가 될 수 있는 브랜드들에 대한 여러 가지 사항들을 파악하는 과정이다. 이때 유의해야 할 점은 표적시장 설정기준에 따라 경쟁 브랜드가 달라질 수 있다는 점이다. 예를 들어, 바나나맛 우유나 딸기맛 우유 등 가공우유는 좁은 의미에서는 가공우유만이 경쟁자가 될 수 있으나 소비자 관점에서 본다면 우유를 구매할 때 모든 우유제품이 구매대상이 될 수 있으므로 시장에 출시된 모든 우유제품들이 경쟁자가 될 수 있을 것이다. 그리고 해당 제품 카테고리에 대체재가 존재하는 경우, 이 대체재 또한 경쟁자가 될 수 있다. 문 앞까지 배달되고 있는 Domino's Pizza는 Pizza Hut이나 Mr. Pizza 같은 피자 브랜드는 물론 '신속한 배달'이라는 측면에서 비비큐, 교촌, 네네치킨 및 페리카나 등 치킨 브랜드들과도 경쟁관계에 놓이게 된다. 이처럼 대체재가 존재하는 경우에는 시장의 규모에 대한 예측은 달라진다.

세 번째 '경쟁자의 포지션 파악' 단계는 경쟁 브랜드들이 표적시장 내의 소비자

그림 2-8 포지셔닝맵의 예

그림 2-8 포지셔닝맵의 예

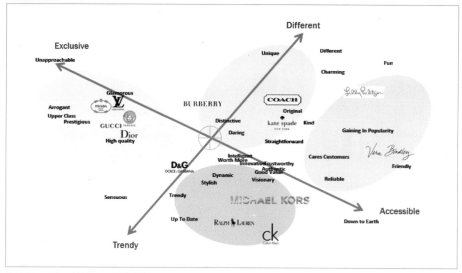

출처: Brand Asset Valuator USA 2014.

들에게 어떻게 인식되고 있는지를 분석하는 과정이다. 〈그림 2-8〉에서 보듯이 패션잡화 브랜드를 시장에 포지셔닝시킬 때 패션특성(different-trendy) 및 구입용이성

그림 2-9 패션디자인을 위한 포트폴리오

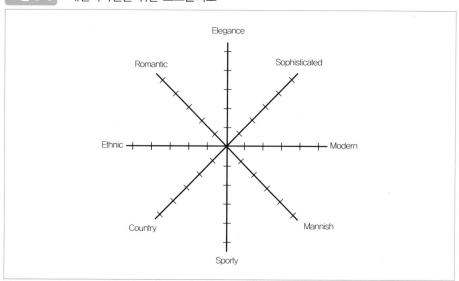

출처: http://cafe.naver.com/aboutfashiongraphic/682 패션디자인을 위한 포트폴리오, 의류상품학, 한국산업인력공단, 예림

그림 2-10 SK-II의 포지셔닝

SK-II는 깨끗한 피부(clear skin)에 대한 비밀 키(SK: Secret Key)컨셉으로 포지셔닝하고 있다.

(exclusive-accessible)의 두 가지 지표를 기본으로 하는 포지셔닝 맵을 사용하게 되면 자사 브랜드를 효과적으로 포지셔닝시킬 수 있게 된다. 이 경우 지각도(perceptual mapping)를 사용해서 포지셔닝맵을 작성하여 경쟁 브랜드들의 포지션들을 설정하면 경쟁 브랜드들의 속성과 소비자들의 지각상태를 파악하는데 많은 도움을 얻을 수 있다. 더 나아가 패션브랜드를 시장에 출시하게 될 때 〈그림 2-9〉와 같은 패션디자인을 위한 포트폴리오를 이용하게 되면 더욱 다양한 지표를 이용하여 자사 브랜드를 포지셔닝시킬 수 있게 된다.

네 번째 '자사 브랜드의 포지션 개발' 단계는 경쟁 브랜드들에 비해 소비자의 니즈를 더욱 잘 충족시켜 줄 수 있는 적합한 자사 브랜드의 포지션을 결정하는 과정이다. 예를 들어, 1980년에 P & G가 Max Factor로부터 사들인 SK-II는 처음부터 '깨끗한 피부'에 초점을 맞춘 스킨케어(skin care) 브랜드였다. SK-II에서 SK는 '피테라(Pitera)' 성분을 지닌 "비밀 키(Secret Key)"를 의미하며, 피테라는 피부를 맑게 하는 비밀로 밝혀졌다. 피테라는 효모발효 과정에서 자연적으로 형성되며 비타민, 아미노산, 미네랄 및 유기산으로 구성되고 피부의 재생주기를 자극하는 것으로 알려져 있다. SK-II 제품은 화장품 성분과 결합된 강한 발효 냄새와 그것이 발견된 방법에 대한 이야기가 브랜드 진정성에 추가된다. SK-II는 베이스 및 색조 제품 위주의 화장품 시장에서 아름다움의 기준을 깨끗한 피부로 바꾸려고 노력하였으며 피테라를 중심으로 스킨케어 브랜드로 포지셔닝하는 데 성공하였다.

다섯 번째 '브랜드 포지셔닝 확인 및 리포지셔닝' 단계는 포지셔닝 전략이 실행된 후에 자사 브랜드가 소비자들 인식의 목표한 포지션에 위치하고 있는지 확인하는 과정이다. 이 경우 매출성과나 수익성 등의 마케팅 성과를 통해서 알 수도 있으나 전문적인 조사를 통해서 보다 구체적으로 표적시장에 대한 분석을 수행해야 한다. 또한 마케터가 목표한대로 포지셔닝이 훌륭하게 이루어졌어도 시간이 지남에 따라 이 포

지셔닝이 부적합할 수도 있다. 리포지
셔닝(repositioning)이 필요한 경우인데
이는 기본적으로 소비자의 마음속에
심어져 있던 브랜드에 대한 기존 인
식을 바꾸는 전략으로서 매출이 감소
하거나 경쟁우위를 상실했을 때, 혹은
주요 고객층이 브랜드와 더불어 노쇠
해 갈 때 브랜드에 대한 첫인상을 변
화시키고 그 변화를 지속적으로 반복
해서 나타내줌으로써 브랜드를 관리
하는 마케팅활동이다. 예를 들어, 처

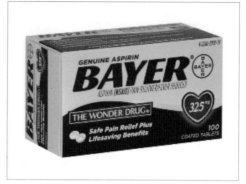

그림 2-11 Bayer Aspirin의 리포지셔닝

Bayer Aspirin은 진통해열제뿐만 아니라 심혈관 질환을 예방
하는 기적의 약으로 리포지셔닝하고 있다.

음에 두통제 시장을 독점했던 Aspirin은 위벽을 자극하고 천식이나 알레르기 등 부작
용을 유발시키는 것으로 알려지며 미국의 진통제 시장 1위 자리를 Tylenol에 내어주
었다. 그러나 나중에 연구결과 심혈관 예방에 효과가 있음이 판명되자 '심혈관 질환을
예방하는 기적의 약'으로 리포지셔닝시켰고 이를 통해 브랜드 확장의 발판을 마련할
수 있었다.

 ③ 브랜드 포지셔닝의 접근방법

어느 한 브랜드를 표적시장에 포지셔닝시킨다는 것은 해당 표적시장에 있는 고
객들이 그 브랜드에 대해서 일련의 연상들을 갖도록 만드는 작업이라 할 수 있다. 이
러한 연상에는 제품의 속성, 사용상황, 사용자, 그리고 경쟁제품 등이 대표적으로 포
함되고 있다.

(1) 속성에 의한 포지셔닝

제품속성에 의한 포지셔닝은 특정 브랜드가 제품의 어떤 속성 혹은 특징을 포지

그림 2-12　7-up의 차별화 전략

7-up은 무색무취의 레몬라임의 자연의 맛을 강조하면서 콜라의 인공의 맛과 차별화시키고 있다.

셔닝하는 것이다. 이 접근방법은 가장 일반적으로 사용되는 방법으로서 경쟁제품과는 다른 어떤 차별화된 혜택이나 속성을 지녔다고 표적시장 내의 고객들에게 인식시키는 것이다. 대표적으로 미국의 탄산음료 브랜드인 7-up의 'Uncola' 캠페인 사례를 생각해 볼 수 있다. 당시 7-up의 낮은 시장점유율에 고민하던 경영진은 미국 탄산음료시장 그 자체라고 인식되었던 콜라제품과는 철저하게 차별화하여 소비자들이 탄산음료시장을 콜라시장과 비(非)콜라 시장으로 구분하도록 유도하였고 결과적으로 대성공을 거두었다. 즉, 마케팅 리서치 결과 당시의 소비자들은 라임소다(lime soda)와 콜라를 구분하지 않고 그냥 동일한 탄산음료제품으로 인식하고 있다는 것을 알았기 때문에 7-up은 콜라와 달리 카페인이 없는 'Uncola' 캠페인을 전개하여 '콜라가 아닌(uncola) 탄산음료'라는 제품카테고리를 새롭게 형성하여 그 시장에서 대표적인 브랜드라는 인식을 심어준 것이다.

(2) 사용상황에 의한 포지셔닝

이 방법은 소구하고자 하는 제품의 적절한 사용상황을 묘사함으로써 소비자에게 주는 혜택을 약속하는 포지셔닝 접근방법이다. 예를 들면 식품 저장용기인 '락앤락'은 식품을 사용하고 난 다음에도 신선함을 그대로 유지한 채 보관할 수 있다는 혜택을 약속하고, 일반 원형, 직사각, 정사각, 깊은 형, 칸칸

그림 2-13　락앤락의 포지셔닝

락앤락은 다양한 상황 속에서 사용할 수 있는 보관용기로 포지셔닝하고 있다.

이 형 등 다양한 형태와 사이즈로 음식보관은 물론 소품정리와 약통 등 생활 속에서 다양한 용도로 사용할 수 있는 생활 용기로 포지셔닝하고 있다. 한편, 구두 브랜드인 'Rockport'는 마라톤을 완주하는 모습을 보여 줌으로써 마라톤을 완주할 만큼 편안한 구두임(walkability: style made comfortable)을 약속하고 있다.

(3) 제품 사용자에 의한 포지셔닝

이 방법은 해당 브랜드의 제품이 특정 사용자 계층에 적합하다고 강조하여 포지셔닝하는 방법이다. 즉, 브랜드에 대한 인식을 특정 계층의 사용자 집단에 연결시키는 것이다. 이러한 인식을 통해 유사성이 높은 부류의 사용자들에게 제품의 이용을 권장한다. 예를 들어, 전 세계에서 고혈압을 앓는 성인 인구가 40년 만에 2배 가까이 늘어 11억 명 이상으로 증가한 것으로 나타났다. 국내에서도 주요 만성질환 진료환자 중 고혈압 환자들이 가장 많은 비중을 차지한 것으로 알려지면서 많은 사람들이 고혈압 관리에 높은 관심을 기울이고 있다. 이에 따라 의료기기 전문 업체인 오므론(Omron)은 일반 소비자들도 편안한 환경에서 안정된 상태로 측정하여 적극적인 혈압 관리를 할 수 있도록 도와주는 가정용 혈압계를 출시하여 지금까지 세계 시장 점유율 1위를 계속 유지하고 있다. 가정용 디지털 혈압계의 최강자로 포지셔닝하고 있는 것이다. 원단공급업체인 고어텍스 (Gore-Tex)도 비슷한 경우라 할 수 있다. 방수와 방풍 기능을 갖추고 습기는 밖으로 배출할 수 있는 원단으로 아웃도어 의류나 신발에 주로 사용되는 고어텍스는 국내 기능성 원단 시장에서 60% 내외의 점유율을 가지는 1위 사업자다.

그림 2-14 Gore-Tex의 포지셔닝

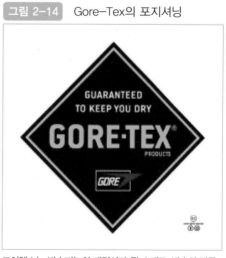

고어텍스는 방수기능의 대명사가 된 소재로, 방수와 방풍 기능은 물론 투습성을 겸한 소재이다.

(4) 경쟁제품에 의한 포지셔닝

경쟁사와 비교하여 자사 브랜드의 차별화된 혜택이나 특성을 강조하면서 포지셔닝하는 접근방법으로서 비교광고 등이 여기에 속한다. 직·간접적인 비교를 통해서 표적시장에 있는 고객들의 충족되지 않은 니즈를 공략하는 유형이 대표적이라 할 수 있다. 경쟁사보다 품질이 우월하거나 혹은 다르다는 인식을 심어주는 마케팅전략이라 할 수 있다. 예를 들면, Avis렌터카의 'No.2' 캠페인을 생각해 볼 수 있다. 마케팅의 가장 대표적인 포지셔닝 사례 중 하나인 에이비스의 사례는 "We're only No.2. So we try harder(우리는 2등입니다. 그래서 우리는 더 노력합니다)"였다. 광고 캠페인을 펼치던 당시 미국 렌터카 시장에서 1위인 Hertz에 이어 Avis는 National이나 Budget 등과 2위를 다투고 있었다. 대부분의 광고들은 자사 브랜드가 업계 최고라고 이야기하고 있다. 그러나 에이비스는 이러한 상식을 깨고 자사가 최고가 아니라고 이야기했다. 그러나 이야기는 거기서 끝나는 것이 아니다. '우리가 1등이 아니기 때문에 더 많은 노력을 해야 하고 이를 통해 1등이 제공하지 않는 사소한 부분도 우리는 다 제공할 의지를 가지고 있습니다'라는 내용을 암묵적으로 소비자들에게 전달하고 있다. 이 캠페인을 통해서 시장에서 신뢰를 강화한 에이비스는 비록 1위를 차지하지는 못했지만 다른 2등 그룹을 완전히 따돌리고 확고한 2위 자리를 구축하게 되었다.

그림 2-15 Avis의 포지셔닝

에이비스의 '우리는 2등입니다'라는 슬로건은 소비자들의 마음속에 더 열심히 노력하는 기업으로 포지셔닝시켰다.

4 포지셔닝맵의 전략적 필요성

기본적으로 포지셔닝전략을 수립할 때, 포지셔닝맵의 작성은 필수적이라 할 수 있다. 포지셔닝맵은 소비자들의 마음속에 있는 자사 브랜드와 경쟁사 브랜드의 위치를 주로 2-3차 공간에 작성한 일종의 지도로 고객지각에 의해 도표화된 각 브랜드의 위치를 보여주고 있다. 즉, 각 제품 카테고리에 있어 선택의 기준이 될 만한 중요한 지표를 설정하여 2차원 혹은 3차원의 도면상에 자사 브랜드와 경쟁 브랜드의 위치를 표시한 지도라 할 수 있다. 표지셔닝맵을 만들 때 가장 중요한 것은 지표선정이라 할 수 있다. 만약 소비자들이 구매의사결정을 내릴 때 중요하게 생각하지 않는 지표를 선정하여 포지셔닝맵을 작성하고 이에 따라 브랜드전략이 수립된다면 시장에서의 성공 가능성은 상당히 낮아질 수밖에 없다. 예를 들어, 소비자들은 우유를 구매할 때 영양가와 지방성분을 가장 중요한 결정기준으로 생각하고 있는데 가격과 용량을 양 축으로 놓고 포지셔닝맵을 작성하고 그 결과로 브랜드전략을 구사한다면 마케팅 결과는 다르게 나타날 것이다. 따라서 충분한 시장조사를 통해 소비자들이 해당 제품 카테고리에서 가장 중요하게 생각하는 의미있는 속성을 정확하게 판단하여 지표를 결정해야 한다. 포지셔닝맵의 전략적 의의를 요약해 보면 다음과 같다.

- 시장성 파악이 가능하다: 시장성이 충분히 있음에도 불구하고 자사 제품이나 경쟁사 제품이 소구하지 않는 시장의 빈 곳을 알려줌으로써 새로운 브랜드의 개념을 알맞게 선정할 수 있다.
- 자사 브랜드의 현 위치 파악이 가능하다: 자사 브랜드가 표적시장의 고객들에게 어떻게 인식되고 있는지를 보여준다.
- 경쟁자의 파악이 가능하다: 자사 브랜드와 유사한 경쟁 브랜드가 무엇이며 주변에 얼마나 많은 수의 경쟁자들이 있는지를 보여주어 경쟁강도를 표시해 주고 있는데, 이때 포지셔닝맵 상에서 가장 가까운 거리에 있는 브랜드일수록 서로 경쟁관계에 있고 또한 대체가 가능한 브랜드임을 보여 주고 있다.
- 이상점(ideal point) 파악이 가능하다: 소비자가 가장 이상적으로 생각하는 브랜드의 속성 자체를 파악함으로써 신제품개발이나 기존제품의 개선에 있어 이상점으로 삼을 수 있다.
- 마케팅믹스의 효과측정이 가능하다: 정기적으로 자사 브랜드의 위치를 파악하여 포지셔닝맵을 작성해 봄으로써 최초 의도대로 포지셔닝이 되었는지 확인할 수 있으며, 결과적으로 실행된 마케팅 믹스 전략이 얼마나 효과적이었는지를 알 수 있게 된다.

SUMMARY

● 포지셔닝의 개념은 다양하게 적용될 수 있으나 브랜드와 결합된 브랜드 포지셔닝 (brand positioning)이 마케팅전략의 핵심이라 할 수 있다. 소비자의 바람직한 브랜드 지식구조(desired brand knowledge structure)를 결정하는 것은 브랜드를 포지셔닝하는 것을 의미한다. 즉, 표적시장의 고객들 마음속에 경쟁사들과는 차별적으로 가치있게 심어준 기업의 상품이나 이미지를 설계하는 활동인 것이다. 브랜드 포지셔닝이 성공하기 위해서는 브랜드는 해당 제품 카테고리(product category)에서 원형 (prototype)이 되어 그 카테고리를 소유해야 한다.

● 브랜드 포지셔닝의 절차는 5단계로 이루어진다. 첫 번째 '소비자 분석' 단계에서는 해당 제품 카테고리에서 소비자들이 얻고자 하는 핵심 속성이나 혜택이 무엇인지, 그리고 기존 제품들에 대한 불만사항이 무엇인지 등 표적시장 내의 소비자들 니즈와 기존 제품에 대한 불만족 원인 등을 파악하는 과정이다. 두 번째 '경쟁자 확인' 단계에서는 자사 브랜드의 도입과정에서 경쟁상대가 될 수 있는 브랜드들에 대한 여러 가지 사항들을 파악하는 과정이다. 세 번째 '경쟁자의 포지션 파악' 단계는 경쟁 브랜드들이 표적시장 내의 소비자들에게 어떻게 인식되고 있는지를 분석하는 과정이다. 네 번째 '자사 브랜드의 포지션 개발' 단계는 경쟁 브랜드들에 비해 소비자의 니즈를 더욱 잘 충족시켜 줄 수 있는 적합한 자사 브랜드의 포지션을 결정하는 과정이다. 다섯 번째 '브랜드 포지셔닝 확인 및 리포지셔닝' 단계는 포지셔닝 전략이 실행된 후에 자사 브랜드가 소비자들 인식의 목표한 포지션에 위치하고 있는지 확인하는 과정이다. 리포지셔닝 (repositioning)은, 소비자의 마음속에 심어져 있던 브랜드에 대한 기존 인식을 바꾸는 전략으로서 매출이 감소하거나 경쟁우위를 상실했을 때, 혹은 주요 고객층이 브랜드와 더불어 노쇠해 갈 때 브랜드에 대한 첫인상을 변화시키고 그 변화를 지속적으로 반복해서 나타내줌으로써 브랜드를 관리하는 마케팅활동이다.

● 어느 한 브랜드를 표적시장에 포지셔닝시킨다는 것은 해당 표적시장에 있는 고객들이 그 브랜드에 대해서 일련의 연상들을 갖도록 만드는 작업이라 할 수 있다. 이러한 연상에는 제품의 속성, 사용상황, 사용자, 그리고 경쟁제품 등이 대표적으로 포함되고 있다. 제품속성에 의한 포지셔닝은 특정 브랜드가 제품의 어떤 속성 혹은 특징을 포지셔닝하는 것이다. 사용상황에 의한 포지셔닝은 소구하고자 하는 제품의 적절한 사용상황을 묘사함으로써 소비자에게 주는 혜택을 약속하는 포지셔닝 접근방법이다. 제품사용

자에 의한 포지셔닝은 해당 브랜드의 제품이 특정 사용자 계층에 적합하다고 강조하여 포지셔닝하는 방법이다. 경쟁제품에 의한 포지셔닝은 경쟁사와 비교하여 자사 브랜드의 차별화된 혜택이나 특성을 강조하면서 포지셔닝하는 접근방법으로서 비교광고 등이 여기에 속한다. 직·간접적인 비교를 통해서 표적시장에 있는 고객들의 충족되지 않은 니즈를 공략하는 유형이 대표적이라 할 수 있다.

● 기본적으로 포지셔닝전략을 수립할 때, 포지셔닝맵의 작성은 필수적이라 할 수 있다. 포지셔닝맵은 소비자들의 마음속에 있는 자사 브랜드와 경쟁사 브랜드의 위치를 주로 2~3차 공간에 작성한 일종의 지도로 고객지각에 의해 도표화된 각 브랜드의 위치를 보여주고 있다. 즉, 각 제품 카테고리에 있어 선택의 기준이 될 만한 중요한 지표를 설정하여 2차원 혹은 3차원의 도면상에 자사 브랜드와 경쟁 브랜드의 위치를 표시한 지도라 할 수 있다. 표지셔닝맵을 만들 때 가장 중요한 것은 지표선정이라 할 수 있다.

PART 2 브랜드 자산의 형성 전략

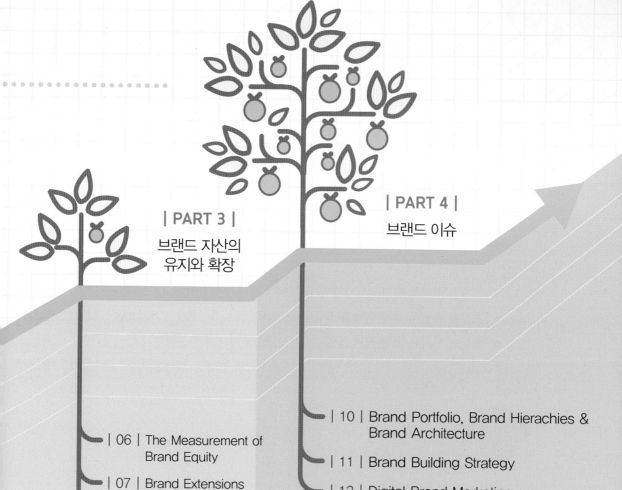

·STRATEGIC BRAND MARKETING

03

브랜드 인지도와 지각된 품질

● 본 장에서는 브랜드 인지도와 지각된 품질의 개념과 중요성을 학습하며, 이론과 사례를 통하여 이를 어떻게 실제 마케팅 활동에 적용할 수 있는지에 대해서 알아본다.

● 브랜드 인지도와 지각된 품질이 시장점유율에 어떠한 영향을 미칠 수 있는지 학습한다.

● 브랜드 인지도를 향상시키기 위한 전략에 대해서 학습한다.

● 지각된 품질의 관리 전략을 학습한다.

● 브랜드 인지도 및 지각된 품질의 평가 방법에 대하여 학습한다.

편의점 도시락의 개선 전략

최근 1인 가구의 비율이 높아지고 일반 식당의 식사 가격이 높아짐에 따라 편의점 도시락 시장이 급성장하고 있다. 도시락 시장 규모는 2014년 2천억 원에서 2015년 3천억 원, 2016년에는 5천억 원에 이르렀으며 2017년에는 6천억 시장으로 성장이 예상되고 있다.

국내 편의점 점포수 1위를 차지하고 있는 CU는 백종원 씨를 광고모델 및 브랜드로 하여 '백종원매콤불고기정식', '백종원우삼겹정식' 등의 브랜딩 전략을 사용하고 있으며, 국내 점포수 2위인 GS25의 경우 김혜자 씨를 광고모델로 도시락에 대한 홍보를 진행하다가 2017년 3월 계약을 종료하고 현재는 유어스 브랜드로 '제육정찬', '등심돈까스 도시락' 등을 판매하고 있다. 세븐일레븐은 걸스데이의 혜리를 광고 모델로 다양한 도시락을 홍보하고 있으며, '보성 녹돈 고

CU
백종원매콤불고기정식

GS25
유어스 제육정찬

7-ELEVEN
보성녹돈불고기도시락

추장 불고기 도시락', '군산오징어 도시락', '전주식한상 도시락' 등의 지역 명칭을 사용하여 도시락의 브랜딩을 진행하기도 하였다.

이러한 편의점 도시락에 대해서 저렴하고 편리하게 식사를 할 수 있다는 장점이 있으나, 고객들이 지각하는 도시락의 품질 수준은 높지 않다는 문제가 있다. 이러한 편의점 도시락의 지각된 품질을 올리기 위해서 편의점 3개 회사가 사용한 전략은 무엇이며, 어떤 회사의 전략이 가장 효과적일까?

 브랜드 인지도

(1) 브랜드 인지도란?

브랜드 인지도란 잠재 소비자가 특정 제품 카테고리 속의 특정한 브랜드를 기억할 수 있는 능력을 말한다. 브랜드 인지 측면에 있어서는 제품 카테고리와 브랜드와의 연결이 매우 중요하다. 예를 들어, 싼타페 자동차에 대한 광고가 싼타페라는 동일한 브랜드를 가진 커피 음료에 대한 소비자 인지를 높여주지는 않는다는 것이다.

브랜드 인지도는 소비자가 인지하는 정도에 따라 상당히 넓은 범위를 가진다. 예를 들어, 어떤 경우에는 소비자들이 '×××브랜드에 대해서 들어본 것 같다'라는 약한 인지도에서부터 '해당 제품 카테고리에서는 ×××브랜드만 알고 있다'는 정도의 강한 인지도까지 다양하다.

소비자의 제품 구매 과정에서 소비자는 우선 구매 고려 대상 브랜드들을 떠올린다. 이렇게 구매 대상으로 고려된 브랜드는 다른 브랜드에 비해서 실제 구매시 보다 높은 확률로 구매된다. 실제로 소비자들은 제품 구매 과정 동안 다양한 브랜드들을 모두 찾아보고 구매하지 않는다. "어떤 회사가 노트북 컴퓨터를 만들고 있나?"라는 질문에 대해서 소비자들이 제일 처음 떠올리는 브랜드는 제품 선택시 유리한 위치에 있다고 할 수 있는 것이다. 반면에 소비자들이 기억하지 못한 브랜드는 선택받을 기회가 거의 없다고 하겠다.

소비자들의 브랜드 인지도를 이해하는 데 있어서 크게 두 가지 방법이 사용되곤 한다. 첫 번째는 보조 인지도이며, 두 번째는 비보조 인지도이다.

브랜드 인지도에 있어서 낮은 강도의 인지라고 할 수 있는 보조 인지도는 제품 카테고리 내 여러 브랜드 이름이 주어진 상태에서 소비자들이 그 브랜드 이름을 이전에 들어본 적이 있는지를 알아보는 것이다. 보조 인지도는 브랜드 인지도의 가장 낮은 단계로서 소비자가 구매 장소에서 여러 가지 브랜드를 보며 구매를 결정하는 시기에 있어서 선택의 중요한 요인으로 작용한다.

브랜드 인지도에 있어서 높은 강도라고 할 수 있는 비보조 인지도는 제품 카테고리 내에 브랜드 이름이 주어지지 않은 상태에서, 소비자가 해당 브랜드를 직접 떠올리는 것이다. 대부분 보조 인지도보다 적은 수를 가진다. 특히, 제일 먼저 소비자가 떠올리는 브랜드를 최초 상기 브랜드라고 하는데, 최초 상기 브랜드는 해당 제품 카테고리 내에서의 경쟁에 있어서 다른 브랜드보다 우위를 점하고 있는 브랜드라고 할 수 있다.

(2) 브랜드 인지도의 전략적 가치

제품특성과 제품의 이미지를 연결

브랜드 인지도는 기업의 마케팅 커뮤니케이션의 일차적인 목표라고 할 수 있다. 브랜드를 전달하지 않고 제품 특성만을 전달하고자 하는 것은 마케팅적 차원에서 볼 때 큰 의미가 없을 수 있다. 제품의 특성을 이해했지만 브랜드를 기억하지 못한다면, 실제 구매에서 소비자들의 선택을 받을 수 있는 확률이 매우 낮아지기 때문이다.

〈그림 3-1〉에서 나타난 예를 살펴보자. 스타벅스는 이름이 어떻게 제품의 특성

그림 3-1 스타벅스 이미지

과 제품의 이미지를 연결해 주는지를 잘 보여주고 있다고 할 수 있다. 스타벅스는 현재의 이름이 되기 전 '일 지오날레'라는 이름을 가지고 있었다. 이탈리아의 강배전 커피를 미국에 소개하려 했던 시도의 일환으로 만들어졌던 커피숍이기에 이탈리아식 이름을 사용했던 것이다. 하지만 이후 이 이름이 소비자의 마음속에 잘 들어가지 못한다는 사실을 깨닫고, 스타벅스로 이름을 바꾼다. 스타벅스는 진하고 강렬한 커피, 커피의 진한 색깔을 연상시키는 매장 인테리어, 커피를 사랑하는 사람들, 세련된 느낌 등의 이미지와 강하게 연계되어 있다.

대부분의 마케터에게 있어서 신상품을 시장에 내놓은 후 해당 제품의 브랜드 이름에 대한 소비자 인지도를 일단 목표한 수준까지 올리는 것이 첫 번째 목표이며, 이 목표가 달성된 이후 그 브랜드 이름에 새로운 연상 이미지를 연결시킨다든지 하는 다른 목표를 추구하는 것이 일반적이라고 할 수 있다.

친근감과 호감을 제공

브랜드 인지도는 사람들에게 친근함을 제공한다. 해당 브랜드에 대해서 이미 알고 있다는 것은 친극감을 불러일으키며, 일반적으로 사람들은 친숙한 것에 대해서 호감을 가지게 된다.

특히, 관여도가 낮은 제품군인 치약, 음료수, 설탕, 화장지 등의 제품에 대해서는 브랜드에 대한 친숙도가 소비자의 구매결정에 많은 영향을 미치는 경우가 많다. 즉, 동일한 카테고리 내의 제품의 차별

그림 3-2 인터넷 쇼핑몰에서의 지방시 브랜드

성을 정확하기 인지하기 어려운 경우 브랜드에 대한 친근감이 선택으로 이어지는 경우가 많다는 뜻이다.

브랜드 인지도는 쉽게 사라지지 않는 경우가 많아 이를 활용하는 경우가 많다. 예를 들어, '지방시'라는 화장품 브랜드는 2002년 한국에서 철수하였고 그 이후 특별한 광고나 홍보가 이루어지지 않았음에도 불구하고 아직도 많은 사람들이 기억하고 있어 면세점이나 인터넷 등에서 꾸준히 팔려나가고 있는 모습을 볼 수 있다. 또한 연예인들의 경우도 소비자들이 상당히 그 이름을 오래 기억하는 경우가 있어, 이를 브랜드 인지도를 높이는 전략으로 활용하기도 한다. 예를 들어, 미국의 한 할인점의 경우 20대에 유명했으나 40대에는 활동을 거의 안하는 연예인들과 계약한 후, 해당 연예인들의 이름으로 할인점의 자체 브랜드를 개발하여 큰 성공을 거두기도 하였다.

소비자들에게 신뢰성을 획득

소비자들이 브랜드를 인지하고 있다는 것은 해당 제품이 실제 시장에서 판매되고 있으며, 제품의 특성과 성능 그리고 해당 제품이 가지고 있는 위험 부분에 대해서 어느 정도 추측하고 있다는 것을 의미한다. 따라서 소비자들은 자신이 인지하고 있는 제품에 대해서 해당 제품의 장점뿐 아니라 단점을 어느 정도 알고 있다는 인식을 하게 되어, 해당 브랜드 제품을 구매했을 때 어떻게 하면 해당 브랜드 제품을 잘 쓸 수 있는지를 추측할 수 있게 한다. 또한 해당 브랜드를 알고있다는 사실만으로 소비자들은 브랜드를 공급하는 회사의 규모가 사후 서비스를 해줄 수 있는 정도로 충분히 클 것이며, 또한 많은 사람들에게 알려져 있다고 추측한다. 반대로 브랜드 인지도가 없는 회사나 브랜드라면 해당 회사를 신뢰할 수 없다고 소비자들이 판단하게 된다. 특히, 관여도가 낮은 제품이나, 해당 카테고리 제품에 대해서 잘 모르나 구매 위험이 있는 제품을 구매할 때 이러한 브랜드 인지도에 의해서 일어나는 신뢰는 소비자의 구매 의사결정에 있어서 매우 중요한 역할을 하기도 한다.

(3) 브랜드 인지도의 향상 전략

커뮤니케이션 전략의 차별화

소비자에게 브랜드를 인식시키기 위해서는 우선 브랜드 커뮤니케이션이 소비자의 기억에 남을 수 있어야 한다. 이를 위해서는 브랜드 커뮤니케이션의 메시지가 차

그림 3-3 구별하기 어려운 신한금융그룹의 광고와 보람상조의 TV 광고

별화되어 있거나 혹은 그 전달방법이나 매체가 독특한 것이 좋다. 동일한 카테고리내의 다른 제품들과 유사해서는 소비자들의 기억 속에 브랜드나 브랜드가 전달하고자하는 메시지를 남기기는 어렵다.

〈그림 3-3〉에서 보여주고 있는 신한금융그룹의 광고와 보람상조의 광고는 광고가 유사하다. 두 광고 모두 바다를 배경으로 하얀색 상의와 까만색 하의를 입은 출연자들이 합창을 하고 있는 모습을 담고 있어, 화면에 나타난 회사 브랜드를 제거하는경우 어느 회사의 광고인지 서로 구별하기 어려워, 인지도가 떨어지는 회사의 경우고객이 이후 기억하기 어려워진다.

브랜드 슬로건 사용

브랜드 슬로건(Brand slogan)을 사용함으로써 소비자의 브랜드 인지도를 높이는 데효과를 낼 수 있다. 브랜드 슬로건이란 브랜드의 의미를 보충하여 설명하는 짧은 문장을 의미한다. 예를 들어, LG그룹은 LG브랜드에 대해서 "Life's Good"이라는 브랜드슬로건을 사용하며, KT는 "olleh"라는 슬로건을 사용하기도 한다.

좋은 브랜드 슬로건은 구체적이고 적절하며, 기억이 쉬운 것이 좋으며 또한 브랜드로부터 모호함을 제거할 수 있어야 한다. 브랜드 네임과 심볼을 강화시킬 수 있으며, 브랜드 슬로건 그 자체로서 어떠한 성과를 올릴 수 있어야 한다. 예를 들어, AT&T의 경우 "Reach out and Touch someone"이라는 브랜드 슬로건을 제시하였는데, 이브랜드 슬로건 자체는 Reach out American plan, Reach out world plan, Reach out Saturday plan과 같은 촉진 프로그램에 사용되기도 하였다.

브랜드 심벌

단순한 언어보다는 이미지화된 브랜드 심벌(Brand Symbol)이 소비자가 브랜드를 기억하는 데 큰 도움을 줄 수 있다. 브랜드 심벌을 활용함으로써 브랜드를 론칭한 초기에 소비자들에게 브랜드 인지도를 높이는 데 도움이 될 수 있으며, 브랜드에 대한 기억을 오랫동안 간직하도록 하는 데에도 도움이 될 수 있다.

홍보

매체를 통한 광고나 홍보는 브랜드 인지도를 높이는 데 매우 효과적인 방법이 될 수 있다. 특히, 목표 고객에 맞춤화된 메시지의 내용과 매체를 활용한 광고는 목표고객에 대한 브랜드 인지도를 창출하는 것에 적절한 방법이라고 할 수 있다. 특히, 비용이 많이 소요되는 광고보다는 비용이 적게 들면서도 효과적인 홍보가 보다 비용 효율적이라고 할 수 있다. 비용적인 측면뿐만 아니라 신뢰적인 측면에 있어서도 광고보다는 홍보가 더 효과적이기 때문이다. 최근 가열되고 있는 스마트폰 시장의 경우 새로운 스마트폰에 대한 소개를 행사로 자리잡도록 만들어 매우 큰 홍보 효과를 내고 있다.

> **제품 소개 행사를 통한 홍보 전략: 삼성 갤럭시노트8**
>
> 삼성전자가 현지시간 23일 미국 뉴욕 파크 애비뉴 아모리(Park Avenue Armory)에서 글로벌 미디어와 파트너 등 1,500여 명이 참석한 가운데 '삼성 갤럭시 언팩 2017'을 열고, 갤럭시 노트 시리즈의 최신작 '갤럭시 노트8'을 전격 공개했다.
>
> 이런 행사는 전세계에 TV, 신문, 잡지, 인터넷 등으로 중계되었고, 그에 따른 광고 효과는 수천억대을 넘을 것으로 평가되고 있다. 삼성전자는 이 행사를 기획하면서, 스마트폰 시장에서 경쟁자인 애플의 본고장인 미국, 그중에서도 미국의 심장이라고 할 수 있는 뉴욕 맨하탄에서 행사를 진행하는 등 이 행사를 이슈화하고, 전세계 언론들의 주목을 받기 위하여 많은 노력을 기울였다. 제품과 관련된 다양한 행사를 진행함으로써, 언론과 소비자들의 관심을 끌고 이를 통하여 자연스럽게 브랜드 인지도를 높일 수 있는 홍보가 될 수 있도록 하는 것은 이제 일상적인 브랜드 인지도 향상을 위한 방법론이 되어가고 있다.
>
> 삼성 NEWSROOM

브랜드 확장 전략 사용

다양한 제품라인에 동일한 브랜드 이름을 사용함으로써 브랜드 인지도를 높일 수 있다. 많은 한국 기업들은 다양한 카테고리의 제품군에 브랜드를 공유하는 방법을 사용하고 있다. 예를 들어, 삼성그룹의 경우 삼성이라는 동일한 브랜드를 사용하여 휴대폰 같은 정밀기기부터 선박, 기계, 신용카드 등 다양한 제품에 브랜드를 확장하여 사용하고 있다.

행사 후원

브랜드 인지도를 창출하거나 유지, 관리하는 데 있어서 행사 후원은 효과적인 방법 중 하나이다. 〈그림 3-4〉는 기아자동차가 부산 국제영화제의 차량 지원을 약속하는 행사 사진이다. 기아차는 이러한 행사를 통하여 사회적 공헌 활동에 대한 실적뿐 아니라, 부산 국제영화제에서 기아자동차가

그림 3-4　기아차의 부산국제영화제 후원

사용되면서 기아자동차의 브랜드 인지도를 더 높일 수 있는 기회가 될 수 있다.

반복 효과

브랜드 인지도의 경우 쉽게 사라지지 않는다는 특징이 있지만, 브랜드가 최초 상기 브랜드로 자리잡기 위해서는 단순히 인지도만 가지고 있다고 해서 되는 것은 아니다. 자사의 브랜드가 최초 상기 브랜드가 되게끔 하고, 이를 유지하기 위해서는 심도 있는 브랜드 체험이나 혹은 브랜드의 반복적인 노출이 필요하다. 특히, 반복적인 노출은 소비자의 마음 속에 자리잡고 있는 브랜드의 위치를 유지시키고, 또 상승시키는 데 매우 효과적인 전략이라고 할 수 있다.

② 지각된 품질

(1) 지각된 품질이란?

지각된 품질이란 소비자들이 특정 제품에 대하여 가지고 있는 품질에 대한 인식이라고 할 수 있다. 이는 실제 품질과는 다른 개념으로 소비자들의 태도나 과거경험 혹은 기존 인식에 따라서, 혹은 기업의 커뮤니케이션 활동에 따라서 실제 품질과는 다르게 인식될 수 있다. 고객의 인식 속에서 존재하는 주관적인 품질이라는 측면에서 지각된 품질은 실제 품질이나 혹은 제조업체의 제조 중심 품질 개념들과는 차이가 존재한다.

소비자들이 특정 제품이나 서비스에 대해서 지각하고 있는 품질은 소비자의 주관적인 평가나 과거 경험, 소비자가 현재 처해 있는 상황, 소비자의 위험에 대한 인식 등과 관련되기 때문에 때로는 객관적인 측면과는 거리가 멀 수 있다. 또한, 전문가가 내린 평가와도 차이가 있을 수 있다. 주관적으로 결정되는 지각된 품질은 때로는 편견에 치우친 결과일 수도 있으며, 때로는 다음의 새우깡의 사례처럼 현실에 존재하지 않는 위험을 극대화시킨 평가 결과일 수도 있다.

> ### N사 새우깡의 진실

2008년 3월 국내 N사의 인기 스낵인 새우깡 중 대형 포장인 "노래방 새우깡" 포장에서 죽은 쥐 시체로 추정되는 이물질이 발견되는 사건이 있었다. 이에 대해서 N사는 죽은 쥐 시체가 들어 있다는 신고를 받고도 약 한달 정도 적극적인 조사나 제품 리콜조치를 취하지 않았다. 결국 회사가 아닌 식약청에서 "쥐머리 추정 이물질이 발견되었다"는 공식발표가 있었고 이후 N사는 조치에 들어갔으나 이미 전 국민에게 알려진 이후였다. 결국 쥐머리 추정 이물질이 발견된 "노래방 새우깡"은 생산을 중단하였다.

하지만 문제는 "노래방 새우깡"뿐 아니라 "일반 새우깡"의 매출도 줄어들었다는 것이었다. 당시 "노래방 새우깡"은 중국 공장에서 생산하고 있었고, "일반 새우깡"은 국내 공장에서 생산을 하고 있었다. 소비자들은 중국 공장에서 생산하고 있었던 "노래방 새우깡"에 대해서만 불신을 한 것이 아니라 한국에서 생산하고 있었던 일반 새우깡에 대해서도 불신을 했던 것이다.

소비자의 입장에서는 너무도 당연한 조치였겠지만 N사의 생산담당 실무자들은 매우 억울해 했다고 한다. N사의 경우 새우깡을 1971년부터 만들어 왔다. 무려 37년 동안 품질의 문제가 없이 수십억 봉지의 새우깡을 생산해 왔다. 이 사실은 소비자들의 소비활동을 통해서 품질의 문제가 없음이 증명되었는데, 단 한번 품질의 이상이 있었다고 해서 그동안 쌓았던 품질에 대한 신뢰가 의심받는 것에 대해서 억울해 했던 것이다. 단 한번의 실수로 새우깡 매출이 90% 가까이 줄어드는 것을 보며, 오랜 기간의 품질 유지 노력이 물거품이 되는 것을 안타까워 했던 것이다.

이 사건을 한번 객관적으로 살펴보자. 과연 소비자들이 새우깡의 품질을 의심하는 것이 타당했을까? 정확하게 본다면 새우깡에서 쥐머리로 추정되는 이물질이 발견될 확률은 수십억분의 1이 될 것이다. 비행기를 타고 가다 죽을 확률보다 낮을 것이다. 하지만, 그 어떤 소비자도 그 당시 새우깡을 먹고 싶어하지 않았다. 즉, 기업이 객관적으로 판단한 새우깡의 품질과 소비자들이 지각한 새우깡의 품질의 차이가 극단적으로 벌어졌던 것이다. 이 사건에서 볼 수 있듯이 객관적인 품질보다는 소비자가 느끼는 주관적인 품질, 즉 지각된 품질이 실제 마케팅에서는 훨씬 중요한 것을 알 수 있다.

"

어떻게 보면 지각된 품질은 부정확한 품질임에도 불구하고, 소비자들이 실제 상품을 구매할 때에 실질적인 영향을 미치는 품질이기 때문에 기업의 입장에서는 소비자가 특정 브랜드에 대해서 인식하고 있는 지각된 품질을 이해하는 것이 매우 중요하다.

지각된 품질은 소비자들이 특정한 제품에 대하여 느끼는 전반적인 감정이라고도 볼 수 있다. 주관적인 판단으로서의 지각된 품질은 브랜드와 관련된 신뢰나 혹은 브랜드를 제조한 기업의 도덕성에 대한 다양한 활동, 제조사의 기술적인 우위성 등 매우 다양한 요소들을 포괄적으로 평가한 결과라고도 할 수 있다. 따라서 브랜드의 지각적 품질을 높이기 위해서 소비자들이 평가하고 있는 지각적 품질에 직접적으로 영향을 미치는 다양한 제품 구성 요소(색깔, 기술적 요소, 크기, 가격 등)에 대한 개선노력을 하는 것도 중요하겠지만, 실제로 지각된 품질에 영향을 미치는 다양한 주변 요소들도 고려하여 제품의 지각된 품질을 높이는 것도 좋은 전략이 될 수 있다. 소비자들이 지각하고 있는 품질은 어디까지나 하나의 종합적이고 전반적인 구성 개념이기 때문이다.

(2) 지각된 품질의 전략적 중요성

구매 이유의 제공

새우깡의 사례는 소비자들이 특정 제품에 대하여 지각하고 있는 품질의 역할을 잘 설명한 것으로서 이와 같은 예를 흔히 찾아볼 수 있다. 대부분의 경우 소비자가 어떤 특정 브랜드에 대해서 지각하고 있는 품질은 구매의사결정 과정에서 큰 영향을 미친다. 전반적인 지각된 품질에 대한 인식은 때로는 구매의사결정 과정 속에서 제외되거나 선택되는 핵심적인 이유들을 제공하기 때문이다.

기업들에 있어서는 소비자들에게 직접적인 품질에 대한 복잡하고, 객관적인 기술적인 정보를 제공하는 것보다는 소비자들이 어떻게 품질을 지각하는지를 연구하여, 소비자들의 지각된 품질의 평가에 영향을 미치려 하는 것이 더 효과적인 일이라고 할 수 있다.

차별화

마케팅 전략 수립에 있어서 가장 중요한 요소 중 하나는 차별화라고 할 수 있다. 차별화 전략은 소비자들에게 자사 브랜드의 차별적인 특성을 전달하는 데에 있다고 할 수 있다. 대부분의 소비자들은 이러한 브랜드의 차별성을 이해하는 데 있어서 대부분 품질 차원에서의 차별성을 쉽게 인식한다. 특정 브랜드가 어떤 차별성을 가지고 있는지를 이해하여 최고급 제품인지 경제적인 제품인지를 인식하여, 구매여부를 결정하는 것이다.

따라서 차별화를 통한 포지셔닝 전략을 수립할 때 소비자에 의하여 지각된 품질은 매우 중요한 요인이 될 수 있다.

가격 경쟁력

우수한 지각된 품질을 가지고 있다는 것은 소비자들에게 보다 높은 가격을 받을 수 있다는 것으로 이어진다. 유사 제품군보다 높은 지각된 품질을 가지고 있다면 보다 높은 가격을 받을 수 있다는 뜻이다. 만일 뛰어난 지각된 품질을 가지고 있음에도 불구하고 유사제품군과 유사한 가격을 받는다면 뛰어난 가격경쟁력으로 이어질 수 있다.

유사 제품군에 비해서 보다 높은 가격을 받을 수 있다는 것은 추가적인 이익으로 이어지며, 이는 브랜드의 지각된 품질 향상에 대한 연구에 투자할 수 있는 자원을 보다 많이 확보할 수 있다는 뜻이다. 따라서 우수한 지각된 품질로부터 얻어진 가격 경쟁력은 추가적인 이익을 발생시킬 수 있을 뿐만 아니라 경쟁 브랜드 대비 보다 뛰어난 지각된 품질을 지속적으로 확보할 수 있는 자원을 얻을 수 있게 된다.

유통망 확보

소비자가 인식하고 있는 지각된 품질이 뛰어나다면 소비자에게 제품을 직접 판매해야 하는 소매점 등의 유통망을 보다 쉽게 확보할 수 있다. 유통망에서는 상품을 판매할 때, 재고수준을 줄이고 또 악성 재고를 방지하기 위하여 보다 판매가 잘 될 수 있는 뛰어난 품질의 상품들을 취급하고 싶어 한다. 또한 경쟁 유통기업에 비해서 동일하거나 혹은 보다 높은 품질의 제품을 보유하고 있는 것이 경쟁력 향상에 직접적으로 도움이 되기 때문에 소비자들로부터 뛰어난 지각된 품질을 인정받은 제품들을 확보하려 한다. 지각된 품질의 우수성은 이렇게 유통망의 선호를 받을 수 있으며, 제조업체의 입장에서는 쉽게 유통망을 확보할 수 있는 수단이 될 수 있다.

(3) 지각된 품질의 관리 전략

지각된 품질이 중요하다면 이를 이해하고 관리할 수 있어야 할 것이다. 이를 위해서는 지각된 품질에 영향을 미치는 요인들이 무엇이 있는지를 정확하게 이해할 필요가 있다. 동일한 품질임에도 불구하고 어떠한 소비자들은 품질이 낮다고 인식하며, 어떤 소비자들은 품질이 높다고 인식하기도 한다. 왜 이러한 차이가 발생하는가? 해당 제품 카테고리에 대해서 충분한 지식을 가진 전문가가 아닌 일반 소비자들은 무엇을 기반으로 품질을 판단하는가?

소비자들이 품질을 판단하는 요소들은 전문가가 판단하는 요소와 많은 차이가 있을 수 있다. 예를 들어, 항공서비스의 안전 품질을 판단해본다고 했을 때, 전문가들은 항공기의 연령, 조종사나 정비사의 전문성 등을 통하여 판단하겠지만 일반 소비자들은 브랜드 명성이나 혹은 인테리어의 깔끔함 등으로 판단할 수도 있다.

기존의 연구들을 통하여 살펴볼 때 일반 소비자들은 유형적인 제품과 서비스에 대해서 다른 판단기준을 갖고 있는 것으로 나타났으며, 일부 제품 카테고리에서는 특정한 고품질 단서를 인식하고 있는 등의 결과가 나타나기도 하였다.

유형 제품에 대한 지각된 품질 판단 요소

하버드 대학의 가빈 교수(David A. Garvin)은 유형적인 제품을 판단하는 7개의 지각된 품질 차원을 제시하였으며 그 예시는 〈표 3-1〉과 같다.

표 3-1 제품 품질 판단 요소

> 성능: 이 냉장고는 냉장이 얼마나 잘되는가?
> 외형: 이 냉장고는 사용하기 편리하게 디자인되어 있는가?
> 사용 설명서와 일치성: 사용시 고장이 나지 않는가?
> 신뢰성: 냉장고는 항상 잘 작동하고 있는가?
> 내구성: 냉장고를 얼마나 오랜 기간 동안 사용할 수 있는가?
> 서비스 능력 : A/S는 편리하고 믿을 수 있는가?
> 제품 마무리: 이 제품은 세부적인 마무리가 잘 되어 있는가?

첫째, 제품의 가장 기본적인 특징인 성능이다. 스마트폰이라면 통화 기능, 속도, 화면 크기, 화질 등을 이야기한다. 다만 이러한 성능 요소의 경우는 소비자들의 선호나 태도에 따라서 다르게 판단된다. 예를 들어, 스마트폰이라 할지라도 집에서 스마트폰으로 영화를 자주 보는 사람들에게는 화면크기나 화질, 음질 등이 중요하겠지만, 이동이 많고 통화가 많은 사람들에게는 크기가 작고 배터리 성능이 높은 것을 더 좋은 제품이라고 판단할 수 있다.

둘째, 제품의 외형은 소비자들의 중요한 품질판단 요소이다. 미국의 컨티넨탈 항공사가 고객 접점을 중심으로 한 개혁을 통하여 위기를 극복하면서 썼던 전략이 우선적으로 기내 인테리어를 고급화시키는 전략이었다. 낡은 비행기 자체를 바꾸는 것은 너무 비용이 많이 드는 일이었기에 컨티넨탈은 비행기 자체를 바꾸기보다는 인테리어를 깨끗하게 바꾸는 것으로 결정하였다. 그 결과 소비자들은 항공기의 기술적 측면을 자세히 볼 수 없었기에, 항공기에 대한 지각적 품질의 만족도가 상승하여 전반적으로 좋은 항공기를 컨티넨탈 항공사가 사용하고 있다고 믿게 되기도 하였다.

셋째, 사용설명서와 실제 제품과의 일치성이다. 설명된 제품의 성능과 실제로 일치하는지에 대한 부분은 제조업체에서 보는 관점과도 동일한 관점이라고 볼 수 있다. 소비자가 실제 사용하였을 때 나타나는 문제점들이 최소화된다면 소비자들은 해당 브랜드의 지각된 품질이 높다고 인식할 것이다.

넷째, 신뢰성은 제품이 언제라도 만족할 만한 성능을 제공하는지에 대한 부분이다. 한국의 휴대전화 서비스의 경우 LTE와 같은 새로운 통화서비스 기술을 도입하면서, 대부분의 회사가 새로운 통신 서비스 기술로만 서비스를 제공하는 것이 아니라 LTE의 경우 3G와 같은 기존 방식과 혼합하여 서비스를 제공하였다. 모든 소비자들이 빠른 서비스 속도를 희망하기보다는 안정적인 통화 서비스를 원했기 때문에, 통신사들은 LTE가 불안정하거나, 혹은 서비스가 안 되는 지역에서는 3G 서비스를 제공함으로써 고객들에게 항상 통화가 될 수 있다는 신뢰성을 제공할 수 있었던 것이다.

다섯 번째 특징은 제품을 얼마나 사용할 수 있는지에 대한 내구성으로 이는 경제적 수명을 말한다. 모피 코트를 판매할 때 흔히 판매원들은 모피 코트를 구매하면 상당히 오랜기간 입을 수 있어 당장은 가격이 비싸 보이지만 장기적으로는 이익이라는 표현을 하곤 한다. 이렇게 오래 사용할 수 있다는 것이 품질을 지각하는 데 영향을 미치기도 한다.

여섯 번째 특징은 제품의 서비스 능력이다. 국내 가전제품 회사의 경우 A/S가 큰 제품 경쟁력의 일환이 되고 있다. 전국 곳곳에 있는 A/S망은 해외의 가전업체들이 진입하기에는 큰 장벽이었고, 소비자들은 전자제품의 고장에 대한 위험도 지각이 커서 A/S가 잘되는 제품만을 구매하려고 하였다. 결과적으로 이러한 국내 가전사들의 A/S망은 해외 가전업체의 공격으로부터 국내 시장을 지키는 데 큰 도움이 되기도 하였다. 제품의 직접적인 품질이 아닌 이렇게 사후 서비스를 잘 받을 수 있다는 측면도 고객들은 하나의 품질 요소로 지각하게 된다.

일곱 번째 특징은 제품의 마무리 부분이다. 이 부분은 옷의 재봉이 완벽하게 되어 있는지, 제품에 대한 도색이 번지지 않고 깔끔하게 만들어졌는지에 대한 부분이다. 소비자들은 제품의 마무리 부분을 잘 못하는 기업이라면, 제품의 보이지 않는 안쪽 부분이나 기술적인 부분도 제대로 만들어지지 않았을 것이라고 지각하게 된다. 따라서 마무리 부분도 제품의 기술적인 성능에 영향을 미치지는 않을 수 있으나, 소비자들이 제품의 성능을 유추해내는 하나의 단서가 될 수 있다.

서비스 부분에 대한 지각된 품질 판단 요소

서비스 산업 분야에서는 고객들은 유형의 제품과는 다른 요인들을 통하여 서비스 상품의 품질을 지각한다. Parasuraman, Zeithaml and Berry는 다양한 서비스업에 대한 소비자들의 지각된 품질을 연구하였다. 그 결과 지각된 서비스 상품의 품질을 구성하는 요인은 확신성, 유형성, 신뢰성, 반응성, 공감성이었으며 구체적인 내용은 〈표 3-2〉와 같다.

표 3-2 서비스 품질 판단 요소

확신성: 서비스를 제공하는 직원들이 믿음직스러운가?
유형성: 물리적 시설, 도구, 사원들의 외모가 서비스에 적합한가?
신뢰성: 서비스가 믿을 수 있고 정확하게 이루어지고 있는가?
반응성: 직원이 소비자들의 요구에 신속하게 정확하게 대응하고 있는가?
공감성: 소비자들의 마음을 잘 이해해주면서 대응하고 있는가?

고품질에 대한 단서

비전문가인 소비자들에게 대부분 기술적으로 높은 품질은 크게 중요하지 않다. 실제로 소비자들에게 중요한 품질은 소비자들이 이해할 수 있고, 또 여러 가지 단서를 통해서 유추해낸 지각된 품질이 중요한 것이다. 현대에 있어서 대부분의 제품에 대하여 기술적인 품질을 일반 소비자들이 정확하게 유추해내기는 어렵다. 최근 활성화되고 있는 인터넷의 소비자 커뮤니티나 혹은 각종 신문, 잡지 정보 등을 통하여 정보를 얻을 수는 있으나, 이 또한 정보의 진위여부를 가리기가 어렵다는 단점이 있을 뿐더러 저가격 제품이나 편의품 같은 제품의 경우 이렇게 정보를 수집하는 것 자체가 합리적인 소비행동이라고 보기 어렵다. 따라서 소비자들은 몇가지 단서를 통해서 제품의 품질을 유추하는 경우가 대부분이다. 예를 들어, 현대자동차는 미국에서 10년/10만 마일 보증을 함으로써 미국 소비자들로 하여금 내구성에 대한 확신을 줄 수 있게 되었다. 소비자들이 해당 제품이 고품질임을 유추해내는 제품과 관련된 단서들을 예로 들면 아래와 같다.

- 치약: 거품이 많이 발생하는 치약은 세정력이 좋은 것으로 평가된다.
- 수박: 칼로 자르려고 했을 때 칼을 수박에 대는 순간 스스로 쪼개지면 잘 익은 수박으로 인식된다(실제 제대로 잘 익은 수박은 자르기 어렵다).
- 케첩: 진한 것은 좋은 품질을 의미한다.
- 할인점: 인테리어가 깔끔하면 전반적인 품질이 좋다고 느껴진다.
- 자동차: 문닫는 소리가 무거우면 차체가 튼튼하다고 판단한다.

품질 단서로서의 가격

가격은 상당히 많이 사용되는 품질 지각의 단서이다. 과거 백화점에서 팔리지 않던 상품에 대해서 가격을 올려서 제시했더니 실제로 잘 판매되었다는 이야기가 있었다.

불안한 고급 품질의 제품보다는 확실한 저급 품질 제품이 좋다?

과거 모 백화점에서 있었던 일이다. 본사 매입팀에서 파인애플 통조림 행사가 점포에 지시되었다. 기존에 2,500원 받던 파인애플 통조림을 1,000원에 판매하는 행사를 하라는 지시였다. 매장 담당자는 할인을 안 해도 잘 팔렸던 통조림을 매우 저렴한 가격에 판매하게 되어서 놀라면서도 따로 판매대를 마련하는 등 할인 행사 준비를 마쳤다.

그런데, 할인행사 당일 소비자들은 해당 통조림을 살펴보기만 하고 구매하지는 않는 것이 아닌가? 왜 구매하지 않는지 궁금했던 담당자는 소비자들이 어떤 이야기를 하는지 들어보았다.

"이 통조림 무척 싸게 나왔네? 그런데 왜 싸게 나왔지?"
"글쎄, 아마 무슨 문제가 있나보지?"

소비자들은 왜 멀쩡한 파인애플 통조림을 이렇게 싸게 파는지 이해하지 못하고, 어떤 문제가 있다고 판단하고 있었다. 다만, 그것이 어떤 문제인지 확실하지 않으니 구매의사결정을 못내리고 있었던 것이다. 이에 판매 담당자는 어떻게 할지를 고민하다가 상사에게 문의를 하기로 했다.

"과장님! 파인애플 통조림을 할인행사 하고 있는데 잘 안 팔립니다."
"왜?"
"무슨 문제가 있는지 이야기하다가 그냥 안 삽니다. 아마 너무 싸게 팔아서 무슨 문제가 있다고 생각하는 것같습니다."
"그래? 내가 해결해 줄께!"

담당자의 상사인 과장은 매장으로 나가서 간단한 조치를 하였다. 통조림을 몇 개 들어서 바닥에 던져 찌그러트린 다음, 찌그러진 통조림 몇 개를 매대의 통조림을 쌓아놓은 곳 맨 위쪽에 올려놓았다. 그러자, 주부들이 찌그러진 통조림을 보면서 다음과 같이 말을 하면서 통조림을 구매하기 시작했다.

"XX엄마, 여기 안 찌그러진 통조림도 있어. 이거 사가면 되겠다"

가격을 싸게 팔자 고객들은 품질에 대해서 의심을 한 것이다. 이에 대해서 매장을 담당했던 과장님은 고객들이 왜 싸게 파는지에 대해서 이해할 수 있도록 도와준 것이다. 고객들은 찌그러져서 싸게 판매한다고 생각을 하였고, 찌그러진 통조림 아래쪽에 있는 찌그러지지 않은 통조림을 고르면서 만족해할 수 있었던 것이다.

99

가격이 높다고 소비자들이 무조건 고품질로 인식하는 것은 아니다. 품질 지각의 단서로서 가격이 의미하는 바를 그대로 받아들이는 경우는, 다른 단서들을 얻을 수 없는 경우에 효과적이다. 예를 들어, 최고급 한약재를 사용하는 실력있는 한의사라고 주장하고, 보약에 비싼 가격을 책정한다고 할지라도 병원 내에 기다리는 손님이 한명도 없다면 소비자들은 그 한의사의 주장을 신뢰하기 어려워질 것이다.

가격을 고품질을 의미하는 단서로서 인식하는 것은 개인별로 차이가 있다. 특히, 해당 제품에 대해서 어느 정도의 지식수준을 가지고 있는지가 가장 중요한 변수가 될 수 있다. 예를 들어, 노트북 컴퓨터를 구매할 때도 제품에 대한 지식수준이 낮은 경우는 가격이 비싼 제품을 고급 노트북 컴퓨터라고 생각하는 데 반하여, 노트북 컴퓨터에 대해서 지식수준이 높은 경우는 가격이 아닌 실제 사용된 부품과 그 조합을 가지고 노트북 컴퓨터의 성능을 파악한다. 또한 어떤 소비자는 가격이 비싼 브랜드 제품들을 지위의 상징으로 고려하지만, 어떤 소비자들은 그렇지 않다.

가격을 고품질의 단서로 고려하는 경우는 대부분 지식수준이 낮아 품질을 평가하기 어려운 경우에 소비자들은 가격이 비싸면 더 좋은 품질을 가지고 있을 것으로 유추한다. 또한 특정 제품에 대해서 지각하고 있는 품질의 차이가 클 때 사람들은 가격을 품질단서로 생각하기 쉽다. 또한 제품 구매와 사용상의 위험을 많이 지각하는 제품군들도 가격을 쉽게 품질단서로 생각하게 된다. 예를 들어, 해외에서 의약품을 구매할 때 저렴한 제품과 비싼 제품이 있다면 비싼 제품을 주로 선호하게 될 것이다. 해외에서 의약품 제품을 평가할 수 없지만, 제품군마다 성능차이가 클 수 있으며, 잘못된 의약품의 사용은 자신의 신체에 큰 문제를 불러일으킬 수 있기 때문이다.

(4) 고품질 지각의 유지 전략

소비자들의 지각된 품질을 높이는 첫 번째 방법은 소비자들이 지각하는 고품질의 요소가 무엇이며, 각 요소들이 어떤 역할을 했을 때 소비자들이 높은 품질의 제품이라고 인식하는지를 찾아내는 것이다. 두 번째는 소비자들이 판단하는 고품질의 요소들에 대하여 집중적으로 품질관리 및 품질 향상을 실시하는 것이다. 마지막으로 이렇게 관리된 품질 요소들을 적절한 단서들을 통하여 소비자들에게 전달할 수 있도록 하는 것이다.

이러한 품질 향상 노력은 겉치장뿐만 아니라 근본적인 품질 향상을 항상 동반해야 한다. 고품질 서비스를 전달하는 가장 근본적인 바탕에 깔려있는 것은 기업의 진실성일 수밖에 없기 때문이다. 이러한 고품질에 대한 소비자 지각을 만들어 내고 유지하는데 중요한 요소들은 품질에 대한 최고경영자와 직원들의 의지, 품질 문화, 고객에 대한 끊임없는 조사이다.

첫째, 품질에 대한 최고경영자의 의지가 없다면 고품질을 달성하고 유지하는 것은 거의 불가능하다. 품질을 기업에서 가장 중요한 요소로 꼽고 노력을 경주하지 않는 한, 경쟁사에 비해서 높은 품질을 유치한다는 것은 어렵다. 품질에 대해서 양보하지 않고 끊임없이 노력하는 것만이 결국 소비자들의 높은 품질 지각을 만들어내고 유지시킬 수 있는 것이다.

둘째, 품질에 대한 최고경영자의 의지는 기업의 문화와 직원들의 가치에 반영이 되어야만 실제로 실현이 될 수 있다. 회사의 여러 구성원들은 늘 판단의 순간에 직면하게 된다. 이러한 구성원 개개인의 모든 판단은 최고경영자가 하나하나를 통제하기는 어렵다. 이러한 직원들이 직면하는 여러 가지 판단의 문제에서 직원들은 품질을 최우선적으로 선택해야 하는 것이다. 이것은 품질에 대한 문화와 품질을 최우선적으로 생각하는 직원들의 가치관이 정립되어 있어야 가능하다.

마지막으로 끊임없는 소비자 조사와 피드백이다. 전문가들은 흔히 소비자들이 생각하는 것보다 너무 기술적인 측면에 치우쳐서 판단하는 경향이 있다. 소비자들은 일반적으로 실제 사용하는 부분이나 제품의 이미지 부분에 초점을 맞추어 품질을 판단하는 경향이 있다. 또한 소비자들은 전문가들이 생각하는 것보다 훨씬 위험에 민감하다. 이를 위해서 미국의 월마트는 임원들이 계속 매장을 돌아다니며 관찰할 수 있도록 하기도 한다. 또 하나의 방법은 지속적인 소비자 조사이다. 많은 글로벌 기업들의 경우 전세계 고객들을 대상으로 정기적으로 소비자 만족 조사 및 의향조사, 목표고객 집단 인터뷰 등을 실시하며 고객들이 자사의 제품에 대해서 가지는 품질 지각을 추적하고 있기도 하다.

브랜드 인지도와 지각된 품질의 평가 방법

(1) 브랜드 인지도의 평가 방법

브랜드 인지도는 소비자들의 마음속에 있는 특정한 브랜드의 이미지 혹은 지식 등을 모두 측정하게 된다. 따라서 브랜드 인지도의 측정은 다양한 방법으로 행하여질 수 있다.

브랜드 인지도 측정 방법	질문의 예
보조 인지도(recognition)	"당신은 삼성전자 갤럭시 브랜드를 들어 본 적이 있습니까?"
비보조 상기도(recall)	"스마트폰 브랜드들 중 당신이 기억하는 브랜드는 무엇입니까?"
묘지 통계 (graveyard statistic)	"삼성전자 갤럭시 브랜드에 대해서 기억하는 것은 무엇입니까?"
최초 상기도 (top of mind)	(비보조 상기도 테스트에서 처음으로 언급한 브랜드)
브랜드 지배력 (brand dominance)	(비보조 상기도 테스트에서 단하나만 기억하는 브랜드)
브랜드 친밀도 (brand familiarity)	"삼성전자 갤럭시 브랜드는 당신과 어느정도 친근하다고 느껴지십니까?"
브랜드 지식 또는 특징 (brand knowledge or salience)	"당신은 그 브랜드에 대해 어떤 의견을 가지고 있습니까?"

예를 들어, 묘지 통계의 경우 어떤 브랜드를 어느 정도의 수준으로 기억하고 있는지를 파악하여 동일한 브랜드 인지도를 가진 브랜드라도, 다른 평가를 받을 수 있도록 하여준다. 예를 들어, 소수의 소비자들에게 높은 인지도와 선호를 받고 있는 틈새 브랜드와 아직 어느 정도의 인지도를 가지고는 있지만 점차 잊혀져가고 있는 진부한 브랜드를 구별할 수 있다. 묘지 통계에서 좋은 평가를 얻는 브랜드는 강력한 틈새 브랜드라고 할 수 있으며, 전반적인 브랜드 인지도는 높지만 묘지 통계에서 낮은 점수를 받은 브랜드는 진부한 브랜드라고 할 수 있을 것이다. 이러한 두 종류의 브랜드에 대해서 기업은 전혀 다른 전략을 사용해야 할 것이다.

(2) 지각된 품질의 평가 방법

객관적인 품질보다 일반 소비자들에게 브랜드의 주관적인 품질이라고 할 수 있는 지각된 품질이 중요하다면 이러한 품질은 측정되고 관리될 필요가 있을 것이다. 왜 어떤 소비자들은 특정 브랜드에 대해서 지각하고 있는 품질이 좋거나 혹은 나쁘다고 생각하는지에 대해서 정확하게 밝혀내는 것이 중요하다.

소비자의 정확한 품질 판단요인을 측정하기 위해서는 우선 탐색적 조사 방법을 활용하여 조사를 할 필요가 있다. 초기에 활용될 수 있는 방법은 초점집단 인터뷰 혹은 심층인터뷰가 유용한 정보를 제공할 수 있다. 보다 구체적인 요인들을 찾아내고 이를 분석하기 위해서는 정성적인 조사 내용을 다양한 정성적 조사 방법론으로 분석하는 것이 필요하다. 예를 들어, 정확한 지각된 품질 요인을 분류해내기 위해서는 현상학적 연구방법론 등이 유용할 것이다. 이후 정성적인 인터뷰에서 밝혀낸 차원들이 모든 소비자들에게 공통적으로 적용될 수 있는지를 밝혀내는 신뢰성과 타당성을 확보하기 위한 작업이 필요할 것이다. 이는 설문조사와 요인 분석 등을 통하여 밝혀낼 수 있다. 이후 실제 전반적인 지각된 품질에 대한 측정치와 설문조사로 찾아낸 요인들과의 관계를 회귀분석이나 공분산구조분석 모형 등을 통하여 밝혀냄으로써 실제 어떤 요인들이 지각된 품질에 영향을 미치는지를 보다 정확하게 찾아낼 수 있다.

이러한 방법론을 통하여 제품에 따라 달라지는 지각된 품질의 구체적인 속성들을 파악하고, 이를 관리하여 높은 지각된 품질을 획득하고 유지·관리할 수 있다. 보다 구체적으로 지각된 품질을 관리하기 위해서는 측정 이후 목표와 기준의 설정 및 관리가 필요하다.

품질을 실질적으로 관리하고 향상시키거나 유지하기 위해서는 측정 가능한 목표를 가지고 그것을 상벌과 연결시켜야 조직 내에서 실행이 가능해진다. 품질 목표가 너무 일반적이면 직원들이 그 목표를 무시하게 되어 실제 품질 향상이 어려워지며, 품질 목표가 너무 높으면 처음부터 포기하게 된다. 따라서 품질에 대한 측정방법을 개발한 이후 품질의 목표나 기준은 높게 하되, 현재의 노력으로 달성가능 하게끔 설정하는 것이 중요하다.

다만, 일부 소비자들의 경우 특정 제품이나 서비스에 대하여 과도한 품질 기대수준을 가지고 있어서 품질에 대한 평가가 나빠지기도 한다. 이때에는 직원들에게 적절한 품질 목표 수준을 주는 것 외에도 고객들에게도 적절한 품질 수준을 커뮤니케이션

할 필요가 있다.

사례: 대형마트 바이어와 사과생산농가의 품질 지각의 차이

롯데마트나 이마트와 같은 대형마트 바이어들이 매장에서 판매할 사과를 구매하기 위해서 사과 생산농가를 방문하여, 생산된 사과의 샘플을 보여달라고 하면 어떤일이 벌어질까? 실제 대형마트 바이어가 직접 생산농가까지 방문하는 경우는 많지 않지만, 생산농가를 방문하여 제품을 보여달라고 하면 방문을 받은 생산농가는 대부분 자신의 과수원에서 재배한 사과 중에서 최고로 좋은 사과를 보여준다. 그 농부는 얼마나 좋은 사과까지 생산할 수 있는지를 남들에게 보여주고 싶어하기 때문이다. 하지만, 바이어는 대개 그 상품을 보고 반응이 없다. 바이어가 보고 싶어하는 상품은 다른 품질의 상품이기 때문이다. 과연 어떤 품질의 상품을 보고 싶어할까?

이 경우 대부분 바이어들은 그 농장에서 생산되어 자신의 대형마트에 납품할 사과 중에서 가장 품질이 나쁜 사과를 보고 싶어한다. 가장 품질이 나쁜 사과도 고객의 항의, 반품 등을 유발하지 않는다고 판단되었을 때 최종 구매를 결정하는 것이다.

대형마트 바이어들에게 제일 무서운 일 중 하나는 고객들이 상품의 품질을 가지고 항의하는 것이다. 특히, 신선식품은 반품을 당하면 다시 팔 수도 없게 되기 때문에 더욱 민감하다. 바이어가 고객의 항의를 몇 번 받으면 문책을 당할 수 있다. 그러나 고객의 칭찬을 받는다고 특별히 더 인센티브를 회사에서 받는 경우는 그리 많지 않다. 게다가 좋은 사과를 사갔다고 회사에 전화를 걸어 바이어나 매장을 칭찬하는 고객은 거의 찾아볼 수 없다.

여기서 지각된 품질에 대한 사과 생산농가와 바이어의 시각차이를 찾아볼 수 있다. 사과 생산농가는 최고의 것이 자신이 생산한 사과의 품질이라고 인식하고 싶어하는 데 반하여, 바이어는 납품받을 사과 중에서 가장 안좋은 품질의 사과가 그 사과생산농가 상품 품질로 인식한다. 어느 쪽 인식이 중요할까? 당연히 실제 돈을 지불할 소비자에 가까운 바이어의 인식이 중요하다. 지각된 품질을 관리하는 경우, 중요한 것은 내 상품이 최고의 상태일 때가 아니라, 내 상품이 최악의 상태에서도 고객을 만족시킬 수 있는지이다.

SUMMARY

● 브랜드 인지도란 소비자가 특정 제품 카테고리 속의 특정한 브랜드를 기억할 수 있는 능력을 말한다. 브랜드 인지도가 있어야만 소비자들의 우선적인 구매 고려 대상이 되기 때문에 브랜드 인지도는 기업의 직접적인 매출에 영향을 미치는 요소이다. 또한 브랜드 인지가 강하게 소비자에 자리잡은 경우, 동일한 제품 카테고리에서 두 번째 브랜드는 잘 인지를 하지 못하는 경향이 있다.

● 브랜드 인지도를 향상시키기 위해서는 커뮤니케이션 전략의 차별화, 브랜드 슬로건을 사용하는 전략, 심볼의 사용, 적극적인 홍보, 행사후원, 브랜드 연장, 반복 등의 전략을 활용할 수 있다.

● 지각된 품질이란 소비자들이 특정 제품에 대하여 지각하고 있는 품질이란 제품이나 서비스가 원래 의도하는 바에 따라 고객이 갖고 있는 전반적인 품질이나 우수성에 대한 지각을 말한다. 이는 실직적 품질, 객관적 품질, 제조 위주의 품질과는 다른 개념으로 소비자들의 주관적인 판단을 포함하는 개념이다.

● 지각된 품질은 소비자에게 구매 이유를 제공하며, 차별화 전략의 핵심적인 전략 요소 중 하나이다. 또한 제조부터 소비까지의 가치 전달 과정에서 보다 큰 이익을 창출할 수 있도록 한다.

● 브랜드 인지도는 여러 차원에서 측정이 가능하다. 보조 인지도, 비보조 상기도, 묘지통계, 최초상기도, 브랜드 지배력, 브랜드 친밀도, 브랜드 지식 또는 특징 등이 있으며, 어떤 측정방법을 사용할지는 측정치의 사용 용도와 조사목적, 브랜드가 속한 제품 카테고리의 특성에 따라 결정된다.

● 지각된 품질을 관리하기 위해서는 소비자들의 유형의 상품과 무형의 상품, 즉 서비스에 대해서 다른 판단기준을 가지고 있어서, 유형의 상품인 경우 성능, 외형, 사용설명서와의 일치성, 신뢰성, 내구성, 서비스, 제품의 마무리 처리 등을 통하여 제품의 품질을 판단하는 데 반하여, 서비스 상품의 경우 유형성, 신뢰성, 확신성, 반응성, 공감성의 다섯가지로 품질을 판단한다. 이러한 판단기준을 이해하고 이를 측정하고 활용하여 보다 효과적인 브랜드 마케팅을 전개할 수 있다.

CHAPTER

04

브랜드 연상

학습
목표

- 브랜드 연상(Brand Associations)의 개념과 중요성을 학습하고, 이론과 사례를 통하여 실제 마케팅에 적용할 수 있는 방법에 대해서 학습한다.

- 브랜드 연상의 정의를 알아보고 브랜드 연상의 전략적 가치에 대해서 학습한다.

- 브랜드 연상의 종류와 브랜드 연상에의 영향 요인에 대하여 살펴본다.

- 브랜드 연상과 브랜드 가치와의 연결 관계에 대하여 이해한다.

- 브랜드 네임, 심벌, 슬로건, 패키지와 브랜드 연상과의 관계를 학습한다.

도입
사례

삼성전자 디지털 플라자와 농협 하나로 클럽의 제휴는 성공할 수 있을까?

서울 서초구 양재동에 있는 농협 하나로 클럽과 삼성전자가 협약을 통하여 삼성전자 판매점을 양재동에 있는 농협 하나로 클럽에 입점을 했다. 농협 하나로 클럽의 경우 매장 내에 충분한 공간을 확보하고 있어 보다 고객들에게 많은 제품을 선보일 수 있는 기회로 판단하였으며, 삼성전자 판매점의 경우 서초구 양재동 주변의 고소

득층 고객들과 접할 수 있는 좋은 기회로 판단하였다.

그러나 농협 하나로 클럽과 삼성전자 판매점간의 전략적 결합에 대해서 반대의견도 만만치 않았다. 농협 하나로 클럽의 브랜드 연상과 삼성전자의 브랜드 연상이 충돌한다는 것이다. 농협 하나로 클럽의 브랜드 연상은 전원적, 농촌적인 편안함이지만 삼성전자의 경우 도시적인 세련됨이 주된 브랜드 연상이어서 서로 결합하였을 때 연상끼리 충돌하거나, 혹은 전혀 시너지를 일으킬 수 없다고 주장하기도 하였다. 하지만, 하나로 클럽과 삼성전자의 결합을 찬성하는 쪽은 서초구라는 지역적 특수성을 고려해 볼 때 서초구 양재동에 위치한 하나로 클럽에 방문하는 고객과 삼성전자의 목표 고객은 모두 중산층 이상으로, 목표 고객 계층이 일치하기 때문에 시너지가 있을 것이라고 주장하였다. 과연 이 전략적 결합은 성공적일 수 있을까?

1 브랜드 연상이란?

브랜드 연상이란 브랜드가 소비자의 마음속에 상기시켜 주는 어떠한 이미지이다. "할리데이비슨"이라는 오토바이 브랜드는 사람들에게 여러 가지 연상들을 일으켜 일정한 의미를 전달하며, 이러한 연상들은 소비자들에게 가치를 창조한다. 즉, 브랜드는 정보처리 및 검색 협조, 상표 차별화, 구매이유 제공, 긍정적인 태도와 느낌 등을 제공한다. 또한 브랜드 연상은 기업에게는 브랜드 확장의 기반을 제공하기도 한다. 브랜드 이미지는 의미를 지니고 조직화된 연상들의 집합이라고 할 수 있다. 브랜드 연상들은 소비자의 마음속에 각기 다른 모습으로 포지셔닝된다. 브랜드 연상은 다양한 형태로 나타나는데, 제품과 관련하여 소중한 연상은 구매행위에 직간접으로 영향을 미치는 연상들이다.

브랜드 연상이란 브랜드와 관련된

| 그림 4-1 | 이마트 광고 전단

품질도 가격도 역시 1등 이마트

9,990

제2회 망키즈 페어

출처: http://store.emart.com

기억 속의 "그 무엇"이다. 따라서 "이마트"라고 하면 커다랗고 깨끗한 건물, 노란색, 저렴한 제품 등과 같은 것들이 연결된다. 브랜드 연상은 실재하지만 연상이 가지고 있는 강도의 수준은 각기 다르다. 브랜드에 대한 연상의 연결이나 강도는 많은 수의 브랜드와의 접촉 혹은 매체에서의 노출 등에 접하였을 때 강력해지기도 하며, 브랜드 연상이 다른 연상들과 연결이 될 때 더욱 강력해지기도 한다. 따라서 만약 주부들과 이마트 사이의 연결이 단순히 이마트에서 저렴하게 상품을 구매하는 주부들의 모습에만 의존한다면, 이마트에서 안심하고 구매할 수 있는 경험이나 혹은 서비스, 노란 색깔 등을 포함하는 복잡한 마음 속의 네트워크에 연결되었을 때보다 약해질 수 있다.

브랜드 이미지는 의미를 지닌 조직화된 연상들의 집합이다. 따라서 이마트는 그 연상들이 어떤 의미를 갖고 있는 그룹들로 조직화된 결정체로 볼 수 있다. 이마트가 언급될 때 저렴한 가격, 노란색, 혹은 매우 큰 매장 등과 같은 그 어떤 마음속에 다가오는 한 개 혹은 다수의 시각적 이미지, 정신 속의 그림들이 있을 수 있다.

제대로 포지셔닝한 브랜드가 강력한 연상에 의하여 지지를 받는다면 경쟁력이 있고 매력적인 브랜드가 될 것이다. 이러한 브랜드는 친절한 서비스와 같은 바람직한 속성을 소비자들이 높이 평가하도록 하며 경쟁사의 포지션과는 구별이 될 수 있는 포지션을 차지하게 된다. 예를 들면, 어떤 점포는 고객이 마음에 들지 않는 상품이라면 무조건적인 교환, 환불을 해주는 유일한 점포임을 내세우는 것과 같은 것이다.

 ## 2 브랜드 연상의 전략적 가치

브랜드 이름의 기본적 가치는 브랜드 이름이 사람들에게 어떤 의미를 전달하여 주는가, 즉 브랜드가 가지는 연상들의 집합이 어떠한지에 따라 결정된다. 브랜드 연상은 구매 결정과 브랜드 로열티에 직접적인 영향을 준다. 브랜드 연상은 또한 브랜드 가치와 무수히 많이 연결되어 있어 그 가치를 나타낼 수 있는 방법도 다양하다. 브랜드 연상이 소비자들에게 가치를 창조하는 방법에는 다음과 같이 여러 방법이 있다.

정보 처리 및 검색 협조, 상표 차별화, 구매 이유 제공, 긍정적인 태도와 느낌 창출, 그리고 확장 기반 제공 등이 바로 그것이다.

(1) 정보 처리 및 검색 협조

만약 브랜드 연상이 없다면 소비자들이 특정 제품에 대한 정보를 처리하고 접근하는 데 어려움이 생긴다. 따라서 기업들이 소비자들에게 소구하려는 사실을 전달하는 데 있어서 상당한 비용이 들 수 있다. 예를 들어, 롯데백화점과 관련된 연상이 없다면, 롯데백화점은 어떤 상품을 어떤 가격에 판매하는지를 판매하는 상품 하나하나 광고 등을 통해서 소비자들에게 정보를 전달해야 할 것이다. 그러나 고급스러움 등의 롯데백화점 브랜드 연상을 전달하여 소비자의 마음속에 롯데백화점

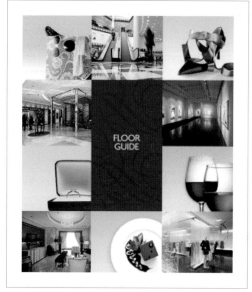

그림 4-2 롯데백화점의 이미지

출처: http://store.lotteshopping.com

에 대한 목표한 연상들이 존재할 수 있도록 한다면, 롯데백화점이 전체적으로 어떠한 제품을 판매하고, 또 서비스는 어떠할 것인지에 대해서 소비자들은 간단명료하게 정보를 창출해 낼 수 있는 것이다. 롯데 백화점에 대해서 소비자들이 접했던 수많은 사실과 사건들은 서비스 부문, 제품 품질 부문 등에서 롯데백화점이 경쟁사들에 비해서 상대적으로 강력한 포지셔닝을 하고 있음을 보여주고 있다.

그림 4-3 참존의 상징

특히, 연상은 소비자들의 구매 의사결정 과정 중에서 필요한 정보를 기억하는 데 영향을 주기도 한다. 예를 들어 참존 화장품의 청개구리 이미지는 늘 촉촉하게 젖어있는 개구리의 피부를 연상하게 하여 참존 화장품의 전반적인 특징들을 기억해 내고, 또 마음 속에서 관련된 브랜드에 대한 생각이나 경험들을 유발시키고 있다.

(2) 차별화

브랜드 연상의 통하여 기업들을 차별화를 시도하기도 한다. 대부분의 고객들에게 브랜드 연상은 차별화의 중요한 근거를 제공하기도 한다. 최근 대형 프랜차이즈가 아닌 소규모 커피숍 브랜드들의 경우 구별이 힘들다. 그러나 사례에서 제시된 '클럽 에스프레소'의 다양한 활동을 통한 이미지로부터 파생된 연상은 클럽 에스프레소 브랜드를 다른 브랜드와 차별화 시키는 데 결정적인 역할을 하기도 한다.

브랜드 연상을 통한 차별화는 주요한 제품의 경쟁력 요소가 될 수 있다. 예를 들어, 사례에서 제시된 클럽 에스프레소가 지속적으로 다양한 커피에 대한 연구 및 실험을 한 결과들을 계속적으로 홈페이지에 올리고, 누구나 찾아볼 수 있다고 한다면 시간이 지나 실험결과들이 많이 쌓이게 된다면 커피에 대한 전문가라는 연상을 고객에게 줄 수 있을 것이다. 이렇게 세월이 쌓이면서 점차 소비자들에게 강화된 연상을, 다른 신규 진입 회사들이 쉽게 공략하기는 쉽지 않을 수 있다. 이렇듯 브랜드 연상을 통한 차별화로 타 브랜드와의 경쟁에 있어서 좋은 포지셔닝을 차지하고 있다면, 다른 경쟁사들은 그 브랜드를 공격하기 쉽지 않을 수 있음을 알 수 있게 될 것이다. 만약 주위의 경쟁사들이 클럽 에스프레소를 전면 공격을 시도한다면, 이러한 시도는 대개 실패할 확률이 높을 것이다. 이러한 경우 클럽 에스프레소의 경쟁사들은 커피에 대한 전문성이 아닌 다른 분야에서 경쟁력 요소를 찾고, 다른 경쟁력 요소에 대한 대 소비자 홍보 혹은 소비자에 대한 브랜드 연상 구축 작업을 해야 할 것이다. 이와 같이 연상은 경쟁자들에게 매우 극복하기 힘든 장애 요인으로 작용할 수 있다.

> "
> ### 에티오피아 예가체프 워시드 G2 커피를 드립으로 주세요"
>
> 서울 종로 부암동 사무소 옆 3층 건물에 자리잡은 클럽 에스프레소라는 커피숍이 있다. 이 커피숍은 다양한 원두 중 하나를 선택해서, 원하는 방식(에스프레소 추출방식, 드립 방식 등)을 선택하여 커피를 주문할 수 있는 커피숍이다. 이렇게 다양하게 커피를 선택할 수 있다는 점은 커피를 잘 모르는 초보자들에게는 혼란을 주는 것으로 보일 수 있으나, 커피에 대해서 관심이 많은 사람들에게는 커피를 공부할 수 있는 좋은 기회를 제공해 주기도 한다.
>
> 해당 커피숍 안에는 다양한 원두를 전시 판매하고 있으며, 해당 원두의 맛과 향에 대해서 자세

하게 설명해 주고 있다. 예를 들어, '예멘 모카 사나니'라는 원두로 만든 커피의 맛은 '달콤하고 부드러운 꽃향기와 사향의 독특함이 어우러진 구수함' 등으로 표현하여 안내를 하고 있다. 또한 늘 한두 종류 정도의 커피를 맛지도와 함께 자유롭게 시음할 수 있도록 하고 있다. 또한 커피 매니아들이 오는 곳임을 강조하기 위하여 카페인 홀릭(Caffeine Holic)과 관련된 여러 가지 재미있는 문구들을 게시하기도 하며, 커피에 대한 다양한 전문지식과 실험 내용이 담겨있는 홈페이지를 운영하고 있기도 하다.

이러한 다양한 클럽 에스프레소의 활동은 종합적인 브랜드 연상으로 소비자의 마음 속에서 작용하여 클럽 에스프레소는 단일 점포를 가진 커피숍임에도 불구하고 최고의 커피 전문가들을 위한 커피숍이라는 것과 관련된 다양한 브랜드 연상을 소비자의 마음 속에 강하게 자리잡을 수 있도록 해주고 있다.

www.clubespresso.co.kr
"

(3) 구매 이유

많은 경우 브랜드 연상을 통하여 소비자들은 해당 브랜드를 구매하고 사용하는 이유를 찾는다. 예를 들어, 제품이 가진 주요한 속성을 떠올리기도 하고, 소비자들이

그림 4-4 애경산업(주)의 다양한 치약 브랜드

2080 치약   청은차 치약   샤이닝화이트 치약

얻게 되는 가치를 이해하게 되는 경우가 많다. 이렇게 브랜드 연상은 어떤 브랜드를 선호하거나 구매하게 되는 이유의 근거가 되기도 한다.

예를 들면 애경산업(주)에서는 다양한 치약을 출시하고 있는데, 이렇게 출시한 다양한 치약은 각각 다른 브랜드 연상을 나타내도록 브랜드 이름 및 각종 촉진 활동을 시행하고 있다. 2080치약의 경우 전반적인 이의 건강을 지킬 수 있는 브랜드 이름(20개의 치아를 80세까지)과 관련 촉진활동을 수행하고 있으며, 청은차 치약의 경우 한방 효과를 활용하여 잇몸 질환에 효과적임을, 샤이닝화이트 치약은 이를 하얗게 해주는 기능을 가지고 있음을 연상하도록 각종 마케팅 활동을 전개하고 있다. 이러한 마케팅 활동의 경과로 소비자의 마음속에 형성된 브랜드 연상을 통하여 소비자들은, 특별한 문제가 없는 경우 2080치약을, 잇몸질환이 있는 경우 청은차 치약을, 이를 하얗게 보이고 싶은 경우는 샤이닝화이트 치약을 선택하게 되는 것이다.

또한 어떤 연상들은 브랜드에 대한 신뢰를 제공함으로써 소비자들의 선호도나 구매 의사결정 과정에 영향을 미치고 있다. 예를 들어, 어떤 몸매가 좋은 연예인이 특정한 음료를 선호한다든가, 전반적인 인상이 매우 좋았던 연예인이 특정 브랜드의 가발을 사용하고 있다는 것을 알게 된다면 소비자들은 해당 브랜드에 대해서 보다 큰 신뢰감을 느끼게 될 것이다. 또한 해당 브랜드가 어떠한 다른 연상을 가진 상징을 사용해도 소비자들은 연관된 특정한 연상을 가지게 되는 경우가 많다.

(4) 긍정적 태도와 느낌(감정) 창출

어떤 브랜드 연상들은 소비자들에게 긍정적인 태도나 느낌(감정)을 유발시킬 수도 있다. 호감이 가는 연상은 소비자에게 호감을 주어서 브랜드에 곧바로 전달되도록 하는 긍정적 감정을 유발시킨다. 예를 들어, '아기공룡 둘리'는 많은 소비자들에게 귀엽다는 감정을 유발시키기도 한다.

어떤 경우 제품을 사용하는 동안에 브랜드 연상이 긍정적인 감정이나 태도를 창출하기도 한다. 오리온 초코파이의 '정(情)'을 주제로 한 광고를 통하여 사람들은 초코파이 브랜드를 보고, 초코파이를 먹으면서 따뜻한 감정과 관련된 연상을 할 수 있기도 하며, 현대 자동차의 제너시스 쿠페 광고는 해당 차를 운전하는 것에 대해서 보다 모험적이며, 진취적인 연상을 할 수 있도록 하기도 한다.

(5) 브랜드 확장 및 브랜드 제휴를 위한 근거

새로운 상품군을 출시할 때 기존 브랜드 연상은 신상품군에 기존 브랜드를 사용하는 것이 적절한지를 판단할 수 있도록 한다. 롯데리아는 패스트푸드업체로서 간편하고 맛있는 음식을 빠르게 제공하여 준다는 연상을 제공한다. 이러한 연상으로 인하여 과거 햄버거를 중심으로 상품군을 구성하여 판매하던 롯데리아는 팥빙수, 커피, 너겟, 와플, 아이스크림 등으로 확장할 수 있게 된다. 마찬가지로 프리미엄 브랜드라고 할 수 있는 샤넬(CHANEL)의 경우 고급스럽고 고품질의 이미지와 관련된 연상으로 인하여, 처음에는 의류부터 제품 제조와 판매를 시작하였으나 선글라스, 화장품, 보석류 등으로 지속적으로 확장이 가능했으며, 최근에는 샤넬 레스토랑, 까페 등으로 브랜드 확장을 시도하고 있다.

`그림 4-5` 일본 동경 긴자지역에 위치한 샤넬 레스토랑의 전경

출처: http://www.beige-tokyo.com

또한 브랜드 연상은 브랜드 간 제휴 시에도 어울리는 느낌을 창출하는지의 여부를 판단할 수 있어 브랜드 제휴가 가능할지에 대하여 판단할 수 있는 근거도 제공한다.

3 브랜드 연상의 종류

(1) 제품과 관련된 연상

제품 범주의 전형성

어떤 제품 카테고리를 생각할 때 대부분 소비자의 마음속에는 가장 먼저 떠오르는 브랜드가 있을 것이다. 만약 여러분들이 커피숍을 간다고 한다면 어떤 커피숍 브랜드가 가장 먼저 떠오르는가? 이때 해당 제품군의 카테고리에서 가장 먼저 떠오르는 브랜드에 대해서 전형성이 있다고 이야기한다. 예를 들어, 스마트폰을 구매할 때 어떤 스마트폰 브랜드가 가장 좋은지에 대해서 사람들이 일반적으로 삼성전자의 갤럭시S 시리즈를 연상한다고 한다면, 삼성전자의 갤럭시S 시리즈는 스마트폰이라는 카테고리 내에서 전형성을 가지고 있는 것이라고 할 수 있다.

제품 품질

어떤 제품이 가지고 있는 특별히 우수한 품질의 속성을 부각시킴으로써 브랜드 연상을 불러일으킬 수 있다. 예를 들어, 스마트폰을 구매할 때 소비자들은 스마트폰의 CPU 속도, 무게, 크기, 통신망 속도 등을 고려한다고 하자. 이때 소비자들이 다른 요인들보다 스마트폰의 CPU 속도를 우선적으로 중요시한다고 한다면, 스마트폰 브랜드 연상을 주로 CPU 속도의 우수성으로 하여 브랜드 촉진활동 등을 진행하게 된다. 하지만 한 회사가 절대적으로 CPU 속도가 빠른 제품을 만들고 있다는 브랜드 연상이 소비자들의 마음속에 잘 구축되어 있다면, 2위 회사는 CPU 속도 이외에 소비자가 중요시하는 다른 속성을 중심으로 브랜드 연상을 구축하는 것이 효과적으로 경쟁할 수 있는 방안이 될 수 있다.

제품의 품질이 핵심적인 브랜드 연상이 되는 경우는 대개 제품의 기능적인 측면에 대해서 소비자들이 중요하다고 생각하는 경우이다. 제품의 품질을 중심으로 브랜드 연상 전략을 수립하기 위해서는 우선 소비자들에 대한 조사를 통하여 소비자들이 해당 제품군을 구매할 때 어떠한 속성을 가장 중요하게 생각하고 있는지를 파악하고, 자사의 품질이 소비자들이 생각하는 속성에 가장 적합하고, 뛰어나다고 인식할 수 있도록 전략을 수립해야 한다.

제품의 품질을 활용하여 브랜드 연상 전략을 수립하는 것은 주로 IT 제품군에서 종종 발견할 수 있는데, IT 제품군은 제품군의 특성상 기능이 중요하지만, 일반 소비자들이 기능에 대한 판단을 제대로 할 수 없는 경우가 많기에 브랜드 연상을 통하여 제품이 가지고 있는 기능적 특성을 강하게 전달해야 할 필요가 있기 때문이다.

가치대비 가격

브랜드 연상에 있어서 품질대비 가격은 매우 중요한 요인이라고 할 수 있다. 동일한 품질을 제공하는 제품군이라 할지라도 품질대비 가격이 저렴한 경우 브랜드 연상이 긍정적으로 형성될 확률이 높으며, 품질대비 가격이 높은 경우 브랜드 연상이 부정적으로 형성될 확률이 높다.

품질대비 가격에 대한 전략으로는 동일한 품질의 제품군 중에서 가장 저렴한 제품임을 강조하거나, 유사한 가격대의 제품들 중에서 자신의 제품이 가장 높은 품질을 가진 제품임을 강조하는 전략이 있다. 예를 들면 많은 인터넷 쇼핑몰의 경우 일반 오프라인 쇼핑센터나 판매점에 비해서, 매장 운영비 등이 없다는 이유 등으로, 동일한 제품을 저렴하게 판매할 수 있다고 주장한다. 또 이러한 주장을 소비자가 수용하게 되면, 소비자들은 인터넷 쇼핑몰에서 오프라인 매장과 동일한 제품을 보다 저렴하게 구매할 수 있다고 판단하게 되어 긍정적인 브랜드 연상을 구축하게 된다. 또한 ZARA나 유니클로와 같은 패스트 패션의 경우도 높은 품질—저렴한 가격이라는 이미지로 고객들에게 긍정적인 브랜드 연상을 줄 수 있도록 브랜드 연상에 대한 촉진을 하는 사례라고 할 수 있다.

사용 상황

브랜드를 사용하는 상황과 브랜드 연상이 밀접하게 연결되어 있는 경우 해당 사용상황이 브랜드 연상의 핵심으로 작용할 수 있다. 예를 들어 포카리스웨트나 파워에이드 등의 경우 스포츠를 하는 상황과 밀접하게 연결되어 있다. 하지만 동일한 성분의 제품인 2%부족할 때의 경우 스포츠를 하는 상황보다는 여성들이 목마를 때 가볍게 마실 수 있는 음료로 포지셔닝이 되어 있다. 2% 부족할 때는 물보다는 좀 맛이 있으면서도, 콜라나 사이다보다는 칼로리가 낮아 칼로리 부담없이 맛있게 갈증을 채우는데 적합하도록 만들어진 음료이다. 2%부족할 때는 초기 10~20대 여성 시장을 공략하여 한때 큰 성공을 거두었다. 이러한 성공에 힘입어 한때 스포츠 드링크 시장을 공략하기 위하여 광고를 제작하여 방송하는 등의 노력을 기울였으나 스포츠 드링크 시장에서는 성공을 거두지는 못하였다. 이유는 이미 2%부족할 때를 음용하는 상황에 대한 연상이 스포츠를 즐기는 상황과는 전혀 다르게 형성되었기 때문이다. 이렇게 브랜드를 사용하는 상황과 연상을 연결시키는 것이 실제 시장에서의 성과에 직접적으로 영향을 주기도 한다.

사용자

브랜드 연상을 사용자와 관련되어 나타나도록 하는 경우도 있다. 이는 목표 소비자들을 소비자들의 특성들에 기반하여 세분화한 후 목표 소비자와 브랜드 연상을 연결시키는 것이다. 이는 목표 소비자들을 어떠한 특성에 기반하여 세분화할 수 있을 때 가능한 것이다. 예를 들어, 남자 라면의 경우 성별 특성을 기반하여 브랜드 연상을 형성하려고 한 경우이다.

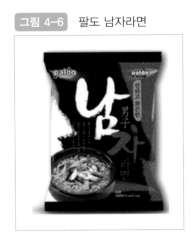

그림 4-6 팔도 남자라면

(2) 제품군과 관련된 연상

어떤 경우 한 종류의 제품이 아닌 다양한 종류의 제품에 동일한 브랜드를 사용하는 경우가 있다. 예를 들면 하우젠(Hauzen)이라는 브랜드는 삼성전자의 에어컨, 드럼세탁기 등에 함께 사용된다. 이 브랜드는 독일어의 Haus(집)＋Zentrum(중심)의 합성어로 집안의 중심이라는 뜻으로 개발되었다. ZEN 스타일의 고품격, 인테리어 생활디자인 의미의 브랜드를 개발하여 집안에서 사용되는 다양한 제품군에 활용되었다. 이러한 브랜드를 만드는 이유는 주로 브랜드 홍보 활동을 단독으로 하기보다는 제품군으로 시행하여, 브랜드에 대한 접촉빈도를 더 높여 브랜드 인지도 등을 보다 쉽게 높이기 위하여 사용되는 경우가 많다. 이러한 브랜드를 종종 우산형(Umbrella) 브랜드라고 부른다.

(3) 제품 외적 연상

제품 외적인 연상은 제품이나 제품군이 가진 속성과 직접 관련이 없는 연상을 말한다. 예를 들면 브랜드 개성, 브랜드–소비자 관계 등과 같은 연상을 말한다. 브랜드 개성이란 브랜드를 사람으로 간주하였을 때 해당 브랜드가 가지는 인간적인 특징에 대한 연상들을 의미한다. 브랜드 개성이 주요한 브랜드 연상으로 연결되는 경우는 브랜드가 기능적인 가치의 측면보다 정서적인 가치의 측면을 더 중시하는 경우이다. 예를 들어, 스무디킹이라는 스무디를 주로 판매하는 소매점 브랜드가 10~20대를 연상시킨다고 한다면, 50~60대 계층이 스무디킹이라는 매장에 들어가는 것을 꺼릴 수 있다. 또한 맥심이라는 커피 브랜드가 중년을 떠올리게 한다면 젊은 소비자들은 제품 구매를 꺼릴 수 있다.

4 연상의 개발과 브랜드 가치

다양한 브랜드 연상들은 총체적으로 결합되어 소비자들에게 제안하는 가치로 연결되어 나타나게 된다. 브랜드가 소비자들에게 전달하는 가치는 기능적 가치(functional value), 상징적 가치(symbolic value), 경험적 가치(experiential value), 복합적 가치(hybrid value) 등이 있다. 브랜드의 가치를 논할 때는 주로 기능적인 가치와 상징적인 가치를 논하는 경우가 많았으나, 최근에는 경험적 가치와 복합적 가치에 보다 초점을 두는 경우가 많아지고 있다. 소비자는 브랜드를 통하여 기능적인 측면을 활용하고, 자신의 스타일이나 선호하는 집단을 표현하기도 하지만 결국 브랜드를 통해서 다양한 경험을 하면서 소비자 스스로 원하는 가치를 충족시켜 나가기 때문이다. 즉, 브랜드 연상을 통한 가치 경험은 매우 복합적으로 나타난다는 것이다.

브랜드 연상전략을 구축할 때는 브랜드 연상으로 인하여 나타나게 되는 브랜드 가치 체계를 염두에 두고 브랜드 연상전략을 구축하는 것이 좋다. 또한 브랜드 연상을 고객의 마음속에서 유지하기 위해서는, 브랜드 연상이 차별화된 가치체계를 지향할 필요가 있다. 경쟁 브랜드와의 뚜렷한 차별화만이 고객의 기억 속에 인식되고 유지되는 방법이기 때문이다.

(1) 기능적 가치 (functional value)

기능적 가치는 소비자의 제품에 대한 욕구 중 기능적인 욕구를 충족시켜주는 데초점을 두고 있다. 삼성전자의 갤럭시노트8 브랜드는 노트와 같은 기능을 가졌음을소비자에게 소구하고 있다. 어떤 소비자들에게는 일상생활 혹은 업무 중에 수첩에 노트를 하는 것이 매우 중요한 속성으로 판단한 것이다. 삼성전자의 갤럭시노트8은 휴대폰이 수첩 등을 대신하여 쉽게 필기를 할 수 있다는 것을 효과적으로 표현한 브랜드라고 할 수 있다.

(2) 상징적 가치 (symbolic value)

상징적 가치는 브랜드를 통하여 소비자들의 자아 표현 욕구나 혹은 집단에의 소속 욕구 등을 충족시켜줄 수 있는 가치를 이야기 한다. 샤넬이나 구찌, 루이비통과 같은 브랜드들은 그 브랜드 자체를 소유함으로써 자신들이 어떤 사람인지를 표현할 수있는 좋은 도구가 되기도 한다.

(3) 경험적 가치 (experiential value)

경험적 가치는 소비자들이 브랜드의 소비를 통하여 어떤 경험을 할 수 있으며, 해당 경험을 통하여 소비자들의 욕구를 충족시켜 줄 수 있는 가치를 브랜드가 제공하고있음을 이야기한다. 노스페이스의 경우 단순히 옷의 가벼움이나 기능성을 강조하기보다는, 노스페이스 브랜드와 함께할 수 있는 등산이나 하이킹의 경험 등을 강조한다. 노스페이스 브랜드와 함께한다면 등산이나 하이킹의 경험이 보다 긍정적으로 새롭게창조될 수 있음을 보여주기도 한다.

오토바이 브랜드인 미국의 할리데이비슨 브랜드는 단순한 오토바이의 브랜드가아니라 하나의 삶의 방식을 나타내주는 브랜드이다. 할리데이비슨을 소유하고 있는많은 소비자들은 할리데이비슨을 이용하면서 자신이 목표했던 집단에 소속되어 있음을 느끼며, 다른 이들에게 자신이 추구하고자 하는 삶이 어떤 삶인지를 표현하게 된다. 이러한 경험을 보다 극대화하기 위하여 할리데이비슨 오토바이를 타는 사람들은 HOG(Harley Owners Group)이라는 동호회를 만들어 친목을 도모하고 있는데, 전세계에 130만명이 넘는 회원을 보유하고 있으며 한국 내에도 1,000명이 넘는 동호회 회원을 보유하고 있다.

(4) 복합적 가치 (hybrid value)

하나의 브랜드에 위의 세 가지 가치 중 하나만 담겨 있는 경우도 있으나, 최근에는 세 가지 가치가 복합되어 나타나는 경향이 있다. 삼성전자의 삼성지펠T9000 브랜드 냉장고의 경우 3개의 냉각기가 있어 냉각능력의 뛰어남을 강조해주기도 하지만, 세련된 디자인 등을 통하여 소비자들의 감각을 자극하기도 하며, 광고를 통하여 냉장고와 함께 멋지게 살아가는 모습을 보여주어 냉장고를 구매하고 이용하는 소비자들에게 경험적 가치를 주려고 시도하기도 하였다.

그림 4-7 삼성지펠T9000의 광고

출처: http://www.samsung.com/sec

5 브랜드 네이밍, 심벌, 슬로건, 패키지

(1) 브랜드 네이밍

브랜드 이름은 해당 제품이 어떤 제품이며 또한 무엇을 할 수 있는지를 소비자들에게 직접 알려주는 수단이 된다. 브랜드 이름은 때로는 제품의 기능이 무엇인지를 전달하기도 하며, 제품의 상징적 혹은 경험적 가치가 무엇인지를 전달할 수 있는 도구이기도 하다. 예를 들어, '삼성지펠아삭'이라는 김치냉장고 브랜드는 김치를 오래 보관해도 아삭한 상태를 유지해줄 수 있음을 표현하고 있다. 브랜드 이름은 브랜드 개념을 표현하는 핵심적인 역할을 하고 있으며, 브랜드 연상을 형성하는 가장 핵심적인 요소이기도 하다.

브랜드 이름은 브랜드가 고객의 마음속에 쉽게 파고들어갈 수 있는지를 결정하게 되어, 결국 브랜드의 성공여부에 큰 영향을 미치게 된다. 좋은 브랜드 이름을 결정할 때 검토해야 할 요소들은 다음과 같다.

① 제품의 특성을 잘 표현하면서, 경쟁 브랜드와 뚜렷한 차별성을 보여 주어야 한다.

브랜드 이름은 제품의 특성을 잘 표현하면서도 경쟁 브랜드와 무엇이 어떻게 다른지를 소비자들이 바로 인식할 수 있도록 해주어야 한다. 예를 들어, 17차라는 브랜드는 17가지 종류의 재료를 가지고 만든 차라는 특징을 잘 설명하고 있으며, 다른 음료수들과 뚜렷한 차별성을 보여주고 있다. 이러한 브랜드 이름의 특징으로 인하여 17차에 대해서 소비자들은 '마시는 차'에 속한 음료이며, 17가지의 재료로 만들어졌고, '차'라는 의미에서 칼로리가 매우 낮다는 것 등을 쉽게 인식하여 타 경쟁 음료와의 차별점을 쉽게 인식할 수 있었다.

② 제품의 차별적 가치를 잘 전달할 수 있어야 한다.

제품의 기능이나 편익 등 소비자에게 전달하고자 하는 가치를 명확하게 표현할 수 있어야 한다. 애경산업의 샤이닝화이트 치약은 이를 하얗게 빛나게 해준다는 의미를 명확하게 담고 있다. 또한 ㈜엘지생활건강의 한스푼 세제는 한스푼만 넣어도 세탁시 충분하다는 의미를 명확하게 전달하고 있다.

③ 발음하기 쉽고 기억하기가 용이해야 한다.

브랜드 이름은 발음이 쉬울 뿐만 아니라, 기억이 쉽도록 설계되어야 한다. 기억이 쉽도록 하는 방법은 특이한 이름이거나 경음을 사용하여 강한 인상을 주는 이름(예를 들면 스타벅스의 경우 원래 이름은 '일 지오날레'였으나, 기억이 잘 안 되는 이름으로 평가되어 경음이 섞인 스타벅스로 이름을 바꾸게 되었다), 혹은 감정이나 시각적 상상을 유발하는 이름일수록 기억하기 좋다고 한다. 예를 들면 미국의 IT업체인 애플사의 경우 한입 베어먹은 사과라는 시각적인 연상을 불러일으켜 쉽게 기억될 수 있도록 하고 있으며, BMW 미니의 경우 미니라는 브랜드 명을 사용하여 작고 귀엽다는 감정을 불러일으켜 쉽게 기억될 수 있 도록 하고 있다.

④ 부정적인 연상을 유발해서는 안 된다.

브랜드 이름이 사람들로 하여금 부정적인 연상을 하도록 하여서는 안 된다. 이 부 분은 대부분 국경을 넘어 다른 언어권으로 제품 판매가 확장되면서 흔히 부딪히기도 한다. 예를 들어, 한국의 대영(Dae Young) 자전거는 영어권으로 수출되면서 원래 브랜 드를 그대로 사용하였다. 그러나, 영어권 국가의 사람들이 대영(Dae Young)을 다이 영 (Die young)으로 발음하면서 부정적인 연상이 나타나게 되었다.

(2) 브랜드 심벌

브랜드 심벌 혹은 로고는 브랜드를 시각적으로 소비자들에게 전달해주기 위해서 사용된다. 브랜드가 가지고 있는 의미나 전달하고자 하는 가치를 간결하고 명확하게 표현하고, 이를 통하여 소비자들이 쉽게 기억하게 해주는 심벌은 브랜드 연상을 강화 할 수 있다. 맥도널드의 로고인 황금빛 이중 아치는 맥도널드의 M자를 상징하며, 캐 릭터인 로날드 맥도날드는 맥도널드의 주된 가치인 즐거움을 고객들에게 전달하는 역할을 한다.

심벌과 로고의 구체적인 역할들은 다음과 같다

첫째, 좋은 브랜드 심벌과 로고는 브랜드 인지도를 높여준다. 일반적으로 소비자 들은 브랜드 명보다는 시각적인 심벌과 로고를 더 잘 기억하는 경향이 있다. 또한 브 랜드 이름을 읽는 것보다 브랜드 심벌이나 로고를 인식하는 것이 훨씬 빠르다. 특히, 이러한 점은 유사한 제품군에서 제품을 구매하는 경우 특히 효과적이다.

둘째, 브랜드 심벌과 로고는 구매시점에서 소비자들의 선택에 직접적인 영향을 미치는 경우가 많다. 특히 제품간 품질 비교가 어려운 경우 소비자들은 자신이 알고 있거나, 광고에서 많이 접한 브랜드를 구매하는 경우가 많다. 이 경우 대개 브랜드 이 름보다는 브랜드 심벌이나 로고를 시각적으로 기억하는 경우가 많다.

셋째, 브랜드 심벌과 로고를 통하여 제품의 가치를 쉽게 인식할 수 있다. 예를 들

별이 다섯 개인 장수 돌침대

● 장수돌침대 BI

장수돌침대(주)는 유사한 돌침대들 중에서 소비자들이 자신의 돌침대를 쉽게 선택할 수 있도록 브랜드 심벌을 별 다섯 개로 만들어, 소비자들이 자신의 침대를 쉽게 인지할 수 있도록 하였다. 아울러 별이 다섯 개라는 브랜드 심벌은 소비자들로 하여금 품질이 높다는 브랜드 연상이 이루어지도록 하기도 했다. 또한 이를 소비자들에게 인식시키기 위하여 TV광고를 비롯한 각종 광고를 통하여 '장수 돌침대는 별이 다섯 개'임을 회장이 직접 머리에 별을 그리고 광고하여 소비자들이 쉽게 기억할 수 있도록 하였다.

결국 장수돌침대(주)는 브랜드 심벌의 적극적인 활용을 통하여 돌침대 구매시 돌침대 간의 차이를 구별하기 어려웠던 소비자들에게 구매시점에서 장수 돌침대를 쉽게 기억하고 선택할 수 있도록 하였다.

어, 풀무원의 경우 풀무원 이름 위에 녹색의 접시 모양을 브랜드 심벌로 사용하고 있다. 녹색의 색감을 통하여 풀무원이 추구하는 자연을 나타내며, 이러한 자연을 접시에 담은 모습을 형상화하여 건강한 자연 식품을 추구한다는 풀무원의 가치를 감각적으로 소비자들에게 전달하고 있다.

(3) 브랜드 슬로건

브랜드 슬로건은 브랜드 연상을 설명하는 하나의 문장이라고 할 수 있다. 슬로건은 브랜드 연상을 보다 명확하고, 이해하기 쉽게 전달하도록 설계될 필요가 있다. 예를 들어, 한국의 할인점인 이마트는 '대한민국 1등 할인점'이라는 브랜드 슬로건을 통하여 한국에서 가장 규모가 큰 할인점이며, 규모가 크기에 제조업체에 대한 가격 협상력이 클 수 있다는 연상을 명확하고 효과적으로 소비자들에게 전달하고 있다. 이에 대해 경쟁사인 롯데마트는 'No.1 Retailer in Asia'와 '행복드림'이라는 브랜드 슬로건을 동시에 사용하여 국제적인 경쟁력을 보유한 할인점이라는 것과 고객들을 위해서 보다 열심히 노력하는 할인점이라는 브랜드 연상을 소비자에게 효과적으로 전달하고 있다.

(4) 패키지

패키지는 브랜드 연상을 소비자들에게 총체적으로 전달할 수 있는 중요한 연상의 요소이다. 동아오츠카의 포카리스웨트는 패키지에 푸른색과 흰색을 사용하여 청량한 이미지를 전달하고 있다. 또한 삼성전자는 프리미엄 노트북 브랜드인 시리즈9 브랜드의 패키지를 얇은 검은색 포장으로 바꾸어 고급스러운 이미지를 패키지에서 전달하고자 노력하고 있다. 때로는 패키지의 변화를 통하여 브랜드의 전달 가치를 변화시키려 노력하는 경우도 있다. 예를 들어, 삼다수 브랜드를 가지고 있는 제주특별자치도개발공사에서는 한라수라는 새로운 프리미엄 브랜드를 출시하였는데, 이 브랜드는 기존의 삼다수와 같은 내용물(생수)을 담고 있지만, 패키지 고급화를 통하여 새로운 가치를 소비자들에게 전달하려고 노력하였다. 전반적으로 패키지 디자인을 유려하게 만들었으며, 병의 아래쪽 오목한 부분을 제주도의 한라산을 형상화하여 만들어 제주도의 생수임을 전달할 수 있도록 하기도 하였다.

SUMMARY

- 브랜드 연상이란 브랜드가 소비자의 마음속에 상기시켜 주는 어떠한 이미지이다. 마케터는 소비자에 마음 속에 일어나는 브랜드 연상을 통해 일정한 의미를 전달할 수 있어야 하며, 이러한 연상들이 소비자들에게 가치를 창조할 수 있도록 하여야 한다. 즉, 브랜드 연상을 통하여 소비자들의 정보처리 및 검색 협조, 상표 차별화, 구매이유 제공, 긍정적인 태도와 느낌 등을 제공해야 하며, 이러한 브랜드 연상을 통하여 기업에게는 브랜드 확장의 기반을 제공할 수 있어야 하기도 한다.

- 브랜드 연상의 종류로는 크게 개별 제품과 관련된 연상과 이종 제품군과 관련된 연상, 제품외적 연상으로 나누어 볼 수 있다. 제품과 관련된 연상에는 제품 범주의 전형성, 제품 품질, 가치대비 가격, 사용상황, 사용자 등이 있으며, 제품군과 관련된 연상으로는 하나의 브랜드로 이종의 제품을 포괄하는 연상을 의미한다. 마지막으로 제품외적 연상은 브랜드 개성과 같이 제품이나 혹은 제품군이 가진 속성과 관련이 없는 연상을 의미한다.

- 다양한 브랜드 연상들은 총체적으로 결합되어 소비자들에게 제안하는 가치로 연결되어 나타나게 된다. 브랜드가 소비자들에게 전달하는 가치는 기능적 가치(functional value), 상징적 가치(symbolic value), 경험적 가치(experiential value), 복합적 가치(hybrid value) 등이 있다. 브랜드 연상 전략을 구축할 때는 브랜드 연상으로 인하여 나타나게 되는 브랜드 가치 체계를 염두에 두고 브랜드 연상전략을 구축하는 것이 좋다.

- 브랜드 이름, 심벌, 슬로건, 패키지는 브랜드 연상과 연결되어 있는 매우 중요한 요소들이다. 브랜드 이름은 브랜드가 고객의 마음속에 쉽게 파고들어갈 수 있는지를 결정하게 되어, 결국 브랜드의 성공여부에 큰 영향을 미치게 된다. 브랜드가 가지고 있는 의미나 전달하고자 하는 가치를 간결하고 명확하게 표현하고, 이를 통하여 소비자들이 쉽게 기억하게 해주는 심벌은 브랜드 연상을 강화할 수 있다. 브랜드 슬로건은 브랜드 연상을 설명하는 하나의 문장이라고 할 수 있다. 슬로건은 브랜드 연상을 보다 명확하고, 이해하기 쉽게 전달하도록 설계될 필요가 있다. 패키지는 브랜드 연상을 소비자들에게 총체적으로 전달할 수 있는 중요한 연상의 요소로, 목표한 브랜드 가치를 가장 효과적으로 전달할 수 있도록 설계되어야 한다.

05 브랜드 로열티

학습
목표

- 브랜드 로열티의 개념과 중요성을 학습하고, 브랜드 로열티 관련 이론과 사례를 통하여 실제 활용방법을 학습한다.
- 브랜드 로열티의 단계를 이해한다.
- 브랜드 로열티의 전략적 가치에 대해서 학습한다.
- 브랜드 로열티를 유지하고 증가하는 전략에 대하여 학습한다.
- 브랜드 로열티를 측정하고 이를 활용하는 방법에 대하여 학습한다.

도입
사례

송림수제화의 데이터베이스 마케팅

서울 중구 을지로 3가에 위치한 송림수제화는 1936년 문을 열어 3대째 이어오며 고급 수제화를 만들고 있는 기업으로 주로 고급 등산화를 제작하나 일반인을 위한 구두도 같이 제작하고 있다. 이 가게는 매우 높은 품질의 등산화를 수제작하는 것으로 유명하여 등산인 허영호 대장 등 유명인들이 많이 이용하는 점포이다. 이 점포는 오래전부터 데이터베이스 마케팅 활동을 전개해 왔다. 우선 손님이 오면 발모양을 꼼꼼하게 체크하고, 기록하여 기록한 내용을 토대로 신발을 제작한다.

이 점포의 핵심적인 데이터베이스 마케팅 활동은 신발을 제작한 이후에 있다. 제작한 신발에 대해서 고객이 어떤 평가를 하고, 어떤 불만을 제기하는지를 꼼꼼하게 발모양을 기록한 파

3 대에 걸친 송림수제화만의 노하우를 소개합니다.

세심한 제작과정으로 발이 더욱 편합니다.

Step 1.
발의 기장, 볼, 등 치수,
발의 형태 관찰족형 작업

Step 2.
족형 작업

Step 3.
손님의 의견 반영

Step 4.
고객의 특성에 맞게 목형
다듬는 작업

Step 5.
패턴 작업

Step 6.
재단 작업

Step 7.
재봉 작업

Step 8.
갑피 완성

Step 9.
완성된 목형에 갑피를
맞추어 성형작업

Step 10.
갑피를 목형에 감싼 뒤에
창 몽합작업

Step 11.
최종 점검

Step 12.
완성품

일에 추가로 기입한다. 손님들이 방문할 때마다 한 이야기를 계속 받아적고, 해당 내용을 다음 번 주문할 때 반영하여 구두를 만드는 방식으로 점차 손님에게 맞는 신발을 제작하는 것이다.

그 결과 두세 번 신발을 이 점포에서 맞추게 되면, 그 손님은 더 이상 다른 점포에서 신발을 맞추기 어렵게 된다. 두세 번 신발을 맞추면 4~5년 정도가 소요되는데, 그 이후에는 자신에게 꼭 맞아 더 이상 편할 수 없는 신발을 만들어 주기 때문이다. 이러한 신발을 또 맞추려면 다른 점포에 4~5년을 다녀야 할 것이기 때문이다. 데이터베이스 마케팅은 꼭 고가의 전산시스템을 사용할 필요는 없다. 내가 관리해야 하는 수의 개별 고객을 가장 편리하고 저렴하게 관리할 수 있는 수단이면 그 어떤 것이든 관계없는 것이다.

1 브랜드 로열티란

(1) 브랜드 자산의 핵심으로서의 브랜드 로열티

브랜드 로열티(brand loyalty)는 고객이 가지는 특정 브랜드에 대한 애착의 정도를 나타낸다(Aaker 1994). 브랜드에 대한 고객의 로열티는 기업이 장기간 수익을 창출하는 데 중요한 역할을 한다. 강한 로열티를 가진 소비자들이야 말로 오랫동안 단골 고객으로 지속될 수 있으니, 고객 가치가 매우 높은 고객이라고 할 수 있다.

브랜드 로열티는 브랜드 자산을 형성하는 핵심 요인으로서 매우 큰 의미가 있다. 어떤 브랜드를 판매하여 이익을 올리기 위해서는 크게 두 가지 방법이 있다. 첫 번째 방법은 처음부터 높은 가격으로 판매하는 것이고, 두 번째 방법은 처음에는 저렴한 가격으로 판매하여 소비자들의 구매를 유도하고 이후 구매한 소비자들이 그 제품에 대하여 만족, 혹은 다른 이유를 형성하여 해당 브랜드의 가격이 올라도 재구매 해주는 것이다. 대부분의 상품이 처음부터 고가로 거래되기 힘들다는 현실을 반영할 때, 브랜드 로열티를 형성해서 계속 재구매를 유도하는 것이 브랜드 자산이 구축되는 기본적인 방법이라고 할 수 있다. 즉, 기업은 브랜드 로열티를 얻을 수 있는 상품을 만들고, 브랜드 로열티가 실현되어야 '고가' 혹은 '시장 점유율 확대' 등의 기업 수익과 직결되는 혜택을 볼 수 있다는 것이다. 이 외에도 브랜드 로열티는 경쟁자의 공격에 대하여 방어할 수 있는 시간을 벌어주기도 하는 등 브랜드 자산과 연결된 핵심 지표라고 할 수 있다.

(2) 브랜드 로열티의 단계

고객에 따라 하나의 상품 브랜드에 대한 로열티는 달라진다. Aaker(1994)는 이러한 브랜드 로열티를 5단계로 나누었다.

첫 번째 단계인 브랜드 로열티의 가장 하위 단계 소비자는 가격 민감 구매자이다. 가격 민감 소비자들은 가격에 이 소비자 집단은 브랜드에 완전히 무심한 소비자이다. 구매를 희망하는 상품 종류가 어떤 브랜드가 있는지 인지를 못하거나, 혹은 적당하게 브랜드를 인지하고 있지만 구매의사 결정상에서 브랜드를 전혀 고려하지 않는 소비자이다. 이 경우 소비자들은 할인 판매를 하고 있거나, 편리한 것 등 주로 기능적인 측면에 의존하여 구매를 결정한다. 브랜드 로열티의 가장 아래 단계에 있는 가격 민감 구매자들은 브랜드와 관련없이 구매를 하기 때문에 구매하는 브랜드가 자주 바꾸며 대부분 가격에 민감한 편이다.

두 번째 단계의 소비자는 습관적 구매자이다. 이 집단의 소비자들은 어떤 상품의 브랜드를 인식하고, 해당 브랜드에 대해서 큰 불만이 없기에 해당 브랜드를 구매한다. 그러나 다른 브랜드에 대해서도 크게 차별성을 못 느끼기 때문에, 타 브랜드의 할인 행사 등의 계기가 있는 경우 주저 없이 다른 브랜드를 선택하기도 한다.

세 번째 단계의 소비자들은 특정 브랜드에 대해서 만족했거나 혹은 익숙해지는 등의 이유로 새로운 브랜드를 구매하는 데 있어서 시간적인, 금전적인 전환 비용을 느끼는 소비자이다. 기존의 브랜드에 만족했으나, 새로운 브랜드를 구매하기에는 여러 가지 위험을 감수해야 한다고 생각하는 경우 소비자들은 기존 브랜드를 구매한다. 또한 기존 브랜드 상품에 익숙해진 경우도 기존 브랜드를 구매한다. 예를 들면 흔글 워드프로세스를 사용했던 고객들은 마이크로소프트사의 워드프로세서인 워드 프로 그램을 구매하는 것에 대해서 많은 전환비용을 지각한다. 사용방법이 달라져서 익숙 해지기 위해서는 시간이 걸릴 뿐 아니라, 새로운 프로그램을 이용했을 때 성과가 더 좋아질 수 있는 것인지도 불분명하다고 지각하기 때문이다.

네 번째 단계의 소비자들은 특정 브랜드를 선호하는 경우이다. 선호하는 이유는 매우 다양하다. 만족스러웠던 사용 경험, 혹은 추억, 높은 품질, 상징성 있는 심벌 등

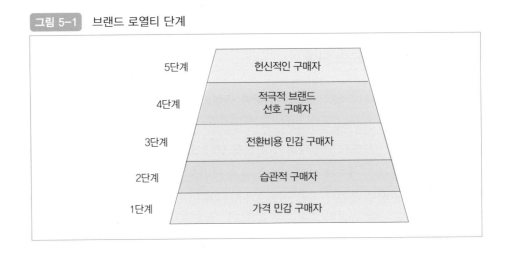

그림 5-1 브랜드 로열티 단계

다양한 이유로 소비자들은 어떤 브랜드를 적극적으로 선호할 수 있다. 이 네 번째 집단에 속한 소비자들은 감정적으로 브랜드와 밀착되어 있는 경우가 많다. 예를 들어 소비자들은 특정 브랜드의 화장품을 선호하는 경우가 있으나, 때로는 해당 브랜드의 화장품이 OEM으로 생산되어 사실상 다른 브랜드의 화장품과 기술적으로 차이가 없는 경우가 있다. 이러한 경우 기술적인 우위성보다는 감정적인 밀착으로 인하여 브랜드 로열티가 발생하는 경우라고 할 수 있다.

그림 5-2 아이패드를 구매하기 위하여 길게 줄을 서서 기다리고 있는 고객들의 모습

　　최고 단계의 소비자들은 헌신적인 고객 집단이다. 이러한 고객의 대부분은 브랜드를 그들 자신의 상징으로 여기는 경우가 많다. 해당 브랜드를 사용하고 있다는 것에 자부심을 느끼며, 다른 사람들에게 적극적으로 추천을 한다. 이러한 헌신적인 구매자의 경우 시장에서 다른 소비자의 구매행동에 많은 영향을 줄 수 있기 때문에 매우 중요한 고객이라고 할 수 있다. 전통적으로 할리데이비슨(Harley Davidson)은 헌신적인 구매고객을 많이 확보하고 있으며, 애플(apple)은 iPhone, MacBook 등의 혁신적인 디자인을 가진 다양한 제품군들을 출시하여 헌신적인 소비자들을 많이 확보하고 있다.

2 브랜드 로열티의 전략적 가치

(1) 마케팅 비용의 감소

　　브랜드 로열티를 가진 소비자 집단이 존재하면 마케팅 비용을 절감시킬 수 있다. 과거 많은 연구들을 살펴볼 때 신규 고객보다는 기존 고객을 유지·관리하는 것이 비용이 적게 든다. 잠재적인 새로운 고객은 기존에 사용하고 있는 브랜드에서 변화하려는 동기가 상대적으로 부족하기 때문에 새로운 브랜드가 그들과 접촉하는 데에 경비가 많이 든다. 특히, 그들은 다른 브랜드를 구하려는 노력을 하지 않기 때문이다.

심지어 소비자들이 불만족하지 않는다면 상대적으로 다루기가 수월하다. 익숙한 것이 편안하고 확신을 가질 수 있기 때문이다. 새로운 소비자들을 찾는 것보다 기존의 소비자들이 마음을 바꾸지 않고 계속 만족할 수 있도록 하는 것이 훨씬 비용이 적다. 물론 로열티가 높으면 높을수록 소비자들을 만족시켜 주는 것이 더욱 쉬워진다. 그러나 만약 소비자들의 문제점과 관심거리들이 논의되지 않는다면 소비자들은 떠나버릴 것이다. 도전적인 사고는 이러한 현상을 방지할 수 있다.

기존의 소비자들이 지니고 있는 로열티는 경쟁자에게 상당한 진입 장벽으로 작용한다. 기존의 소비자들이 제품에 대한 로열티가 높고 브랜드에 대해 만족하고 있는 경우 시장에 진입하는 데 많은 자원이 필요하다. 그러므로 진입 기업의 잠재 이익이 감소하게 된다. 신규참여자가 이러한 시장에 진입하려고 할 때 소비자들을 쉽게 현혹할 수 있다는 착각은 버려야 한다. 그러므로 광고와 같이 소비자의 충성 정도를 암시해 주는 정보가 이런 경우 유용하게 사용될 수 있다.

(2) 매장 레버리지의 효과

브랜드 로열티는 매장 레버리지의 효과를 지니고 있다. 소비자는 코카콜라나 애경 2080 치약 같은 브랜드에 대해서 강한 충성도를 지니고 있기 때문에 매장에서 이러한 브랜드는 좋은 진열대를 차지하기 마련이다. 결국 브랜드 로열티는 소비자의 의사결정에 지대한 영향을 미친다. 예를 들어, 슈퍼마켓에 신라면, 코카콜라, 칠성사이다 등의 브랜드를 비치하지 않는다면 소비자들은 가게를 바꿀지도 모른다. 매장 레버리지 효과는 신제품을 도입하거나 제품의 형태를 변화하거나 브랜드를 확대할 경우에 특히 중요하다.

(3) 새로운 고객의 유인

기존 고객이 만족한다는 사실은 잠재 고객에게 확신을 제공해 준다. 특히, 구매가 다소 위험을 내포하고 있을 때 더욱 그렇다. 기업에서 컴퓨터를 구매할 때 한국에서는 삼성전자 컴퓨터를 구매하면 왜 그 컴퓨터를 구매했는지에 대한 질문을 주변에서

하지 않는다. 1위 브랜드의 컴퓨터이기 때문이다. 하지만 2위나 3위 브랜드의 컴퓨터를 구매하면 구매 담당자들에게 상당히 많은 사람들이 왜 2위나 3위 브랜드의 상품을 구매했는지 문의하게 된다. 2위나 3위 컴퓨터를 구매한 확실한 이유를 설명하지 못한다면, 때로는 구매 담당자의 청렴도를 의심받게 될 것이다. 그러나 1위 브랜드의 상품을 구매하는 경우 왜 그 상품을 구매했는지 물어보는 경우는 많지 않다. 미국에서도 유사한 일이 있는데 "IBM을 구매하면 해고당하지 않는다"는 오래된 격언이 있었는데, 이러한 논리에 근거를 둔 것이다. 특히, 신제품이나 구매에 위험이 따르는 제품의 경우 기존의 소비자들이 그 브랜드를 받아들이고 있다는 사실은 시장을 개척하기 위해서는 효과적인 메시지가 될 수 있다. 그러나 이러한 효과는 그냥 얻어지는 것이 아니고 치밀한 계획하에서 성취될 수 있다. 대체로 기존의 고객들이 만족하고 있다는 사실은 그 브랜드의 애프터서비스 및 이미지가 괜찮은 제품일 경우가 많다는 뜻이다. 많은 사업에서는 애프터서비스와 제품 지원이 중요하다. 컴퓨터 산업과 자동차 산업의 경우와 같이 이들 회사의 제품들을 기존고객이 계속 구매하고 있는지가 신규 고객들에게는 구매의사결정의 단서가 될 수 있다.

(4) 경쟁 위험에 대응할 수 있는 여유

브랜드 로열티는 기업에게 경쟁 위협에 응전할 수 있는 시간, 즉 숨을 돌릴 수 있는 여유를 제공한다. 만약 어떤 경쟁사가 우수한 제품을 개발한 경우 충성스러운 고객 집단이 존재한다면 회사가 제품을 개선하는 데 필요로 하는 시간적 여유를 찾을 수 있다. 예를 들어, 새롭게 개발된 하이테크 제품들이 일시적으로 고객을 확보한다면 거기에는 브랜드 로열티가 존재하지 않는다. 반대로 충실하고 제품에 만족해하는 소비자들은 새로운 제품을 찾지는 않을 것이며 신제품에 대해서 관심이 없을지도 모른다. 더욱이 그들은 새로운 제품에 노출되어 있어도 브랜드를 바꾸려는 시도조차 없을 것이다. 결국 브랜드 로열티가 높은 고객을 보유하고 있는 기업의 경우에 따르는 위험이 상대적으로 적은 것이다.

③ 로열티의 유지 및 증가 전략

(1) 고객 관리 부문

고객 존중

로열티를 유지하기 위해서 기업은 판매하는 상품만큼 고객과의 관계관리를 중시할 필요가 있다. 특히 고객의 로열티가 떨어지는 가장 큰 이유는 상품 자체가 아니라 관계에서의 감정적인 측면에서 문제가 생기는 경우가 많다. 기업이 소비자를 존중하지 않고 무례하게 대하거나, 무관심하거나 혹은 고객과의 관계 관리에 부주의하게 되면 고객은 멀어지게 된다. 이러한 것을 피하기는 그리 어렵지 않지만 소비자들은 모든 것에 민감하기 때문에 조심하여야 한다. 물론 기업과 소비자의 관계가 긍정적으로 유도되어야 하며 이를 위해서는 존경심을 가지고 소비자들을 대해 주어야 하는 자세가 필요하다.

고객 밀착

많은 기업들이 고객과 밀착하기 위해서 여러 가지 방법을 활용하고 있다. 미국의 컨티넨탈 항공사는 3C좌석에 앉은 손님과 자주 인터뷰를 한다. 한국의 이마트나 롯데마트는 점포별로 고객 자문단을 운영하고 있다. 고객들의 시각에서 점포 내의 문제점들을 찾아내고 고치기 위하여 고객 자문단을 통하여 문제를 파악하고, 점장이 해당 문제의 해결방안을 직접 챙긴다. 이와 같이 고객과 접촉하도록 하는 그 자체가 고객을 귀하게 여긴다는 표시가 될 수도 있다.

고객만족의 측정과 관리

고객을 대상으로 만족도와 불만족도를 정기적으로 조사하면 특히 소비자들의 제품에 대한 인지도를 파악하고 제품과 서비스를 조정할 때 유용하게 사용될 수 있다. 이러한 조사들은 고객이 중요하게 생각하는 부분에 대해서 고객의 언어와 시각을 가지고 적절하게 진행되어야 한다. 고객이 중요하게 생각하지 않는 부분의 만족도만을 측정하고, 중요하게 생각하는 부분을 측정하지 않으면 이후 심각한 마케팅 전략의 착오가 생길수도 있는 것이다.

고객만족 조사가 영향력을 갖기 위해서는 조사 후 결과들이 실제 담당 직원들의 운영 및 관리에 반영되어야 한다. 예를 들어 모 기업은 고객들의 불만사항에 대해서 48시간 내에 해결책을 만들어 답변을 해야 한다는 것을 사규로 정해놓고 있다. 소비자 조사는 보상 시스템을 적절하게 이용하면 더욱 활성화될 수 있다. 대부분의 홈쇼핑 회사들은 콜센터 직원들을 대상으로 고객 만족도 조사를 하여, 매달 고객 만족도 점수가 가장 높은 직원에게 보너스를 지급하고 있다. 이러한 시스템은 만족도를 증진시키고 결과적으로 운영에 좋은 영향을 미치게 된다.

(2) 전환 비용의 창출

전환 비용을 창출하는 한 가지 방법은 고객사의 시스템을 보다 편리하게 재정립할 수 있도록 고객의 문제에 대한 해답을 제공하는 것이다. Dell사의 경우 고객사의 시스템 내에 자사 컴퓨터를 자동으로 주문할 수 있는 시스템을 설치하여 운영하고 있다. 이 시스템으로 인하여 고객사 구매팀의 업무 및 비용이 획기적으로 감소하였으며, 이러한 고객사의 업무와 비용 감축 자체는 컴퓨터 납품사를 Dell에서 다른 회사로 전환할 때 엄청난 전환 비용을 창출해 냈다.

두 번째 전환 비용 창출 방법은 직접적으로 충성도에 보상해주는 것이다. 많은 항공사들은 고객들을 유치하고 유지하기 위하여 마일리지를 적립하여 고객의 로열티에 보상하는 방법을 채택하고 있다. 이러한 개념은 다른 상품과 기업들에도 확산되어 최근에는 항공산업뿐 아니라 영화관에서 동네 소형 점포에까지 활용되고 있다.

(3) 특별함의 제공

예기치 않은 서비스를 제공함으로써 특정 제품에 대한 소비자의 행동을 무관심에서 열정으로 변화시킬 수 있다. 간단한 선물이나 제조 과정에 관한 설명서, 샘플 등의 제공을 통하여 좋은 인상을 심어줄 수 있다. 고객에게 간단히 죄송함을 표시하는 것도 치명적인 사태를 잠재울 수 있는 잠재력을 지니고 있다.

잠재적으로 로열티 수준이 보다 강한 경우는 고객 회원제도를 도입할 수 있다. 예를 들어 닌텐도 펀 클럽(Nintendo Fun Club)— 소식지를 받고 전화상담을 할 수 있다.— 에 가입된 어린이들은 열렬한 닌텐도의 고객이며, 이 회사가 성공을 거두는 데 핵심적인 역할을 했다. 클라리지(Claridge) 호텔과 카지노는 35만 명의 사회 저명인사들을 클라리지로 무료 초대하는 컴카드 골드 클럽(CompCard Gold Club) 프로그램을 통해서 클라리지를 방문하는 회원들을 로열티 집단으로 만들어 성공했다. 이 클럽 회원은 할인 혜택과 이벤트 안내를 받으며, 이름이 새겨진 실내복부터 집으로 데려다 주는 리무진 서비스까지 각종의 다양한 서비스를 받을 수 있다. 애플 컴퓨터 고객회원은 애플 컴퓨터에 대해 자신들의 의견을 표현할 수 있는 기회를 가질 뿐 아니라 각종 행사에 대한 지원과 보조를 제공받기도 한다.

카사 뷔토니 클럽(Casa Buitoni Club)은 네슬레(Nestle)의 이탈리아 음식 브랜드인 뷔토니를 영국에 정착시키는 데 중요한 역할을 하였다. 회원들은 투스카니와 이탈리아에 관한 사설, 이탈리아인들의 생활, 파스타 음식 등에 관한 올 컬러 회보를 받으며 할인쿠폰도 제공받는다. 회원들은 또한 요리에 관한 무료 전화 서비스를 받을 수 있으며, 투스카니에 있는 오리지널 카스 뷔토니 빌리지로 초청되어 주말 요리 강습회나 신제품을 접할 수 있는 기회를 가질 수도 있다. 상용고객 프로그램처럼 고객 회원제도도 자신들의 고객을 확실히 관리할 수 있는 프로그램이다. 그러나 상용고객 프로그램이 다소 소극적이고 제한적인 반면, 고객 회원제도는 광범위한 전략이라 할 수 있다. 고객 회원제도는 고객과 브랜드와의 일체감을 조성하는 하나의 매체 역할을 하고, 그 브랜드에 대한 인식과 태도, 경험을 표현하는 수단으로 브랜드와 고객 간의 호의적인 감정을 유지시켜 준다.

미국의 최고급 백화점인 Nordstrom백화점은 경쟁자가 제공하지 않는 특별한 서비스를 제공하는 것으로 유명하다. 피아니스트나 정중한 서비스 안내원과 전화를 비치하고 구두를 닦아주는 등의 특별한 서비스들이다. 더욱 감명적인 것은 백화점의 도처에서 소비자들을 도와주는 판매사원인데 그들은 소비자에게 편지를 쓰고 고객을 위하여 멀리까지 가는 것도 마다하지 않는다. Nordstrom을 완전히 모방할 필요는 없겠지만 좋은 본보기로 삼을 수 있을 것이다.

(4) 데이터베이스 마케팅

상용고객 프로그램이나 고객 회원제도는 집단고객 단위에 초점이 맞추어지고 고객 데이터는 좁은 범위의 데이터 마케팅으로 활용될 수 있다. 신제품이나 특별한 판촉에 관한 정보는 소비자 조사에서 반응이 제일 좋았던 집단에 적용될 수 있다. 목표

고객들은 해당기업과 자신들이 개인적으로 관계를 맺고 있다는 느낌을 받을 것이며, 그 과정에서 브랜드와 고객 친밀감은 더욱 강화된다. 예를 들어, 대한항공의 마일리지 카드의 경우 구매실적에 따른 보상 외에도 자신들의 대한항공 이용 실적이 많아짐에 따라 특별 구매, 특별 행사 등에 참가할 수 있으며, 대한항공의 모닝캄 잡지를 집으로 발송해주는 등의 특별한 대우를 받는다. 이처럼 고객과 상호작용할 수 있는 프로그램은 개별적인 고객들에게까지 충분히 신경을 쓴다는 세밀함을 보여줄 수 있는 이점이 있다.

 ## 4 브랜드 로열티 측정 방법

(1) 가격 프리미엄

기존의 많은 학자들은 브랜드 로열티를 가격 프리미엄으로 측정하였다. 가격 프리미엄은 소비자들이 다른 브랜드의 동일한 종류의 상품에 비해서 얼마나 더 많은 가격을 지불할 의도가 있는지를 일컫는다.

1950년대 중반에 Edgar Pessemier는 일상적으로 구매하는 브랜드와 대체 브랜드 사이의 가격 차이에 대한 단계적인 증가 절차를 이용한 브랜드 관여에 대한 화폐 측정법을 개발하였다. 그는 상표 전환과 브랜드 충성도의 패턴을 밝히기 위하여 일상적으로 구매하는 브랜드에서 다른 브랜드로 교체한 소비자들의 비율을 브랜드 가격 증가의 함수로 나타내었다.

이러한 가격 프리미엄이나 브랜드 자산을 측정하기 위해서는 시장을 로열티에 따라 세분화하는 것이 효과적이다. 예를 들어, 시장은 어떠한 브랜드에 대하여 로열티가 있는 고객, 브랜드를 자주 바꾸는 고객, 구매하지 않는 고객으로 나눌 수 있다. 물론 각 그룹은 하나의 브랜드의 브랜드 자산에 대해 매우 다른 인식을 가지고 있을 것이다. 로열티 집단만을 대상으로 브랜드 자산을 측정할 경우, 측정에 대한 민감도는 낮아지고 브랜드 자산요소를 전략적으로 해석하는 것은 더욱 어려워질 것이다.

가격 프리미엄은 소비자에게 간단한 질문을 던져 봄으로써 측정할 수 있는데, 그

것은 이 브랜드를 얼마를 주고 사고 싶냐고 묻는 것이다.

그러나 가격 프리미엄에 대한 더 민감하고 믿을 만한 측정 방법은 컨조인트 (conjoint)나 트레이드 오프(trade-off) 분석을 이용함으로써 얻을 수 있다. 이 방법은 소비자들에게 두 개나 세 개의 선택 대안들을 보여준 후 일련의 단순한 선택을 하도록 한 후, 소비자들에게 중요하다고 생각되는 요인들과 해당 요인들의 가격적인 가치를 결정할 수 있도록 하여 준다.

가격 프리미엄은 브랜드 자산을 측정하는 가장 좋은 방법일 수도 있다. 왜냐하면 이것은 고객과의 상관관계 속에서 소비자의 로열티를 직접적으로 알 수 있게 해주기 때문이다. 충성스런 소비자라면 논리적으로 기꺼이 가격 프리미엄을 지불하고 그 브랜드를 구입해야 한다. 기꺼이 더 많은 가격을 지불하지 않는다면 그 로열티의 수준은 얕다고 볼 수 있다.

한 브랜드의 재무적 가치에 대한 견적을 얻고자 하는 것은 자연스런 욕구이다. 브랜드의 가치를 아는 것은 브랜드 형성에 드는 투자비용을 결정하는 데 도움을 주고, 마케팅 프로그램을 평가하는 데도 도움을 줄 것이다. 가격 프리미엄의 편리한 이점 중 하나는 브랜드 가치를 대략적으로 평가하는 데 기초가 될 수 있다는 점이다. 즉, 브랜드의 가치는 기존 소비자들과 관련한 가격 프리미엄과 각 제품의 판매량을 곱한 것이다. 물론 유통경로상의 현실 때문에 가격 프리미엄이 시장에서의 가격에 영향을 미치지 않을 수도 있다. 가격 프리미엄을 더 지불하고도 코카콜라를 먹고 싶어하는 많은 소비자들이 있는 반면에 가격에 민감한 그룹과 공격적인 소매상들은 시장에서의 가격 프리미엄은 말도 안 되는 것이라고 생각할 수도 있다.

가격 프리미엄을 측정하는 데 있어서 문제점 중 하나는 소비자나 경쟁사에 대해서만 정의될 수 있다는 것이다. 많은 브랜드들이 공존하고 있는 시장에서는 가격 프리미엄을 측정하는데 여러 가지 방법들이 필요할 것이고, 중요하게 부각되는 경쟁사를 놓칠 수도 있다. 더 나아가 법적인 제약 때문에 가격의 차이점이 큰 관계가 없는 시장도 있을 수 있고, 이런 차이점이 생기는 걸 어렵게 만드는 시장의 힘도 있을 수 있다. 이런 상황에서는 가격 프리미엄이라는 개념이 크게 의미가 없다. 이런 시장의 경우는 통용되는 가격에 소비자를 끌어모으는 능력과 구매 의도를 측정하는 것이 더 바람직 할 것이다.

> ## 소비자의 브랜드 로열티는 꼭 가격으로만 나타날까?
>
> 대부분 좋은 브랜드라고 하면 고급 이미지의 브랜드를 떠올리는 경우가 많다. 하지만, 실제 브랜드 마케팅을 통해서 수익을 내면 되는 것이지 꼭 고급화시켜야 하는 것은 아니다. 미국의 월마트나 한국의 이마트는 좋은 브랜드이며 고객의 로열티가 높은 기업일까? 아마 대부분의 사람들은 미국의 월마트나 한국의 이마트가 누구나 알고 있는 좋은 브랜드라는 것에 동의할 것이다. 또한 고객의 로열티가 높은 기업이라는 것도 동의할 것이다. 그러나 이 두 기업에 고객들이 오는 것은 가격 프리미엄을 지불하기 위해서가 아니라 보다 낮은 가격을 찾아서 오는 것이다.
>
> 좋은 브랜드는 꼭 고급 브랜드, 가격 프리미엄을 받을 수 있는 브랜드를 의미하지는 않는다. 수익을 내는 데에는 두 가지 방법이 있기 때문이다. 하나는 가격을 보다 높게 받아서 수익을 내는 방법이고, 두 번째는 가격은 낮지만 보다 많은 상품을 판매하여 수익을 얻는 방식이다. 미국의 월마트나 한국의 이마트 같은 기업들은 가격은 저렴하지만 보다 많은 상품을 판매하여 수익을 얻는 방식을 취하는 기업이고, 이러한 기업들의 브랜드도 우리가 좋은 브랜드로 평가할 수 있는 것이다.

(2) 소비자의 행동 의도를 통하여 측정하는 방법

소비자의 행동 의도는 얼마나 기꺼이 소비자가 그 브랜드에 집착하는가에 대한 직접적인 반응의 측정이다. 소비자의 행동 의도를 측정하는 방법은 큰 진보를 이루어 왔다. 전반적인 만족도나 재구매의도를 측정하는 방법들이 발전하였다. 재구매 의도나 로열티에 대한 직접적인 설문의 특징은 기존 소비자—지난 1년 동안 그 제품이나 서비스를 이용한 경험이 있는 소비자로 한정된—에 적용될 수 있다는 점이다. 다만 유의해야 할 점은 마지막 사용시의 경험이나 소비자의 관점에서의 부분적인 사용 경험이 이용될 수 있다는 점이다.

- 당신은 그 브랜드를 사용하는 것에 만족하셨습니까?
- 다음 기회에도 그 브랜드를 사시겠습니까?
- 그 제품이나 서비스를 다른 사람들에게 권하시겠습니까?
- 그 제품이나 서비스를 사용하는 데 있어 문제점이나 불편한 점이 있었습니까?

만족은 서비스 분야(렌트카, 호텔, 은행과 같은)에서 특히 강력한 측정 요인인데, 이 분야에서 로열티란 사용 경험의 누적된 결과이다. 만족은 로열티에 대한 직접적인 질문으로도 측정될 수 있다. 로열티는 비교적 단순하고 접근하기 쉬운 개념이다. 사람들은 로열티를 가족, 친구, 회사, 브랜드로 이해한다. 로열티에 대한 직접적인 질문(당신은 이 브랜드에 충성적이라고 생각하십니까? 당신은 대부분 가격에 따라 구매를 하십니까?)들은 시장을 충성적인 사용자(loyal user), 가격 추종자(price chasers) 그리고 그 사이의 집단으로 구분할 수 있게 해준다. 또 다른 유형의 측정 방법은 많은 브랜드에 관한 로열티의 수준을 조사하는 것이다. 즉, 소비자들에게 하나, 둘, 셋 또는 그 이상의 브랜드에 충성심을 느끼고 있는지, 또는 모든 브랜드들이 거의 유사하다고 생각하는지 물어보는 것이다. 주어진 브랜드에 충성을 하는 소비자들의 비율 또는 선호하는 두 세 개의 브랜드 속에 그 브랜드를 포함하는 소비자의 비율은 적절한 통계치를 제공해준다.

만족도를 측정하는 데 있어서 중요한 한계는 그 브랜드를 구매하지 않는 소비자들에게는 정확하게 적용되지 않는다는 점이다. 또 다른 문제점은 충성자 집단과 브랜드 교체자 집단(brand switcher group)을 총괄해 얻어진 '만족도'는 다소 둔감하고 해석하기 어렵다는 점이다. 그러므로 충성자 집단에 의해 얻어지는 로열티 측정만을 전개해야만 하는 필요성이 요구되기도 한다.

> ##
>
> ### 브랜드 로열티 개념을 몰랐던 한 농업인과의 대화
>
> 농업인 : "우리 사과에 아침사과라는 브랜드를 붙이려고 하는데 어떨까요?"
> 바이어 : "왜, 아침사과인가요?"
> 농업인 : "사과는 아침에 먹어야 몸에 좋다고 해서요."
> 바이어 : "대표님 성함과 사진, 전화번호 그리고 '맛없으면 돈 돌려 드립니다. 언제든지 전화주세요'라고 포장지에 적어 넣으세요. 브랜드를 만드시는 것보다는 그것이 더 좋습니다."
>
> 마트에 납품하던 사과의 마케팅을 좀 더 잘하기 위해 브랜드를 만들겠다고 한 의견에 긍정적인 바이어의 반응을 기대했던 그 농업인은 이런 답에 당황했다. 다들 브랜드를 키워야 경쟁에서 살아남는다고 목청껏 외치고 있는데, 막상 마케팅을 수행하는 바이어라는 사람이 브랜드는 필요 없다 하였으니 놀랄 수도 있다. 도대체 그럼 왜 브랜드가 필요 없다고 했을까? 단정적으로 표현하자면, 브랜드를 단지 '좋은 이름 짓기'라고 생각하는 사람이라면 브랜드를 만들고 새로 포장지

를 개발하는 것은 시간과 돈 낭비이기 때문이다.

브랜드를 만드는 것은 돈을 벌기 위함이다. 그러기 위해서는 어떻게 해야 브랜드가 돈이 되는지 그 원리를 이해하고 있어야 한다. 브랜드가 돈이 되기 위해서는 '고객의 재구매'라는 것이 일어나야만 한다. 어떤 브랜드든 처음부터 돈을 벌 수 있는 경우는 없다. 이유는 처음 보는 브랜드를 단지 이름만 멋지다고 비싸게 구매하는 고객은 없기 때문이다. 우선 한번 사서 먹어보고 그 사과가 맛있거나 본인의 용도에 맞으면 다시 구매를 한다. '다시 구매하는 시점'부터 소비자들은 그 사과의 진가를 인정하고 추가적인 가격을 지불하려고 할 것이기 때문이다. 바로 이때부터 브랜드는 돈을 벌기 시작할 수 있다.

대화를 나누었던 그 사과 과수원의 경우, 납품물량이 해당 대형 할인점 체인 매장의 이틀치 판매분량에 불과했다. 하지만 대부분의 소비자들이 오늘 산 사과가 맛있다고 내일 또 사러오는 경우는 극히 드물다. 대부분의 소비자는 일주일에 한 번씩 할인점에 들린다. 이를 소비자의 눈으로 해석하면, 사과를 사서 맛있다는 것을 깨닫고 다음번에 가서 그 브랜드를 사려고 해도 그 브랜드는 이미 다 팔리고 없다는 뜻이다. 다음번에 그 브랜드를 보려면 1년을 기다려야 하는데 1년 동안 단 한번 먹었던 사과의 브랜드를 기억해줄 소비자는 없다. 상담했던 그 농가는 아무리 상품이 좋아도 또 그 상품에 브랜드를 붙이더라도 전혀 돈을 벌 수 없게 되는 것이다. 따라서 괜히 브랜드를 만든다고 박스를 다시 만들고 브랜드 상표 등록을 하는 등의 비용을 들이는 것은 쓸모없는 일이 될 수 있다.

브랜드를 다시 구매하고자 하는 고객의 의지를 "브랜드 로열티"라고 한다. 이렇듯 브랜드 로열티는 브랜드로 수익을 내는 데 핵심적인 역할을 한다. 이러한 브랜드 로열티가 어떻게 형성되고, 이를 관리해야 하는지 이해하는 것이 브랜드로 수익을 창출하는 지름길이 될 것이다.

99

SUMMARY

- 브랜드 로열티는 고객이 가지는 특정 브랜드에 대한 애착의 정도를 나타낸다. 기업은 브랜드 로열티를 얻을 수 있는 상품을 만들고, 브랜드 로열티가 실현되어야 '고가' 혹은 '시장 점유율 확대' 등의 기업 수익과 직결되는 혜택을 볼 수 있다는 것이다. 이 외에도 브랜드 로열티는 경쟁자의 공격에 대하여 방어할 수 있는 시간을 벌어주기도 하는 등 브랜드 자산과 연결된 핵심 지표라고 할 수 있다.

- 브랜드 로열티를 증대시키면 마케팅 비용의 감소, 매장 레버리지, 새로운 고객의 유인, 경쟁적 위험에 대응할 수 있는 여유 등의 혜택을 기업은 가져갈 수 있다. 브랜드 로열티를 증대시키기 위하여 마케팅 활동을 함에 있어 고객을 존중하고, 고객과 밀착하며 항상 고객 만족을 측정하고 관리할 필요가 있다. 또한 전환비용을 창출하고, 특별함을 제공하거나 데이터 베이스 마케팅 활동 등도 고객의 브랜드 로열티를 증대하기 위한 효과적인 방법이다.

- 브랜드 로열티를 측정하는 방법은 크게 가격 프리미엄을 측정하는 방법과 소비자 행동 혹은 의도를 측정하는 방법이 있다.

PART 3 브랜드 자산의 유지와 확장

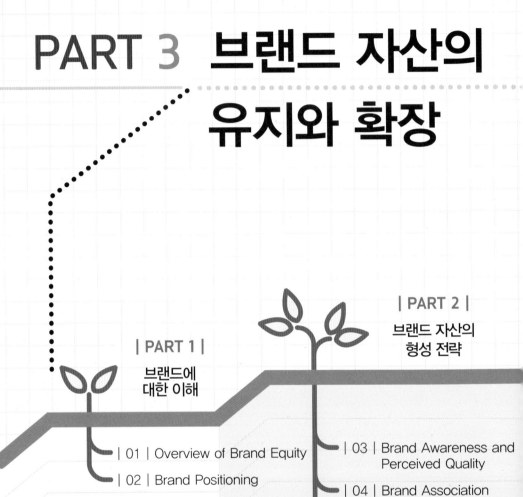

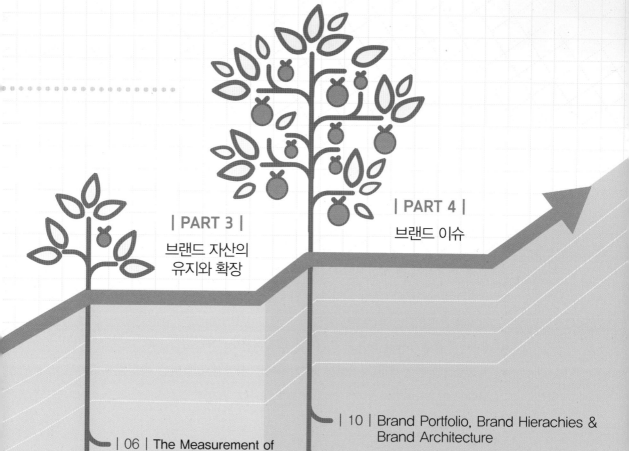

STRATEGIC BRAND MARKETING

브랜드 자산의 측정

- Keller가 제시한 브랜드 가치사슬(brand value chain) 및 고객기반 브랜드자산 (CBBE: Customer-Based Brand Equity) 모델을 바탕으로 브랜드자산의 측정 및 관리시스템을 설계하고 수행하는 법을 학습한다.
- 브랜드 자산 형성원천의 측정을 위해서 자유 연상법, 투사 기법, 경험적 방법 등이 중심이 된 정성적 조사기법을 살펴본다.
- 브랜드 인지, 브랜드 연상 이미지, 브랜드 반응, 브랜드 관계 등의 정량적 조사 기법을 살펴본다.
- Aaker의 브랜드자산 10요소 측정방법을 살펴본다.
- 비교평가법과 총체적 평가방법 등을 토대로 시장성과에 의한 측정을 학습한다.

'30만원 신발이 150만원으로'…한정판은 중고시장서 폭등한다

사람들은 한정판 신발을 갖기 위해 정가의 몇배까지 낼 수 있을까. 유통업계에 따르면 최근 아디다스가 한국을 비롯한 전 세계에 출시한 '이지부스트(Yeezy Boost)' 지브라를 국내에서 중고로 구매한 사람들의 경우 이 답은 무려 5배 정도다. 아디다스의 이지부스트 시리즈는 미국 래퍼이자 프로듀서인 칸예 웨스트가 디자이너로서 참여한 신발이다.

이지부스트는 나라별로 소량만 판매돼 아디다스 공식 홈페이지에서 응모한 후 당첨된 사람들만 살 수 있다. 수량은 한정돼있는데 원하는 사람이 많으니 중고가는 자연히 비싸지고, 아예 이를 노리는 '리셀러(Re-seller)'들도 등장했다.

아디다스 이지 부스트 350 V2 벨루가 2.0

국내 정가는 28만9천원이지만, 신발 애호가 27만명이 가입한 한 인터넷 커뮤니티에서 이지부스트 지브라의 평균 중고가는 150만원 이상이다. 지브라 출시 전 주 전에 판매한 이지부스트 브레드(검정+빨강)도 지브라와 정가는 같지만, 중고가는 2배 넘게 비싼 60만원대다.

이지부스트 외에도 한정판 제품들은 늘 소비자들을 유혹해 자신의 몸값을 부풀린다. 2015년 8월 전국 나이키 매장 앞에는 무더운 날씨에도 불구하고 20~30대 남녀 1000여 명이 줄지어 섰다. 이들은 1995년 선풍적인 인기를 끈 '나이키 에어맥스95'가 발매 20주년 기념으로 재출시되자 이를 사기 위해 모인 사람들이었다. 18만 9천원이라는 저렴하지 않은 가격이었지만, 캠핑까지 하면서 '신상'과의 조우를 기다린 이들의 선택은 옳았다. '나이키 에어맥스95'는 매장 문을 연 지 2시간도 되지 않아 완판됐고, 이후 10만원 이상 비싸게 인터넷 등에서 거래됐다.

나이키 신발 중 가장 인기가 좋은 에어조던 시리즈는 발매 때마다 구매 경쟁이 치열하다. 1985년 마이클 조던이 미국프로농구(NBA) 경기에서 매회 5천 달러의 벌금을 물으며 신어 유명해진 에어조던1 브레드는 이후 1994년, 2009년, 2011년, 2013년, 2016년 버전이 출시되며 나이키의 인지도를 높이는 데 크게 기여했다.

2016년 버전 브레드의 정가는 19만 9천원이지만 당일 리셀가가 60만원 이상으로 치솟았다가 지금은 평균 40만원대에 거래되고 있다. 앞서 언급한 웨스트가 아디다스랑 계약하기 전 나이키와 선보인 '에어이지'는 극소량만 생산돼 전 세계적으로도 희귀한 '핫아이템'이다. 특히, 2014년, 전 세계에 1천족만 출시된 것으로 알려진 에어이지2 레드옥토버는 외국 경매사이트에서 출시가인 245달러(약 27만원)보다 무려 6만 9천배 가까이 비싼 1천 640만 달러(약 186억원)에 나오기도 했다. 알려진 최고 판매가는 9만 300달러(약 1억여 원)이고, 현 거래가는 500만~1천만원 선이지만 가짜도 많다.

손에 들어오는 한두 개만 되파는 것이 아니라 아예 전문적으로 리셀만 하는 장사꾼들도 등장했다. 이지부스트 등 여러 인기 좋은 스니커즈와 의류의 발매 예상일 및 발매 방법을 맞추는 '이지마피아'는 전세계 신발 매니아들이 가장 신뢰하는 리셀러다. 중국의 큰손 '앨런 쿠오', 18세의 어린 나이에 레어 스니커즈 리셀 시장에서 수백만 달러를 벌어들이는 '벤저민 킥스' 등도 유명하다.

연합뉴스 2017. 3. 1 기사에서 발췌

어느 한 브랜드가 얼마나 강력한지, 그래서 시장에서 가치를 창조하는 마케팅 성과를 거두고 있는지, 과연 이러한 가치를 측정할 수는 있는 것인지 하는 의문은 지금까지 많은 마케팅학자들의 과제였다. 일반적으로 마케팅 성과는 마케팅투자수익률(ROMI: Return of Marketing Investment)을 기본으로 해서 효과적으로 측정되고 있다. 그러나 브랜드가 기업의 장기적인 수익창출을 가능하도록 만드는 자산이 되기 위해서는 수익률만을 이용하여 브랜드 가치를 측정하는 것만으로는 불충분하다. Knowles(2005)는 브랜드 가치의 효과적인 측정을 위해서 다음과 같은 세 가지 원칙을 제시하고 있다.

- 브랜드를 회계적으로 평가하기 위해서, 마케터는 브랜드의 미래 현금흐름(future cash flow)의 창출능력을 측정할 필요가 있다.
- 마케터는 고객의 태도를 변화시키는 것만으로는 현금흐름을 창출할 수 없기 때문에 고객의 행동을 변화시킴으로써 가치를 창출할 수 있다.
- 마케터는 브랜드가 제품의 기능성에 부가하는 정서적 요소의 자원과 척도를 포착하는 방법으로 브랜드자산을 측정해야 한다.

브랜드의 가치는 브랜드 자산을 기본으로 해서 측정될 수 있다. Aaker(1991)의 정의에 따르면, 브랜드 자산은 브랜드와 연계되어 제품의 가치를 증가시키기도 하고 감소시키기도 하는 것으로서 브랜드 이름, 브랜드 인지(brand awareness), 고객의 브랜드 로열티(brand loyalty), 지각된 품질(perceived quality), 브랜드와 관련된 연상(brand association) 등을 합친 개념이라 할 수 있다. 또한 Fournier(1998)는 관계적 측면에서 브랜드 강도를 측정하고 개념화하고자 하였고 이에 따라 브랜드 관계의 질(BRQ: Brand Relationship Quality)이라는 개념을 도입하였다. 여기에는 정서적 및 사회감성적 유대(사랑/열정, 자아 결합), 행동적 유대(상호의존성, 몰입), 보조적 인지신념(친밀감, 브랜드 파트너의 질) 등 도합 6개의 요인이 포함되고 있다.

브랜드 자산의 측정 및 관리시스템을 설계하고 수행하는 법을 이해하기 위해서, Keller(2013)는 브랜드 가치사슬(brand value chain) 및 고객기반 브랜드 자산(CBBE: Customer-Based Brand Equity) 모델을 제시하고 있다. 먼저 브랜드 가치사슬은 브랜드 자산의 자원과 결과, 그리고 마케팅활동이 브랜드 가치를 창출하는 방식을 평가하는 구조화된 접근방법이다. 브랜드 가치사슬은 몇 가지 기본적 전제를 가지고 있다. 기본적으로, 브랜드 가치는 궁극적으로 고객에 있다고 가정하고 있다. 브랜드 가치사슬은 네 단계로 진행이 되는데, 첫 번째는 브랜드 가치 창출이 시작되는 과정으로서 기업이 잠재고객 혹은 실제고객을 표적으로 하는 마케팅 프로그램에 투자하는 단계이다. 두 번째는 해당 브랜드에 대해 고객들이 알고 느끼는 것, 즉 고객의 사고방식(mind-set)에 관련된 마케팅 활동이 영향을 미치는 단계이다. 세 번째는 이러한 사고방식이 여러 계층의 광범위한 고객들을 대상으로 언제 얼마나 많이 구매할지 그리고 가격 등을 결정하게 되는 브랜드 성과(brand performance)를 만들어내는 단계이다. 마지막으로, 투자그룹은 일반적인 투자자 가치 및 특정 브랜드에 대한 가치를 평가하기 위해서 시장성과 및 대체비용과 인수합병시 구매가격 등과 같은 다른 요인들을 고려하게 된다.

고객기반 브랜드 자산(CBBE: Customer-Based Brand Equity) 모델은 무엇이 그리고 어떻게 브랜드를 강력하게 만들고 있는가에 대한 해답을 제시하기 위해서 고안되었다. 이 모델을 통해서 브랜드 자산이란 무엇이며 어떻게 구축되고 측정되며 관리될 수 있는지에 대한 통찰력을 얻을 수 있다. 고객기반 브랜드 자산 모델의 기본적인 전제는 브랜드 파워는 고객의 마음속에서 나온다는 점이다. 따라서 고객기반 브랜드 자산은 브랜드 마케팅에 대한 고객반응에 브랜드 지식(brand knowledge)에 미치는 차별적 효과로 정의될 수 있다. Keller(2013)에 따르면, 고객기반 브랜드 자산 모델은 브랜드를 구축하는 작업을 전 단계(previous step)의 목적이 성공적으로 완수될 때 다음 단계(next step)로 이어지는 일련의 연속된 과정으로 보고 있다고 한다. 이러한 과정은 다음과 같은 네 단계로 이루어지고 있다.

- 브랜드 정체성(brand identity) 규명: 브랜드, 너는 누구야?
- 브랜드 의미(brand meaning) 개발: 브랜드, 너는 뭐야?
- 브랜드 반응(brand response) 도출: 고객 입장에서 나는 브랜드, 너에 대해서 무엇을 생각하고 느끼고 있지?
- 브랜드 관계(brand relationship) 구축: 고객인 나는 브랜드, 너에 대해서 어떤 연상, 그리고 얼마나 많은 유대감을 가지고 싶지?

아울러 이와 같은 네 단계의 과정에 맞추어 다음과 같은 여섯 개의 '브랜드 구축

그림 6-1 브랜드 가치사슬(Brand Value Chain)

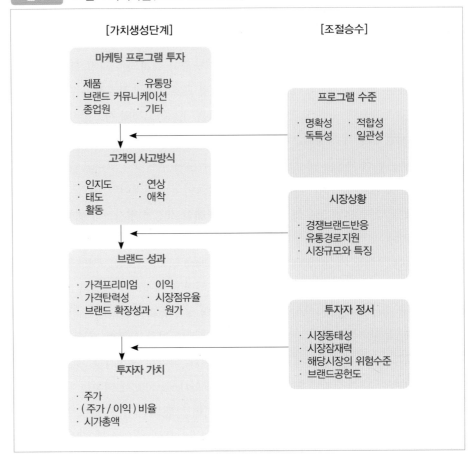

[가치생성단계]

마케팅 프로그램 투자
· 제품   · 유통망
· 브랜드 커뮤니케이션
· 종업원   · 기타

고객의 사고방식
· 인지도   · 연상
· 태도   · 애착
· 활동

브랜드 성과
· 가격프리미엄   · 이익
· 가격탄력성   · 시장점유율
· 브랜드 확장성과 · 원가

투자자 가치
· 주가
· (주가 / 이익) 비율
· 시가총액

[조절승수]

프로그램 수준
· 명확성   · 적합성
· 독특성   · 일관성

시장상황
· 경쟁브랜드반응
· 유통경로지원
· 시장규모와 특징

투자자 정서
· 시장동태성
· 시장잠재력
· 해당시장의 위험수준
· 브랜드공헌도

출처: Keller, Kevin Lane(2013), Strategic Brand Management: Building, Measuring, and Managing Brand Equity, 4th Ed, Pearson International Edition, p. 318.

블록(brand building blocks)이 제안되고 있다.

• **브랜드 현저성**(brand salience): 제대로 된 브랜드 정체성을 가지고 있다는 것은 고객을 대상으로 브랜드 현저성을 창출하고 있다는 점을 의미한다. 따라서 브랜드 현저성은 브랜드 인지도를 측정하는 것이다. 예를 들어, 한 브랜드가 특정 제품군 중에서 얼마나 자주, 그리고 얼마나 쉽게 고객의 마음속에 떠올려 질 수 있는 것인지를 말하는 것이다. 가령, 최초상기(top-of-mind) 브랜드는 브랜드 현저성이 매우 높은 것이다. 브랜드 정체성과 연결된다.

• 브랜드 성과(brand performance): 브랜드 자산의 핵심은 제품이라고 할 수 있다. 제품을 통해서 소비자들은 브랜드를 경험하게 된다. 이러한 점에서 브랜드 성과는 제품이나 서비스가 고객들의 기능적인 니즈를 얼마나 잘 충족시켜주는가를 나타내고 있다. 결국 브랜드 성과는 브랜드가 품질이라는 객관적인 평가를 어떻게 잘 보여주고 있는가라는 질문에 대한 답이라 할 수 있으며, 브랜드를 차별화시키는 요인들을 포함시키기 위해서 제품의 내용물이나 특성뿐만 아니라 그 이상을 반영하게 된다. 일반적으로, 5개 주요 속성 · 혜택 형태가 브랜드 성과를 구성하고 있다: ① 주요 내용물 및 보충적 특성, ② 제품의 신뢰성, 내구성 및 서비스가용성(serviceability: 필요시 제품수선의 용이성), ③ 서비스의 효과성, 효율성 및 공감성, ④ 스타일 및 디자인, ⑤ 가격, 즉, 브랜드 성과는 브랜드 의미와 연결된다.

• 브랜드 형상화(brand imagery): 브랜드 의미와 연결되는 또 다른 유형은 브랜드 형상화이다. 이는 브랜드가 고객들의 심리적 혹은 사회적 니즈를 맞추고자 하는 방법을 포함해서 제품이나 서비스의 외재적 특성에 좌우된다. 형상화란, 주로 브랜드의 무형적 측면을 언급하는 것이기 때문에 소비자들은 직접적으로는 자신들의 경험을 통해서, 혹은 간접적으로는 광고나 구전과 같은 다른 정보원천을 통해서 이미지 연상을 형성할 수 있다. 많은 종류의 무형적 요소들이 브랜드와 연결될 수 있지만 대개 다음과 같은 4개의 요소들이 주로 연결된다: ① 사용자 프로필, ② 구매 및 사용 상황, ③ 개성 및 가치, ④ 역사, 유산, 및 경험. 브랜드 형상화 연상의 한 세트는 브랜드를 사용하는 개인이나 조직의 유형에 관한 것이다. 결과적으로 브랜드 형상화는 브랜드 개성(brand personality)과 밀접하게 연관되어 있다.

• 브랜드 판단(brand judgment): 브랜드 판단은 브랜드 반응의 한 유형으로서, 브랜드에 대한 고객들의 개인적 의견 및 평가를 말하며 다양한 브랜드 성과 및 브랜드 형상화 요소들을 모두 통합함으로써 구성되고 있다. 고객들은 브랜드에 대해서 모든 유형의 판단을 내릴 수 있지만 특히 다음과 같은 4가지 유형들이 중요하다: ① 브랜드 품질, ② 브랜드 신뢰성, ③ 브랜드 고려, ④ 브랜드 우월성. 기본적으로 브랜드에 대한 태도는 인지된 품질에서 시작되고, 브랜드의 배경이 되고 있는 기업이나 조직의 전문성, 믿음, 가능성에 대한 신뢰가 바탕이 되며, 아무리 브랜드가 신뢰가 있는 것으로 간주되어도 그 브랜드를 고려하지 않게 되면 고객은 여전히 그 브랜드를 가까이 할 기회가 없게 되는 것이다. 브랜드 우월성은 고객들과의 집중적이고 활동적인 관계를 구축하는 데 절대적으로 중요하며 브랜드 이미지를 구성하는 독특한 브랜드

연상의 특성 정도에 따라 좌우된다.

• 브랜드 감정(brand feelings): 브랜드 감정은 브랜드 반응의 또 다른 유형으로서 브랜드에 대한 고객들의 정서적 반응이라고 할 수 있으며 브랜드에 의해서 환기되는 사회적 네트워크와 관련되고 있다고 할 수 있다. 브랜드 마케팅 프로그램에 의해서 무엇이 환기되고 있으며 브랜드에 대한 고객들의 감정에 어떻게 영향을 주는지를 브랜드 감정은 나타내 주고 있다. 대표적으로 다음과 같은 6개의 중요한 브랜드 감정 유형을 생각해 볼 수 있다: ① 따뜻함, ② 재미, ③ 흥분, ④ 안전, ⑤ 사회적 인정, ⑥ 자아존중

• 브랜드 공감(brand resonance): 브랜드 공감은 고객들이 브랜드에 가지고 있는 궁극적인 관계에 초점을 맞추고 있는바, 고객들이 브랜드와 일체감을 이루고 있는 정도를 나타내고 있다. 브랜드 공감을 나타내는 대표적 브랜드로 애플(Apple)이나 할리데이비슨(Harley-Davidson)을 꼽을 수 있다. 고객들이 이들 브랜드에 대해서 가지고 있는 심리적 유대감의 깊이나 강도는 실로 대단한 것이며 고객 로열티에 의해 생성되는 활동수준은 가히 일반인들이 생각할 수 없는 수준에까지 이르고 있다. 브랜드 공감은 다음과 같은 4개의 범주로 이루어지고 있다: ① 행동적 로열티, ② 태도적 애착, ③ 공동체 의식, ④ 적극적 참여. 여기서 행동적 로열티(behavioral loyalty)는 브랜드와 관련해서 이루어지는 반복구매나 구매량의 정도로 표현된다. 태도적 애착은 브랜드에 대한 긍정적 태도를 넘어서 그 브랜드를 진정 '사랑'하는 상태에 이르고 있는 상황을 말한다. 공동체 의식은 고객들이 동일 브랜드를 사용하는 다른 고객들에게 진한 동질감을 느끼는 사회적 현상을 반영하고 있다. 마지막으로 적극적 참여는 브랜드 로열티의 가장 강력한 형태로서 고객들이 브랜드를 구매하고 소비할 때뿐만이 아니라 다른 경우에도 그 브랜드에 대해서 시간, 노력, 금전, 혹은 다른 요소들을 기꺼이 투자하고자 할 때 발생한다.

그림 6-2 Apple의 브랜드 공감

Apple은 소비자가 공감하는 가치와 브랜드 강점에 집중하고 있다.

지금까지 언급한 내용들을 종합해서 다음과 같은 〈그림 6-3〉과 같은 고객기반 브랜드 자산(Customer-Based Brand Equity) 모델을 만들 수 있다.

그림 6-3 고객기반 브랜드자산(Customer-Based Brand Equity) 모델

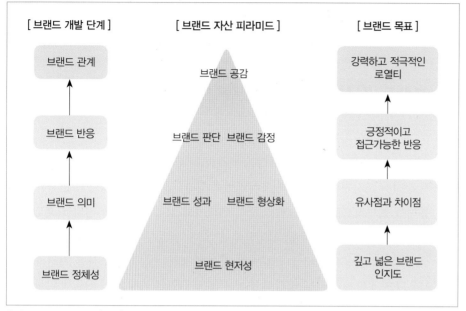

출처: Keller, Kevin Lane(2013), Strategic Brand Management: Building, Measuring, and Managing Brand Equity, 4th Ed, Pearson International Edition, p. 60.

　　소비자들의 실제 및 바람직한 브랜드 지식구조를 이해하는 것은 브랜드 자산을 효과적으로 구축하고 관리하는 데 절대적으로 필요하다고 할 수 있다. 그러나 현실적으로 이러한 브랜드 지식구조는 쉽게 측정되지 않는다. 이러한 지식들은 오직 소비자의 마음속에 있기 때문이다. 그럼에도 불구하고 효과적으로 브랜드를 관리하기 위해서는 소비자들을 완전하게 이해하는 노력이 필요하다. 어떻게 소비자들은 제품 및 그 제품 카테고리 속에 있는 브랜드들을 생각하고 사용하고 있는지에 대한 단순한 통찰력은 수익성이 좋아지는 방향으로 브랜드 전략을 포함한 마케팅 프로그램을 만들어가는 데 많은 도움을 주고 있다. 앞서 언급한 브랜드 가치사슬(brand value chain)에 따르면, 브랜드 자산의 형성원천은 고객의 사고방식(customer mind-set)에서 비롯된다. 일반적으로 브랜드 자산의 형성원천을 측정하는 것은 어떻게 고객들이 제품 및 서비스를 구매하고 사용하는지, 더 나아가 고객들이 다양한 브랜드에 대해 무엇을 알고 있고, 생각하고, 느끼는지를 완전하게 이해하는 것을 전제로 하고 있다. 특히, 고객기반 브랜드 자산의 형성원천을 측정하는 것은 브랜드 자산을 형성하는 차별화된 고객반응으로 연결시켜줄 수 있는 브랜드 인지 및 브랜드 연상의 다양한 측면들을 측정할 수

있을 때 가능하다.

 2 브랜드 자산 형성원천의 측정

　고객의 사고방식을 포착하는 브랜드 자산의 잠재적 형성원천을 규명하는 방법에는 크게 정성적 조사기법과 정량적 조사기법이 있다. 일반적으로, 정량적 조사는 계량화를 통해서 효과적으로 의사결정을 하기 위함이고 정성적 조사는 상황을 파악하거나 아이디어를 얻기 위해 수행된다고 말할 수 있다. 따라서 정성적 조사와 정량적 조사는 상호보완적인 성격을 지닌다. 대체로 정성적 조사는 정량적 조사를 지원하기 위해서 사용되고 정량적 조사는 정성적 조사를 통해 수립된 가설을 검증하기 위해 사용된다.

(1) 정성적 조사기법

　정성적 조사기법(qualitative research technique)은 상당히 다양한 형태의 소비자 반응들을 인정하는 상대적으로 비구조화된(unstructured) 측정방법이라 할 수 있다. 브랜드와 관련된 연상들의 형태 및 그 연상들의 강력함, 호의성 및 독특성을 발견하는 방법들은 많이 있다. 브랜드 자산의 측정과 관련해서, 정성적 방법은 소비자의 브랜드 및 상품의 인식을 탐색하는 첫 번째 단계로서 상당히 유용하게 사용될 수 있다. 대체적으로 소비자들의 신념이나, 감정, 그리고 동기 등 심리적 요인들을 통해 소비자들에 대한 정보를 얻는 방식이다. 브랜드 인지, 브랜드 태도, 그리고 브랜드 애착 등 브랜드 자산의 형성원천을 규명하는 정성적 조사기법에는 자유 연상법, 형용사 등급법 및 체크리스트, 투사 기법, 사진 분류법, 대화풍선 그림법, 이야기하기, 의인화 실습법, 역할 수행법, 경험적 방법 등 많은 접근방식이 있으나 여기서는 대표적으로 자유 연상법, 투사 기법, 그리고 경험적 방법에 대해서 설명하기로 한다.

자유 연상법

정성적 조사기법에서 브랜드 연상의 개요를 만들 수 있는 가장 간단하고 강력한 방법이 바로 자유 연상법(free association)이라 할 수 있는데, 소비자들에게 아무런 단서도 주지 않은 채 어떤 브랜드를 생각할 때 무엇이 제일 먼저 마음속에 떠오르는지를 물어보는 것이다. 그리고 마케터는 해당 브랜드에 대한 대략적인 인지도를 만들 때 이러한 자유 연상의 결과를 이용할 수 있게 된다. 다시 말해서, 소비자들에게 관련 제품군 이상의 특정한 질문이나 암시는 주지 않은 상태로 해당 브랜드를 생각할 때 무엇이 떠오르는지를 질문하는 방식이라 할 수 있다. 예를 들어, '현대카드 하면 무엇이 떠오르나?'라고 질문을 할 수 있는 것이다. 현대카드는 카드사임에도 불구하고 디자인에 주력하고 화제를 불러일으키는 콘서트를 기획하며 획기적인 스포츠경기를 주관하는 등 혁신적이고 기발한 발상으로 문화마케팅을 펼쳐나간 기업, 그래서 시작은 시장점유율 1%, 업계 7위였으나 단숨에 업계 4강 안에 들어간 국내 대표적인 마케팅기업으로 유명하다. 따라서 많은 소비자들은 이러한 정보 및 이미지를 배경으로 현대카드를 혁신적, 도전적, 그리고 기발함이라는 수식어를 떠올리며 응답을 하게 될 것이다.

자유 연상 질문에 대한 소비자들의 응답은 마케터가 여러 가지 가능한 연상들을 정리하고 브랜드 개요를 설정하는 데 많은 도움을 주게 된다. 예를 들어, 연상의 호의성(favorability)을 보다 더 잘 이해하기 위해서 마케터는 소비자들에게 자신들이 생각하

그림 6-4   현대카드의 Music Library

현대카드의 컬처 라이프 스타일의 프로그램 일환으로 '울림의 시간 + 영감의 공간'을 표방하고 있다.

는 호의적인 연상에 대해 보충질문을 할 수 있거나, 보다 더 일반적으로 그 브랜드에 대해서 가장 좋아하는 것이 무엇이냐고 물어볼 수 있는 것이다. 이는 연상의 독특함 (uniqueness)에도 마찬가지로 적용될 수 있다. 이 경우에 사용되는 유용한 질문들은 다음과 같다.

- 그 브랜드에 대해서 무엇이 가장 좋은가? 그 브랜드의 긍정적 측면은 무엇인가?
- 그 브랜드에 대해서 무엇이 가장 싫어하는가? 그 브랜드의 약점은 무엇인가?
- 그 브랜드는 무엇이 독특한가? 다른 브랜드들과 어떻게 다른가? 어느 면에서 동일한가?

이렇게 단순하고 직접적인 측정문항들은 브랜드의 핵심사항들을 결정하는 데 매우 귀중하게 사용될 수 있다. 그러나 보다 구체적이고 체계적인 내용을 이끌어내기 위해서는 '누가, 언제, 어디서, 무엇을, 왜, 어떻게'로 나타내는 6하원칙을 이용해서 소비자들에게 브랜드가 의미하는 것이 무엇인지에 대해서 후속적인 질문들을 던지는 것이 중요하다. 이 경우에 사용되는 후속적인 질문들은 다음과 같다.

- 누가 그 브랜드를 사용하는가? 어떤 종류의 사람들인가?
- 언제 그리고 어디서 소비자들은 그 브랜드를 사용하는가? 어떤 유형의 상황에서 사용하는가?
- 왜 사람들은 그 브랜드를 사용하는가?
- 어떻게 사람들은 그 브랜드를 사용하는가?
- 무엇 때문에 사람들은 그 브랜드를 사용하는가?

투사 기법

투사 기법(projective techniques)은 소비자들이 감정이나 의견을 드러내는 것을 원치 않거나 잘 표현을 할 수 없는 경우 이러한 감정이나 의견을 드러내도록하는 분석 도구이다. 마케터는 소비자들에게 불완전한 자극을 보여주어 완성하도록 요청하거나 애매모호한 자극을 주고 이를 느껴보도록 요구한다. 이 과정에서 소비자들이 부지불식간에 자신들의 생각이나 느낌들을 제대로 나타낼 수 있다는 것이 투사 기법의 기본 아이디어라 할 수 있다. 따라서 투사 기법은 깊게 박힌 개인적 동기나 개인적 혹은 사회적으로 민감한 주제가 이슈가 되고 있을 때 특별히 유용할 수 있다. 비록 투사 기법이 항상 강력한 결과를 산출하는 것은 아니지만 소비자와 브랜드를 관계에 대한 완전한 그림을 조합해 내는 데 효과적으로 사용될 수 있다. 많은 종류의 투사 기법들이 가능하지만 대표적으로 완성 및 해석 과제와 비유 과제를 생각해 볼 수 있다.

- 완성 및 해석 과제(completion and interpretation tasks): 고전적 투사 기법은 소비자들의 생각이나 느낌을 끌어내기 위해서 불완전하거나 애매모호한 자극을 사용한다. 만화에서 사용되는 대화풍선은 가장 일반적으로 사용되는 기법이다. 마케터는 소비자들에게 어떤 특정 장면에서 그들이 생각하기에 가장 적절한 대화나 설명을 빈 대화풍선에 채워줄 것을 요구한다. 특히, 소비자들의 생각, 단어, 행동 등을 나타내는 이러한 과정을 통해서 얻어지는 그림 해석(picture interpretation)은 브랜드에 대한 사용자 및 사용상황을 형상화하고 평가하는 데 특히 더 유용할 수 있다. 예를 들어, 과거 네슬레가 이용한 대화풍선 그림을 생각해 볼 수 있다. 만화 속에 두 주부를 등장시키고 소비자들에게 두 주부의 쇼핑목록을 보고서 그들이 어떤 여성인지를 묘사해 보라고 질문을 던졌다. 한 가지 품목을 제외하고는 두 가지 목록이 동일한 가운데 하나는 커피믹스를 포함하고 다른 것은 일반 원두커피를 포함하고 있다. 결과적으로 많은 소비자들은 인스턴트 커피믹스를 사는 여자는 게으르고 계획성 없는 주부로 묘사하였다. 이에 네슬레는 커피믹스를 살 때, 게으른 여자로 보일 수 있다는 심리적 부담감을 덜 수 있도록 자신감과 당당함을 강조하는 광고 캠페인을 펼쳐 성공을 거둔 바 있다 (<그림 6-5> 참조).

- 비유 과제(comparison tasks): 또 다른 유용한 기법은 비유 과제인데, 여기서는 브랜드를 사람, 나라, 동물, 행동, 직물, 직업, 자동차, 잡지, 채소 등에 비유하게 하여 브랜드에 대한 연상을 추론하게 한다. 예를 들어서 "초코파이 정(情)이 자동차라면 어떤 차가 될까?"라는 질문을 소비자들에게 던지는 것이다. 물론 동물이나 사람, 직업 등에 비유하여 그 속에 잠재된 의식을 파악할 수 있다.

그림 6-5 대화풍선 그림

표 6-1 비유 과제의 예

비유	KFC	Holiday Inn	Bird's Eye	Oil of Olay
개성	일상적인	친숙한	믿을 만한	젊은
동물	얼룩말	밍크	박쥐	밍크
직물	두꺼운 천	폴리에스테르	면	실크
직업	주부	트럭운전사	주부	비서
잡지	TV가이드	비즈니스위크	우먼스데일리	보그
행동	캠핑	여행	요리	수영

유명한 마케팅 컨설팅 회사인 영 앤 루비캠(Young & Rubicam)은 소비자들이 네 개의 주요 브랜드에 대해 개성, 동물, 직물, 직업, 잡지, 행동 등을 기초로 비유하도록 하여 〈표 6-1〉과 같이 정리하였다.

경험적 방법(experiential methods; ethnography)

에스노그래피(ethnography: 기술적 민족학)라고도 불리는데 이는 문화인류학의 한 분야로서 현지조사에 바탕을 둔 여러 민족의 사회조직이나 생활양식 전반에 관한 내용을 체계적으로 기술한 자료를 말한다. 그러나 정성적 조사기법의 범주로 분류될 때, 현장조사(field research), 관찰조사(observational research), 또는 참여관찰(participant observation) 등 다양한 이름으로 불리고 있으며 현대사회의 문화를 연구대상으로 삼는 인류학뿐만 아니라 사회학, 경영학 등 다양한 학문분야에서 사용되고 있다. 특히, 에스노그래피는 생산성과 라이프스타일을 향상시키는 수많은 기회를 어떤 계층이 어디서 어떻게 포착하여 자신의 삶속에 적용시키는지를 파악하는 데 매우 유용한 방법이라 할 수 있다. 즉, 마케팅관점에서 본다면 소비자가 상품을 실제 사용하고 서비스를 제공받고 혜택을 얻게 되는 구체적 이유와 상황을 탐색하는 효과적인 방법이라 할 수 있다. 따라서 이 방법은 현실세계를 직접 다루기 때문에 실험실에서 하는 실험법, 전화나 우편 등을 이용하는 설문조사, 응답자를 대상으로 하는 인터뷰 등 확률적 및 통계적 시장분석과는 구별된다. 에스노그래피는 조사자가 소비자가 제품을 구입하고 사용하는 현장─가정, 직장, 쇼핑몰 등으로 찾아가 그들의 자연스러운 경험 및 행동을 관찰한다. 예를 들어, 샤워기 시장에서 혁신적인 디자인으로 시장선도자가 된 Moen사의 샤워헤드(showerhead)의 경우를 생각해 볼 수 있다. 일반적으로 〈그림 6-6〉 Moen사는 샤워기에 스핀 기능을 추가하여 물이 닿는 면을 확장하였고, 'freedom-dial'이라는 물 조절장치를 통해 눈을 감고서도 물 사용량을 편하게 조절할 수 있도록 하였다.

그림 6-6 Moen사의 샤워기

어떻게 샤워를 하느냐고 질문을 받게 되면, 고객은 그들 행동의 30%만 말로 표현하고, 자신의 집에서 샤워를 할 경우, 평소 행동의 90%를 보여준다는 연구결과가 있다. 이에 따라 Moen사는 소비자들이 집에서 자연스럽게 샤워를 하는 모양을 관찰한 결과, 온몸에 물을 적실 때 샤워기를 이리 저리 움직여서 샤워의 본질인 안락함을 저하시키고 물에 대한 낭비를 걱정하며 샤워 중에 눈을 감고 있기 때문에 물의 양을 조절하기 위해 움직일 때 위험할 수 있는 상황을 포착할 수 있었다. 이러한 관찰을 토대로, Moen사는 샤워기에 스핀 기능을 추가하여 물이 닿는 면을 확장하였고, 'freedom-dial'이라는 물 조절장치를 통해 눈을 감고서도 물 사용량을 편하게 조절할 수 있도록 하였다.

(2) 정량적 조사기법

정량적 조사기법(quantitative research technique)은 동질적 특성을 지닌 표본집단을 대상으로 구조화된(structured) 설문지를 이용해서 규격화된 응답을 구하는 방식이다. 정성적 조사기법이 주로 언어를 통해서 소비자들의 반응을 조사하는 데 비해, 이 방식은 조사자가 수치적 표현과 요약을 도출할 수 있도록 해주는 다양한 형태의 척도를 이용한 질문을 할 수 있게 해주고 있다. 브랜드 자산의 측정에 사용되는 정량적 조사기법은 브랜드 인지(brand awareness)의 깊이와 넓이, 강력함-호의성-독특함으로 나타나는 브랜드 연상(brand association)이미지, 브랜드에 대한 감정과 판단의 원자가(valence)로 나타나는 브랜드 반응(brand responses), 그리고 행동적 로열티 및 브랜드 대체성으로 나타나는 브랜드 관계(brand relationship)의 본질과 범위를 평가하게 된다.

브랜드 인지

브랜드 인지는 어떤 한 브랜드가 다양한 상황에서 마음속에 들어올 가능성과 다양한 형태의 단서가 주어질 때 얼마나 쉽게 마음속으로 들어올 수 있는지를 나타내고 있다. 따라서 브랜드 인지는 다른 조건하에서의 브랜드 이름, 로고, 상징, 캐릭터, 포장 및 슬로건과 같은 다양한 브랜드 요소들을 구분할 수 있는 소비자의 능력에 의해 나타나기 때문에 기억 속에 있는 그 브랜드의 강력함과 관련이 있다. 브랜드 인지는 다시 브랜드 재인과 브랜드 회상으로 나누어 생각해 볼 수 있다.

- 브랜드 재인(brand recognition): 브랜드 재인은 일반적으로 브랜드 보조상기(aided awareness)로 불리기도 하며, 소비자로 하여금 다양한 상황에서 브랜드를 구분하도록 하고 있으며 어떤 브랜드 요소도 구분에 대한 단서가 될 수 있다. 브랜드 재인에 대한 가장 간단한 테스트는 소비자에게 시각적 혹은 언어적 단서들을 제시하고 과거에 이러한 단서들을 보거나 들은 적이 있는지 여부를 물어보는 방식이다. 제품 포장은 특히, 브랜드 재인에 중요한 역할을 하고 있기 때문에 마케터들은 특히, 제품 포장의 가시성(visibility)을 평가하기 위해서 창의적인 수단을 사용해 왔다. 따라서 제품 포장의 디자인은 소비자들의 눈에 띄어 기억 속에서 재인될 수 있을 만큼 충분히 강력하고 신뢰할 수 있어야 한다. 왜냐하면 브랜드 인지의 핵심은 특정 브랜드를 제시했을 때의 인지여부이기 때문이다. 이 때문에 브랜드 재인은 시각적 단서(visual cue)가 중요한 역할을 하며 주로 저관여 제품이나 생활필수품 등 브랜드 선택이 매장에서 구매시점이 결정되는 제품일 때 중요하다.

- 브랜드 회상(brand recall): 브랜드 회상은 일반적으로 브랜드 재인보다 적극적인 기억의 활용이 요구된다. 이는 소비자들에게 단지 브랜드 요소를 보여 주고 과거에 그것을 본 적이 있는지 여부를 물어보는 것이 아니기 때문이다. 브랜드 회상을 보여주기 위해서, 소비자들은 어떤 관련된 단서가 주어졌을 때 기억으로부터 실제 브랜드 요소를 재생할 필요가 있다. 브랜드 회상에 관한 가장 간단하고 분명한 테스트는 "특정 제품군에 대한 니즈가 발생했을 때 떠오르는 브랜드는?"이라는 질문을 던지는 방

식이다. 소비자들에게 제공되는 단서 형태에 따라서 브랜드 회상의 측정방법은 다음과 같이 두 가지 유형으로 생각해 볼 수 있다. 한 가지 유형인 비보조 회상(unaided recall)은 단지 제품범주(product category)만이 주어진 상태에서 떠오르는 모든 브랜드를 회상하도록 하는 것으로서 가장 강력한 브랜드를 규명하는 데 도움을 줄 수 있다. 다른 유형인 보조 회상(aided recall)은 소비자들이 회상하는 데 도움을 주기 위해서 다양한 형태의 단서를 사용한다. 보조 회상의 일반적인 과정은 제품군(product class), 제품범주(product category), 그리고 제품형태(product type) 등으로 점차 범위를 좁혀서 단서를 제공하는 방식이다. 예를 들면, 'Millet 바람막이 자켓'에 대한 소비자의 관심이 궁금할 경우에, '모든 스포츠 패션의류'에서 시작해서 '등산용 자켓', 혹은 '수입 아웃도어 기능성 웨어', 더 나아가 '고어텍스 자켓' 등으로 범위를 점차 좁혀가며 소비자의 회상을 유도하는 방식이다. 궁극적으로는 "당신이 바람막이 자켓을 생각할 때, 어떤 브랜드가 마음속에 떠오릅니까?'라고 소비자에게 물어볼 수 있는 것이다. 요컨대, 브랜드 회상은 소비자 마음 속에 형성된 제품범주 내 브랜드들 간의 경쟁구조나 브랜드 포지셔닝에 대한 통찰력과 어떻게 브랜드 연상들이 기억 속에 구성되어 있는지, 그리고 기억으로부터 특정 브랜드를 인출하기 위해서 어떤 종류의 단서가 필요한지에 대한 통찰력을 제공해 주고 있다.

브랜드 연상 이미지

브랜드 연상이란, 브랜드에 대해 떠오르는 것과 연계되는 '모든 것'을 의미한다. 예를 들어, Apple은 스티브 잡스라는 캐릭터, 아이폰, 아이팟, 아이튠, 맥북 같은 제품군, 한입 베어먹은 사과와 같은 로고 등으로 연계되어 있다. 어느 한 브랜드에는 여러 가지 연상들이 존재할 뿐만 아니라 그 연상의 강력함 수준도 각기 다르다. 결국 브랜드 이미지는 의미를 가지고 조직화된 브랜드 연상들의 집합인 것이다. 브랜드 자산의 가장 중요한 차원 중 하나가 바로 소비자들이 그 브랜드에 대해서 가지고 있는 연상들에 의해 반영되고 있는 브랜드 이미지라고 할 수 있다. 마케터가 특정 성과에 대한 소비자의 인식과 형상화된 속성과 혜택에 관련된 낮은 수준의 고려사항들을 브랜드에 대한 전체적 판단, 느낌 및 관계와 관련된 높은 수준의 고려사항들과 구분할 때 브랜드 이미지를 유용하게 사용할 수 있다. 낮은 수준의 고려사항들과 높은 수준의 고려사항들 간에는 분명한 관련성이 존재하는데, 이는 특정 브랜드에 대한 소비자들의 전반적인 반응 및 관계는 그 브랜드가 지니고 있는 특정 속성 및 혜택에 대한 소비자들의 인식에 따라 달라질 수 있기 때문이다. 소비자들이 가지고 있는 브랜드 연상에 대한 신념은 브랜드와 연결되는 속성 및 혜택이라 할 수 있다. 따라서 브랜드 연상을 보다 더 잘 측정하기 위해서는 브랜드 자산의 원천을 형성하고 있는 세 가지 핵심차원인 강력함(strength), 호의성(favorability), 독특함(uniqueness)을 기본으로 한 다음과 같은 질문방식을 생각해 볼 필요가 있다.

- **강력함**: 당신이 그 브랜드에 대해 가지고 있는 가장 강력한 연상은 무엇입니까? 그 브랜드를 생각할 때 무엇이 떠오르나요?
- **호의성**: 그 브랜드는 무엇이 좋은가요? 당신은 그 브랜드의 어떤 점이 좋은가요? 그 브랜드는 무엇이 나쁜가요? 당신은 그 브랜드의 어떤 점이 나쁜가요?
- **독특함**: 그 브랜드의 무엇이 독특한가요? 그 브랜드는 다른 브랜드들과 어떤 속성 및 특징을 공유하고 있나요?

마케팅에서 포지셔닝이란 경쟁 상태인 있는 준거점인 틀을 의미하는 것 외에도 브랜드 연상과 이미지 개념에 밀접하게 관련되어 있다. 잘 포지셔닝된 브랜드는 강력한 연상의 지지를 받아 경쟁에서 매력적인 위치를 선점할 수 있게 된다. 이러한 이론을 바탕으로 제시되는 측정방법이 인지도(perceptual map)의 사용이다. 다차원척도법 (MDS: Multi-Dimensional Scaling)이라고 불리는 이 방법은 주로 브랜드의 독특함을 평가하는 방법으로서 브랜드의 상대적인 인지된 이미지를 결정하는 방식을 취하고 있다. 즉, MDS는 브랜드들 간의 유사성이나 선호도에 대한 소비자 판단을 지각 공간에서 나타나는 거리로 변환시키는 방식이다.

브랜드 반응

브랜드 반응은 구매의도 등 특정 브랜드에 대한 소비자들의 긍정적이고 적극적인 반응을 말한다. 보다 일반적이고 보다 높은 수준의 고려사항들을 측정하는 목적은 어떻게 소비자들이 다른 형태의 브랜드 반응 및 평가를 형성하기 위해서 자신들의 마음속에 있는 브랜드에 대한 보다 구체적이고 보다 낮은 수준의 모든 고려사항들을 결합하는지를 발견하는 데 있다고 할 수 있다. 브랜드 반응을 측정하는 데 가장 많이 사용된 구성개념이 브랜드 태도 및 브랜드 고려와 밀접하게 관련되어 있는 구매의도 (purchase intention)이다. 여기서 구매의도의 측정은 그 브랜드를 구매하거나 다른 브랜드로 전환할 가능성에 초점을 맞추고 있다. 일반적으로, 다음과 요소들 중 두 가지가 적절하게 연관될 때 구매의도는 실제 구매의 예측가능성을 높여줄 수 있다:

- **행동**: 자신을 위해 구매할 것인지, 아니면 남에게 주기 위해서 구매할 것인지 여부
- **표적**: 구체적 종류의 제품 및 브랜드
- **상황**: 어떤 매장에서 어떤 가격과 조건으로 구매할 것인가?
- **시점**: 언제 구매할 것인가? (이번 주, 이번 달, 금년)

결국 마케터는 소비자들에게 구매목적, 구매장소, 구매시점 등을 구체적으로 명시하도록 요청하여 특정 제품 및 브랜드의 구매가능성을 예측하게 된다.

브랜드 관계

앞서 언급한 대로, 브랜드 공감은 고객들이 브랜드에 가지고 있는 궁극적인 관계에 초점을 맞추고 있는바, 고객들이 브랜드와 일체감을 이루고 있는 정도를 나타내고 있다. 따라서 브랜드 관계를 잘 측정하기 위해서는 핵심 구성요소인 행동적 로열티 및 브랜드 대체가능성을 잘 이해할 필요가 있다.

- **행동적 로열티**(behavioral loyalty): 행동적 로열티를 포착하기 위해서, 마케터는 소비자들에게 관심 제품군 내에서 최근 브랜드를 구입한 비중과 향후 구입계획에 대한 질문을 던질 수 있다. 구체적으로 다음과 같은 질문을 생각해 볼 수 있다.
  - 해당 제품군에서 어떤 브랜드를 주로 구입하는가?
  - 해당 제품군에서 과거에 어떤 브랜드를 구입했었는가?
  - 지금 현재 해당 제품군의 제품을 소유하고 있는가? 어떤 브랜드인가?
  - 해당 제품군에서 과거에 어떤 브랜드를 구입하려고 한 적이 있는가?
  - 해당 제품군에서 다음에 어떤 브랜드를 구입할 것인가?

- **브랜드 대체가능성**(brand substitutability): 브랜드 대체가능성의 측정은 다음과 같은 두 가지 질문에 대한 해답에 의해 만들어진 척도에 근거를 두고 있다.
  - 과거에 어떤 브랜드를 구입했는가?
  - 그 브랜드를 구매할 수 없었다면, 어떻게 했겠는가?

① 기다렸다 ② 다른 점포로 갔다 ③ 다른 브랜드를 구매했다(어떤 브랜드?)

(3) Aaker의 브랜드자산 10요소 측정방법

Aaker는 정량적 조사기법을 일부 수정하고 확장하여 〈Aaker Brand Equity 10〉이라는 평가방법을 개발하였다. 이 측정방법에는 브랜드 충성도(가격프리미엄, 만족도/충성도), 지각되는 품질/리더십 척도(지각되는 품질, 리더십), 연상/차별화 척도(지각되는 가치, 브랜드 개성, 조직연상), 인지척도(브랜드연상), 시장행동척도(시장점유율, 가격/유통 지수)가 있다.

- **가격 프리미엄**
  - 제품X는 현재 100원에 판매된다. 얼마를 더 주면 당신은 제품Y를 기꺼이 구매할 것인가?
  - 당신이 X로 바꾸기 전에 Y는 X보다 얼마나 싸게 판매했어야 하는가?
  - 100원의 X와 110원의 Y가 있다면 당신은 무엇을 구매할 것인가?
- **만족/충성도**
  - 최근 사용에서 나는 (실망, 만족, 기쁨을 느낌)라고 말하고 싶다.
  - 이 브랜드는 나의 기대를 충족시킨다.
  - 당신은 다음 기회에도 그 브랜드를 구매할 것인가?
  - 당신은 그 제품이나 서비스를 타인에게 권할 것인가?
  - 그 브랜드는 내가 구매하고 사용하는 브랜드이다.
- **지각되는 품질**
  - 다른 브랜드와 비교해 이 브랜드는 품질이 높다.
  - 다른 브랜드와 비교해 이 브랜드는 일관된 품질이다.
  - 다른 브랜드와 비교해 이 브랜드는 최고 중의 하나이다.
- **리더십**
  - 다른 브랜드와 비교해 이 브랜드는 인기가 상승한다.
  - 다른 브랜드와 비교해 이 브랜드는 선도브랜드이다.
  - 다른 브랜드와 비교해 이 브랜드는 혁신적 브랜드이다.
  - 내가 높게 평가하는 브랜드에 포함되어 있다.
  - 나는 이런 이유에서 이 브랜드를 높게 평가한다.

- 지각되는 가치
  - 이 브랜드는 가격에 비해 훌륭한 가치가 있다.
  - 다른 것 말고 이것을 구입해야 할 이유가 있다.
- 개성
  - 이 브랜드는 개성이 있다.
  - 이 브랜드는 흥미가 있다.
  - 이 브랜드를 사용하는 사람에 대한 분명한 이미지를 갖고 있다.
  - 이 브랜드는 풍부한 역사가 있다.
- 조직
  - 이것은 내가 신뢰할 수 있는 브랜드이다.
  - 나는 X회사의 브랜드를 높이 평가한다.
  - 나는 X회사의 브랜드와 관계있다는 점에 자부심을 느낀다.
- 브랜드 인지도
  - 특정 제품군에 있는 브랜드의 이름을 말하라.
  - 당신은 이 브랜드에 대하여 들어본 적이 있는가?
  - 당신은 이 브랜드에 대해 어떤 의견을 가지고 있는가?
  - 당신은 이 브랜드가 친숙한가?
- 시장점유율
  - 시용습관이나 시장조사 활용
- 가격/ 유통의 커버리지
  - 상대적 시장가격 판매된 모든 가격의 평균값에 대비한 브랜드의 평균 판매 가격
  - 브랜드를 파는 매장의 비율
  - 그 브랜드를 구입하는 경로를 가지고 있는 사람들의 비율

고객기반 브랜드 자산(CBBE: Customer-Based Brand Equity) 모델은 브랜드 지식과 브랜드 자산의 형성원천을 이용해서 브랜드 가치를 측정하고자 하였다. 그러나 보다 직접적인 추정치를 얻기 위해서는 어떤 형태로든지 간에 시장에서 결과적인 가치를 평가할 필요가 있다. 이 방법이 바로 시장성과에 의한 브랜드 가치의 측정이다. 여기에는 비교평가방법과 총체적 평가방법이 있다.

(1) 비교평가방법

높은 수준의 인지도, 그리고 강력하고 호감도가 높으며 독특한 브랜드 연상을 지님으로써 만들어지는 혜택을 직접 추정하기 위해서 브랜드에 대한 소비자들의 태도 및 행동을 조사하는 방식이다. 이를 위해서, 다른 브랜드 혹은 제품이 포함된 다른 마케팅 프로그램과 비교해서 특정 브랜드에 대해 소비자가 인식하는 추가적인 가치를 평가하며 브랜드 기반 비교방식, 마케팅 기반 비교방식 및 결합분석 방식이 있다.

• 브랜드 기반 비교방식: 이 방식에서는 경쟁 브랜드가 유용한 준거점이 될 수 있다. 비록 소비자들이 자신들이 가지고 있는 제품군에 대한 지식의 범위 내에서 잘 알려지지 않은 브랜드를 선택한다고 하더라도 마음속에는 본보기(exemplar)가 되는 특정 브랜드가 자리잡고 있기 때문이다. 이러한 본보기 브랜드는 해당 제품군의 선도자이거나 대부분이 선호하는 소비자들이 느끼기에 그 제품군의 대표적인 경우가 대부분이다. 일반적으로 소비자들은 이 본보기 브랜드에 대한 지식을 통해서 잘 알려져 있지 않은 브랜드에 대한 정보를 추론한다.

• 마케팅 기반 비교방식: 이 방식에서는 브랜드를 고정한 상태에서 마케팅 프로그램에 변화를 주면서 소비자들의 반응을 조사한다. 전통적으로 마케팅 기반 비교방식은 주로 가격 프리미엄을 탐색하는데 사용되어 왔다. 1950년대 중반 Edgar Pessemier가 달러 단위로 표시되는 브랜드 가치 측정체계를 개발하여 해당 브랜드와 다른 브랜드의 가격 차이를 알아내고자 하였다. 예를 들어, 두 개의 동일한 성능과 디자인의 하이패스 단말기가 주어졌을 때 삼성이라는 로고가 들어가 있는 하이

패스 단말기를 '얼마나 더 주고 구매할 것인가' 하는 것이 가격 프리미엄이 되는 것이다. 즉, 브랜드 전환에 필요한 가격의 차이를 기준으로 해당 브랜드의 상대적 가치를 측정하는 것이다. 광고대행사 DDB Needham에서는 소비자 시각을 고려하면서 브랜드가치를 측정하는데, 그 브랜드가치는 다음과 같은 세개의 차원을 가지고 있다고 제안하고 있다: ① 제품에 브랜드명에 의해 추가되는 가치의 총량, ② 브랜드명으로 인해서 제품범위를 넓힐 수 있는 가치의 폭, ③ 지각된 품질 등과 같이 소비자가 브랜드를 선택하는 이유로 대표되는 가치의 내용.

• **결합분석 방식:** 결합분석(conjoint analysis)이란 서베이 기반 다변량 통계기법인데, 제품 및 브랜드에 관한 소비자 의사결정과정을 쉽게 알 수 있도록 해주고 있다. 특히, 소비자에게 제품에 대한 선호도를 물어보거나 다양한 제품 프로파일 중에서 선택하도록 함으로써 마케터는 다양한 브랜드 속성들 사이에서 소비자들이 만드는 결정기준 및 이에 따라 부여되는 속성들의 중요성을 결정할 수 있게 된다. 여기서 소비자들이 보게 될 제품 프로파일은 브랜드, 가격, 제품속성들을 각기 몇 가지 속성수준들로 구분한 후 속성수준별로 다양하게 만들어져 제시되는 것이다. 아울러 다양한 제품 프로파일들은 소비자들의 선호도를 바탕으로 순위가 매겨지거나 점수로 표현되며 이는 결국 각 속성수준별 효용치를 측정하는 데 이용된다. 결국 특정 브랜드의 효용치는 결합분석을 통하여 측정되며 여러 브랜드들 간의 효용치의 상대적 차이를 가격의 효용치와 비교하여 브랜드의 효용치를 가격으로 표시할 수 있게 되는 것이다.

(2) 총체적 평가방법

비교평가방법이 추가적인 효용치를 사용하여 브랜드자산의 특정 혜택을 측정하는 데 초점을 맞추고 있는 반면에, 총체적 평가방법(holistic methods)은 추상적으로 효용치를 이용하거나 구체적으로 재무적 수치를 사용하여 브랜드에 대한 전반적인 가치를 측정하고 있다. 총체적 평가방법에는 잔차적 평가방법과 가치평가방법이 있다.

• **잔차적 평가방법**(residual approach): 이 평가방법은 브랜드에 대한 상대적 평가는 시장에서 소비자들에 의해 선호되고 선택되는 것을 관찰하는 데서 시작된다. 종종 브랜드 자산은 브랜드명이 없거나 잘 알려지지 않은 제품과 비교해서 발생한 추가적 선호도(incremental preference)로 정의되곤 한다. 따라서 이 방법은 총체적 선호도에서

물리적 특성에 기인한 선호도를 차감한 나머지 부분을 브랜드 자산으로 평가한다.

- **가치평가방법**(valuation approach): 이 방법에서는 브랜드 가치를 측정할 때 재무적 가치를 부여하는 방법을 사용하고 있다. 즉, 이 재무적 접근방법의 기본은 어떤 기업이 특정 브랜드를 소유하고 있을 때의 현금흐름(cash flow)과 그렇지 않았을 때의 현금흐름을 비교하여 그 차이를 계산하는 것이다. 여기에는 대표적으로 영국의 브랜드 컨설팅 회사인 인터브랜드(Interbrand)사의 방법과 사이먼과 설리번(Simon and Sullivan 1993)의 방법이 있다.

  - **인터브랜드**(interbrand)사의 방법: 이 방법은 다음과 같은 4 단계의 절차를 거친다: ① 해당 브랜드의 연평균 이익을 계산한다. ② 해당 기업이 해당 브랜드를 갖고 있지 않을 경우에 해당 시장에서 거둘 수 있는 연평균 이익을 추정한다. ③ 앞의 두 단계에서 구한 이익 추정치의 차이를 구하는데, 이것은 해당 브랜드가 어떤 한 해 동안에 기업에 가져오는 추가적인 이익에 해당된다고 볼 수 있다. ④ 해당 브랜드에 적용할 배수(multiple)를 계산한다. 이 배수는 7개의 차원(리더십, 브랜드의 안정성, 시장의 안정성, 국제화 정도, 시장 추이, 촉진 비용, 법적인 보호)에 걸쳐서 객관적인 자료나 주관적인 판단에 따른 평가의 결과로서 얻게 되는데, 대개 5에서 20 사이의 값을 갖는 것으로 알려져 있다. 여기서 배수가 필요한 이유는 이 방법에서는 미래의 이익 흐름이 반영되어 있지 않고 있기 때문에 미래의 이익 흐름을 직접 예측하는 대신에 현 시점에서 브랜드가 창출하는 추가적인 이익에 몇 배수를 곱해주는 간접적인 방법을 택하고 있는 것이다. 그런데 이 방법은 다음과 같은 세 가지 문제점이 지적되고 있다: ① 배수를 구하기 위하여 이용되는 7가지 차원들이 선정된 이론적 근거가 미약하다는 점이다. ② 미래의 이익 흐름을 직접 예측하지 않고 과거로부터 현재까지의 자료를 이용하여 예측한다는 점이다. ③ 브랜드 자산의 크기는 추정할 수 있지만 그 구성요소(가령, 인지도·속성 지각)들의 상대적 크기나 기여도는 보여주지 못하기 때문에 브랜드 자산을 관리하거나 강화하는 데 필요한 유용한 정보를 제공해주지 못한다는 점이다.

  - **사이먼과 설리번**(Simon and Sullivan 1993)의 방법: 이 방법은 인터브랜드의 방법과는 달리 이론적 근거를 가지고 있고 객관적인 절차를 사용하고 있다. 즉, 재무관리에서 개발된 '효율적 시장가설(efficient market hypothesis)'에 기초하여 브랜드 자산을 객관적이고 과학적으로 측정할 수 있는 방법을 제시하였다. 여기서 효율적 시장가설이란 증권시장이 제대로 작동한다는 전제하에 상장된 주식의 시가총액은

해당기업의 자산가치를 제대로 반영하고 있다는 가설이다. 이 가설에 따르면 〈기업의 총가치＝발행주식의 시가총액＋부채의 시가총액〉이다. 또한 '기업의 총가치'는 '유형자산'과 '무형자산'으로 구성되어 있으므로 다음과 같은 식이 성립한다. 〈무형자산의 총가치＝기업의 총가치－유형자산의 총가치〉. 이에 따라 브랜드 가치는 전체 무형자산에서 브랜드와 무관한 부분을 다음과 같이 차감하게 된다. 〈브랜드가치＝무형자산의 총가치－브랜드와 무관한 무형자산〉. 그러나 결정적으로 이 방법은 개별 브랜드 자산의 가치를 측정하는 것이 아니라 한 기업이 보유하고 모든 브랜드자산의 총가치를 측정한다는 한계점을 지니고 있다. 이는 주식시장에는 개별 브랜드에 대한 주식이 아니라 기업의 주식이 상장되어 있기 때문이다.

그림 6-7 브랜드 자산의 힘을 보여주고 있는 Oreo

미국의 담배회사 Phillip Morris가 Kraft라는 과자회사를 1988년에 인수했을 때 매수금액은 크래프트의 장부가의 6배였다. 당시 Kraft는 어린이들에게 인기 있는 과자 'Oreo'라는 브랜드를 갖고 있었다. Phillip Morris는 "우리는 기업이 아닌 브랜드를 사들였다"고 설명하고 있다. 이는 브랜드 자산의 힘을 보여 준 대표적 사례라고 할 수 있다.

● 브랜드 자산의 측정 및 관리시스템을 설계하고 수행하는 법을 이해하기 위해서, Keller(2012)는 브랜드 가치사슬(brand value chain) 및 고객기반 브랜드 자산(CBBE: Customer-Based Brand Equity) 모델을 제시하고 있다. 먼저 브랜드 가치사슬은 브랜드 자산의 자원과 결과, 그리고 마케팅활동이 브랜드 가치를 창출하는 방식을 평가하는 구조화된 접근방법이다. 브랜드 가치사슬은 네 단계로 진행이 되는데, 첫 번째는 브랜드 가치 창출이 시작되는 과정으로서 기업이 잠재고객 혹은 실제고객을 표적으로 하는 마케팅 프로그램에 투자하는 단계이다. 두 번째는 해당 브랜드에 대해 고객들이 알고 느끼는 것, 즉 고객의 사고방식(mind-set)에 관련된 마케팅 활동이 영향을 미치는 단계이다. 세 번째는 이러한 사고방식이 여러 계층의 광범위한 고객들을 대상으로 언제, 얼마나 많이 구매할지 그리고 가격 등을 결정하게 되는 브랜드 성과(brand performance)를 만들어내는 단계이다. 마지막으로, 투자 그룹은 일반적인 투자자 가치 및 특정 브랜드에 대한 가치를 평가하기 위해서 시장성과 및 대체비용과 인수합병 시 구매가격 등과 같은 다른 요인들을 고려하게 된다. 고객기반 브랜드 자산(CBBE: Customer-Based Brand Equity) 모델은 무엇이 그리고 어떻게 브랜드를 강력하게 만들고 있는가에 대한 해답을 제시하기 위해서 고안되었다. 이 모델을 통해서 브랜드 자산이란 무엇이며 어떻게 구축되고 축적되며 관리될 수 있는지에 대한 통찰력을 얻을 수 있다. 고객기반 브랜드 자산 모델의 기본적인 전제는 브랜드 파워는 고객의 마음속에서 나온다는 점이다. 이 과정은 ① 브랜드 정체성(brand identity) 규명, ② 브랜드 의미(brand meaning) 개발, ③ 브랜드 반응(brand response) 도출, ④ 브랜드 관계(brand relationship) 구축으로 이루어져 있다. 아울러 이와 같은 네 단계의 과정에 맞추어 다음과 같은 여섯 개의 '브랜드 구축 블록(brand building blocks)'이 제안되고 있다: 브랜드 현저성(brand salience), 브랜드 성과(brand performance), 브랜드 형상화(brand imagery), 브랜드 판단(brand judgment), 브랜드 감정(brand feelings), 브랜드 공감(brand resonance).

● 고객의 사고방식을 포착하는 브랜드자산의 잠재적 형성원천을 규명하는 방법에는 크게 정성적 조사기법과 정량적 조사기법이 있다. 일반적으로, 정량적 조사는 계량화를 통해서 효과적으로 의사결정을 하기 위함이고 정성적 조사는 상황을 파악하거나 아이디어를 얻기 위해 수행된다고 말할 수 있다. 따라서 정성적 조사와 정량적 조사는 상호 보완적인 성격을 지닌다. 대체로 정성적 조사는 정량적 조사를 지원하기 위해서 사용

되고 정량적 조사는 정성적 조사를 통해 수립된 가설을 검증하기 위해 사용된다. 브랜드 자산의 측정과 관련해서, 정성적 방법은 소비자의 브랜드 및 상품의 인식을 탐색하는 첫 번째 단계로서 상당히 유용하게 사용될 수 있다. 정성적 조사기법에는 많은 접근방식이 있으나 자유 연상법, 투사 기법, 그리고 경험적 방법이 대표적이다. 정량적 조사기법(quantitative research technique)은 동질적 특성을 지닌 표본집단을 대상으로 구조화된(structured) 설문지를 이용해서 규격화된 응답을 구하는 방식이다. 정성적 조사기법이 주로 언어를 통해서 소비자들의 반응을 조사하는 데 비해, 이 방식은 조사자가 수치적 표현과 요약을 도출할 수 있도록 해주는 다양한 형태의 척도를 이용한 질문을 할 수 있게 해주고 있다. 브랜드 인지, 브랜드 연상 이미지, 브랜드 반응, 브랜드 관계 등을 평가하게 된다.

- 고객기반 브랜드 자산(CBBE: Customer-Based Brand Equity) 모델은 브랜드 지식과 브랜드 자산의 형성원천을 이용해서 브랜드 가치를 측정하고자 하였다. 그러나 보다 직접적인 추정치를 얻기 위해서는 어떤 형태로든지 간에 시장에서 결과적인 가치를 평가할 필요가 있다. 이 방법이 바로 시장성과에 의한 브랜드 가치의 측정이다. 여기에는 비교평가방법과 총체적 평가방법이 있다. 비교평가방법에는 브랜드 기반 평가방식, 마케팅 기반 평가방식, 결합분석 방식 등이 있다. 또한 총체적 평가방법에는 잔차적 평가방법과 가치평가방법이 있는데, 특히 가치평가방법에서는 인터브랜드(interbrand)사의 방법과 사이먼과 설리번(Simon and Sullivan 1993)의 방법이 대표적이다.

CHAPTER

07

브랜드 확장

학습
목표

● 브랜드 확장의 정의, 필요성 및 유형에 대해 학습하도록 한다.

● 신제품과 브랜드 확장간의 전략적 관점의 관계 및 장점들을 이해하도록 한다.

● 브랜드 확장 전략의 장점과 단점을 파악하고 중요 이슈 및 가이드라인을 이
해하고 활용하도록 한다.

● 브랜드 상향 수직확장과 하향 수직확장의 기회요소와 위험요소를 이해하고
전략적 대안들을 활용한다.

● 전략적 브랜드 확장 전략에 대한 전반의 이해를 통해 브랜드 확장 전략 수
립 및 실행에 대한 능력을 배양하도록 한다.

도입
사례

미샤 vs 토니모리, 상반된 '서브 브랜드' 육성 전략

토니모리, 회사 설립 9년 만에 신규 브랜드 '라비오뜨' 론칭, 연령대, 가격 높여
미샤 동생 '어퓨'와 상반된 전략으로 승부, 미샤–어퓨 '한지붕 두 가족' vs 토니모리–라비오뜨
'각자도생'

　화장품 로드숍, 그 중에서도 중소 '원브랜드숍'의 브랜드 가지치기가 본격화되고 있다. 미샤
가 7년 전 서브 브랜드 '어퓨'를 론칭한 데 이어 이번에는 토니모리가 신생 브랜드 '라비오뜨'

매장을 열고 영역 확장에 나섰다. 최근 유가증권시장에 상장한 이후 처음으로 본격적인 투자에 나서는 것이어서 성공 여부에 업계 관심이 쏠리고 있다.

◇ 토니모리, 미샤와 닮은 듯 다른 행보

특이한 점은 모 브랜드의 육성 전략이다. 토니모리 측은 "회장이 100% 출자해 설립한 브랜드는 맞지만 설립법인에 타깃 소비층, 가격대를 비롯해 유통망까지 완전히 다른 별도의 브랜드"라며 선을 긋고 있다. 라비오뜨 홍보 자료에도 '토니모리'라는 회사명은 등장하지 않는다. 신생 브랜드를 띄우는 데 기존에 널리 알려진 브랜드를 활용하는 것은 좋은 재료가 된다. 그럼에도 토니모리는 '한식구'임을 거부한 채 '각자도생'을 강조하고 있다.

업계에선 그 이유를 '원 브랜드 원 컴퍼니'가 대부분인 국내 시장 환경에서 찾고 있다. 1, 2위 기업인 아모레퍼시픽과 LG생활건강을 제외한 국내 대부분의 화장품 회사는 규모가 작은 중소업체로, 브랜드 하나가 그 회사 사업의 전부인 경우가 많다. 에이블씨엔씨(미샤, 어퓨) 등 브랜드를 두 개 이상 보유한 업체를 오히려 손에 꼽을 정도다. 1세대 화장품 기업 한불화장품도 서브 브랜드 격인 '잇츠스킨'을 출시했지만 별도의 회사로 분리해 운영하고 있다.

업계 관계자는 "하나의 브랜드로 사업을 하던 업체가 수백억원의 마케팅 비용을 들여 새로운 브랜드를 출시했는데 만약 이 브랜드가 성공하지 못할 경우 모 브랜드에 미치는 영향은 상당할 수밖에 없다"라면서 "기존 브랜드는 물론이고 회사 전체가 흔들리는 결과를 낳게 된다. 더욱이 토니모리는 브랜드명 자체가 곧 회사명이기도 해 부담이 더했을 것"이라고 분석했다.

◇ '원 브랜드 기업' 한계 넘기 과제는?

이렇듯 중소화장품 업체가 서브 브랜드를 출시하는 경우가 드물다 보니 토니모리의 라인 확장은 자연스럽게 미샤의 그것과 비교가 되고 있다. 미샤와 서브 브랜드 어퓨는 법인이 다른 토니모리-라비오뜨와 달리 '한지붕 두 가족'인 것을 비롯해 타깃층에 가격대 등 지향점이 정반대다. 국내 브랜드숍 열풍을 불러일으킨 미샤의 경우를 먼저 살펴보면 미샤는 주 고객층의 연령대가 30대인 데 반해 어퓨는 20대 초반으로 젊다. 상대적으로 주머니가 가벼운 이들을 대상으로 하다 보니 가격은 중저가인 미샤보다 더 낮아야 했다. 대표 상품인 '에어핏쿠션'이 5,800원이다. 이는 시중 쿠션 제품 가격의 10분의 1에 불과하다. 토니모리의 서브 브랜드 격인 라비오뜨는 반대로 가격에 연령대가 높아졌다. 10~20대 젊은 여성이 주요 타깃층인 토니모리와 달리 라비오뜨가 공략 대상으로 삼은 이들은 25~35세. 라비오뜨는 고급화를 지향한다. 첫 번째 상품으로 선보인 '트러블 리바이탈 크림'이 5만 8,000원이다. 백화점 브랜드를 포함한 전체 화장품 시장에서는 중가, 일반적으로 가격이 저렴한 브랜드숍(단일 화장품 매장) 중에서는 고가, 토니모리보다는 두 배 정도 비싼 수준이라고 회사 측은 설명했다.

원 브랜드 기업은 브랜드 하나에 회사의 사활을 걸어야 하기 때문에 리스크 관리의 부담이 크다. 그런 측면에서 보면 브랜드 확장이 필수지만 이 또한 쉬운 일은 아니다. 업계 관계자는 "리스크 관리 부담이 큰 '원 브랜드 기업'의 한계를 극복하기 위해서는 라인 확장이 필수지만 서브 브랜드를 론칭하는 것 자체가 원 브랜드 기업에는 또 다른 리스크가 될 수 있다"면서 "라비오뜨가 토니모리와 별개로 얼마만큼 독자적인 색깔을 내느냐, 또 포화상태인 유사시장에서 어떻게 생존할 것인가가 성공의 열쇠가 될 것 같다"고 말했다

이데일리, 2015년 8월 28일

 ## 브랜드 확장의 개요

(1) 브랜드 확장의 정의 및 필요성

브랜드 확장(brand extension)이란 신제품을 출시할 때 기존에 잘 알려진 브랜드명을 사용하는 것을 말한다. 기존의 높은 소비자 인지도를 기반으로 하기 때문에 마케팅 비용을 절감하면서 마케팅의 고효율을 높일 수 있는 브랜드 전략 중에 하나이다. 브랜드 스트레칭(brand stretching)이라고도 불린다. Tauber는 브랜드 확장을 "기존 브랜드에 관해 축적된 소비자들의 지식체계를 신제품 마케팅에 활용하여 신제품을 출

시할 때 투입되어야 하는 대규모의 자금에 대한 기업의 부담을 최소화하고 시장 개척 및 시장 성장을 이룰 수 있는 마케팅 전략으로 많은 기업에서 적극적으로 진행되고 있다"고 하였다.

실제 브랜드 확장의 사례는 우리 주변에서 쉽게 발견할 수 있다. 예를 들어, LG패션은 아이웨어 신제품을 출시하면서 새로운 브랜드명을 개발하여 사용하지 않고, 기존의 시장 내 인지도와 선호도가 높은 자사의 트레디셔널 캐주얼 의류 브랜드 헤지스의 브랜드명을 확장하여 헤지스 아이웨어로 런칭했다. 지금까지 아이웨어 브랜드를 운영한 적이 없는 LG패션은 아이웨어의 생산, 판매는 안경전문업체 자회사인 씨엘라인에게 아이웨이의 생산과 판매를 담당하게 하고 브랜드는 라이선스 계약을 통해 헤지스 브랜드명을 사용할 수 있도록 한 것이다. 즉, 비즈니스 모델상으로 LG패션은 헤지스 아이웨어의 라이센서가 된 것이고, 씨엘라인은 라이센시가 된 것이며, 브랜드 관점에서는 트레디셔널 캐주얼 브랜드 헤지스가 아이웨어 사업영역으로 확장된 셈이다. 따라서, LG패션은 직접 아이웨어 제조 판매에 관여하지 않으나 브랜드 라이센싱 비용으로 계약에서 규정한 조건에 따라 지속적인 매출이 발생하게 되는 것이다.

앞서 도입사례에서 소개한 로드샵 중심의 중저가 화장품 브랜드인 미샤와 토니모리는 신규 브랜드인, '어퓨'와 '라비오뜨'를 각각 런칭하였다. 한국의 화장품시장은 과거 다수의 화장품 브랜드들을 운영하는 중견 및 대기업들 중심으로 제조가 이루어지고 개인 자영업자들이 운영하는 로드샵, 일명 화장품가게 중심으로 유통이 이루어졌었다. 2000년대 들어서면서 이런 화장품 시장에도 변화가 일어나기 시작해서 ODM, OEM 중심으로 제조는 별도로 하고, 마케팅 및 유통을 중심으로 하는 로드샵 더페이스샵, 미샤, 이니스프리, 스킨푸드, 토니모리 등 원 브랜드 중저가 화장품 브랜드들이 봇물처럼 등장하여 성공을 이루었다. 즉, 화장품의 중저가 리테일 브랜드 시장이 열린 것이다. 일반적으로 이러한 리테일 브랜드들은 기업명이 제품 브랜드이면서 원브랜드 전략을 고수해 오면서 강력하게 브랜드의 컨셉 및 이미지 등을 소구해 올수 있었고 이를 기반으로 대리점 중심의 유통을 국내외적으로 확대해 왔다. 그러나, 최근에 불황이 길어지면서 예전 같지 않는 화장품 시장 환경에 대응하기 위해서 이러한 원브랜드 화장품기업들도 복수 브랜드 전략으로 변경하고 있는 것이다.

정확한 통계자료를 기반으로 한 것은 아니지만, 일반적으로 마케팅 담당자들은 신제품의 성공률이 10~20% 정도로 낮게 평가하고 있다. 신규 브랜드의 성공은 약 5% 정도라는 더 회의적인 시각들도 많다. 이런 신제품의 낮은 성공 이유를 Robert

McMath는 약 75,000개 신제품들 대상으로 조사하여 신제품의 중요 실패요인들을 다음과 같이 제시하였다.

① 시장의 협소(혹은 불충분한 제품 수요)

② 기업과 제품과의 연관성 부족

③ 부적절하거나 부정확한 시장조사 혹은 시장조사결과의 무시

④ 너무 이르거나 너무 늦은 시장조사 실행

⑤ 불충분한 투자수익률(저이익률과 고비용)

⑥ 신제품의 참신성과 차별성 결여

⑦ 신제품에 대한 친숙도 부족

⑧ 신제품에 대한 신뢰도 부족

⑨ 신제품에 대한 인식 부족

이러한 신제품의 높은 위험을 회피하기 위해서 브랜드 확장 전략은 많은 산업들과 제품군들에서 적용되고 있다. 실제 미국시장의 경우, 신제품 출시 시 첫 번째 해에 7.5백만 달러 이상의 매출을 기록한 식음료 관련 신제품들의 93%가 브랜드 확장일 정도로 브랜드 확장은 매우 빈번히 이루어지고 있다("IRI Names Top New Products of 2010," www.symphonyiri.com, 22 March 2010). 따라서, 브랜드 확장은 그 중요성이 매우 높다. 이제는 브랜드를 확장할 것인가 말 것인가의 전략적 화두보다는 가족브랜드(family brand)들 중에서 어떤 모 브랜드(parent brand)로부터 확장할 것인가, 어떻게 할 것인가의 'how to do' 이슈가 더욱 중요하게 대두되는 상황이다.

(2) 브랜드 확장 유형

브랜드 확장의 유형은 매우 다양하다. 예를 들면, Gucci는 하이 패션 의류와 액서서리에서 선글라스로 확장했다. Armani와 Hugo Boss는 그들의 고가 브랜드들을 확장하여 중가 브랜드 Emporio Armani와 Boss를 런칭하였다. Gucci의 사례 경우는 패션이라는 유사 카테고리 안에서 선글라스라는 새로운 제품으로 브랜드 확장한 사례이다. 이와 달리 Armani와 Hugo Boss는 프레스티지 타깃에서 미들 그룹 타깃으로 확장한 수직적 확장(vertical extension)에 해당된다.

브랜드 확장은 라인 확장이나 카테고리 확장을 통해서 이루어질 수 있는데, 각각

의 구체적인 정의와 예시는 다음과 같다.

라인 확장(line extension)

모 브랜드가 포함되어 있는 기존의 제품군 내에서 새로운 타깃을 겨냥하든가, 새로운 혜택을 제공하는 신제품 출시될 때 모 브랜드명을 확장하여 사용하는 경우이다. 일반적으로 제품의 맛, 성분, 크기, 형태 등의 제품속성을 다르게 하든가 브랜드가 제공하는 편익을 다르게 제공하여 동일시장 혹은 상이한 시장을 목표로 하는 경우이다. 이러한 라인 확장은 크게 수직적 확장(vertical extension)과 수평적 확장(horizontal extension)으로 분류된다. 수직적 확장은 같은 제품 카테고리에서 상이한 타깃 시장을 대상으로 가격, 품질이 다른 유사 브랜드를 출시하는 것인데, 수직적 확장은 상향 확장(upward extension)과 하향 확장(downward extension)으로 세분화할 수 있다. 상향확장의 사례로는 신라면 → 신라면 블랙, 쇠고기 다시다 → 쇠고기 골드, 폴로 → 랄프로렌 폴로 등이 있고, 하향확장의 사례로는 알마니 → 알마니 익스체인지, 놀부보쌈 → 놀부부대찌게, Hugo Boss → Boss, 럭셔리 세단의 대명사인 벤츠 → C-Class와 스마트카 등의 런칭을 통한 대중 타깃 등이 있다. 반면, 수평적 확장은 유사한 제품 카테고리나 같은 제품 카테고리에서 완전히 새로운 제품에 현재의 브랜드 네임을 적용하는 것으로, 수평적 확장의 사례로는 빈폴 → 빈폴 레이디스, 빈폴키즈, 빈폴골프, 갤럭시S → 갤럭시 S8, 아이보리 비누 → 아이보리 샴푸 등이 있다.

카테고리 확장(category extension)

카테고리 확장은 기존 브랜드가 소속된 제품 카테고리 내에서 또는 다른 새로운 제품 카테고리에서 새로운 브랜드를 소개하는 것으로, 기술이나 고객을 기반으로 한 관련성 확장과 완전히 새로운 신시장으로 진출하는 비관련성 확장이 있다. 그 사례로는 SNS 메신저 서비스 카카오톡 → 카카오택시(택시콜서비스), 카카오맵(길안내서비스), Arm & Hammer(암앤해머)의 베이킹소다 → 베이킹소다 치약 등이 있다.

스타벅스의 브랜드 로고 리뉴얼

2011년 창사 40주년을 맞아 스타벅스는 브랜드 로고를 변경하였다. 1971년, 미국 씨애틀의 Pike Place Marketing에서 런칭 시, 사용한 초기 브랜드 로고는 그리스 신화에 나오는 꼬리가 두 개 달린 인어인 '사이렌'을 표현하여 노래로 뱃사람들을 유혹한 사이렌처럼 커피로 유혹하겠다는 뜻이 담겨져 있다는 해석이 지배적이다. 이후 1987년에 손으로 내린 에스프레소 음료들을 메뉴에 추가하면서 지금의 그린 컬러들이 반영된 1차 로고 변경이 있었다. 이후 2차 로고 변경은 1992년에 주식시장 상장시 이루어진 것으로 기존의 로고에서 사이렌의 상체에 초점을 두었다. 그리고 이번 로고 변경이 3차에 해당되는데 스타벅스 로고와 COFFEE라는 글자를 과감하게 없애고 보다 단순화시켰다. 스타벅스의 변경에 대해 다양한 긍·부정의 평가들이 있었지만, 하워드 슐츠 최고 경영자(CEO)는 로고 변경의 이유를 '지금까지도 앞으로도 커피의 회사로 계속되지만, 스타벅스의 이름으로 커피 이외의 상품도 전개해 갈 가능성이 있다.'라고 밝혔다.

시대를 반영한 로고들의 변천사, 바이널엑스 http://bit.ly/1KywiJe

(3) Ansoff의 성장 매트릭스 관점의 신제품 출시 전략 방향성

신제품 출시할 때, 일반적으로 성장 전략 및 브랜드 전략 방향성을 Ansoff의 성장 매트릭스(Ansoff's Product/Market Expansion Grid 혹은 Ansoff's Growth Matrix로 불리기도 한다) 관점에서 많이 논의된다. Ansoff의 성장 매트릭스를 제품 (기존 제품 vs 새 제품) × 시장(기존 시장 vs 신 시장)으로 구성되어 네 가지의 중요 전략들을 설명해주는 틀이다. 〈그림 7-1〉에서 보여주듯이, Ansoff의 성장 매트릭스는 기존 제품을 가지고 기존 시장을 집중적으로 공략하여 침투하는 시장침투전략(market penetration strategy), 신제품 개발을 통해 기존 시장을 공략하는 신제품 개발 전략(product development strategy), 기존 제품을 가지고 새로운 시장을 공략하는 신시장 개발 전략(market development strategy), 그

그림 7-1　Ansoff의 성장 매트릭스

리고 마지막으로 신제품 개발과 동시에 신시장을 공략하는 다각화 전략(diversification strategy)을 카테고리화하여 설명하고 있다.

Ansoff의 성장 매트릭스를 근거로 하여, 신제품을 출시할 때, 브랜드 관리자들은 크게 다음과 같은 전략적 의사결정에 놓이게 된다: ① 신제품 개발전략이나 다각화 전략의 방안의 하나로, 새로이 개발된 제품에 새로운 독립적인 브랜드를 개발할 것인가? ② 기존의 브랜들 중에서 선택하여 적용할 것인가? ③ 아니면, 기존의 브랜드와 새로운 브랜드를 조합할 것인가?

기존의 브랜드 중에 선택하던가 기존 브랜드와 새로운 브랜드의 조합 여부는 브랜드 확장 전략의 중요한 화두이다. 이는 성장 전략과 밀접하게 연관되어 있는 신제품 출시, 신규 브랜드 출시, 더 나아가 총체적 브랜드 전략과 아주 밀접한 관계가 있기 때문이다.

> ## 신제품 출시로 새로운 시장을 공략한 다각화전략 사례, 설빙
>
> '한국식 디저트' 콘셉트로 전 연령층 입맛 사로잡아
> 인절미토스트·치즈고구마, 제철과일 넣은 빙수 등 고정관념 깬 메뉴 '히트'
> 중·일 등 해외진출 활발
>
>

'설빙'은 한국 땅에서 자란 농산물과 제철 과일을 활용한 사계절 디저트 카페 대표 브랜드다. 2010년 '시루'라는 브랜드로 시작해 2013년 설빙이라는 브랜드로 완전히 정착했다. 커피 전문점에만 편중된 국내 디저트 환경에서 '한국식 디저트'라는 독특한 콘셉트로 순식간에 전 연령층의 입맛을 사

로잡았다. 최근에는 중국·태국·일본·호주 등 세계시장으로도 영역을 넓혀가고 있다. 설빙의 힘은 무엇보다 한국의 맛과 정서를 담은 고유의 디저트 기술이다. 특히 빙수에 팥이 들어가야 한다는 고정관념을 버린 것이 지금의 설빙을 낳게 한 출발점이 됐다. 설빙은 사람들에게 익숙한 식재료와 제철과일을 활용해 색다른 빙수를 만들면서 성공시대를 열었다. 무엇보다 특유의 기초 빙수 위에 팥 대신 고소한 콩고물과 인절미를 올려 맛을 낸 '인절미설빙'은 설빙의 시작이자 시그니처 메뉴이다.

설빙은 나아가 빙수는 계절메뉴라는 한계를 과감히 뛰어넘고, 사계절 내내 즐기는 디저트로 그 의미를 확장했다. 특히 2014년 첫 선을 보인 '생딸기설빙'은 겨울철 제철을 맞은 생딸기를 듬뿍 올린 메뉴로 소비자로부터 큰 사랑을 받았다. 생딸기설빙이 인기를 끌며 '겨울엔 딸기 디저트'라는 새로운 트렌드까지 생겼다. 설빙에서 시작된 겨울 딸기의 인기는 카페 시장에 겨울 비수기를 무력화하기도 했다. 또 머스크 메론을 통째로 올린 메론 빙수 '리얼통통메론'과 달콤한 애플망고를 듬뿍 넣은 '망고치즈설빙' 등 제철 과일 식재료를 활용해 사계절 내내 즐길 수 있는 디저트가 잇따라 인기몰이에 성공했다. 빙수뿐 아니라 한국 전통음식을 현대적인 디저트로 전환한 것도 획기적인 시도로 평가 받는다. 떡을 디저트로 만든 '인절미토스트'를 비롯해 가래떡과 치즈를 결합한 '쌍쌍치즈가래떡', 군고구마 위에 치즈를 올린 '더블치즈고구마' 등 이색적인 사이드 메뉴를 선보였다. 여기에 전통차를 재해석한 음료도 꾸준하게 내놓았다.

설빙의 도전은 이제 국내에만 머물지 않는다. 지난해 5월 중국 상하이 1호점을 시작으로 중국 4개 성과 태국에 진출했다. 올해에는 중국 10개 성에 진출하며 기존 태국 매장도 확대할 방침이다. 또 일본에도 1호점 오픈을 앞두고 있으며, 상반기 안에 호주 진출을 확정할 예정이다. 정선희 설빙 대표는 "최근 한류의 바람이 거세지고 있는 중동을 비롯해 말레이시아, 싱가포르, 베트남,

미국 등 10여 개 국가로 진출하기 위한 조율이 이뤄지고 있다"며 "현재 목표는 16개국 진출"이라고 설명했다.

설빙은 올해 연간 목표로 △코리안 디저트의 안착화 △한국 고유디저트의 개발 △글로벌 확대 △서비스강화 등을 정했다. 특히 메뉴의 다양화에 집중하며 빙수 시장의 성장에 주목하고 있다. 정대표는 "올해는 소비자 수요를 충족할 수 있는 메뉴를 지속적으로 선보일 예정"이라며 "무엇보다 좋은 품질의 디저트 제공, 서비스향상, 고객과 소통할 수 있는 온라인 프로모션을 적극적으로 실시해 고객 만족도를 높이겠다"고 강조했다.

서울경제, 2016년 6월 8일

2 브랜드 확장의 장점

신제품 출시와 함께 이루어지는 브랜드 확장은 〈표 7-1〉에서 보여주듯이 신제품, 모 브랜드, 기업관점에서 모두 장점들을 가지고 있다.

표 7-1   브랜드 확장의 장점

신제품 브랜드 관점에서	① 신규 브랜드의 인지도 제고가 용이함 ② 모 브랜드의 신뢰보증으로 신제품 브랜드의 긍정적 이미지 형성 용이함 ③ 신규 브랜드의 의미 전달의 용이함 ④ 고객의 신제품에 대해 지각 위험을 감소시킴
기업 관점에서	① 신제품 촉진 비용의 효율성을 증가시킴 ② 신제품에 대한 유통과 고객의 신제품 수용 가능성을 높임 ③ 신제품 도입에 따른 신규 브랜드 개발의 비용 및 마케팅 프로그램들의 비용들을 절감시킴 ④ 소비자의 다양한 욕구를 충족시킴 ⑤ 소매기업의 경우, PB 브랜드 출시를 통해 배타적 MD 구성, 수익 증대, 차별화 구현이 용이함
모 브랜드 관점에서	① 모 브랜드 의미의 명료화 및 재활성화 가능 ② 모 브랜드 이미지를 강화 및 확장시킴 ③ 모 브랜드 입장에서 신규 고객 창출 및 시장 커버리지를 증대시킴 ④ 연속적인 브랜드 확장이 가능하게 함

(1) 신규 브랜드 관점에서 브랜드 확장의 장점

신규 브랜드 관점에서는 첫째, 신규 브랜드의 인지도 제고가 용이하다. 모 브랜드의 연상의 이미지들이 자연스럽게 서브 브랜드에게 전이되고 투영되어 쉽게 기억할 수 있도록 하여 인지도 제고가 용이하게 된다. 새로운 브랜드를 회상할 수 있게까지는 수차례의 브랜드에 대한 노출 혹은 경험이 필요한 데 비해, 모 브랜드에서 확장된 서브 브랜드가 인지 상태가 되기 위해서는 상대적으로 적은 노출과 경험이 요구되기 때문이다.

둘째, 잘 알려지고 사람들이 선호하는 브랜드는 시간이 흐름에 따라 그 브랜드의 성능에 대한 기대들이 형성되어 있다. 이러한 브랜드로부터 확장된 브랜드에 대해, 소비자들은 신규 브랜드와 관련된 정보에 대해 이미 잘 안다고 생각한다. 이에 따라, 신제품에 대한 구성과 성능에 대해 모 브랜드와 유사한 추론과 기대들을 가지게 된다. 즉, 모 브랜드의 긍정적 이미지와 강점을 통해 신제품에 대한 위험지각이 감소하게 되고, 모 브랜드의 신뢰가 서브 브랜드에도 보증되어 소비자들로부터 긍정적인 반응이 도출되기 쉽다.

셋째, 신규 브랜드의 의미전달이 용이하다. Roedder John and Loken에 의하면, 제품 카테고리와 적합도가 높은 브랜드 확장의 경우는 기존의 소비자가 가지고 있는 모 브랜드에 대한 긍정적인 감정이 쉽게 신규 브랜드로 전이된다고 보고하였다. 신제품의 초기 수용에 가장 영향을 미치는 요인은 신제품이 기존에 잘 알려진 패밀리 브랜드와 관련되어 있는가이다. 〈표 7-2〉의 브랜드 확장을 통한 브랜드 의미 확장의 예시를 보면 극명하게 브랜드 확장은 모 브랜드의 핵심가치 및 중요 이미지를 기반한다. 신제품 출시에 따라 새로운 브랜드의 의미들이 추가되어 궁극적으로 브랜드 의미 확장이 되는 되는 것이다.

표 7-2   SK브랜드 확장을 통한 브랜드 의미 확장

	주력 제품 (베스트셀러 상품)	브랜드 의미
초기 주력 제품	SK 마스크	고농축 피테라가 단기간에 피부 회복시켜 주는 마스크
확장 신제품 1	SK 페이셜 트리트먼트 에센스	피테라 원액의 에센스로 투명한 피부로 개선
확장 신제품 2	SK 셀루미네이션 에센스 EX	화이트닝 광채 에센스 (미백 기능성 인증)

예를 들면 SK는 SK라는 CI를 제품브랜드에 적용하여 보증 브랜드 전략을 구사하면서 확장 신제품이 출시될 때마다 브랜드 확장을 하였다. SK 화장품은 2005년 대한민국의 마스크 열풍을 불러 일으킨 SK 마스크가 베스트셀러 상품으로 등극하면서 고기능성 화장품 브랜드로서 고객의 마인드 속에 포지셔닝 되었다. 이 신제품은 고농축 피테라 원액을 당시까지 화장품시장에서 소구해 오지 않았던 새로운 제형인 마스크에 적용하여 강조함으로써 큰 성공을 이루었다. 이 성공을 기반으로 고농축 피테라를 에센스 제형에 적용한 SK 페이셜 트리트먼트 에센스가 베스트셀러 제품으로 그 명맥을 이었으며, 화이트닝 기능성 에센스 화장품에 광채가 나는 색조성 화장품의 효과를 극대화한 SK 셀루미네이션 에센스 EX 제품을 출시하였다. 즉, 고기능성 제품의 SK브랜드의 의미에서 신제품을 출시할 때 시장 배경 및 소비자 욕구들을 요구하는 제품의 기능적 혜택들이 추가되면서 제품 브랜드의 확장이 이루어진 것이다. 〈표 7-2〉에 보여주듯이, SK의 고기능성이 SK 마스크에서는 단기간의 변화 체험을 소구하였고, 확장 신제품 1인 SK 페이셜 트리트먼트 에센스에서는 투명한 피부로의 개선이 추가 및 확장되었으며, 확장 신제품 2인 SK 셀루미네이션 에센스 EX에서는 화이트닝 기능적 혜택에 색조성 화장품의 기능인 광채나는 피부의 기능적 혜택이 추가되어 브랜드의 의미가 추가되었다.

넷째, 브랜드 확장은 신제품에 대한 소비자들이 지각하는 위험을 감소시키는 장점이 있다. 이러한 장점은 Bottomly and Holder에 의하면, 모 브랜드가 높은 품질이고 다양한 문화에서 경험할 수 있는, 즉 글로벌 시장에서 인지도가 있는 브랜드의 경우, 마케팅 비용이 더 절감된다.

(2) 기업 관점에서 브랜드 확장의 장점

첫째, 마케팅 커뮤니케이션 관점에서, 브랜드 확장은 초기 마케팅 캠페인은 브랜드 인지 형성을 위한 노력을 하지 않고 신제품 자체에만 중점을 두어 전개할 수 있다. 많은 관련 연구들은 이 점이 중요한 브랜드 확장의 장점이라 강조하였는데, Smith의 실증연구에 의하면, 평균 매출 대비 광고비 비율이 신규 브랜드의 경우는 19%였는데, 브랜드 확장의 경우는 10%의 비율임이 밝혀졌다. 이 외에도 다양한 브랜드 연구들은 브랜드 확장은 신규 브랜드와 비교 시 현저하게 광고비를 덜 쓴다고 보고해 왔다. 예를 들면, 삼성의 핸드폰 갤럭시 브랜드를 기반으로 브랜드 확장한 갤럭시 노트의 경우는 갤럭시라는 모 브랜드의 높은 인지도, 선호도 등을 기반으로 브랜드 인지 및 선호에 런칭 마케팅 커뮤니케이션에 중점을 두지 않고, 신제품 기능 중심의 마케팅 커뮤니케이션을 진행하였기 때문에 마케팅 비용의 절감 효과가 있고 비용의 효율성을 증가시킬 수 있었다.

둘째, 신제품에 대한 모 브랜드의 기존 유통망 활용이 용이하며, 신규 브랜드보다 유통망 설득이 용이하다. 이와 아울러, 신규 유통의 확보의 경우도 모 브랜드의 실적을 기반으로 마켓 반응의 예측이 가능하기 때문에 유통 설득이 용이하게 된다. 또한 마켓 내 인기 좋은 모 브랜드와 함께 확장 브랜드를 끼어 유통하는 실무 관행에 의해 유통의 장벽이 신규 브랜드보다 상대적으로 낮고 유통 점유율을 단기간 빨리 올릴 수 있는 장점을 가지고 있다. 많은 B2B 마케팅 연구에 의하면, 유통 구매 담당자들에게 가장 중요한 구매결정 기준의 하나는 브랜드의 명성이다. 따라서 모 브랜드의 명성을 이용하고 보증을 받는 브랜드 확장 전략은 높은 우위점을 가질 수밖에 없는 것이다.

셋째, 브랜드 확장은 신제품 도입에 따른 신규 브랜드 개발의 비용 및 마케팅 프로그램들의 비용들을 절감시킬 수 있다. 앞서 언급한 바와 같이 유통 측면과 소비자 측면 모두에 있어서 마케팅 효율성이 높아지기 때문에 신제품 출시와 관련된 다양한 마케팅 비용들을 절약할 수 있다. 즉, 이러한 브랜드 확장과 관련한 푸쉬전략(push strategy)과 풀전략(pull strategy)의 병행 이익은 수치상으로도 증명되었다. 미국의 경우, 슈퍼마켓 제품을 국가전역에 출시할 경우, 브랜드 확장을 이용하면 총 런칭 마케팅 비용의 40~80%를 절감할 수 있으며, 약 30~50만 달러를 절약할 수 있다고 보고된 바가 있다. 특히, 한 제품이 패밀리 브랜드 아래 다수의 제품들과 연계되어 있는 경우, 총체적으로 해당 패밀리 브랜드의 광고 비용은 더욱 효과적이게 된다.

넷째, 마케터들은 시장의 변화나 고객들의 지루함이나 만족을 위해 변화가 요구될 때, 기존제품 카테고리 안에서 제품의 변화나 포트폴리오의 다양성을 제안한다. 기존의 패밀리 브랜드를 남겨두고 개별 제품 수준에서 신제품 출시를 하든가 신카테고리 출시를 통해 기존 브랜드를 신선하게 만들고 시장의 변화 및 고객의 욕구에 대응한다. 그 대표적인 사례가 프랑스의 대표적인 뷰티, 퍼쇼널 케어 브랜드인 L'Oreal(로레알)이다. 로레알은 사실상 모든 타깃의 모든 제품의 모든 유통을 커버하고 있는 강력한 브랜드 포트폴리오를 가지고 있다. L'Oreal Paris는 최고가에서 매스 가격대까지 커버하고, 합리적인 가격대의 화장품도 제공하고 있다. 또한 백화점 및 면세점 유통중심의 프리미엄 브랜드인 Lancôme(랑콤), Biotherm(비오템)과 B2B유통을 기반으로 한 프로페셔널 헤어 샤롱 제품 카테고리, Matbelline(메이블린)과 Garnier(가니에)와 같은 리테일 스토어 대상의 매스 브랜드 카테고리, 약국 편의점 유통 중심의 La Roche-Posay(라로슈포제) 등 다양한 브랜드들을 가지고 있다. 로레알은 기존의 제품 라인과 결합력이 높은 다수 제품들의 출시를 통해 제품 카테고리들을 완성하고, 고객들에게 다양한 방식과 제품 사용을 제안하여 브랜드의 신선도를 유지하고 로레알은 어떤 타깃에게도 로레알의 제품을 제공한다는 브랜드 이미지를 선점하고 있다.

다섯째, 소매업들은 소매브랜드의 인지도를 기반으로 기업브랜드를 확장하여 유통 자사브랜드 출시가 용이하다. 유통 자사 브랜드는 PB(private brand) 혹은 PL(private label brand)이라고도 하는데 이마트의 자연주의, 롯데마트의프라임 L, 초이스 L 등이 그 예이다. 확장된 PB를 통해 배타적 MD 구성이 가능하고 이를 통해 높은 수익률과 함께 타 경쟁 소매 유통과의 차별화를 구현할 수 있는 장점을 가지고 있기 때문이다. 이러한 유통 브랜드의 제품브랜드로의 확장은 소매업체 진열대에서의 제품 점유율이 시장 점유율(market share)로 바로 반영되기 때문에 진열대 점유 전쟁은 더욱 가속화될 것으로 보인다. 실제 연구에 의하면, 판매에 영향을 미치지 않고도 소매 유통의 취급품목수준(SKUs: stock-keeping units)을 5~25% 감소시킬 수가 있음이 확인되었다. 따라서, 소매유통은 판매 공간의 한계성을 인식하고 유사 혜택들을 제공하고 판매부진한 제품들을 제거하려는 기본적인 속성을 가지고 있다. 제조업체 브랜드인 NB(National Brand)와 비교했을 때 PB는 중간 유통과정이 생략되고 마케팅 비용 등의 홍보비용을 절감하여 상대적 수익률이 높고, 경쟁 유통과의 배타적 차별성 모색이 가능하기 때문이다. 이에 소매 유통들은 본인들의 경쟁력 강화를 위해 주기적으로 MD 개편과 함께 일정 비율로 성과 낮은 브랜드들이나 제거하고 있는 것이다. 특히, 한국 마켓처럼 트렌드 변화가 빠른 시장에서 신제품을 기획, 개발, 브랜딩, 마케팅의 일련의 과정을 개

출처: 롯데마트 홈페이지

별 관리 진행하기에는 엄청난 고비용과 위험이 있다. 마켓 사례에서 소개된 바와 같이, 편의점의 통합PB 브랜드화는 이러한 제비용을 낮추고 통합된 브랜드 관리 및 시장 변화에 즉각적으로 대응하는 기획제품들을 출시한다는 점에서 매우 효과적인 방안이다. 또한 통합 PB브랜드뿐만 아니라 도시락과 같은 특정 상품군은 유명 세프나 연예인들을 이용한 개별 브랜드 전략도 함께 병행하는 최근 편의점의 복합 브랜드 전략은 매우 성공적으로 보인다.

> ## 편의점 PB 전성시대…"매출 비중 3분의 1, 대표 브랜드로 키운다"
>
> CU·GS25·세븐일레븐, PB제품 차별화·카테고리 확장 주력
> 가성비 앞세운 PB 제품, 편의점 얼굴 마담 역할
>
> 편의점 자체브랜드(PB)가 전성시대를 맞았다. 톡톡 튀는 아이디어와 차별화로 무장한 PB 제품들은 편의점 매출의 3분의 1을 차지하는 알짜 상품으로 자리잡고 편의점 대표 상품 브랜드로 영역을 확대해가고 있다. 12일 편의점 업계에 따르면 업계 1위인 CU의 PB상품 매출 신장률은 지난 2013년 7.6%, 2014년 9.1%에서 지난해는 28.9%로 그 성장세가 폭발적이다. 최근에는 간판 PB 상품인 '백종원 도시락'이 담배를 제외한 3,000여 개 품목 중 올해 편의점 매출 1위를 차지하는 이변을 낳았다. 편의점 매출 순위에서 주류와 음료를 제치고 도시락이 1위를 차지한 것은 이번이 처음이다. 현재 CU가 운영하고 있는 PB상품 수는 1,000여 개로 평균 운영 상품수의 약 20~25%에 달한다. 도시락·김밥·샌드위치 등 PB 히트 상품 카테고리를 벗어나 업계 최초로 원재료 해외소싱을 통해 만든 'CU플로리다주스', 지역 특산물로 만든 '속초홍게라면', 키덜트족을 공략한 'CU블럭 장난감' 등 제품 다양화에도 힘을 쏟고 있다. CU는 백종원 도시락의 대박 신화를 만들어 낸 BGF리테일 상품연구소를 통해 백종원 도시락을 현재 4종에서 앞으로 6종으로
>
>
>
> ▲ CU '백선생도시락', PB통합브랜드 '헤이루(HEYROO)' ©CU

늘리는 등 신제품 개발에 지속적인 투자를 아끼지 않는다는 계획이다. 올 초에는 다양한 PB 상품 카테고리를 하나의 브랜드인 '헤이루(HEYROO)'로 통합하는 작업도 진행했다. CU 관계자는 "'HEYROO'는 다양한 상품 카테고리를 통합하는 BGF리테일의 대표 상품 브랜드로서 소비자들에게 새로운 재미와 경험을 줄 수 있는 상품 라인업을 강화할 계획"이라고 밝혔다.

GS25는 지난해 PB상품 매출 비중이 36.1%를 넘어섰다. 한국야쿠르트와 손잡고 내놓은 'GS 야쿠르트 그랜드', 오모리김치찌개라면, 25%망고빙수, 30%망고바 등 PB 제품이 SNS를 중심으로 입소문을 타면서 연달아 대박을 터뜨린 것이 주효했다. 2014년 12월 출시된 오모리김치찌개라면의 경우 올 2월 현재까지 라면카테고리(봉지라면+용기라면)에서 농심 신라면을 제치고 1위를 차지했다. GS25 관계자는 "오모리김치찌개라면은 지금까지 유래 없는 폭발적인 인기를 끌며 라면 카테고리의 절대강자로 군림해 온 신라면보다 높은 매출을 기록했다"면서 "컵라면뿐만 아니라 봉지라면까지 포함해 매출 1위를 기록한 오모리김치찌개라면은 출시 후 현재까지 910만개 이상 판매됐다"고 밝혔다. GS25는 전문가와 고객 의견을 반영하고 일부 매장에서 테스트 판매를 거치는 등 1년여 간의 철저한 사전조사 끝에 PB 브랜드 '유어스(YOU US)'를 선보였다. GS25는 김혜자 도시락, 위대한시리즈, 공화춘, 오모리김치찌개라면, 홍라면, 마이홍도시락(홍석천도시락), 식객 등 기존 PB 브랜드명을 유지한다. '유어스'는 이를 통합하는 상위 PB 브랜드로 활용할 계획이다. 라면, 스낵, 생수, 생활용품 등 다양한 PB 상품을 중심으로 '유어스' 브랜드를 늘려 나갈 예정이다.

▲GS25 PB 제품 '야쿠르트 그랜드(좌)', '오모리김치찌개라면' PB 통합 브랜드 '유어스'. ⓒGS25

세븐일레븐은 2010년 20%대 중반에 그쳤던 PB상품 매출 비중이 지난해 35%로 증가했다. 현재 약 1,100여 종의 PB 상품을 갖추고 있으며 상품 구성비도 연평균 3%씩 꾸준히 성장하는 등 매출 성장에 견인차 역할을 하고 있다. 세븐일레븐 PB의 성장을 이끈 대표 상품은 '혜리 도시락'이다. 올해 1월 편의점 도시락 매출은 전년 동기 대비 약 세 배 가량 증가하는 등 매년 고공 성장을 이어가고 있다. 최근에는 드립커피인 '세븐카페'와 동원F&B, 팔도와 함께 손잡고 출시한 '동원참치라면'이 미래 성장을 이끌 핵심 PB 제품으로 떠올랐다. 올해 1분기 세븐카페 매출은 전년 동기 대비 295.8% 증가했으며 지난달 말 출시한 '동원참치라면'은 출시 첫날부터 현재까지 라면 판매 순위 1위에 올랐다. 동원참치라면은 출시 후 이달 5일까지 일주일 만에 판매된 수량은 20만개에 달하며 참치라면의 인기의 힘입어 용기면 매출도 전주 대비 15.8% 신장했다. 세븐일레븐 관계자는 "경쟁력 있는 PB상품의 지속적인 개발을 위해 MD, 중앙연구소, 제조사, 기타 협력업체 간 팀 머천다이징을 더욱 강화해 나갈 계획"이라면서 "최근 가치소비 트렌드가 확산됨에 따라 프리미엄 PB 상품 개발도 더욱 강화할 것"이라고 밝혔다.

▲ 세븐일레븐 PB 세븐카페(좌), 동원참치라면. ⓒ세븐일레븐

유통 업계 관계자는 "1~2인 가구가 증가하고 여성의 사회 활동이 증가하면서 간편하게 한끼를 해결할 수 있는 도시락, 김밥, 샌드위치, 라면과 같은 편의점 먹거리 수요가 큰 폭으로 증가하고 있다"면서 "최근에는 스낵과 빙과, 유제품까지 PB 카테고리를 확장하는 등 편의점마다 차별화된 PB 상품 개발에 힘을 쏟고 있다"고 설명했다. 이어 "과거에는 PB제품이라고 하면 싸고 양 많은 제품이라는 인식이 강했지만 최근에는 독특하고 차별화된 제품, 가격 대비 성능이 뛰어난 제품이라는 인식이 폭넓게 퍼지면서 PB 제품이 각 편의점을 대표하는 얼굴 마담 역할을 하고 있다"고 전했다.

뉴데일리, 2016년 4월 12일

(3) 모 브랜드 관점에서 브랜드 확장의 장점

브랜드 확장은 모 브랜드와 기업에게 있어서도 여러 가지 장점들을 가지고 있다. 첫째, 모 브랜드의 의미의 명료화가 용이하다. 이는 앞서 논의한 신규 브랜드 관점에서의 장점 중 세 번째인 신규 브랜드의 의미전달이 용이성과 밀접한 관련이 있다. 예를 들면, SK의 신규 제품들이 출시를 통해 CI이면서 모 브랜드인 SK의 고기능성 브랜드의 의미를 명료화할 수 있었다. 또한 브랜드 확장은 종종 모 브랜드를 재활성화시키기도 한다.

둘째, 브랜드 확장이 성공했을 때 모 브랜드에게 미치는 긍정적인 영향 중에 하나가 소비자들의 기존 소비자들의 연상을 강화시키든가 더 나아가 보다 호의적으로 평가받게 되거나, 새로운 연상 이미지가 추가되면서 모 브랜드의 기존의 이미지가 강화·확장되는 장점을 가지고 있다. 대표적인 예시가 나이키인데, 나이키가 런닝화에서 다른 종류의 전문 운동화나 의류 및 운동기구 등으로 브랜드 확장되면서 '최고의 성과,' '스포츠'라는 핵심연상이 형성되었다. 또 다른 예시로는, 휴먼, 힐링의 트렌드를 배경으로 연예인 2세들이 그 부모들과 함께 출연한 휴먼 버라이티 방송 프로그램들의 인기가 높았다. 기존의 부모 연예인 브랜드 연상과 이미지에서 2세 동반 출연을 통해 새로운 연상 이미지들이 형성되고, 혹은 2세들의 새로운 확장 브랜드의 연상 이미지에 영향을 받아 기존 부모 브랜드 이미지들이 호의적으로 변화하고 강화되는 현상이 나타난 것이다. 즉, 확장 브랜드인 연예인 2세들로 인해 모 브랜드의 브랜드 가치가 제고된 것이다. 이로 인해, 많은 연예인들이 2세들을 방송 출연시키기 위해 별도로 교육하고 준비시키고, 수많은 휴먼 버라이티 방송 프로그램들이 봇물처럼 등장하여 인기 몰이를 했던 것이 브랜드 이론으로 충분히 설명된다.

셋째, 브랜드 확장은 모 브랜드 입장에서의 신규고객 창출 및 시장 커버리지를 증대시킨다. 예를 들면, Microsoft의 경우는 기본적으로 컴퓨터OS에서 확장되어 지속적인 신제품개발을 통해 Window 97, Window 2000, Window 7, Window 8, Window 10 순으로 신제품을 출시하면서 버저닝 전략(versioning strategy)을 전개하였다. 현재 window 10까지 출시된 상태인데, 이와 아울러 다양한 서치 엔진 및 포탈 서비스들로 확장하고 있다. 노키아와 제휴하여 스마트 핸드폰 OS로 진출하고, 소니와 유사하게 게임 콘솔 및 게임 소프트웨어 런칭을 통해 게임시장으로도 비즈니스를 확장하였다. OS를 기반으로 한 모 브랜드가 다양한 신제품이 출시되면서 새로운 사업부와 아울러 새로운 제품 카테고리들이 확장되고, 새로운 시장에 진출한 것이다. 또한 이러한 기존 제품과 신제품 카테고리들이 상호 결합되면서 종단적 통합을 이루어가고 있는 것이다. 결국, 이러한 브랜드 확장을 통해 모 브랜드 Microsoft의 기업 이미지를 강화할 뿐만 아니라 더 나아가 기업의 비즈니스 모델을 확장하고 있다. 즉 Microsoft 모 브랜드는 브랜드 확장을 통해 신규 고객을 창출하고 비즈니스 모델을 확장하여 시장 커버리지 증대시켰다.

넷째, 브랜드 확장의 성공은 이후 연속적인 브랜드 확장을 가능하게 한다. 즉, 브랜드 확장의 성공이 후속 브랜드 확장의 초석이 되어 성공확률을 더 높여 주는 것이다. 예를 들면, 본 장의 도입사례에서 논의하였던 헤지스 아이웨어 경우도, 모 브랜드인 헤지스의 성공이 이후 헤지스 레이디스, 헤지스 골프, 헤지스 키즈, 헤지스 아이웨어 등으로 연속적인 브랜드 확장이 가능하게 하였다. 브랜드 확장의 성공은 동종 산업 내의 브랜드 확장을 가능하게 할 뿐 아니라, 비 관련 이종 산업으로의 확장도 가능하게 한다.

3 브랜드 확장의 단점

브랜드 확장은 앞서 논의되었던 다양한 장점들이 있으나 부적절하게 브랜드 확장되어 실패했을 때, 오히려 잃는 것이 더 많을 수도 있다. 브랜드 확장의 단점은 크게 소비자와 유통 관점과 브랜드 관점으로 나누어 볼 수 있다. 소비자와 유통 관점에서의 단점은 첫째, 지나친 브랜드의 확장과 브랜드 라인의 확장 등은 소비자들에게 혼란을 초래하여 소비자와 유통에게 신제품에 대한 의구심을 높일 수 있다. 둘째, 기존의 모 브랜드가 소매 유통의 제약점이 있었다면 확장된 브랜드 역시 소매 유통의 저항에 직면할 수 있다. 모 브랜드가 소매유통의 제약점이 없더라도 확장된 브랜드와 모 브랜드 간의 차이가 명료하게 전달되지 않을 경우는 소매 유통에서 확장된 신규 브랜드의 입점이나 매입에 대해 부정적일 수 있다. 셋째, 신규 제품임에도 불구하고

표 7-3 브랜드 확장의 단점

소비자와 유통 관점에서	① 소비자에게 혼란을 초래하여 의구심을 만듦 ② 소매 유통의 저항에 직면할 수 있음 ③ 신규 제품에 대한 신선감이나 혁신성이 낮게 평가될 수 있음
브랜드 관점에서	① 모 브랜드와 확장 브랜드간에 시장 잠식 현상이 일어날 수 있음 ② 브랜드 확장의 실패로 모 브랜드의 이미지를 해칠 수 있음 ③ 모 브랜드의 핵심 브랜드 속성을 희석시킬 수 있음. 소매기업의 경우, PB 브랜드 출시를 통해 배타적 MD 구성, 수익 증대, 차별화 구현이 용이함

브랜드 확장에 의해서 신규제품에 대한 소비자의 신선감이나 혁신성이 낮게 평가되어 브랜드 확장에 의해 본 신규 제품의 가치를 오히려 낮출 수도 있는 위험이 존재한다.

출처: www.nongshim.com

　브랜드 관점에서의 단점은 첫째, 브랜드 확장의 실패로 모 브랜드의 이미지를 해칠 수도 있다. 브랜드 확장의 가장 바람직하지 않은 결과는 확장제품 실패할 뿐만 아니라, 모 브랜드의 이미지에 도 타격을 받는 경우이다. 예를 들면, 대한민국 장수 브랜드의 대명사인 신라면은 프리미엄 브랜드 신라면 블랙을 '11년 4월에 출시하였다. 신라면의 막강한 브랜드 자산을 기반으로 트레이딩업 전략(trading-up strategy)의 일환으로 서브브랜드를 출시한 것이다. 신라면 블랙은 기존의 신라면 메인 컬러인 빨간색 대신, 신라면 블랙 이미지를 전달하기 위해 블랙을 메인 컬러로 패키징하였다. 기존 700원대 신라면 가격에서 두 배 가격에 해당되는 1,500원이라는 고가 가격을 책정하였고, 사골 국물에 매운 맛을 USP(Unique Selling Point)로 소구하였다. 그러나 출시 이후, 소비자와 언론으로부터 연일 뭇매를 맞았다. 실제 소비자들은 신라면 블랙의 맛과 품질에서 고급성을 지각할 수 없었고, 특히 서민 대표 식품으로서의 라면에 대한 고객 기대 수준과 특수성을 고려하지 않은 채, 기존 신라면 가격의 2배에 해당되는 고가 가격 책정은 단순히 판매 부진뿐만이 아니라, 기존에 고객의 높은 신라면의 신뢰와 선호에 큰 타격을 미쳤다. 또한 정부의 신라면 블랙에 대한 부정적인 태도는 공정거래위원회 조사로 이어져 '설렁탕 한 그릇의 영양이 그대로 담겨있다'는 신라면 블랙의 광고문구를 과장에 대해 무려 1억 5,000만원의 과징금을 맞았다. 결국, 신라면 블랙은 '11년 8월쯤에 국내용 생산 중단을 선언하고 기존 생산라인은 중국 수출용으로 변경하였다. 이후 신라면 블랙은 '12년 10월, 1년 2개월 만에 다시 국내시장에 복귀해서 주력 상품을 일반 라면에서 컵라면으로 달리하여 신라면 블랙의 국내 시장 내 재 안착을 모색 중이나, 브랜드 관점으로나 기업 관점으로서 막대한 손실을 입힌 실패사례로 꼽힌다.

　더 나아가, 확장브랜드가 모 브랜드의 이미지뿐만 아니라 판매에도 영향을 미친 사례로는 미국 맥주 브랜드 밀러(Miler)가 있다. 밀러는 부드러움을 지닌 전통 맥주로

Miler genuine　　　　Miler lite

서 미국시장에 성공적으로 포지셔닝을 하였다. 이러한 성공을 기반으로, Miler genuine, Miler lite, Miler reserve, Miler reserve lite 등 다양한 확장 브랜드들을 출시하였다. 그러나, 소비자들은 이 밀러의 확장 브랜드들을 인식하지 못하였고 밀러 브랜드를 모방한 아류 브랜드들로 인식하여 기존 밀러의 이미지와 판매까지 악영향을 미친 결과를 낳았다.

　　둘째, 더 심각한 부작용은 모 브랜드의 핵심 브랜드 속성마저도 희석될 수도 있는데 이를 브랜드 희석(brand dilution)이라고 한다. 동일한 카테고리 안에서 너무 다양한 제품 라인들로 확장한 브랜드들은 소비자들로 하여금 구매 의사결정 시, 수많은 브랜드 선택들로 인해 과도한 정보를 경험하게 만든다. 이러한 상황은 타깃 소비자들에게 오히려 구매결정을 미루든가 포기하게 하여 결국 구매를 덜 하는 결과를 초래하는 것이다. 또한, 과도한 시장 세분화는 각각의 확장된 브랜드들의 차이들을 구분하기 어렵게 만든다. 이는 부적절한 시장 조사나 고객 욕구 파악의 실패로 인한 것으로 브랜드 확장의 실패가 모 브랜드까지 피해를 주기도 한다.

　　그 대표적인 사례가 코카콜라 사례인데, 1985년 코카콜라는 소비자 블라인드 테스트를 통해 사람들이 펩시의 부드러운 맛을 더 선호한다는 것을 파악하고 New Coke을 출시하였다. 그러나, 시판 결과, 코카콜라의 본사에 항의 전화가 쇄도하고 원래의 코카콜라를 다시 생산해 달라는 소비자의 전화가 빗발치자 원래의 코카콜라는 Coca /Cola Classic이란 이름으로 다시 출시하고 순한 맛의 New Coke를 Coke로 변경하여 출하하는 등 높은 비용의 시행착오를 겪었다. 2000년 초반에 코카콜라는 고객들의 다양한 맛에 대한 욕구에 대응하기 위해, 기존 클래식 브랜드를 확장하여, 코카콜라 레몬, 코카콜라 오렌지, 코카콜라

New Coke　　　　Coca Cola Classic

바닐라 등의 다양한 맛으로 브랜드 확장을 한 적이 있다. 그러나 시장의 반응은 매우 차가웠다. 이후 조용이 신규 서브 브랜드들은 시장에서 사라졌고, 지금은 코카콜라, 코카콜라 제로, 코카콜라 다이어트 세 브랜드만 판매하고 있다.

셋째, 모 브랜드와 확장 브랜드 간에 자기 잠식(cannibalism) 현상이 일어날 수 있다. 자기 잠식은 식인풍습을 뜻하는 "cannibal"이라는 단어에서 유래한 마케팅 용어이다. 식인종이 자신의 종족을 잡아 먹듯이 한 기업에서 새롭게 출시한 제품, 브랜드, 기술 등이 기존에 그 기업에서 판매하고 있던 다른 제품, 브랜드, 기술 등의 영역까지 침범하여 기존의 제품이나 브랜드들로부터 매출과 고객을 빼앗아 가는 것을 뜻한다. 즉, 브랜드 확장 시 시장세분화의 균형의 문제가 생기면서 제살 깎아 먹기 현상이 생기는 것이다. 예를 들면, 미국의 대표적인 여성브랜드인 앤 테일러(Ann Taylor)와 앤 테일러의 서브 브랜드인 로프트(Loft) 사례가 있다. 앤 테일러는 세련되고 고상한 여성을 타깃으로 한 반면, 로프트는 타깃이 앤 테일러에 비해 상대적으로 어리고 최신 유행의 캐주얼 중저가 의류를 입길 희망하는 사무실 종사자 여성을 타깃으로 한다. 그러나 실질적 시장 반응은 로프트 연매출이 앤 테일러의 연매출을 뛰어 넘고, 모 브랜드인 앤 테일러와 서브 브랜드인 로프트 간의 타깃 구분이 모호해지면서 자기 잠식 현상이 심각하게 일어났다. 그 결과, 2010년까지 100개 이상의 앤 테일러와 로프트 매장들이 문을 닫을 수밖에 없었다.

Ann Taylor 매장

Loft 매장

그러나, 여기서 중요한 점은 기업은 자기 잠식과 달리, 필연적 자기잠식을 피해서는 안 된다. 브랜드 사례에서 소개한 필연적 자기잠식의 사례인 코닥의 경우에서 보여주듯이, 기술의 발전으로 인한 제품의 변화, 혹은 시장 및 트렌드의 변화에 의해 어쩔 수 없이 기업의 기존 제품과 시장이 자기 잠식될 수 밖에 없는 상황이라면 수동적이기 보다는 능동적이고 혁신적으로 시장대응하여 코닥이 경험한 실패 과정을 겪지 않도록 주의해야 할 것이다.

> ## 필연적 자기잠식 브랜드 확장 사례, 코닥
>
> 모든 신기술은 필연적으로 어느 정도의 자기잠식 효과가 있다. 그런 신기술에 어떻게 대처하느냐는 대부분 기술 기반 기업의 고민이다. 예를 들면 필름회사가 디지털 카메라라는 새로운 기술을 맞닥뜨렸을 때, 자기 살을 깎아먹을 그 기술을 받아들여 사업화해야 하느냐, 아니면 최대한 디지털 카메라 시대가 열리지 않도록 노력해야 하느냐의 세계 최대 필름회사이던 코닥은 절대절명의 문제에 봉착한 것이다.
>
> 2003년 9월, 필름회사 코닥은 투자자와 소비자, 그리고 직원들 앞에 폭탄선언을 했다. 더 이상 필름에는 중요한 투자를 하지 않겠다고 선언한 것이다. 대신 스스로 "디지털 이미지를 만들어 파는 회사"로 새로 자리매김시켰다. 동시에 디지털 카메라와 디지털 프린터에 공격적으로 투자할 뜻을 밝혔다. 120년 동안 필름으로 성장하고 생존했던 기업이 '역사적 전환'을 선언한 것이다. 코닥도 처음부터 용기를 냈던 것은 아니다. 2003년 디지털화 선언까지 오는 과정은 길고도 험난했다. 코닥이 처음 신기술을 맞닥뜨렸을 때 했던 선택은 오히려 폴라로이드의 선택에 가까웠다. 신기술이 가져올 자기잠식 효과를 최대한 피하려고 미적거렸다.
>
> 처음 디지털 카메라 열풍이 불기 시작할 때, 코닥 경영진은 직감적으로 필름 사업이 머지않아 위기에 처할 것임을 직감했다. 선택할 수 있는 길은 두 가지였다. 하나는 디지털 카메라 사업에 본격적으로 뛰어드는 것이었다. 그러나 코닥 같은 규모의 기업이 디지털 카메라를 본격적으로 홍보하기 시작하면, 디지털 카메라가 너무 빨리 확산돼 필름 시장이 급속도로 위축될 것이라는 우려가 따랐다. 바로 '동족 포식'에 대한 두려움이었다. 또 하나는 최대한 필름 사업을 지키면서 규모가 축소된 전통 기업으로 남아 있는 길이었다. 그러나 자연사로 가는 그 길을 선택하자고 투자자와 직원들 앞에 떳떳이 말할 수 있는 경영자는 없었다.
>
> 코닥이 선택한 것은 제3의 길이었다. 디지털 카메라에 본격적으로 투자하지도 않았지만, 디지털 기술을 무시하지도 않는 길이었다. 코닥은 1990년, '포토CD'라는 신기술을 개발해 대대적으

인쇄하거나 컴퓨터 화면으로 보거나 텔레비전에 연결해 볼 수 있도록 만들어주는 새로운 표준이었다. 필름 카메라와 코닥필름 사용자는 갖고 있는 카메라로 사진을 찍되, 현상소에 가서 디지털식 저장을 한 뒤 여러 가지로 이용할 수 있게 된다는 게 코닥의 설명이었다. 코닥은 이를 위해 새로운 인화기를 개발해 보급했다. 사진을 프린트할 수 있는 프린터와 포토CD를 텔레비전에 연결할 수 있는 비디오 형태의 기기도 개발해 보급했다. 즉, 디지털 기술을 받아들이되 그 기술이 필름을 반드시 거치도록 새로운 표준을 고안해낸 것이다. 신기술을 받아들이면서 그 신기술이 필연적으로 동반하는 자기잠식 효과를 최소화하는 표준이었다. 이 표준을 스스로 만들어 시장에 보급하고 일반화한다는 게 코닥의 계획이었다.

그러나 코닥의 야심 찬 시도는 결실을 맺지 못했다. 소비자들은 굳이 필름을 사서 필름 카메라로 찍은 뒤 그것을 새로운 기기에 넣고 감상할 만큼 인내심이 많지 않았다. 그 기기를 사기 위해 500달러를 들이고 포토CD를 구입하기 위해 장당 20달러를 지불할 의사는 더욱 없었다. 소비자는 오히려 디지털 카메라를 사들였다. 처음에 수천 달러(수백만 원)대이던 디지털 카메라 가격은 빠르게 떨어져서, 곧 포토CD 재생기 가격인 500달러(50만 원)에 맞먹게 됐다. 사진을 찍으면 바로 컴퓨터에 저장돼 화면으로 감상할 수 있고, 인쇄도 자유로웠다. 필름이라는 귀찮은 매개체를 고집할 이유는 없었다. 1993년까지 계속되던 포토CD의 실험은 실패로 막을 내렸다. 그리고 수년 동안 방황하던 코닥은, 결국 시장에 항복 선언을 하고 기업 변신의 험난한 길을 걷기 시작했다. 처음 생각했던 것보다 더 큰 구조조정과 수혈을 해 디지털 카메라 시장에 본격적으로 진출했다. 말하자면 피를 흘리며 제 살을 깎아먹어서라도 기업을 살리겠다는 결정을 내린 것이다. 뼈를 깎는 변신 끝에, 이제 코닥은 디지털 카메라와 이미지 시장의 강자로 자리잡고 있다.

제3의 길도 우회로도 없다

신기술이 기존 사업을 깎아먹기 시작할 때, 기업에는 제3의 길도 우회로도 없다는 사실을 코닥의 사례는 보여준다. 기존에 갖고 있던 것을 모두 가지고 가면서 새로운 시장에서도 성공하는 방법은 없다는 이야기다. 코닥이 죽음의 길을 벗어나 생존의 길로 접어든 순간은, 바로 제 살 깎아먹기를 시작한 때였다.

출처 : 이원재 (2007), "제 살 깎아먹기를 두려워 말라," 한겨레 21, 2007년 4월 19일 제656호

셋째, 브랜드의 확장의 단점은 모 브랜드의 핵심 속성을 희석시킬 수도 있다. 많은 연구들이 브랜드 확장의 위험들을 경고하면서 잘못된 브랜드 확장은 모 브랜드를 약하게 만들고 희석시켜 전체적인 브랜드 자산의 손실을 초래하는 브랜드 희석(brand dilution)의 문제점을 지적하였다. 이러한 문제에 대한 다양한 연구들이 이루어져 왔는데, 일반적으로 확장된 브랜드의 제품 카테고리 속성이 모 브랜드의 신념이나 아이덴티티에 일치하지 않는 경우 모 브랜드의 희석이 일어난다. 그러나 확장된 브랜드 속성에서 대표 패밀리 브랜드의 속성들을 소비자가 인지하는 경우는, 확장 브랜드의 현저성이 뚜렷하다면 모 브랜드 희석이 크지는 않는 것으로 나타났다. 또한 로메오(Romeo)의 실증연구에 의하면, 부정적인 브랜드 확장 정보가 실제로 모 브랜드를 희석시키는지에 대해서는 확인할 수 없었으나, 유사성이 낮은 제품 카테고리로의 확장은 소비자들이 모 브랜드와 브랜드 확장 제품을 구별하여 구획화(compartmentalization)하는 경향이 발견되었다. 따라서, 부정적인 브랜드 확장 정보가 있어도 모 브랜드와는 상관없는 영역에서의 일어난 것으로 인식하기 때문에 이러한 브랜드 확장의 무시가 실질적 모 브랜드 희석까지는 시키지 않는 것으로 해석이 된다.

따라서, 브랜드 확장에서 모 브랜드와 확장 브랜드 간의 유사성은 매우 중요한 요인이다. 브랜드 확장이 그 확장 브랜드 측면에서는 성공한다고 해도, 유사성이 떨어지는 제품 혹은 제품 카테고리로의 확장이라면 브랜드의 사용상황이 다양해짐에 따라 모 브랜드의 특정 카테고리에서의 대표성을 떨어뜨릴 수도 있다. 결과적으로 모 브랜드가 가지고 있던 독특한 브랜드 의미를 희석시키는 문제가 발생할 수 있는 것이다. 예를 들면, 전국 각지에서 행정고시 준비생들이 몰려드는 성공한 행정고시 전문 유명 학원이 있다고 하자. 최근 대학시험의 논술이 강화되는 시장 환경 변화에 맞추어 모 브랜드의 브랜드 확장의 형태로 논술 전문 학원을 확장 브랜드로 출시하였다가 실패했다면, 브랜드 관점에서 그 실패의 원인은 모 브랜드와 확장 브랜드 간의 유사성을 확보하지 못했기 때문이다. 이로 인해, 지금까지 쌓아온 행정고시 전문 학원이라는 모 브랜드의 명성과 시장 내 위상마저도 잃을 수 있는 위험에 당면할 수 있다.

브랜드확장 실패사례: 카페베네

카페베네는 국내 토종 커피전문점 브랜드로 대표적인 성공사례이며 대표적인 실패 브랜드 사례로도 많이 회자되는 브랜드이다. 카페베네가 런칭했던 2008년도는 국내 커피전문점의 재조정 시기였다. 2007년 이후 시작된 커피전문점의 가파른 상승세는 2010년까지 지속되어 그 기간 연평균 성장률(CAGR: Compound Annual Growth Rate)이 63.5%에 달했다. 국내 커피전문점의 시작은 초반 외국계 커피전문점인 스타벅스나, 커피빈 등이 주도하는 상황이었으나 2000년 중반 이후, 국내 토종 기업들을 시장확대로 국내브랜드들이 주도하게 되었다.

카페베네는 caffe와 bebeve(좋은 느낌)의 합성어인 카페베네뷰의 준말이다. 좋은 느낌의 카페라는 의미를 가지고 있으며, BI는 피열매 형태와 형식에 메이지 않은 글씨체를 사용하여 자유분방하고 예술적인 유럽식의 카페 이미지를 형상화해 표현했다. 20~30대 타깃으로 회벽의 질감을 살리고 원목과 블루의 느낌을 강조한 유럽풍 인테리어에 한국적인 특성인 사랑방 문화 등을 가미하여 편안하고 자유로운 카페문화를 표현하는 스토어 아이덴티티(SI: Store Identity)를 구축하였다. 이와 아울러, 에스프레소 커피, 벨기에 와플, 이탈리아 젤라또 등 커피와 잘 어울릴 수 있는 메뉴 구성을 통해 기존 시장과 차별화를 모색하였다.

국내 최대 엔터테인먼트사인 싸이더스 HQ와 전략적 제휴체결을 통해 적극적인 스타 마케팅을 전개하면서 브랜드 인지도를 짧은 시간 내 구축할 수 있는 계기를 만들었다. 2010년에 매장 수가 100여 개가 되고 이듬해인 2011년는 약 450개로 폭발적인 성장 속도를 보여줬다. 국내 성공을 기반으로 2011년에 미국 뉴욕에 타임스퀘어 플래그쉽 매장을 오픈하면서 글로벌 진출의 포부를 보여주면서 이후 1,000점호를 돌파하였다. 까페베네는 다양한 사업 다각화를 시도하였는데, 2011년 외식 브랜드 '블랙스미스'와 2013년에 제과점 '마인츠돔'에 진출은 외식과 베이커리 업종이 중소기업적합 업종으로 선정되면서 더 이상 매장을 늘릴 수 없게 되었다. 2012년에는 대기업도 힘들다는 드러그스토어 '디셈버24'를 출시하였으나 CJ, 신세계, 코오롱 등 대기업이 주도하는 시장에서 1년을 버티지 못했다. 2012년에 야심차게 진입한 중국시장은 한때 600개 매장까지 전개하였으나 중국합작회사의 문제로 결국 중국시장 경영에 배제되었다. 또한 900억 규모의 고속도로 휴게소에 커피테마파크 최종 사업권자로 선정되어 복합종합쇼핑몰을 구축하려 했으나 기존 사업의 적자와 함께 막대한 자금난으로 사업권을 박탈당했다. 한때는 어디를 가든 까페베네 매장을 볼 수 있다고 해서 바퀴베네라고 불리던 국내 토종 커피프랜차이징 브랜드가 방만한 사업 다각화, 제품평가 대비 고가격 논란, 매장수 늘리기에 급급하여 대리점들의 최소 상권보호를 등안시했다는 비판과 함께, 한때 성공한 브랜드가 겪기 쉬운 복합적 시행착오들을 통해 카페베네의 성공신화는 마치게 되었다.

 ## 4 브랜드의 수직적 확장

(1) 브랜드 수직적 확장을 위한 의사결정

글로벌 시장이 경쟁이 심화되고 산업별 다각화가 가속화되면서 전략적 수직적 사업 통합들이 여러 기업들에서 늘어나고 있다. 즉, 기업 내 사업의 확장을 통해 공급 체인 선상에서의 수직적 통합이 빈번히 일어나고 있는 것이다. 이에 따라 마스터 브랜드의 수직적 확장은 전략적으로 매우 중요한 의사결정이며 이는 단순한 한 브랜드를 위한 브랜드 전략의 의사결정이 아닌 전사적으로 매우 중요한 사업 전략을 위한 의사결정이다.

〈그림 7-2〉에 보여주듯이, 수직적 확장을 위한 전략적 의사결정의 중요 차원은 세 가지가 있다. 첫째, 시장기회 평가 단계로서, 상위 혹은 하위 시장으로의 브랜드 확장과 관련한 의사결정 시, 시장기회에 대한 면밀한 평가가 수행되어야 한다. 시장과 소비자의 트렌드, 경쟁 브랜드들의 현황, 제품의 품질 등을 조사하여, 브랜드 확장의 기회가 실제 존재하는지 파악해야 한다. 두 번째, 기업 능력이다. 1단계에서 파악된 시장기회를 기반으로 시장 내 기업 경쟁력 및 조직 인프라를 보유하고 있는가 등을

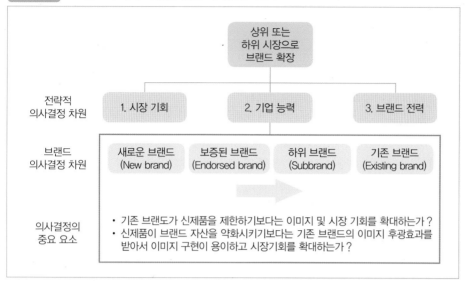

그림 7-2 브랜드 수직적 확장을 위한 의사결정 요소

전략적 의사결정 차원	1. 시장 기회	2. 기업 능력	3. 브랜드 전력

상위 또는 하위 시장으로 브랜드 확장

브랜드 의사결정 차원: 새로운 브랜드 (New brand) / 보증된 브랜드 (Endorsed brand) / 하위 브랜드 (Subbrand) / 기존 브랜드 (Existing brand)

의사결정의 중요 요소:
- 기존 브랜드가 신제품을 제한하기보다는 이미지 및 시장 기회를 확대하는가?
- 신제품이 브랜드 자산을 약화시키기보다는 기존 브랜드의 이미지 후광효과를 받아서 이미지 구현이 용이하고 시장기회를 확대하는가?

출처: David A. Aaker (2004), "Brand Portfolio Strategy: Creating Relevance, Differentiation, Energy, Leverage, and Clarity" 재구성

짚어봐야 한다. 예를 들면, 현대카드는 한국신용카드 산업에 후발주자로 뛰어들었다. 기존의 탄탄한 고객을 보유한 대형 신용카드사와 경쟁하기 위해 기존 카드사와 차별화된 독특한 숫자 마케팅, 알파벳 마케팅 등의 브랜드 커뮤니케이션을 진행하였다. 이 뿐만 아니라, 프리비아 쇼핑, 프리비아 여행 등의 커머스 사업 및 컬쳐 프로젝트를 통해 국내 선보이지 않은 다양한 아티스트들의 공연 기획 및 진행을 통해 수익사업을 확대해 가고 있다. 이는 현대 카드가 지금까지의 신용카드사가 제공한 다양한 부가 서비스 제공, 편리성, 프리미엄 이미지 등의 브랜드 요소들이 아닌, 새로운 브랜드 요소들을 제공함으로써 시장 선도형 마스터 브랜드로서 포지셔닝하기 위한 새로운 시도라 할 수 있다. 이러한 노력들은 조직문화, 시스템, 체계 등이 요구되며 신용카드시장에서의 지속적인 차별화 포인트를 전달할 수 있는 기업의 경쟁력이 중요한 것이다. 셋째, 브랜드 전략 단계로서, 네 개의 브랜드 전략적 대안인 새로운 브랜드, 보증된 브랜드, 하위 브랜드, 기존 브랜드 전략 중 어떤 대안을 선택할지를 결정해야 한다.

이 모든 의사결정은 신제품에 기존 브랜드를 적용한다기보다는 이미지를 제고하고 시장기회를 확대할 수 있어야 한다. 또한, 같은 맥락에서 신제품 브랜드도 기존 브랜드의 이미지를 약화시키는 것이 아니라 후광효과를 받아서 이미지 구현이 용이하

고 시장기회를 확대할 수 있어야 한다. 즉, 양 브랜드간의 시너지 효과 증대가 브랜드 매니저의 가장 중요한 목표가 되어야 한다.

(2) 브랜드 수직적 확장의 기회요소와 위험

〈표 7-4〉는 상위시장으로 확장(상향 브랜드 확장)과 하위시장으로 확장(하향 브랜드 확장)의 배경 및 요인과 수직확장에 따른 위험을 검토하고 이에 맞는 브랜드 전략 대안을 제시하고 있다. 상위시장으로 브랜드 확장의 배경 및 요인은 우선 프리미엄 브랜드의 매력적인 마진으로 인한 이익 제고, 기존 브랜드의 에너지와 생명력을 확대하며, 궁극적으로 브랜드 강화를 통해 브랜드력을 제공하기 위함이다. 그러나 이는 현실적으로 고가시장으로 상향 확대하는 것은 매우 어렵다. 소비자들은 기존의 프리미엄 브랜드의 지각된 품질과 브랜드의 기능적 편익 전달 능력의 부족으로 소비자들은 상향 확장된 브랜드에 대한 신용도가 전반적으로 낮을 수밖에 없다. 또한, 프리미엄 브랜드는 기본적으로 자아 표현적 편익 전달이 높아야 하나, 상향 확장된 브랜드는 특히 이러한 편익이 열등하기 때문에 확장 성공 가능성이 매우 낮다. 이에 따라, 성공적인 상

표 7-4 브랜드 수직 확장의 기회 요소와 위험

	배경 및 요인	위험	브랜드 전략 대안
상위시장으로 확장 (상향 브랜드 확장)	• 매력적인 마진으로 인한 이익 제고 • 브랜드의 에너지와 생명력 확대 • 브랜드 강화를 통한 브랜드력 제고	• 현실적으로 고가 시장으로의 확장이 매우 어려움 • 지각된 품질, 기능적 편익 전달 능력에 대한 신용도 부족 • 프리미엄 브랜드가 표방하는 자아 표현적 편익의 부족	• 저가 시장에서 재브랜딩을 통해 저가 시장 내 프리미엄 브랜드화 • 브랜드의 수직적 확장을 위한 전략적 포지션 • 완전히 다른 제품군에서의 고가 브랜드 런칭으로 상향 브랜드 확장의 이점 확대
하위시장으로 확장 (하향 브랜드 확장)	• 시장경쟁 심화로 가격 민감도 증대 • 기술력 제고로 제품의 저비용 가능 • 새로운 유통경로 등장으로 낮은 비용구조 확보 및 공격적 가격 정책 가능 • 상대적 저가 시장 진입의 용이성	• 기존 브랜드의 지각된 브랜드 품질 손상 가능 • 기존 브랜드의 자아 표현적 편익 손상 가능 • 충성고객이 잠식될 수 있음 • 모브랜드와 자 브랜드 간의 상호 브랜드 잠식(brand cannibalization) 문제 야기	• 프리미엄 브랜드가 매출증대의 목적으로 매스 타깃 서브 브랜드 출시 • 브랜드의 수직적 확장을 위한 전략적 포지션 • 완전히 다른 제품군에서의 저가 브랜드 런칭으로 하향 브랜드 확장의 이점 확대 • 위기에 처한 프리미엄 브랜드의 자구책으로 저가 시장으로 재포지셔닝

향 브랜드 확장을 위해서는 첫째, 저가 시장에서 재브랜딩을 통해 저가 시장 내에서 프리미엄 브랜드화를 한다든가, 둘째, 직접적, 단기적 수익 창출보다는 브랜드의 수직적 확장을 위한 전략적 포지션 관점에서의 접근이 필요하다. 마지막으로, 완전히 다른 제품군에서의 고가 브랜드 런칭으로 상향 브랜드 확장의 이점을 확대하는 것도 바람직하겠다.

하위시장으로 브랜드 확장의 배경 및 요인은 우선 시장경쟁 심화로 가격 민감도 증대하고 기술력 제고로 제품의 저비용 가능할 때 많이 나타난다. 또한 새로운 유통경로 등장으로 낮은 비용구조 확보 및 공격적 가격 정책이 가능함에 따라 하향 브랜드 확장이 촉진된다. 이러한 상대적 저가 시장 진입은 유통과 소비자 측면에서 모두 수용하기가 용이하여 하향 브랜드 확장은 앞서 논의한 상향 브랜드 확장보다 매우 용이하다. 그러나 이러한 하향 브랜드 확장에 있어서도 위험요소가 존재하는데, 우선 지각된 브랜드 품질 손상 가능하며, 기존 브랜드의 자아 표현적 편익도 손상 가능하다. 이에 따라 충성고객이 잠식될 수 있으며, 기존 브랜드와 하향 확장된 브랜드간의 상호 잠식(cannibalization) 문제가 야기될 수도 있다. 이에 따라, 성공적인 하향 브랜드 확장을 위해서는 첫째, 프리미엄 브랜드가 매출 증대를 위한 목적으로 매스마켓 타깃용 서브 브랜드를 출시하도록 한다. 둘째, 경쟁 브랜드와의 대응을 위한 브랜드의 수직적 확장을 통해 전략적 포지션을 할 때 활용하는 것이 적합하다. 셋째, 완전히 다른 제품군에서의 저가 브랜드를 런칭하여 하향 브랜드 확장의 이점들은 확대하면서 예상되는 모 브랜드의 품질 지각 및 이미지 하락 등의 위험들을 최소화하는 전략 대안도 가능하겠다. 마지막으로, 위기에 처한 프리미엄 브랜드가 회생의 일환으로 프리미엄 시간을 포기하고 저가 브랜드로의 재포지셔닝을 통해 수익을 높이는 전략이 있겠다.

 ## 5 성공적인 브랜드 확장을 위한 조건 및 검토단계

(1) 브랜드 확장의 중요 조건

브랜드 확장 시, 콘셉트 일관성, 카테고리 유사성과 모 브랜드와 자 브랜드 간의 관계의 강도 등의 중요 조건들이 전제적으로 검토되어야 한다. 첫째, 핵심 속성이나 이미지 등의 콘셉트 일관성은 브랜드 확장의 가장 중요한 조건이다. 옥시는 '깨끗한 빨래 및 세척'을 핵심 콘셉트로 한 표백제 브랜드로서 동일한 브랜드 콘셉트를 세탁세제와 주방세제 카테고리로 브랜드 확장을 하여 세탁세제(옥시크린)와 주방세척제(옥시싹싹) 시장에 성공적으로 출시하였다. 반면 '순식물성' '무자극' 브랜드 콘셉트 기초화장품에서 성공한 식물나라는 색조화장품으로 확장을 시도하였으나 큰 실패를 맛 보았다. 식물나라의 '순식물성' '무자극' 등의 핵심 콘셉트가 소비자들에게 너무 강하게 각인되어 있어서 본 색조 화장품으로 콘셉트 확장은 소비자에게 수용되기 어려웠던 것이다. 따라서, 콘셉트 일관성(concept consistency)은 어떤 경우는 큰 이점과 기회요소가 될 수도 있지만 상황에 따라서는 큰 제약점과 위협이 될 수도 있다. 콘셉트 일관성이 브랜드 확장에서 가장 중요한 조건인 이유는 모 브랜드와 확장된 제품 간 카테고리가 서로 다르다고 하더라도 콘셉트가 일관적이면 비교적 쉽게 수용될 수 있도록 해주기 때문이다. 두 제품이 모두 다 고품격, 고기능, 경제적인 경우 등의 두 제품 간 일관성 있는 콘셉트가 존재한다면, 모 브랜드에서 기존 제품과 강하게 인식되는 특정한 연상들이나 제품 속성들로 인한 일관된 콘셉트에 힘입어 확장 브랜드에 쉽게 연계된다. 이에 소비자들은 카테고리 유사성이 낮은 카테고리 간에도 브랜드 확장도 쉽게 수용하는 것이다. 그러나, 여기서 중요한 점은 모 브랜드의 카테고리 전형성이 높던가 너무 강한 콘셉트는 오히려 브랜드 확장에 방해가 된다. 또한 유사한 콘셉트를 가지고 있다고 하더라도 확장하고자 하는 카테고리와 모 브랜드의 카테고리 이질성이 너무 강한 경우와 상호 부정적인 연상을 초래하는 경우는 브랜드 확장이 어렵다.

둘째, 카테고리 유사성(category similarity)은 인식에 모 브랜드의 카테고리와 확장 제품의 카테고리가 유사한 것을 말하는 것으로 타깃소비자들의 인식에 모 브랜드의 카테고리와 확장 제품의 카테고리가 유사하다고 인식될수록 브랜드 확장이 용이해진다. 확장 제품군이 카테고리보다 더 구체적인 수준, 즉 제품과 관련된 속성이나 편익뿐 아니라 이미지, 용도, 사용자 유형 등 제품 외적인 수준에서까지 모 브랜드와 유사성을 보인다면 확장 브랜드를 소비자가 수용할 가능성은 훨씬 높아진다. 예를 들어, 도브 비누에서 도브 바디 클렌저로 확장한 사례는 유사한 제품 카테고리, 유사 용도 및 동일 사용자이기 때문에 성공적인 확장이 가능했던 것이다. 압력밥솥 전문 가전제품 브랜드 쿠쿠는 압력밥솥 성공을 기반으로 믹서기, 전기 주전자, 식기 건조기, 정수기까지 브랜드를 확장하여 소형 주방가전 카테고리를 대표하는 브랜드로 발전 중에

그림 7-3　브랜드 확장 사례: 오뚜기와 애플사

| Mac | iPod | iPhone | iPad |

있다. 이러한 사용자 관점에서 동일한 사용 환경을 이용해 동일한 카테고리로 인식시킨 성공사례라고 할 수 있다.

　셋째, 모 브랜드와 소비자와의 관계(brand-customer relationship) 강도는 소비자가 모 브랜드에 대한 연상 및 기억들이나 모 브랜드와의 직간접적 경험과 연계가 강할수록 확장된 제품에 대해 긍정적으로 평가하는 경향이 높다고 많은 연구보고가 잇따르고 있다. 이에 브랜드 확장을 고려할 시 모 브랜드와 소비자와의 관계 강도를 파악하는 것은 매우 중요하다. 예를 들면, 오뚜기 식품은 초기에 한국시장에서 생소한 카레, 마요네즈, 케첩 등의 새로운 식탁용 제품군을 출시하여 오뚜기 브랜드의 친밀한 이미지를 구축하였다. 이러한 강점을 이용해 이후 미역, 당면, 참기름, 겨자 등의 한국적인 식재료 제품군으로 브랜드 확장을 수행했고 점차 그 브랜드 범위를 넓혀서 라면, 참치, 캔 등의 인스턴트 및 가공식품군으로 성공적으로 진출했다. 또 다른 대표적인 사례는 애플사이다. 애플사의 imac, ipod, iphone, ipad, iwatch 등 모든 제품들은 "i"로 통일하여 명명하였다. 여기서 "i"는 나를 의미하는 것으로 소비자들에게 각 개인이 차별화된 경험을 제공한다는 브랜드 가치의 의미를 애플기업 전 제품명에 적용한 것이다. 이를 통해 애플사는 모 브랜드와 소비자 간의 강하게 형성된 관계를 기반으로 매 신규 제품 출시 시 성공적인 브랜드 확장을 이루어 온 것이다.

(2) 성공적인 브랜드 확장을 위한 검토단계

브랜드 확장은 앞서 논의된 바와 같이 다양한 긍정적인 측면과 부정적인 측면을 가지고 있기 때문에 브랜드 확장을 할 것인가 말 것인가(what to do?)와 어떻게 할 것 인가(how to do?)에 대한 진지한 검토가 선행되어야 한다. 따라서 성공적인 브랜드 확장을 이루기 위해서는 체계적인 조사진행을 기반으로 전략적 방향성을 수립하고 실행하는 것이 중요하다. 〈표 7-5〉에서 보여주듯이 브랜드 확장 고려 시, 첫째, 브랜드 확장의 기본 네 가지 명제를 우선 점검해야 한다. 둘째, 브랜드 자산 관점에서 브랜드 확장을 검토하는데, 특히, 브랜드 확장과 모 브랜드 자산간의 소비자 관련 중요 세 요인인, 모 브랜드의 연상 현저성(salience association), 확장 브랜드의 연상 선호(preference association) 및 예상되는 연상 독특성(differentiation association)을 확인해봐야 한다. 마지막으로, 본 브랜드 확장과 관련된 기회요소들이 무엇인가 면밀히 검토해야 한다.

표 7-5 브랜드 확장관련 중요이슈 및 검토단계

범주	브랜드 관리상의 중요 이슈	이슈별 상세 내용
브랜드 확장의 기본 명제	• 소비자들이 기억 속에 있는 모 브랜드에 대한 긍정적인 연상들의 인지하고 있어야 한다. • 모 브랜드들의 적어도 일부 중요 긍정적인 연상들은 브랜드 확장 시, 떠 오를 수 있도록 해야 한다. • 모 브랜드의 부정적인 연상들은 브랜드 확장 시, 함께 전달되지 않도록 해야 한다. • 브랜드 확장을 통해 부정적인 브랜드의 연상이 생성되지 않게 해야 한다.	
브랜드 확장과 브랜드 자산	브랜드 자산 중 긍정적인 모 브랜드의 연상을 확장하기 위한 소비자 관련 중요 3요인들	• 모 브랜드 연상의 현저성 정도 • 브랜드 확장 관련한 연상들의 선호 정도 • 확장 카테고리에서의 예상되는 연상들의 독특성
	모 브랜드 자산에 공헌하기 위해서는 소비자 브랜드 지식에 미치는 중요 4요인들	• 확장관련 브랜드 구성 및 제공 혜택에 대한 설득력 있는 증거 • 그 확장 증거의 관련성에 대해 소비자의 판단 정도 • 그 확장 증거의 일관성 • 소비자 기억 속에 자리잡은 모 브랜드에 대한 브랜드 구성 및 혜택 연상들의 강함 정도
브랜드 확장의 기회 평가 검토단계	① 브랜드에 대한 실제 요구되는 소비자 지식에 대한 이해 ② 가능한 확장 대안들을 확인 ③ 3C관점에서 잠재적인 확장 대안 평가하기(소비자 요소, 기업 요소, 경쟁 요소) ④ 브랜드 확장에 착수하기 위한 마케팅 프로그램 계획(브랜드 구성요소 선택, 최적의 마케팅 프로그램 설계, 2차적 브랜드 연상 레버리지) ⑤ 모 브랜드 자산에 대한 확장성공 여부 및 영향력 평가	

SUMMARY

- 브랜드 확장은 일반적으로 신제품 출시 시 기존의 잘 알려진 브랜드명을 확장하여 사용하여 기존 브랜드의 자산인 인지도 및 선호도를 활용하는 효율을 높이는 브랜드 전략 중에 하나이다. 이러한 브랜드 확장은 매우 빈번히 이루어지는데 브랜드 확장의 유형으로는 라인확장과 카테고리 확장으로 나누어진다.

- 신제품과 브랜드 확장은 매우 밀접하게 관계되어 있으며 신규 브랜드 관점에서 브랜드 확장은 큰 장점과 혜택들을 가지고 있다. Ansoff의 성장 메트릭스 근거로 하여 브랜드 관리자는 신제품 개발 전략이나 다각화 전략 관점에 새로운 독립적 브랜드를 개발할 것인가 혹은 기존 브랜드들 중에 선택 혹은 조합할 것인가에 대한 의사결정해야 한다.

- 브랜드 확장에는 상향 확장과 하향 확장 두 가지로 방향으로 분류된다. 상향 확장은 저가 시장에서 재브랜딩을 통해 저가 시장 내 프리미엄 브랜드화를 통한 수직확장 형태로 현실적으로 고가 시장으로 확장의 어려움, 지각된 품질, 기능적 편익 전달 능력에 대한 신용도 부족, 모 브랜드의 프리미엄 브랜드가 표방하는 자아 표현적 편익의 부족의 제약점들이 있다. 하향 확장은 업계에서 다양하게 이루어지고 있고 많은 성공사례가 있으나, 일반적으로 저가 시장의 기회를 활용한 서브 브랜드 출시나 손상된 프리미엄 브랜드의 수익 극대화 등의 목적으로 활용된다. 부적절한 브랜드 하향 확장은 기존 브랜드의 지각된 브랜드 품질 및 자아 표현적 편익 손상 가능, 충성고객의 잠식 및 상호 브랜드 잠식의 문제가 있을 수 있다.

- 브랜드 확장의 장점은 신규 브랜드 인지도 제고 용이, 모 브랜드의 신뢰가 자 브랜드의 보증 효과, 신규 브랜드의 의미전달 용이, 소비자의 지각된 위험 감소, 마케팅 커뮤니케이션의 효율성 제고, 유통망 설득의 용이, 신규 브랜드 마케팅 비용 절감, 시장변화에 따른 능동적인 브랜드 포트폴리오의 다양성 제안 용이 등이 있다. 반면, 브랜드 확장의 단점은 소매유통의 저항, 모 브랜드와 확장 브랜드간의 자기잠식 현상 발생 가능성, 핵심 브랜드 속성의 희석 가능성 등이 있다. 따라서, 브랜드 확장 시 중요 이슈들을 면밀히 검토하고 본 장에서 제시하는 브랜드 확장 가이드 라인에 따라 성공적인 브랜드 확장이 이루어지도록 해야 한다.

CHAPTER

08

글로벌 브랜드 관리

학습
목표

글로벌 브랜드의 전략적인 브랜드 요소 선택 및 글로벌 브랜드 장·단점을 이해하도록 한다.

글로벌 브랜드 전략 채택 시 점검사항, 용이한 제품군의 이해 및 브랜드 표준화 대 지역 맞춤화 시스템에 대한 중요성을 이해하도록 한다.

다국적 기업의 브랜드 관리 및 글로벌 브랜드 마케팅 프로그램 개발 시 습득한 글로벌 브랜드 관리에 대한 지식 적용력을 높이도록 한다.

도입
사례

빙그레의 바나나맛우유의 용기 디자인과 중국시장 공략

1974년에 런칭한 빙그레의 바나나맛우유는 여러 성공의 요인들이 있겠지만, 그 중에서도 혁신적인 단지형 용기 디자인은 바나나맛우유의 오늘날의 장수브랜드가 되도록 중요한 역할을 하였다. 첫째, 우유 소비량 증대하기 위한 고민으로 당시 일반적인 200㎖의 용량에서 40㎖가 더 많은 240㎖를 출시하였다. 이는 바나나맛우유의 우유 함량은 85%인지라 실제 200㎖의 흰 우유 만큼의 영양을 담고 있어서 가공우유라는 선입견을 극복하게 했다. 둘째, 단지형 용기 디자인은 70년대 초반에 산업화가 한창으로 고향을 떠나 도시 생활하는 사람들에게 고향의 향수를 전달하는 용기 디자인이었던 것이다. 셋째, 배 불뚝한 용기 디자인은 진열대에서 쉽게 눈에 띌 뿐만 아니라 타 경쟁 브랜드들과 확연히 구별되게 해주는 장점이 있었다. 이러한 배경으로 지난 40년간 바나나맛우유는 현재 하루 평균 약 80만개, 1년 약 2억 500만개를 판매하고 있는 대표적인 장수브랜드가 되었다. 그러나, 이후 90년대 후반부터 다양한 날렵한 용기 디자인의 바나나 가공우유들이 바나나맛우유 시장점유율을 잠식해오기 시작했다. 트렌드가 바뀌어 많은 용량의 배부른 우유의 부담감과 함께 출시 당시 70년대에는 최첨단 고급소재였던 폴리스틸렌을 사용한 단지형 용기 디자인은 새롭고 고급스러워 보이기에는 그 한계점을 보인 것이다. 그러나, 빙그레는 트렌드를 따를 것인가, 전통을 지킬 것인가의 큰 딜레마에 봉착했을 때 전통 고수를 선택하였고 40년 동안 동일한 맛과 모양으로 매년 10% 이상 성장하는 놀라운 생명력을 보여주고 있다. 즉, 바나나맛우유의 단지형 용기 디자인은 브랜드의 정체성 그 자체인 것이다.

이러한 단지형 용기디자인은 중국시장 공략 시 또 다른 도전에 직면하게 하였다. 2008년 중국 시장 진출의 가능성을 타진하기 시작하였는데 이중 가장 큰 걸림돌은 폴리스틸렌을 사용한 단지형 용기로 유통기간이 짧아 해외 수

바나나맛우유 단지형 패키지

중국의 노란색 테트라팩

출에 가장 큰 걸림돌이 되었다. 결국 최장 6개월까지 유통이 가능한 멸균 테트라팩에 담아 유통하기로 했으나 구제역 파동으로 인해 수입조건이 까다로워진 중국시장 출시는 좀체 기회가 오지 않았다. 지속적으로 중국 유통을 공략하여 2012년에 본격적인 바나나맛우유를 입점시킬 수 있었는데, 초기 소비자의 친숙하게 단기간에 접근할 수 있었던 이유 중에 하나가 단지 모양의 바나나맛우유가 인쇄된 패키지였다. 예상과 달리 중국 소비자들은 한류 컨텐츠를 통해 단지 모양의 바나나맛우유를 인식하고 있었고 이러한 모양이 인쇄된 테트라팩 바나나맛우유가 생경한 것이 아니었던 것이다. 이후 3억 5천만명 이상이 사용한다는 중국의 대표 SNS인 웨이보를 통해 바나나맛우유에 대한 입소문이 퍼져 나가 편의점에서 바나나맛우유를 발견하는 대로 사진을 찍어 시음 후기와 함께 올리는 현상들이 일어나기 시작했다. 이러한 바이럴 마케팅을 기반으로 빙그레의 중국시장 진출은 1,570원의 다소 높은 가격에, 초기 유통의 한계로 쉽게 구할 수 없다는 희소성, 이전 중국에서 없었던 새로운 음료 카테고리라는 점, 이전에 없던 맛으로 승부하여 신드롬을 만들고 있다. 상하이 오피스 밀집지역의 점심식사 시간이면 한 손에는 지갑과 핸드폰 그리고 노란색 바나나맛우유 테트라팩이 들은 오피스우먼을 종종 볼 수 있다. 즉 노락색 테트라팩은 상하이 트렌드 리더들의 필수 아이템이 된 것이다.

"지금, 세계인은 빙그레," KMAC, 2013, pp. 12~53.

1 글로벌 브랜딩

(1) 글로벌 브랜드의 브랜드 요소 선택

글로벌 브랜드란 전세계가 공통적으로 연상하는 단일 제품 이름, 심벌, 슬로건으로 만들어진 브랜드이다. 예를 들면, 맥도날드, IBM, 애플, 도요타 등이 있다. 브랜드의 글로벌화 촉진의 요인은 내수시장의 저성장 및 경쟁심화, 해외시장의 향상된 성장 및 이익창출의 기회가 있다는 믿음에 기인한다. 또한 규모의 경제로 인한 비용 감소의 기회와 함께 위험 분산의 필요성이 있을 때, 소비자의 글로벌 이동 증가로 인한 기회 인식이 있을 때이다.

글로벌 브랜드 전략의 적용은 글로벌화와 현지화의 사이에서의 균형을 맞추는 것이다. Riesenbeck과 Freeling은 글로벌 브랜드 전략으로 브랜드의 핵심적 부분은 표준화를 하고 부수적 부분은 현지 맞춤화하는 혼합 전략을 제안했다. 브랜딩, 포지셔닝, 제품생산 공정과 같은 표준화 가능성이 높고, 광고와 가격은 표준화 가능성이 상대적으로 낮고, 유통은 가장 표준화 가능성이 낮은, 즉 현지화가 되는 것이 바람직하다는 주장이다.

그러나, 글로벌 브랜드의 브랜드 요소들을 선택하여 결합 시, 다양한 요소들을 점검하는 것이 중요하다. 국가별, 문화별 특성에 따라 해외 특정 시장에서 글로벌 브랜드를 구성하는 브랜드 요소들이 다르게 전달될 수 있기 때문이다. 브랜드의 언어적 요소인 브랜드명이나 슬로건의 경우, 해당 지역 언어로 번역되면서 내용이 달리 전달될 수도 있고 브랜드 이미지 생성을 달리하게도 한다. 예를 들면, 원래 코카콜라가 중국시장에 진출할 때에는 코카콜라의 음성을 따서 '크어크어 컨라'라는 이름으로 불리었다. 이는 '올챙이가 양초를 씹어먹다'라는 뜻을 가져, 그 문제점을 인식한 코카콜라는 이후 지금은 널리 사랑받고 있는 커코우커러〈可口可樂〉는 '마시면 입이 즐겁다'라는 뜻의 브랜드명을 사용하고 있다.

중국은 '표의문자'라는 언어적 특성과 중화사상의 영향으로 오래전부터 외래어를 자의적으로 해석해 중국어로 다시 표현한다. 중국에 진출한 많은 글로벌 기업들은 이러한 중국 현지 특성을 고려하여, 단순히 브랜드명을 중국어로만 표기하는 것이 아니라 뜻까지도 브랜드의 아이덴티티를 동시에 전달할 수 있는 브랜드 네이밍에 공을 들

그림 8-1　글로벌 브랜드의 중국식 브랜드명 표기 예

이고 있다. 〈그림 8-1〉에서 보여주듯이, 한국기업 이마트의 중국식 이름으로 '이마이더(易買得)'는 '물건을 사기 쉽다'라는 뜻을 가지고 있다. 이마트와 발음상으로도 유사하고, 뜻도 일맥상통하는 사례이다. 프랑스의 대형마트인 까르푸는 원래 '네거리'라는 뜻인데, 중국에서는 '가정에 행복과 즐거움(복)이 가득'이라는 뜻을 지닌 '지아러푸(家樂福)'로 불리고 있다. 미국 패스트푸드 업체 KFC는 중국식 발음은 '컨더지(肯德基)' '좋은 닭을 즐긴다'라는 뜻으로, 스웨덴의 가구업체 이케아도 '이지아(宜家)'라는 '싸고 편리한 집'이라는 브랜드 네임으로 중국 소비자들에게 브랜드 포지셔닝을 성공적으로 하였다.

　브랜드의 비언어적 브랜드 요소인 로고, 심벌, 캐릭터, 포장 등은 언어적 브랜드 요소보다는 국가별, 문화별 영향에 의해 달리 전달되기보다는 글로벌 시장에서 더 효과적으로 전달될 가능성이 높다. 그러나 여전히 일부 문화적 요소가 영향을 미치는데, 예를 들면, 초록색은 일반적으로 환경, 성장, 신선 등의 긍정적인 이미지가 연상이 되는 색상이다. 그러나, 말레이시아에서는 죽음과 질병을 상징한다. 까마귀는 한국에서는 흉조의 대표적인 새이나 일본에서는 길조의 대표적인 새이다. 이러한 문화별로 비언어적 브랜드요소들의 선호가 상이하게 나타남을 감안하여, 이마트 경우는 중국에 진출 초기 시, CI 색상인 노란색만을 고집하지 않고 중국인이 좋아하는 빨간색을 CI 색상의 서브 색상으로 채택하여 중국소비자의 마음을 얻기 위한 노력을 하였다. 따라서, 글로벌 브랜딩에 있어서 브랜드의 자산 원천을 만드는 브랜드 요소를 전략적 수단으로 사용하기 위해서는 국가별로 문화별로 표준화와 현지화의 균형 맞춘 글로벌 브랜드 전략 및 실행이 이루어지는 것이 중요하다.

> ## 파리바케트의 글로벌 진출 사례
>
> SPC그룹은 1945년, 창업주인 고 허창성 명예회장이 그룹 모태인 상미당(현 삼립식품)이라는 작은 빵집에서 시작됐다. 상미당은 빵과 과자, 사탕 등을 제조해 판매해 큰 호황을 누렸다. 삼립식품은 1959년 국내에서 처음으로 빵을 대량 생산하기 시작했고 삼립빵은 이후 국민 간식이 됐다. 삼립식품은 1972년 고급 케익을 생산 판매하기 위한 자회사로 한국인터내쇼날식품주식회사(샤니의 전신)를 설립했다. 창업자의 2세 허영인 회장은 1983년 당시 삼립식품의 1/10 규모에 불과한 계열사였던 '샤니'를 모회사로부터 독립시켜 대표이사로 취임, 1980년대 들어서면서 제빵산업이 더욱 성장하기 위해서는 소비자의 니즈와 트렌드를 반영하여 품질을 고급화해야 한다고 판단하고 베이커리 시장의 문을 두드리게 된다.
>
> SPC그룹은 1986년 프랑스풍 정통 고급 빵을 즉석에서 구워내 고객에게 제공하는 파리크라상을 서울 강남구 반포동에 개점했고, 1988년에는 파리바게뜨를 광화문에 가맹점으로 개점해 격조 높은 프랑스풍의 맛과 분위기로 갓 구워낸 신선하고 다양한 제품을 소비자에게 제공하기 시작했다. 당시, 유명 베이커리들의 이름이 고려당, 독일빵집, 뉴욕제과 등 'OO당', 'OO제과' 일색이었던 것을 감안하면 '파리바게뜨'라는 이름은 매우 파격적인 시도였다. 당시 회사 안팎에서 이름이 너무 길고 어렵다는 의견이 일부 있었으나 과감히 이를 밀어 붙였다. 이는 당시 국내 베이커리들이 대부분 미국식 빵을 지향하고 있던 것과 달리 빵의 본고장인 정통 유럽 스타일의 빵을 소개하고 차별화하겠다는 생각에서였다. 세계 최고의 제빵국가인 프랑스의 '파리'와 프랑스빵을 대표하는 '바게트' 이름을 합성한 브랜드명은 세련됨과 정통성이 잘 배합된 이미지와 한번 듣고도 쉽게 기억되는 훌륭한 네이밍임을 증명하고 있다.
>
> 이후 생크림 케이크 개발, 업계 최초 마일리지 카드 도입 등 앞선 기술력과 마케팅을 통해 1997년 국내 베이커리 업계 1위에 올랐으며, 현재까지 그 자리를 이어오며 우리나라를 대표하

는 베이커리 브랜드가 됐다. 제조업 수준에 머물러 있던 국내 제빵 산업에 서비스와 지식산업을 접목시켜 다양한 부가가치를 창출하는 프랜차이즈 형태로 발전시켰다. 국내 제빵업계 최초로 해외에 진출해 새로운 시장을 개척했다. 실제 SPC그룹은 2004년부터 중국과 미국, 베트남, 싱가포르, 프랑스에 차례로 진출해 현재 180여 개의 파리바게뜨 해외 매장을 운영하며 글로벌 베이커리 브랜드로 발돋움하고 있다.

특히, 세계 경제의 중심인 미국과 중국에서 성공적으로 자리 잡으며, 글로벌 진출 확대에 탄력을 받고 있다. 중국에서는 2대 도시인 상하이와 베이징을 중심으로 매장을 꾸준히 확장하여 지난 2012년 100호점을 돌파했다. 미국에도 2002년 현지 법인을 설립하고, 2005년 10월 LA에 1호점을 연 것을 시작으로 서부의 LA와 동부의 뉴욕을 중심으로 매장을 확대해 나가고 있다. 하루 방문객 수가 1,000명을 넘어서는 등 현지인들로부터 폭발적인 반응을 얻고 있다. 이에 힘입어 2015년 말부터 미국에서 가맹사업을 펼치고 있다.

중국 베이징의 중심 유명 쇼핑몰 '더 플레이스'   파리바게뜨의 미국 서부의 '팔로알토점'
(중문명: 世貿天阶)에 입점한 '파리바게뜨'
                                                     ©SPC그룹 제공

2014년 7월에는 파리바게뜨 브랜드의 지향점이자 빵의 본고장인 프랑스 파리에 진출했다. 특히 빵의 본고장·미식의 나라로 유명한 프랑스에 당당히 진출해 주목을 받았다. 세계 최고 제빵 국가인 프랑스인들의 빵에 대한 자부심은 대단하다. 때문에 미국, 일본 등 제빵 선진국 기업조차 프랑스 진출은 엄두도 내지 못했다. 프랑스 빵의 상징인 '바게트'는 하루 평균 700~800여 개씩 팔려나가며 까다로운 입맛의 프랑스인들로부터 인정받고 있다. 일평균 매출액은 국내 매장의 3배가 넘을 정도로 성과도 좋다. 이러한 성공에 힘입어 현재 파리 도심에 프랑스 2호점인 '오페라(Opera)점'도 운영 중이다.

지난해 6월부터 프랑스 파리 1호점에서 선보인 크림빵, 단팥빵 등의 한국적인 제품의 마케팅도 더욱 강화했다. 한국식 빵인 단팥빵과 슈크림빵, 소보로빵 등을 별도로 진열했으며, 네임 태그에 '코팡(KOPAN)' 즉, '한국의 빵(Korean Pan)'이라는 애칭을 붙였다. 프랑스어로 '친구'라는 뜻의 '코팡(Copain)'과 발음이 같아 프랑스인들에게 더욱 친근하게 다가갈 수 있도록 한 것이다. 불어로 한국은 'Coree', 빵은 'Pain'이지만, 프랑스인들이 'Copain'과 혼돈하지 않고 의미가 잘 전달되도록 KOPAN으로 지었다. K-POP, K-드라마라는 명칭이 글로벌시장 각 분야에서 하나의장르로 자리매김한 것처럼 '코팡'을 단팥빵, 크림빵, 소보로빵 등 한국식 빵을 가리키는 명칭으로글로벌 시장에 널리 전파하겠다는 포부를 담았다.

국내 6,000여 개, 해외 190여 개 매장을 운영하는 SPC그룹은 '디자인'을 경영의 핵심가치 중 하나로 적극적으로 투자, 육성하고 있다. SPC그룹디자인센터는 제품 패키지, 매장 인테리어, VMD(비주얼머천다이징) 등 분야별로 나누어 전문성을 높이고 있다. 적극적인 투자로 SPC그룹은 펜타어워즈(2010), 레드닷디자인어워드(2010, 2013, 2014 3회), 대한민국 패키지디자인대전 '팩스타상'(2013) 등 국내외 권위 있는 디자인 관련 수상을 휩쓸고 있다. 런칭한 지 26년이 넘은 파리바게뜨가 여전히 소비자들에게 새롭고 산뜻하게 느껴지는 것은 이러한 '디자인 경영'의 결과다. SPC그룹 관계자는 "파리바게뜨의 글로벌 경쟁력은 맛과 품질에 대한 자신감과 디자인 차별화에서 나온다"라며, "지속적인 R&D 투자로 글로벌 시장에서도 최고의 베이커리 브랜드로 자리매김할것"이라고 밝혔다.

사건인, 2016년 7월 20일 http://www.sagunin.com/

브랜드 사례에서 소개한 SPC그룹은 2017년이 60주년이 되는 해로서 글로벌 원년의 해로 선언하고 적극적으로 다양한 국가에 진출을 모색하고 있다. 사례에서 소개된바와 같이, SPC 그룹의 글로벌 진출은 전반적으로는 표준화된 매장, 제품, 디자인 등을 통해 글로벌로 확대를 모색하고 있다. 그러나, 브랜드 차원에서 프랑스 진출은 성격이 다른 것으로 보인다. 파리바게트는 국내시장에서 브랜드 지향점이면서 네이밍에서부터 파리의 브랜드 원산지 효과를 극대화하기 위해, 제품 생산 및 MD 구성은 프랑스의 취향을 적극 반영하는 로컬전략을 진행해 왔다. 반면, 최근에 '코팡'이라는 한국적 빵들을 소개하고 있다. 이러한 프랑스 타깃의 표준화전략과의 이원화적 접근이 실질적으로 어떤 성과를 가져올지 좀 더 시간을 두고 지켜봐야 할 상황이다.

(2) 글로벌 브랜드의 장·단점

글로벌 브랜드의 장점은 첫째, 제품, 서비스 생산과 유통이 대량으로 이루어짐에 따라 제조효율 및 제조 및 유통의 비용 감소를 이루어 규모의 경제 효과를 누릴 수 있다. 단일 시장이 아닌 글로벌 시장의 누적 생산 증가에 따라 경험곡선 효과가 존재하여 규모의 경제 효과가 더욱 실현되기 용이하다. 둘째, 표준화된 마케팅 프로그램에 의해 국가별 마케팅 과업들 간의 중복성이 없어 마케팅의 비용이 현저하게 감소시킬 수 있다. 제품별, 로컬시장별 마케팅 비용의 효율적인 배분이 가능하기 때문에 글로벌시장에 동일한 마케팅 전략과 실행을 구사함에 따라 잠재적 비용 절감 또한 확산될 수 있다. 셋째, 글로벌 표준화된 브랜드 커뮤니케이션을 통해 브랜드 이미지를 일관성 있게 유지할 수 있으며, 내수 브랜드보다 좀 더 유익한 연상을 갖게 된다. 글로벌 브랜드가 되었다는 것은 제품의 내구성뿐만 아니라 글로벌하게 경쟁력 있는 제품을 만드는 능력을 보유했다는 것을 상징하게 된다. 이에 따라 글로벌 브랜드는 브랜드 명성 및 신뢰 제고가 용이하다. 넷째, 범 국가시장의 표준화된 마케팅 활동을 통해 각 국가별 유통채널과의 경로 파워에 있어서도 브랜드 파워가 증대되어 지역 브랜드보다 유통에서 경쟁우위를 가지기 용이하다. 마지막으로, 신제품을 국가별로 시차를 두고 출시할 경우 발생되는 문제점들(기술 유출, 경쟁사로부터의 제품 아이디어 모방 등)을 국가시장별 신제품을 동시에 출시하는 방법을 통해 예방할 수 있다.

반면, 글로벌 브랜드의 단점은 첫째, 로컬시장별 소비자 욕구, 필요가 상이하고 제품 및 서비스 사용의 유형들이 큰 편차를 가지고 있어서 글로벌 표준화된 제품, 서비스의 확산이 어렵다. 둘째, 로컬시장별 제품 수명주기가 상이함에 따라 표준화된 글로벌 커뮤니케이션을 진행하는 글로벌 브랜드들은 로컬시장별 상이한 제품 수명주기에 맞는 전략적인 마케팅 커뮤니케이션이 실질적으로 어렵다. 셋째, 로컬시장별 경쟁상황도 상이한지라 경쟁 관점에서 탄력적 대응이 늦을 수밖에 없다. 넷째, 동일한 제품이나 서비스일지라도 각 로컬시장별 마케팅 믹스 요소에 대한 소비자들의 반응이 다르다. 예를 들면, 맥도날드 햄버거의 경우, 각 로컬시장별 물가요소를 감안하지만 표준화된 가격정책을 씀에도 불구하고 특정국가에서는 저렴한 식사로, 혹은 상대적으로 고가의 식사로 인식된다. 마지막으로, 각 로컬시장별 법적, 행정적, 사회적, 문화적 환경이 상이함에 따라 표준화된 브랜드 마케팅 실행 자체가 불가능할 수도 있으며, 표준화된 브랜드 마케팅 커뮤니케이션을 실행한다 하여도 로컬시장 환경에 따라 그 성과가 상이하게 나오는 한계가 있다(표 9-1).

표 8-1 글로벌 브랜드의 장 · 단점

장점	단점
• 생산, 유통의 규모의 경제 • 마케팅 비용의 감소 • 일관성 있는 브랜드 이미지 유지, 더 유익한 브랜드 연상 및 브랜드 명성과 신뢰 제고 • 유통채널의 경로파워에서 브랜드 파워 증대로 유통에서 경쟁우위 가능 • 신제품 동시 출시 및 마케팅 실행을 통해 국가별 시차를 둔 출시의 문제점을 해소	• 로컬시장별 욕구, 필요, 제품 사용 유형 상이 • 로컬시장별 제품의 수명주기 상이 • 로컬시장별 경쟁 상황 상이 • 마케팅 믹스 요소에 대한 로컬시장별 소비자들의 반응 차이 • 로컬 시장의 법적, 행정적, 사회적 환경 상이

2 글로벌 브랜드 전략

(1) 글로벌 브랜드 전략 채택 시 체크리스크

글로벌 브랜드 전략을 채택할 때에는 다음과 같은 체크리스트를 가지고 점검해 봐야 한다.

① 로컬 브랜드에 대한 연상과 인지도를 창출 및 유지하는 데 소요되는 마케팅 비용은 얼마인가?

② 지역별 마케팅 활동의 비효율성은 무엇이고, 커뮤니케이션 비용의 중복성은 얼마인가?

③ 브랜드 마케팅 활동 외에 규모의 경제를 이루는 다른 요소들이 있는가?

④ 글로벌 브랜드의 연상이 자국과 관련된 연상 이미지가 있는가?

⑤ 글로벌 브랜드의 이름, 심벌, 슬로건 등 브랜드 관련 요소에 대한 로컬시장별로 상이한 연상이 발생하는가? 로컬시장 별로 긍정적 혹은 부정적 연상이 있는가? 로컬시장별로 상이한 의미의 해석이 있는가? 발음하기 좋은가?

⑥ 글로벌 브랜드의 이름, 심벌, 슬로건 등 브랜드 관련 요소 중에 특정 국가에서 법적, 문화적으로 사용이 가능한가?

(2) 글로벌 브랜딩이 용이한 제품군

글로벌 브랜딩 전략을 도입할 때, 모든 제품군이 글로벌 브랜딩이 가능한 것은 아니다. 다음의 제품군들이 좀 더 글로벌 브랜딩이 용이하다. 첫째, 글로벌 소비자에게 고유의 가치체계를 전달할 수 있는 브랜드가 유리하다. 〈그림 8-2〉 브랜드 컨설팅사인 인터브랜드가 발표한 2016년 100대 톱 브랜드 순위 발표에 의하면 본 순위에 들어온 글로벌 브랜드들은 브랜드 고유의 가치체계를 명확하게 전달하며, 많은 브랜드들이 표준화된 브랜드 마케팅을 수행하는 특징을 가지고 있다. 예를 들면, 1위의 코카콜라는 전 세계 소비자들에게 콜라라는 청량음료를 마시는 것이 아니라 미국인의 가치체계인 개방성, 젊음, 역동성을 마시게 하고 있다. 프랑스의 천연생수 브랜드 에비앙은 한 국가를 대표하는 전형적 제품임과 동시에 물 하나도 고급을 챙겨 마시는 대표적인 자아 표현의 글로벌 브랜드로 자리매김하였다.

둘째, 혁신제품을 글로벌 브랜딩하는 것이 용이하다. 혁신제품은 기존의 어떤 가치, 문화 체계에 영향을 받지 않고 글로벌 소비자들이 원하는 고유한 가치를 만들고 전달하는 매개체이다. 혁신제품은 로컬시장의 욕구나 시장 수요에 맞추어 개발된 것이 아니라, 새로운 기술 기반으로 이전에 없던 혁신성의 제품을 선보이기 때문에 이와 어울려 새로운 소비양식을 동시에 제안하게 된다. 예를 들면, 스마트폰의 카메라 기술의 발달로, 디지털 카메라가 쇠퇴하고 더 이상 사진을 찍기 위해 따로 카메라를 들고 다니지 않는 소비 현상들이 나타나고 있다. 이러한 IT제품의 혁신과 글로벌 소비 시장의 파장은 브랜드 자산 가치에도 반영되어 혁신의 대명사인 애플사가 글로벌 톱 100 브랜드에서 지속적으로 1위를 유지하고 있다. 삼성전자의 경우도, '11년에 17위였으나, '12년에 9위로 10위권 안으로 진입한 후, '16년 기준, 7위에 안착하는 등 놀라운 글로벌 톱 브랜드로서의 성장을 보여주고 있다.

셋째, 이국적 제품의 글로벌 브랜드의 도입이 유리하다. 교통, 통신의 발달로 특정 국가나 로컬시장의 고유한 문화와 연결된 제품들이 글로벌 브랜딩이 글로벌 소비자에게 신선함과 다양한 기호의 소비를 촉진하게 된다. 예를 들면, 앞서 도입사례로 소개한 빙그레의 바나나맛우유는 매우 한국적인 단지형 용기 디자인을 통해 한류 문

그림 8-2 2017년 글로벌 100 톱 브랜드

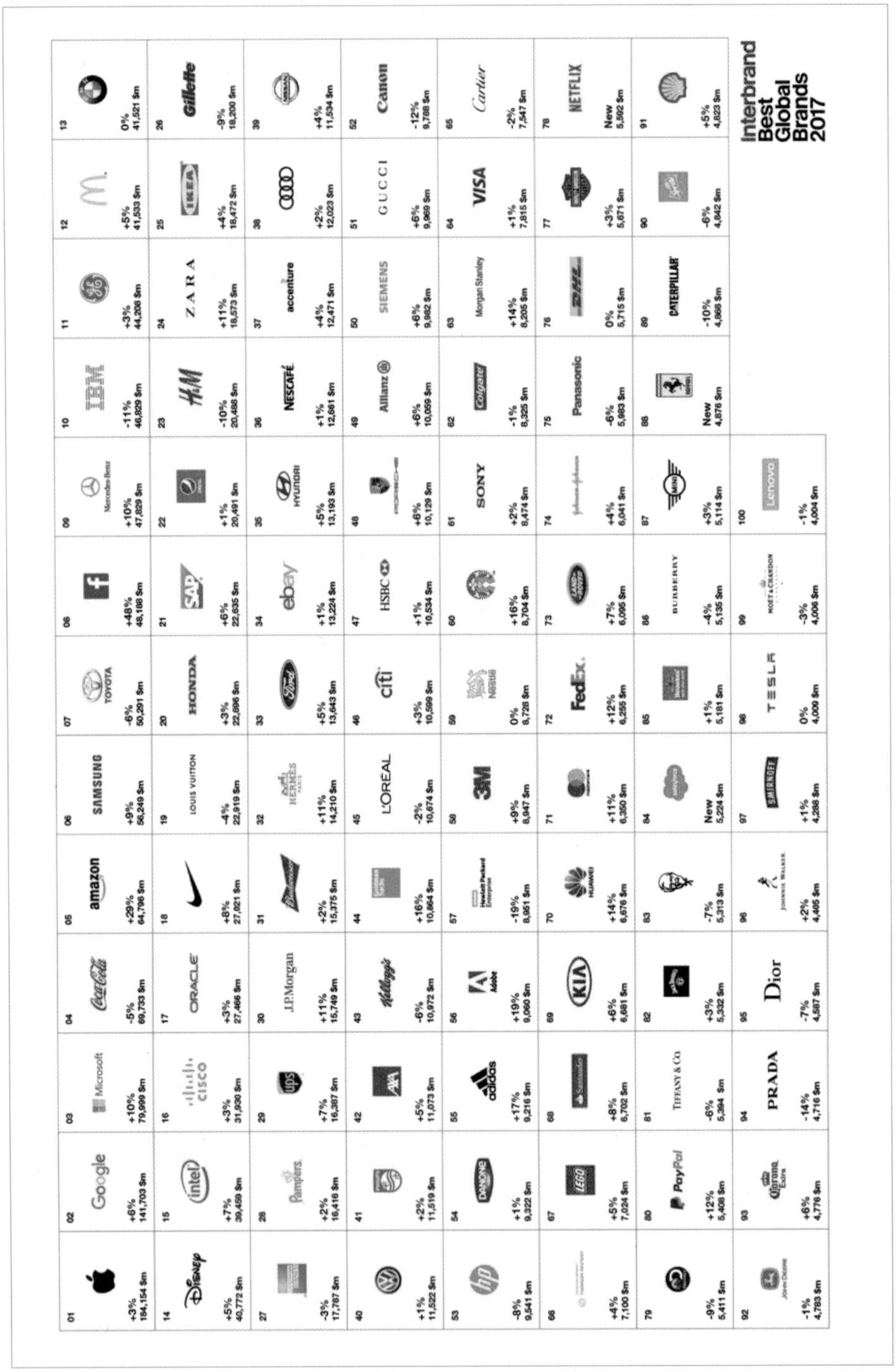

출처: 인터브랜드, http://interbrand.com/kr/newsroom/best-global-brands-2017/

화를 기반으로 중국에서 히트 가공우유 브랜드가 아닌 트렌디 아이템이 되었다.

넷째, 브랜드 자체가 한 국가의 연상과 밀접하게 연결되어 있는 경우 전형적 제품이 될 수 있어 글로벌 브랜딩이 용이하다. 그 대표적인 예로는 독일의 벤츠나 BMW는 "made in Germany"의 국가 브랜드 이미지의 후광효과(halo effect)로 인해, 제품의 견고성 및 신뢰성이 더 견고해지고 글로벌 소비자들이 선호하는 브랜드가 되었다. 프랑스의 루이비통, 샤넬, 이탈리아의 구찌, 미국의 리바이스 등 이러한 원산지 효과(Country of Origin: COO)를 톡톡히 보고 있는 글로벌 브랜드이다.

(3) 표준화 대 맞춤화

표준화와 맞춤화를 논하기 전에 글로벌화와 국제화에 대해 혼합되어 잘못 사용하는 경우가 빈번하여 각 개념을 정리하고 가도록 하자. 글로벌화(globalization), 즉 세계화는 각국의 국가 경제가 세계경제로 하나로 통합되는 것을 뜻하는 것으로 국가 간에 존재하던 상품 자본 노동 정보 등의 장벽이 제거돼 세계가 거대한 단일 시장으로 통합돼 가는 것을 말한다. 즉 '국경 없는 세계'를 의미하며, 세계가 마치 하나의 지구촌처럼 국경을 초월하는 것을 뜻한다. 이와 반대로, 국제화(internationalization)란 각 국가의 국경과 고유성을 인정하면서 이뤄지는 국가 간의 교류를 뜻한다. 즉, 국경을 인정하고 경제, 정치, 문화적으로 여러 나라와 교류하는 것을 뜻한다. 시어도어 레빗(Theodore Levitt)이 1983년 'The Globalization of Markets'란 기고문에서 "각국 소비자의 기호에 맞게 상품을 생산, 공급하는 다국적기업은 저물고 규모의 경제를 실현하는 글로벌 기업이 활약하는 세상이 올 것"이라고 예측하였다. 즉 글로벌화에 의해 나라의 국경 개념이 무너지고 경쟁력 있는 글로벌 기업이 세계 소비시장을 석권할 것이라는 주장이었는데, 오늘날 이러한 현상을 우리는 주변에서 손쉽게 발견할 수 있다.

이에 따라, 브랜드 매니저들의 글로벌 브랜드 운영이 증가함에 따라, 브랜드의 글로벌 표준화와 로컬시장을 위한 맞춤화에 대한 화두에 더 많이 직면하게 된다. 글로벌 브랜드는 본질적으로 동일한 제품을 가지고 동일한 브랜드 이점을 전달하고, 통일된 표준화된 마케팅 전략과 실행계획에 따라 마케팅 커뮤니케이션하는 브랜드이다. 이에 따라, 로컬시장의 지역적인 욕구와 수요가 있다 하더라도 맞춤화하지 않고 세계 어느 곳이든 동일한 브랜드를 접할 수 있게 해준다. 그러나, 통일된 브랜드 포지셔닝은 반드시 동일한 브랜드 네임의 마케팅 프로그램을 가져야 하는 것만은 아니라는 것이 많은 브랜드 전문가들의 의견이다. 진정한 글로벌 브랜드는 지역, 국가, 국제시장에서 브랜드 유효성이 최적화되도록 브랜드 전략을 보유하고 있는 것이다. 본 장의 도입사례로 언급된 빙그레의 바나나맛우유도 중국시장 공략을 위해 브랜드 정체성의 중요 요소인 단지형 용기 디자인을 변경할 수밖에는 없었지만 단지형 용기 디자인을 이미지로 활용했다는 점에서 브랜드 유효성이 최적화되도록 브랜드 전략을 보유한 기업인 것이다.

세계적인 테마파크 디즈니도 글로벌 진출 시 이러한 표준화와 맞춤화의 최적화된 저글링의 필요성을 유로 디즈니, 일본 디즈니, 홍콩 디즈니 등을 통해 경험하였다. '92년 디즈니는 첫 해외 진출이었던 일본 도쿄 디즈니랜드 성공을 기반으로 프랑스 파리 근교에 디즈니의 유럽진출의 야심작인 유로 디즈니가 큰 기대 속에 런칭하였다. 그러나, 도쿄 디즈니랜드와 달리 유로 디즈니는 초기 부도까지 맞는 엄청난 실패를 경험하였다. 이러한 실패의 이면에는 성공에 대한 지나친 낙관주의, 부적절한 위치 선정, 고려하지 않은 유로의 지역성, 고려하지 않은 유럽인들의 취향 및 라이프 스타일을 고려한 F&B MD 구성 등의 원인들이 있었다. 즉, 유로 디즈니는 철저한 유럽시장을 타깃으로 한 맞춤형 글로벌 브랜드 전략이 필요한 시장이었던 것이다. 이에 반해, 일본의 경우는 일본인들이 미국식, 미국 문화를 선호하기 때문에 이를 수용하고 오히려 철저하게 일본의 문화들을 배제한 것이 성공의 요인 중에 하나이다. 따라서 성공적인 글로벌 브랜딩을 위해서는 최적화된 표준화와 맞춤화가 필요하다. 글로벌화와 국제화의 구조로 볼 때, 전략적으로 글로벌화와 국제화간의 탄력적인 브랜드 운영을 통해 브랜드 유효성의 최적화를 이루어야 할 것이다.

 브랜드의 글로벌 진출 전략

브랜드가 해외시장으로 진출하는 방식은 일반적으로 브랜드 라이센싱, 합작 투자, 직진출 세 가지 방식으로 이루어진다. 업계에서 이루어지는 브랜드 차원에서 해외 진출의 단계를 브랜드 라이센싱 → 합작투자 → 직진출 순으로 많이 이루어진다. 즉, 브랜드를 보유한 기업이 해외시장을 직접 뛰어드는 것이 아니라, 위의 단계를 순차적으로 진행함으로써 전략적으로 해외 현지시장에 대한 이해와 시장의 반응들을 살피는 시간들을 두는 것이라 하겠다. 각 글로벌 진출 방식들은 장·단점들이 존재하기 때문에 다음의 설명과 함께 소개한 다양한 브랜드 사례들을 타산지석하여 브랜드 관리자는 본사의 대내외적 경영환경 및 내부 상황을 종합적으로 검토하여 가장 바람직한 자사의 브랜드 글로벌 진출 전략을 수립하는 것이 중요하다.

(1) 브랜드 라이센싱(licensing)

제조기업이나 서비스기업이 세계시장으로 진출 시 비교적 간단하게 간접적으로 진출할 수 있는 방식이다. 세계 시장 내 각 로컬시장의 도입기업과 계약을 맺고 제조공정이나 기술이전, 등록상표, 특허권 또는 특정 품목 사용 혹은 사용 및 제조할 수 있는 권리를 주는 대신 수수료나 사용료(loyalty)를 받는 형태이다. 이러한 권한을 제공한 기업(라이센서, licenser) 입장에서의 장점은 첫째, 낮은 위험부담으로 해외시장을 진출할 수 있는 기회를 확보할 수 있고, 둘째, 진출한 로컬시장에서의 기업의 해당브랜드를 pre-test 혹은 pilot test할 수 있는 기회를 통해 직진출의 가능성을 타진할 수 있다는 점이다. 셋째, 다양한 해외시장을 간접적으로 진출함으로써 브랜드의 시장 확대 및 브랜드 인지, 명성 등을 더욱 제고할 수 있다. 넷째, 궁극적으로 브랜드 라이센싱을 통해 실질적 수수료나 사용료를 통해 매출 증대의 효과가 있다. 수수료나 사용료의 책정 기준은 다양한데, 일반적으로 매출의 3~5% 혹은 양사가 합의한 일정금액을 지불한다. 반면, 도입기업(라이센시, licensee)의 입장에서의 장점은 생산의 전문성을 확보할 수 있고, 유명 브랜드 상표권 사용권의 획득을 통해 쉽게 성과를 거둘 수 있다.

반면 라이센싱의 단점은 라이센서 입장에서 라이센시 기업의 통제력이 약하기 때문에 브랜드 자산 관리에 소홀하든가, 계약 조건대로 브랜드 사용을 이행하지 않는 경우 등에 의해 브랜드 자산의 침해의 위험이 존재할 수 있다. 또한 계약이 만료된 후, 브랜드 라이센싱을 통해 축적된 경험을 기반으로 라이센서가 또 다른 경쟁사가 될 수도 있다는 위험이 있다. 라이센시 기업 입장에서는 제조공정이나 기술이전을 받는 조건의 라이센싱은 실제 핵심 자산 이전이 안 되는 위험이 높고, 라이센시가 라이센서에게 의존적일 수밖에 없기 때문에 여러 가지 마찰에 의해 일방적으로 계약이 파기될 수도 있는 위험이 있다. 또한 라이센시가 힘들게 노력하여 개발한 해외 특정 로컬시장을 라이센서가 계약 연장을 회피하고 직접 진출하는 경우가 실질적으로 매우 많기 때문에 지속경영이 어렵다는 단점이 있다. 예를 들면, 1990년 초반쯤에 캘빈클라인 (Calvin Klein), 게스(Guess)와 같은 해외 유명 캐릭터브랜드들이 한국의 패션기업들을 통해 라이센싱 방식으로 한국에 많이 선보여 선풍적인 인기를 끌었다. 계약기간이 만료된 후 대다수의 라이센시 기업들은 재계약을 적극 추진하였으나, 대다수의 해외 브랜드들은 한국시장에 법인을 설립하고 직접 진출하였다. 없던 시장을 만들어 키워 놓으니 해외기업이 쉽게 한국에 진출한 꼴이 되어 많은 비난들이 있었다.

    소개한 MCM 글로벌화 사례는 MCM 브랜드 라이센시가 성공을 거두어 이를 기반으로 라이센서의 브랜드를 인수한 매우 드문 사례이다. 이러한 유형의 또 다른 사례로는 이탈리아 브랜드인 스포츠 브랜드 휠라(FILA)와 스무디킹(Smoothie King)이 있다. 휠라는 한국에 라이센싱 형태로 1992년에 런칭하여 이탈리아 본사보다 성장한 휠라 코리아가 2007년에 휠라를 인수하여 전 세계 70여개국에서 사업을 운영하고 있다. 스무디킹은 미국에서 설립된 F&B(Food & Beverage) 브랜드로 2003년에 한국에 첫 매장을 열었고 2012년에 스무디킹코리아가 스무디킹 본사를 인수했고 이후 신세계푸드가 인수하여 신세계푸드의 계열사가 되었다.

휠라 브랜드 로고

스무디킹 브랜드 로고

> ## 성주그룹의 MCM 브랜드 M&A를 통한 글로벌화
>
>   MCM(Mode Creation Munich)은 1976년에 런칭된 독일 브랜드로서, 독일 장인 정신에 기반한 럭셔리 여행용 가죽제품과 의류, 잡화 브랜드이다. 한국의 MCM 라이센시인 김성주 회장이 이끄는 성주그룹(당시, 성주인터내셔널)은 한국시장에서 1990년 후반에 MCM 백팩을 여대생의 국민가방으로 히트를 친 이후에 지속적으로 그 매출 규모는 지속적으로 급성장하였다. 2004년에는 450억, 2005년에는 650억을 훌쩍 넘어, 2007년에 1천억원을 매출을 달성하였다. 한국에서의 매스티지 브랜드(mass와 prestige의 합성어로써 명품 지향의 중고가 브랜드)들인 닥스, 빈폴, 메트로시티와 함께 메스티지 Big 4 그룹에서 심한 1, 2위 경쟁을 하고 있었다.
>
>   그러나, 성주그룹은 이런 성공에 만족하지 않고 국내시장에서의 경쟁을 떠나 글로벌 시장 진출 전략을 수립하고, 글로벌화를 브랜드 인수합병을 추진하였다. 그 당시, MCM 본사는 모조 브

랜드가 판을 치고 세금포탈로 인해 기업 이미지가 추락하며, 부도 위기에 처했고, 성주그룹은 그 타이밍을 놓치지 않고 독일 본사로부터 2006~2007년에 걸쳐 MCM 브랜드를 인수하게 된다. 이로서 성주그룹은 브랜드 라이센시가 브랜드 라이센서가 되는 매우 드문 브랜드 사례가 되었다.

인수 후 다양한 공격적인 글로벌 브랜드 마케팅을 진행하였는데, 우선 명품화 작업을 본격적으로 진행하였다. 강력한 김성주 회장의 카리스마와 글로벌 네트워크를 기반으로 MCM의 독일 브랜드의 원산지 효과를 극대화하기 위해 독일의 국가 브랜드 이미지 연상을 소구하는 표준화된 전세계적으로 통합적 브랜드 마케팅 커뮤니케이션을 지속적으로 진행하였다. 제품 디자이너는 아디다스 디자이 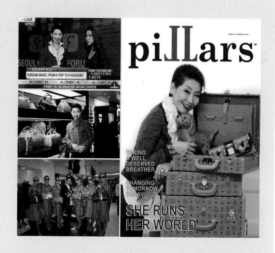 너였던 독일 디자이너 Michael Michalsky를 채용하여 제품의 변혁과 스토어 아이덴티티(SI)의 변화를 모색하였고 명품의 전통적 시장인 미국시장과 명품 시장의 대표 신흥국가인 중국을 전략적으로 공략하여 2012년 기준 전세계 예상 매출 1조억원을 예상하는 성공 사례를 만들어 가고 있다. 이에 따라, 국내 시장에서도 기존의 매스티지 시장에서의 브랜드 포지셔닝을 트레이딩업(trading-up)하여 영 명품시장에 진입하였다는 평가를 받고 있다.

Choi, Eun Jung (2013), MCM of Sung Joo Group: An MCM Licensee Wrote a Creation Myth in the Luxury Industry, Asian Case Research Journal, 18(2), 227-316. 부분 요약 발췌

(2) 합작투자 (joint venture)

합작투자는 브랜드 운영 기업이 해외로컬의 기업이나 투자가들과 결합을 하여 현지 국가에 합작투자 형태로 기업을 설립하고 공동소유하여 경영하는 글로벌 진출 유형 중 중간단계에 해당되는 방식이다. 합작투자 형태의 해외시장 진출의 장점은 첫째, 정치적, 관료적 이유로 외국기업이 해외 로컬시장을 단독으로 진출하는 것보다는 합작투자가 더 유리한 점이 많다. 실제로 바로 얼마 전까지만 해도 중국 같은 기업은 외국기업 단독의 시장진출을 구조적으로 못하게 하고 중국 현지인과의 합작투자만을 법적으로 승인하여 경제적, 정치적 환경 이슈가 존재했다. 둘째, 경제적 차원에서 쌍방의 투자, 운영, 마케팅을 진행함으로써 투자 부담 및 직진출 위험을 감소하는 장점이 있다. 셋째, 현지 기업이 진출 브랜드를 위한 영업망, 유통망 등을 보유한 경우, 현지 경영의 노하우 등을 기반으로 높은 시너지 효과를 거둘 수 있다. 반면, 합작투자의 단점은 공동소유로 인해, 본 기업이 가지고 있는 독특한 생산정책이나 마케팅정책 등을 자유롭게 전개하는 데 한계점이 있을 수 있다. 또한 현실적으로 지분율이 동률이지 않기 때문에 영업, 마케팅, 재투자 등의 정책적 의사결정 시, 서로 다른 태생의 기업들 간의 공동 경영으로 인한 마찰과 갈등이 존재할 수도 있다.

그 예로, 패스트패션(fast fashion), SPA(Specialty retailer of Private label Apparel)의 대표주자인 일본 유니클로(UNIQLO)와 자라(ZARA)를 들어 설명하자면, 유니클로는 1984년 일본에서 탄생한 브랜드로서, 2005년에 롯데쇼핑과 합작하여 49:51% 대등한 지분율로 한국시장에 진출하였다. 한국 포함, 현재 7개국에 진출한 상태이다. 자라는 1975년에 런칭된 스페인 브랜드로서, 2008년에 스페인 인디텍스와 롯데쇼핑과 80:20%의 다수지분 구조로 합작하여 '자라리테일코리아(Zara Retail Korea)'를 설립하고 한국에 진출했다. 한국 포함, 현재 73개국에 진출한 상태이다. 두 브랜드는 패스트패션 브랜드이며 롯데쇼핑과 합작형태로 한국에 진출했다는 점에서 공통점이 있지만, 그 외에는 운영정책, 타깃 및 유형 등 다음 〈표 8-2〉에서 보여주듯이 매우 상이하다. 유니클로가 합작 형태로 진출한 것은 한국이 유일한데 유니클로의 단독투자라는 기존의 정책을 깨면서까지 롯데쇼핑과 합작 법인을 설립한 것은 막강한 백화점 및 할인마트의 유통 채널들을 확보하고 있는 롯데의 유통경쟁력이 주요 원인이었을 것으로 판단된다. 특히 SPA브랜드는 대형매장의 운영 특징을 가지고 있는지라, 한국시장의 도심상권의 높은 임대료나 보증을 감안할 때 단독 투자 시 부담해야 할 높은 투자비를 감면할 수도 있었다. 이러한 유니클로와 롯데쇼핑과의 동등한 비중의 합작투자는 성공적인 것으로 평가되고 있는데, 이는 지분 구조나 경영진 구성을 양사가 비슷하게 가지고 있고 양측 최고경영자 사이도 돈독하고 한일 간의 지리적 인접성과 문화 유사성 등의 요인에 의해 의사결정의 어려움이 없기 때문이다. 반면, 자라의 경우는 철저히 글로벌 운영 체제를 그대로 도입하는 것을 원칙으로 롯데쇼핑의 경영참여는 매우 제한적이다.

표 8-2 유니클로와 자라의 현황 및 중요 전략 비교

구 분	유니클로 UNI QLO	자라 ZARA
브랜드 탄생 시기	1984년	1975년
진출 국가 수	18개국 ('17년초 기준)	88개국 ('17년초 기준)
한국 진출 시점	2005년 9월	2008년 4월
한국 진입 방법	롯데쇼핑과 합작 (51% 지분율)	롯데쇼핑과 합작 (80% 지분율)
생산 및 조달	약 90%를 중국에서 파트너형 협력업체에서 생산 파트너십(partnership)	약60~65%를 14개의 스페인 자사 직영공장에서 생산 수직적 통합(vertical integration)
주요 고객	10~50대 베이직 소비자	20~30대 트렌디 소비자
상품 특성	소품종 대량생산	다품종 소량생산
SPA 유형 및 브랜드 유형	소매점형 & retailing brand	제조사형 & manufacturing brand

출처: 각 사 홈페이지 및 언론 보도자료

(3) 직진출 (direct investment)

직진출은 해외시장 진출 시, 모든 생산시설 및 기업 투자를 직접하고 소유하여 운영하는 형태이다. 이러한 직접투자는 위 라이센싱에서 이미 거론된 바와 같이 라이센싱 과정을 통해 순차적으로 이루어지기도 하고 기업의 주식이나 브랜드 소유권을 직접 구입하여 진행할 수도 있다. 글로벌 직진출의 배경은 첫째, 해외현지의 저렴한 인건비, 원자재 혹은 운송비 등의 생산비 절감효과가 존재하든가, 둘째, 현지국가 진출로 인한 새로운 고용 창출을 통해 현지국가에서의 브랜드의 이미지를 제고시킬 수 있으며, 셋째, 매력도가 높은 현지시장의 경우는 단기적으로는 진출 비용이 예상 수입보다 높다 하더라도 직접 진출함으로써 생산, 마케팅, 운영 등을 직접 완전히 통제함으로써 장기적으로 현지시장 내 브랜드 M/S를 높이고 수익을 극대화하기 위한 전략에

의한 것이다.

　예를 들어, 실제로 수많은 브랜드들이 신흥시장으로 매력적인 마켓 사이즈를 자랑하는 중국에 직진출하여 과감한 투자와 함께 운영하였다. 그러나 다음의 현지화 실패 브랜드 사례에서도 소개되었듯이, 중국 경제시장의 폐쇄성, 중국 특유의 정치적·관료적 환경의 대응력 부족, 현지화 실패, 문화적 특성에 대한 이해 부족 등으로 철수한 기업들도 많다. 그러나 최근 중국 사회도 소득이 늘어나면서 중산층이 증가하고 80년대 이후 출생한 바링허우 세대의 부상, 서부개발로 인한 소비층 확대 등 중국 소비시장이 변하고 있어 이전 실패를 기반으로 다시 중국시장 진출을 도전하고 있는 기업들이 늘어나고 있다.

> **"**
>
> ### 현지화에 실패한 대기업들, 대체 무슨 일이…
>
> **롯데, 신세계, LG 줄줄이 중국 시장 고전…**
>
> 　롯데백화점은 2012년 6월 중국 베이징 왕푸징에 있는 '롯데인타이백화점'을 철수했다. 2008년 베이징 중국법인을 설립한 롯데백화점은 중국 시장 연착륙을 위해 중국 인타이와 50:50으로 합작해 백화점 사업을 시작했다. 그러나 롯데백화점은 합작사와의 소통이 잘되지 않아 의사결정 지연 등 여러 난관에 부딪혔고, 이 때문에 연간 손실액이 2008년 약 170억원에서 지난해엔 280억원 수준으로 늘어났다.
>
> 　합작형태로 중국 시장에 진출한 신세계 이마트 역시 지난해 27곳에 달했던 점포 숫자가 올해 16개로 줄었다. 매출도 지난 2010년 6,200억원에서 지난해에는 5,800억원으로 줄었다. 2005년 70억원 수준이었던 손실폭도 지난해 약 950억원에 달했다.
>
> 　LG전자가 2012년 지난 3월 중국 베이징 케리호텔에서 '2012년 LG전자 신제품 발표회'를 열었다. 중국에 진출한지 20년이 된 LG전자는 중국 시장에서 존재감이 사라지고 있다. 1996년 중국 시장에 진입한 LG에어컨은 톱3에 진입하는 기염을 토했지만, 2010년 중국시장에서의 LG전자 에어컨 점유율은 판매량 기준 0.21%, 매출액 기준 0.32% 수준에 불과했다. 점유율 순위 또한 20위권 밖으로 밀려났다.

이처럼 롯데와 신세계, LG전자는 중국 시장에서 고전을 면치 못하고 있는 가장 큰 이유로 전문가들은 현지화 실패와 차별화 전략의 부재, 신뢰 부족 등을 꼽는다. 까다로운 중국시장에 진출해 성공을 거두기 위해서는 중국 문화와 내수시장의 특수성을 파악했어야 했다는 지적이다. 국내 거대유통기업인 롯데와 신세계는 포장부터 제품진열까지 한국에서 성공한 방식을 그대로 도입했다. 생선, 야채 등 신선식품의 경우 직접 손으로 만져봐야 구매하는 중국인들의 습관을 이해하지 못했다. 또, 23개 성(省)별로 지역마다 영향력이 상당한 백화점이 포진해 있고, 대도시에는 이미 시장을 점유한 유럽, 미국, 일본, 홍콩, 싱가포르, 대만 등 선진국의 거대 유통업체가 들어와 있다. 이미 경쟁이 포화된 대도시에 뒤늦게 진출한 롯데와 신세계의 실패는 자명한 일이었다.

LG전자는 2006년말 판매 과정에서 일부 문제가 있는 제품을 자체 수리해 재포장 과정을 거쳐 소비자에게 다시 판매한 것이 문제가 되면서 소비자들 사이에선 '반LG연맹'까지 나타나게 됐다. 소비자들의 권리를 중요하게 여기는 중국 시장의 특성을 고려하지 않은 것이다. LG전자가 중국시장에서 제자리를 차지하기 위해서는 변하고 있는 중국 소비자들의 심리를 꿰뚫어 보며 현지화 못지 않게 기업에 대한 신뢰도를 높여 소비자들의 충성도를 높여야 한다는 것이 전문가들의 공통된 시각이다.

롯데와 신세계는 디스플레이, 서비스 등 소프트웨어적인 부분에 약한 중국시장을 차별화해 접근하는 전략으로 다시 바꿨다. 롯데백화점 텐진 2호점에서 중국인들이 쇼핑을 하고 있다. '텐진 2호점'은 롯데백화점이 100% 자본 출자, 단독 운영하는 중국 내 두 번째 점포이자 해외 4호점이다. 롯데백화점은 마트, 영화관 등이 함께 들어가는 복합쇼핑몰 개념으로 다시 공략에 나섰다. 지난 8월 30일 텐진 2호점을 냈고, 오는 12월엔 웨이하이점을 오픈할 계획이다. 또한 오는 2018년까지 해외비중을 현 3%에서 20%까지 늘린다는 비전하에서 중국시장 공략에 더욱 박차를 가한다는 방침이다. 이마트는 3성급 이하 도시 공략을 우선하는 전략으로 매장을 늘려나가겠다는 생각이다. 홈쇼핑업체인 GS숍은 과거 중국에 진출했을 때 정부 규제가 변해 어쩔 수 없이 돌아와야 했으나 올해 다시 차이나홈쇼핑그룹의 지분을 인수하며 중국에 다시 진출했다.

글로벌이코노믹, 2012년 9월 19일

4 | 글로벌 브랜드 관리

(1) 다국적 기업의 브랜드 관리

다국적 기업은 본사와 수많은 해외 자회사들과의 협업을 통해 경영성과를 이룩하기 때문에 글로벌화의 논리와 현지화의 논리를 동시에 고려하고 추구해야 한다. 본사는 강력한 권한을 가지고 해외 자회사들을 통제, 조정, 관리하게 되는데, 중앙 집권화와 지역 자율성화의 큰 두 시스템끼리 상충하는 딜레마에 빈번히 경험할 수밖에 없다. 중앙 집권화를 강하게 추진하다 보면 현지의 고유 특성들을 반영하지 않고 조직 전반에 본사가 정한 브랜드 관리 정책에만 의존함에 따라 현지화가 필요한 상황에 적절한 대응이 부족하게 된다. 반면, 지역 자율성을 높이고 현지화에 초점을 맞추다 보면, 지금까지 쌓아 온 브랜드의 정체성들이 흔들리고 통합적인 마케팅 커뮤니케이션이 불가능하게 된다.

Chakravarthy & Perlmuter는 기업의 지향하는 목표, 사업전략, 구조, 통제방식, 의사소통, 자원배분, 및 문화 등에 따라 분류되는 네 가지의 다국적 기업의 경영방식을 제안하였다. 이러한 EPRG 모델을 기반으로 각 기업의 지향성별 브랜드 관리의 특성은 매우 상이하다. 다음 〈표 8-3〉에서 보여주듯이 본국지향성의 다국적 기업의 브랜드 관리는 브랜드 글로벌화 전략을 기반하여 본국의 브랜드 기준 및 관리 가이드라인을 해외시장에 동일하게 적용한다. 현지지향성 다국적기업의 경우는 브랜드 현지화 전략을 기반하여 해외 자회사별로, 현지 상황에 맞추어 본국의 브랜드 기준 및 관리 가이드라인을 수정·변경하여 현지 맞춤형 브랜드 관리를 한다. 지역지향성 다국적기업은 브랜드 세계화 전략을 기반하여 본국의 브랜드 전략을 지역본부별로 상이하게 적용하며, 자체 지역본부별 가이드라인을 개발하여 하부 해외 자회사들을 통합 관리를 한다. 마지막으로 Chakravarthy & Perlmuter가 가장 이상적인 방식이라고 제안한 세계지향적 다국적기업은 브랜드 글로컬화 전략(glocalization strategy)을 기반으로 하여 본국의 브랜드 전략을 해외시장에 공통적으로 적용하되, 부분적 브랜드 전략 및 실행 양 측면에 현지화하여 현지 여건에 맞추어 탄력적으로 변화 및 수용을 한다.

표 8-3 다국적 기업의 EPRG모델과 브랜드 관리

기업의 지향성	EPRG모델			
	본국지향 (Ethnocentric)	현지지향 (Polycentric)	지역지향 (Regiocentric)	세계지향 (Geocentric)
기업의 지향 목표	수익성(경제성)	현지국의 수용 (정당성)	수익성과 현지국의 수용 (경제성과 정당성)	수익성과 현지국의 수용 (경제성과 정당성)
사업 전략	세계 통합적	현지 적응적	지역 통합적이고 현지 적응적	세계 통합적이고 현지 적응적
구조에 따른 장단점	강력한 본사 통제에 의한 글로벌 효율성은 높으나 해외 자회사의 성장과 역량 구축에 한계점	자율적인 국별 단위를 갖는 계층적 지역 사업의 부제로 한계점 존재	본부로부터의 상당한 포괄적 권한 이양을 통해 지역본사가 지역 내 현지 자회사 통괄 매트릭스를 통해 연결되는 제품.지역 매트릭스 조직 형태를 가짐	글로벌 효율성과 현지 적응성을 동시에 추구하는 구조로서, 본사와 해외자회사들이 유기적으로 글로벌한 국제분업과 협력체계임 제조자의 네트워크(이해관계자와 경쟁기업을 포함)
의사 결정 방식	Top-down	Bottom-up (각 자회사는 현지의 목적에 근거하여 결정)	지역 내 자회사간의 상호적 결정	회사의 모든 수준에서 상호간에 협의하여 결정
의사 소통	대량의 명령, 지령, 공문이 본사에서 나옴. 계층적	본사와 자회사 간의 커뮤니케이션은 대부분 없음	지역 내에서의 수평·수직의 커뮤니케이션	전사적인 수평·수직적 커뮤니케이션
자원 배분	투자기회는 본사에서 결정	해외 자회사의 자급자족 자회사간 배분이 없음	경제 및 환경이 유사한 국가들을 하나의 지역으로 묶어 지역본부가 본사로부터의 가이드라인을 하부에 시달	세계규모의 프로젝트 (배분은 지역본부와 본사경영자에 의해 영향 받음)
문화	본국	현지국	지역	세계
브랜드 전략 및 관리	브랜드 글로벌화 (본국의 브랜드 기준 및 관리 가이드라인을 해외시장에 동일하게 적용)	브랜드 현지화 (해외 자회사별로, 현지 상황에 맞추어 본국의 브랜드 기준 및 관리 가이드라인을 수정·변경하여 현지 맞춤형 브랜드 관리)	브랜드 세계화 (본국의 브랜드 전략을 지역본부별로 상이하게 적용 및 자체 지역본부별 가이드라인을 개발하여 하부 해외 자회사들을 통합 관리)	브랜드 글로컬화 (본국의 브랜드 전략을 해외시장에 공통적으로 적용하되, 브랜드 전략 및 실행을 부분적 현지화 하여 탄력적으로 변화 수용)

(2) 글로벌 브랜드의 마케팅 프로그램 개발

기업이 국제화되고, 다국적 기업화가 됨에 따라, 기업은 진출 지역의 다변화, 진입방법의 고도화, 진출제품의 다각화가 이루어지게 된다. 이러한 상황에서의 글로벌 브랜드의 마케팅 프로그램의 고도화가 절실히 필요하게 되며 다음과 같은 브랜드 관

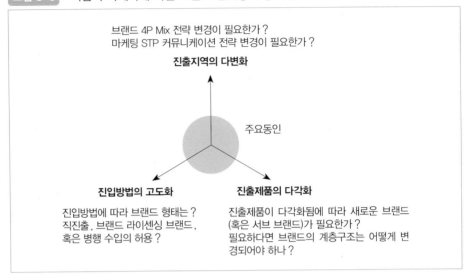

그림 8-3 기업의 국제화에 따른 브랜드 관리상의 중요 점검 질문

브랜드 4P Mix 전략 변경이 필요한가?
마케팅 STP 커뮤니케이션 전략 변경이 필요한가?

진출지역의 다변화

주요동인

진입방법의 고도화

진입방법에 따라 브랜드 형태는?
직진출, 브랜드 라이센싱 브랜드,
혹은 병행 수입의 허용?

진출제품의 다각화

진출제품이 다각화됨에 따라 새로운 브랜드
(혹은 서브 브랜드)가 필요한가?
필요하다면 브랜드의 계층구조는 어떻게 변
경되어야 하나?

리상의 질문들에 답을 해야 할 것이다.

〈그림 8-3〉과 같이, 브랜드의 해외 지역 진출이 다변화될 경우, 가장 우선적으로 브랜드 4P Mix 전략(제품, 가격, 유통, 촉진 전략) 변경이 필요한가 확인해야 한다. 또한 브랜드의 STP 마케팅 커뮤니케이션 전략(세분화, 표적화, 포지셔닝 전략)의 변경 또한 필요한가 점검해야 한다. 성공적인 글로벌 브랜드의 마케팅 프로그램을 개발하기 위해서는 다음에 제시된 글로벌 브랜딩의 10계명을 준수하는 것이 중요하다.

① 글로벌 브랜딩 환경의 유사성과 차이점을 이해할 것

국제시장은 경제, 정치, 문화, 사회 전반의 다양성과 상이성이 존재함을 인식하고 브랜드 개발, 소비자행동, 마케팅 기반 환경의 다양성을 인지하고 대응하는 것이 중요함

② 브랜딩 구축에 지름길을 택하지 말 것

브랜드 자산을 형성하는 방법들이 국가별로 상이하므로 각 국가별 브랜드 인지도, 강력하고 호의적이고 독특하게 차별화되는 브랜드 이미지 연상 및 원천을 제공하는 것에 주력해야 함

③ 마케팅 인프라를 구축할 것

성공적인 글로벌 마케팅을 위해서는 푸쉬 전략과 풀 전략을 적절히 융합한 제조, 유통, 물류 기반 인프라 구축에 우선 주력해야 함

④ 통합적 마케팅 커뮤니케이션을 채택할 것

최근 비전통적인 마케팅 커뮤니케이션 수단을 기반으로 한 BTL 마케팅이 ATL 마케팅을 앞질러 실행되고 있으나, 이 모든 마케팅 커뮤니케이션은 일관성을 가지고 통합 커뮤니케이션이 되어야 함

⑤ 브랜드 파트너십을 배양할 것

글로벌 브랜드들은 라이센싱, 프랜차이징, 합작투자, 직접투자 등 다양한 비즈니스 형태로 운영되고 있어서 마케팅 관련 협력회사들과의 다양한 협업이 이루어짐에 따라 강력한 브랜드 파트너십이 매우 중요함

⑥ 표준화와 맞춤화의 균형을 잡을 것

통합적 시각에서 국제적으로 적용가능한 표준화된 포지셔닝과 브랜딩와 지역별로 변화 가능한 맞춤화 사이의 균형과 결합이 필요함

⑦ 글로벌과 지역의 통제에 균형을 맞출 것

글로벌 브랜드 관리를 위한 조직구조 및 의사결정 형태는 중앙집중화(centralization)와 분산화(decentralization)의 적절한 조합임

⑧ 실행 가능한 글로벌 브랜드 운영 가이드라인을 설립할 것

브랜드 목표가 성공적으로 달성할 수 있도록 브랜드 목표 및 실행계획들이 명료하게 표현된 매뉴얼을 개발하고 이를 지키는 원칙을 수립하고 실행되어야 함

⑨ 글로벌 브랜드 자산 측정 시스템을 실행할 것

다양한 국제시장 환경 하에 글로벌 브랜드를 체계적으로 트래킹할 브랜드 자산 조사의 정교화 작업 및 글로벌 조사 시스템이 구현, 실행되어야 함

⑩ 브랜드 구성요소를 레버리지할 것

브랜드의 구성요소들(브랜드명, 로고, 디자인, 포장, 캐릭터 등)이 다양한 지역 특성에 불구하고도 전이 가능성이 높도록 개발 및 수정 보완해야 함

SUMMARY

- 글로벌 브랜드의 브랜드 요소들은 국가별, 문화별, 특정 시장별 상이하게 전달되고 인식될 수 있기 때문에 브랜드의 언어적, 비언어적 요소들을 표준화와 현지화의 균형을 맞추어 전략 수립하고 실행하는 것이 중요하다.

- 글로벌 브랜드의 장점은 대량 생산, 유통를 통해 규모의 경제를 이룰 수 있고 표준화된 마케팅을 통해 마케팅 비용의 절감이 효율성이 제고되며, 일관성 있는 브랜드 이미지를 유지할 수 있으며, 국가간의 신제품 출시 시 빈번히 발생하는 시차의 문제점을 동시 출시로 해결할 수 있다. 반면, 글로벌 브랜드의 단점은 로컬 시장별 소비자의 욕구, 필요, 제품사용 유형 등이 상이하고, 제품수명주기 및 경쟁상황도 상이하다는 점에서 도출된 브랜드 마케팅 성과가 한계가 있을 수 있다.

- 이에 따라, 글로벌 브랜드 전략 채택 시 제시한 체크리스트에 근거하여 점검함이 필요하다. 일반적으로 글로벌 브랜딩이 용이한 제품군은 글로벌 소비자에게 브랜드의 가치 체계를 전달할 수 있는 브랜드, 혁신제품, 이국적 제품, 한 국가 연상이 밀접하게 연결된 원산지 효과를 갖는 브랜드 등이다.

- 브랜드의 해외진출의 방식은 브랜드 라이센싱, 합작투자, 직진출의 세 가지 방식이 있다. 각 일반적으로 각 방식을 순차적으로 절차로 해외진출을 점진적으로 진출하는 경우도 많으며, 각 방식마다의 장·단점들이 있기 때문에 타사의 기업 사례들과 본사의 상황들을 면밀히 검토하여 성공적인 해외진출이 되도록 해야 할 것이다.

- 글로벌 브랜드 운영이 증가하고 다국적 기업의 브랜드 마케팅이 더욱 중요하게 됨에 따라, 브랜드의 글로벌 표준화와 로컬시장의 현지 맞춤화 시스템에서 브랜드 유효성이 최대화될 수 있도록 융합 최적화하는 것이 중요하다. 성공적인 글로벌 브랜드의 마케팅 프로그램을 개발하기 위해서는 본 장에서 제시한 글로벌 브랜딩 10계명을 철저하게 준수하는 것이 중요하다.

브랜드 커뮤니티

- 브랜드 커뮤니티에 대한 정의, 특성, 활동, 효과 등을 중심으로 해서 학습한다.
- 기회/위협요인, 활성화 장애요인, 전략의 성공요소, 역할 등을 중심으로 브랜드 커뮤니티의 운영전략을 살펴본다.
- 상호작용과 운영방식에 따라 브랜드 커뮤니티의 유형을 분류하고 각 유형의 특성을 학습한다.

중고물품 거래 '중고나라' 어느새 가입자 1,500만명 돌파

2003년 12월 네이버 카페로 처음 문을 연 '중고나라'는 현재 우리나라 최대 온라인 커뮤니티이자 중고 거래 장터로 꼽힌다. 이들이 내건 구호는 '자원의 선순환(善循環)'. 누군가가 쓰다 내놓는 물건이 또 다른 누군가에게 넘어가는 과정에서 좋은 일이 생긴다는 뜻을 담았다. 저성장시대에 딱 맞는 얘기여서일까. '카페'였던 '중고나라'는 어느덧 '나라'가 됐다. 최근 연간 방문자수가 1억 9,000만명. 회원수는 네이버 카페와 모바일 전용 애플리케이션을 합쳐 2,100만 명 정도다. 지난 한 해 동안 성사된 중고 거래 건수는 6,000만 건에 이른다. 대한민국 사람 10명 중 4명은 '중고나라'를 이용하고 있다는 뜻이다. 인터넷 서비스 '중고나라'를 운영하는 큐딜리온은 작년 말 벤처캐피털 슈프리마인베스트먼트 등에서 100억원 투자를 유치해 사업 다각화에 나서고 있다. 내년에는 해외 중고거래 시장에 진출할 계획이다. 큐딜리온 관계자는 "현재 광고로 연간 10억원 안팎 매출을 올린다"면서 "한국식(式) 중고 거래 모델을 들고 동남아시아, 중국 같은 해외시장에 진출할 계획도 있다"고 말했다.

지난 19일 서울 삼성동 사옥에서 만난 '중고나라' 대표 이승우 씨는 "처음 카페를 열 때만 해도 이 정도로 사람이 몰려들 줄 몰랐다"면서 자신의 휴대전화에서 '중고나라' 사이트를 열어 보였다. "이젠 1초에 58명씩 찾아오고, 1초에 세 건씩 새 중고 거래가 등록되는 곳이 됐어요. 지금 제가 말하는 동안에만 벌써 중고 거래 9건이 등록됐어요. 그 사이 174명이 왔다 갔고요…." 말을 맺는 사이, 방문자 끝자리 숫자가 또 바뀌었다.

1초에 58명 왔다 가는 장터

- 2014년 드라마 '별에서 온 그대'에서 주인공 전지현이 아끼던 가방을 '중고나라'에 몽땅 내 놓는 장면이 나왔죠. 김수현이 "운포는 뭐고 에눌은 뭐냐?"고 했고요.

"그게 참…. '중고나라' 회원들끼리만 쓰던 인터넷 용어가 어느덧 보통명사가 돼버렸어요. '운포(운송비 포함)' '택포(택배비 포함)' '에눌(물건값 깎아줌)' '미개봉(뜯지도 않은 중고품)' '쿨 거래(기분 좋은 거래)' '드림(돈 안 받고 그냥 줌)' 같은 말을 너도나도 다 쓰는 세상이 된 거죠. 그게 나중엔 드라마 대사로도 쓰이고(웃음). 카페를 만든 건 저와 초창기 멤버들이지만 지금의 '중고나라'는 제가 만든 게 아닌 거죠."

- 초창기 '중고나라'에서 많이 팔리던 건 뭐였죠.

"카메라, 렌즈, 한정판 CD…. 뭐 그런 것들이었어요. 아무래도 초기엔 수집벽이 있는 사람들이 많이 찾았어요. 아내 몰래 쌈짓돈으로 값비싼 물건을 수집하는 남자들이요. 그러다가 2008년 미국 금융 위기가 터지면서 불황이 왔고, 너도나도 중고를 사고팔기 시작했죠. 회원이 200~300만 명에서 갑자기 500만 명을 넘어섰고, 금세 1,000만 명, 2,000만 명이 됐죠."

흔히 '중고나라'를 중고 물품을 사고파는 인터넷 커뮤니티 정도로만 알고 있지만, 사실 '중고나라'는 제법 덩치가 큰 회사다. 이승우 대표는 인터넷 카페였던 '중고나라'를 2014년 '큐딜리온'이라는 법인으로 만들었다. 2015년에는 엔젤 투자자 및 벤처캐피털에서 80억원가량을 투자받았다. 최근엔 폐쇄형 공구 쇼핑몰 '비밀의 공구', 중고품을 와서 실어가는 '주마' 서비스도 시작했다. '비밀의 공구'는 싸고 품질 좋기로 소문난 물건을 짧은 시간에 팔아치우는 공동구매 쇼핑몰이다. 이곳엔 아무나 들어갈 수 없다. 검색해도 보이지 않는다. 이곳에 먼저 입장한 회원에게 초대를 받고 가입 절차를 밟아야만 물건을 살 수가 있다. 다른 곳에서는 팔지 않는 싼 물건을 판다는 소문이 퍼지면서 '비밀의 공구' 회원은 순식간에 10만 명으로 불어났다.

- '중고나라'가 이젠 마누라 몰래 중고 카메라와 렌즈를 사들이던 곳을 넘어섰다는 얘기인 거죠. 언제 이렇게까지 컸나요.

"저도 잘 모르겠어요. 돌아보면 우연이 쌓여 어느덧 운명이 된 것도 같아요. 온라인 결제 시스템을 만들어서 그걸로 돈을 벌어보고 싶었고, 그래서 '안전결제'라는 걸 만들었어요. 중고품을 사고팔 때 이 프로그램이 유용하겠다는 생각이 들었고요. 그래서 테스트를 하다 규모가 커져 이게 사업이 된 거죠."

– 요즘은 전국 고물상 분들과 만난다던데요.

"우리나라 곳곳에 크고 작은 고물상이 얼마나 많은지 아세요? 몇백 곳은 돼요. 그런데 다들 갈수록 '장사하기 어렵다'고들 하세요. '중고나라'에서 이분들이 일하면 잘되지 않을까 싶었어요. 그래서 직접 사람들을 찾아다니면서 헌옷이나 헌책, 폐가전을 치워주고 대신 팔아주는 사업을 해보시라고 권했죠. 서비스 시작하자마자 터졌어요. 요즘 이 고물상 기사분들 돈 잘 버세요(웃음). '중고나라 덕분에 살 만해졌다'고 하시는 말 들으면 기분 좋죠."

조선일보 2017.09.30. 기사에서 발췌 및 재구성

1 브랜드 커뮤니티란?

(1) 브랜드 커뮤니티의 정의와 특성

오래전부터 사회학 등 사회과학 분야에서는 커뮤니티(공동체)에 관한 논의가 이루어져 왔다. 1950년대에 이르러서 커뮤니티의 개념에 대한 정의들이 나타나기 시작하면서 특히, 사회학에서는 커뮤니티를 인간의 공동생활이 이루어지고 있는 일정한 지역, 특히, 인간의 모든 사회적 관계를 찾아볼 수 있는 지역사회를 의미하는 것으로 교제(association)와 대응하는 개념으로 정의해 왔다.

마케팅 분야에서는 브랜드 커뮤니티의 개념이 등장하기 이전에 소비경험을 기초로 한 사회적 관계로서 소비 커뮤니티(consumption community)에 대한 연구가 많이 이루어져 왔다. 현대인의 특징 중 하나가 높은 이동성이기 때문에 공동체라는 감정의 기반은 잘 알고 지내는 이웃사람들에게서 뿐만 아니라 같은 브랜드의 자동차를 사용하는 것과 같은 소비행동의 동일성에서도 찾을 수 있다고 주장하면서 소비 커뮤니티 개념을 주장하였고(Monroe et al., 1993), 스카이다이버들의 소비행동에 영향을 주는 것

이 공동의식임을 보여주고 있으며(Celsi et al., 1993), 유명한 브랜드인 Harley Davidson 과 Jeep를 대상으로 공동 소비현상과 소비의 하위문화도 연구하였다(McAlexander et al., 2002).

특히, 소비 커뮤니티의 구체적이고 발전적인 형태를 브랜드 커뮤니티(brand community)라고 할 수 있는데 특정 브랜드를 중심으로 온라인에서 형성되어 관심과 경험을 공유하고 상호작용이 이루어지는 곳이 온라인 브랜드 커뮤니티라 할 수 있다. 어떻게 보면 현실적으로 기존 공동체가 붕괴되고 자본주의사회에서 소비가 고도화되고 이에 따라 브랜드의 영향력이 커지면서 브랜드 중심으로 커뮤니티가 생성되는 것은 자연스러운 현상의 귀결이라 할 수 있다. 그런 점에서 브랜드를 중심으로 인적 교류를 갖는 브랜드 커뮤니티가 활성화되고 있는 건 어쩌면 당연한 일이라 하겠다. 보통 브랜드 커뮤니티에서 제공되는 정보는 상업적 정보원천에서는 얻기 어려운 특정 제품 및 서비스의 품질, 사용법, 관리방법 등이 소비자 경험을 통해서 제공되기 때문에 소비자들은 쉽게 정보를 수용하게 된다. 즉, 커뮤니티 구성원 간의 쌍방향 커뮤니케이션은 커뮤니티 내에서의 제품 논쟁 혹은 실질적으로 생활에 도움을 줄 수 있는 정보 등 개개인들에게 제품에 대한 이해도와 구매 의사결정을 내릴 수 있게 도와주게 된다.

브랜드 커뮤니티를 처음으로 학술적인 장으로 끌어들인 Muniz and O'Guinn (2001)은 브랜드 커뮤니티를 '특정 브랜드를 좋아하는 사람들 사이에 나타나는 사회적 관계의 구조화된 집합에 기인한 특화되고 지리적으로 제약되지 않은 커뮤니티 (a brand community is a specialized, non-geographically bound community, based on a structured set of social relationships among admires of brand)로 정의하였다. 다른 마케팅학자들도 어의적 표현은 다소간 다르지만 대체적으로 브랜드 커뮤니티를 특정 브랜드에 대한 사적인 공동의 관심사를 기초로 해서 형성된 커뮤니티로 정의하고 있다. 기업에서 생산하는 특정 브랜드뿐만 아니라 방송사의 특정 드라마, 특정 운동선수, 특정 연예인 등에 이르기까지 매우 다양하다. 인터넷은 브랜드 커뮤니티 형성의 강력한 촉매가 되고 있다.

특히, 시간이 지나면서 개별적인 고객-브랜드의 관계가 거의 대부분 인터넷을 매개로 정보를 공유하고 일상적인 관계를 형성하기 위하여 고객-고객-브랜드 관계로 확장되어 가고 있다. 이는 인터넷이 매체의 특성상 오프라인상의 구전과는 달리 전파력이나 접근가능성이 훨씬 용이하고 양적으로도 크게 앞서고 있어 소비자에 대한 영향력이 월등하기 때문으로 풀이될 수 있다. 결국 브랜드에 대한 신뢰도와 로열티를 구축하기 위한 가장 확실한 방법은 바로 온라인 커뮤니티를 구축하고 운영하는 것이라 할 수 있다. 그것은 브랜드 커뮤니티를 통해서 시장에서 목표고객들에게 브랜드에 대한 소속감과 유대감, 그리고 기업이 가치있는 고객들을 지속적으로 돌보고 있다는 메시지를 명확히 전달해 줄 수 있기 때문이다.

브랜드 커뮤니티를 마케팅 전략으로 이용하는 대표적인 브랜드로는 Harley Davidson을 들 수 있다. 미국의 대표적인 모터사이클 브랜드인 할리데이비슨은 '미국인의 상징(American Icon)'이라는 브랜드 메시지를 이용하고 있는데, 'To Ride and Have Fun'이라는 단순한 미션하에 Harley Davidson을 타는 소비자들을 모아서 결속을 강화하고 자사제품을 상품이 아닌 문화로 인식시키고자 하는 목적으로 커뮤니티를 결성하였다. 처음에는 고객들을 위한 다양한 행사를 통해서 커뮤니티의 욕구를 충족시키면서 구전마케팅을 펼치는 전략이 기업주도로 이루어졌으나 이제는 회원들을 자발적이고 열정적으로 지원해주는 커뮤니티로 성장시켰다.

전 세계적으로 130만 명의 회원들이 800여 개의 할리 오너스그룹(H.O.G: Harley Owners Group) 중 하나에 소속돼 있으며, 직원들은 정기적으로 H.O.G 모임에 참가해서 고객의 니즈를 이해하고 제품 및 서비스개선이나 잠재적 신상품에 대한 새로운 아이디어를 얻는다. 이런 마케팅 전략 덕분에 도요타가 Camry 차종 하나만을 위해 1억 달러 가까운 광고비를 지출한 것에 비해 Harley Davidson의 광고비는 겨우 100만 달러에 불과했다. 할리 오너스 그룹은 할리를 상징하는 점퍼, 패치(patches), 핀, 티셔츠, 두건(bandana) 등 액세서리를 구입하며, HOG 잡지와 e뉴스레터를 통해 정보를 공유한다. 또한 지부(chapter)에 소속되며, 마일리지, 랠리·이벤트, 안전 운행 기술 프로그램, 투어링 콘테스트(touring contest), 세계 주행 등을 통해 체험을 공유하며, 박물관 회

그림 9-1 할리 오너스 그룹(H.O.G: Harley Owners Group)

원, 멤버서비스센터, 10년·25년 회원증, 도난 보상 프로그램, 고장 수리 서비스 등을 통해 자부심을 갖게 된다. 할리 오너스 그룹은 다른 할리 소유자보다 의류, 액세서리, 할리 스폰서 이벤트 등을 30%가량 더 많이 소비한다고 한다.

브랜드 커뮤니티는 일반적인 커뮤니티와 비교하여 구성원들이 능동적이고 강한 몰입을 나타내기 때문에, 소비자는 브랜드 커뮤니티를 통해 생활 속에서 다양한 방법으로 브랜드를 체험하는 동안 브랜드와 자신의 정체성과의 일체감을 경험하게 되고 이는 다시 브랜드 로열티로 이어지게 된다. 즉, 브랜드 커뮤니티에서 고객들과의 지속적인 커뮤니케이션 과정은 신제품 개발과정에만 국한시킬 것이 아니라 제품사용법, 제품사용경험, 기업지원내용 등에 대해서도 이루어질 필요가 있다. 결과적으로 브랜드 커뮤니티를 통해서 기업은 높은 수준의 고객만족과 고객 로열티를 달성할 수 있다.

브랜드 커뮤니티는 일반적인 커뮤니티와 마찬가지로 다음과 같이 공유된 의식, 의례와 전통, 그리고 도덕적 책임감과 같은 본질적인 특성을 지니고 있다.

- **공유된 의식**(shared consciousness): 이는 커뮤니티 구성원이 브랜드 정체성을 기반으로 브랜드에 대해 중요한 연결을 느끼고 다른 구성원들과도 강력한 연결을 느끼는 것을 의미한다. 이러한 공유된 의식은 해당 브랜드 사용자와 다른 브랜드 사용자 사이를 구분하고, 대항적 브랜드 로열티(oppositional brand loyalty)를 가져다 줄 수 있다.
- **의례와 전통**(rituals and traditions): 이는 커뮤니티의 역사, 문화, 의식을 영속시키고 다른 커뮤니티와 차별될 수 있도록 해주고 있다. 커뮤니티를 통해서 나타나는 의례, 규범 및 전통은 커뮤니티를 유지시키는 중요한 수단인데, 특히 커뮤니티의 역사, 커뮤니티의 의식과 의례, 커뮤니티의 상징물, 커뮤니티의 스토리 등은 구성원들 간의 상호작용을 촉진시켜 해당 커뮤니티를 강하게 결속시킨다. 일반적으로 브랜드 커뮤니티의 의례와 전통은 브랜드와 관련된 특유한 표현 양식 및 상징과 의미 등을 생산하여 브랜드 의미(brand meaning)를 형성하게 된다.
- **도덕적 책임감**(sense of moral responsibility): 이는 전체로써 커뮤니티 그 자체와 개별 구성원에 대하여 느끼는 의무감이다. 따라서 커뮤니티의 유지 및 존속을 위하여 자발적이고 지속적인 참여를 이끌고 새로운 구성원을 유치하게 하며 커뮤니티가 위험한 시기에 협동적인 행동을 가능하게 하여 경쟁관계에 있는 커뮤니티와 맞서게 한다. 브랜드 커뮤니티에 있어서 도덕적 책임감은 동일한 브랜드를 사용하는 소비자들이 가지는 문제점을 해결해 주거나 브랜드에 대한 정보를 공유하고자 하는 행동으로

나타난다.

(2) 브랜드 커뮤니티 활동

최근 인터넷을 통한 기술의 발전, 모바일 환경의 가속화, 첨단 통신 장비의 발전 등으로 소비자들은 보다 많은 정보를 인터넷 가상공간에서 획득하고 있으며, 다양한 제품 체험, 쇼핑몰 등을 통한 구매, 커뮤니티 활동을 통해 인터넷 공간에서는 다양한 사람들 간의 교류가 일어나고 있다. 이에 따라 인터넷상에는 수많은 브랜드 커뮤니티가 생성되고 있으며, 브랜드 커뮤니티는 소비자가 직접 생성하거나 기업이 직접 만들거나 또는 기업과 소비자가 제휴하는 형태로 다양하게 만들어지고 있다. 이제 전통적 브랜드 커뮤니티들도 어떤 형태로든지 간에 인터넷을 매개로 하여 가상공간에서 동질감이 형성된 사람들 간의 상호작용에 의해 커뮤니티활동을 강화하고 콘텐츠를 생산해 나가고 있다.

Muniz and O'Guinn(2001)의 연구 이후에 몇몇 후속 연구가 이루어졌다. McAlexander et al.(2002)는 Jeep를 소유하고 있는 소비자들을 대상으로 브랜드 커뮤니티 활동을 연구하였다. 이 연구에서는 '지프 커뮤니티 축제(Jeep Jamborees)'에 참가한 구성원들과 참가하지 않은 구성원들을 대상으로 비교분석하였다. 1953년부터 시작된 이 축제는 지프 소유자들과 그 가족들이 매년 봄부터 가을까지 미국 전역의 30개 장소에서 2일 간의 오프로드 어드벤처(off-road adventure)를 함께 하는 행사이다. 연구결과, 커뮤니티 축제에 참가한 구성원들은 그렇지 않은 구성원들보다 지프 제품에 대한 태도, 지프 브랜드에 대한 태도, 지프를 만드는 기

그림 9-2 Jeep 커뮤니티

지프 소유자들은 'Jeep Jamborees'를 통해서 미국 전역을 마음껏 달릴 수 있다.

업에 대한 태도, 다른 지프 소유자들에 대한 태도 등이 현저하게 좋았다.

국내에서는 다음 포털 사이트에서 12개의 자동차 커뮤니티를 선정한 후 10일 동안 게시판에 올라온 글들에 대해 해석적 분석을 사용한 연구가 있다(성영신·임성호, 2002). 이 연구에서는 브랜드 커뮤니티의 구성원들이 네 가지 활동 대상인 브랜드, 구성원, 기업 및 정부, 사회와 관계를 형성하고 있는 것을 전제로 하고 브랜드 커뮤니티 활동을 다음과 같이 여섯 가지로 분류하고 있다.

- 첫째, 브랜드 자체를 대상으로 구성원들이 브랜드에 대한 사랑과 애정을 표현하고 확인하고자 하는 브랜드 애착활동을 보이고 있다. 구성원들은 이 과정에서 별칭을 사용하거나 결함을 감추면서 조그마한 장점을 과장되게 표현한다. 또한 경쟁 브랜드를 부정적으로 언급하거나 브랜드의 속성을 과대평가하는 활동을 보이기도 한다.
- 둘째, 커뮤니티 구성원들은 브랜드 커뮤니티에서 브랜드와 관련된 정보를 공유한다. 이러한 정보공유 활동은 구성원들을 대상으로 일어나는 것이며, 이 활동은 크게 정보를 추구하는 활동과 정보를 제공하는 활동으로 나눌 수 있는데 브랜드 커뮤니티에 가입하게 되는 주요 동기로 작용한다. 특히, 소비자들은 브랜드 관련정보를 브랜드 커뮤니티가 가장 많이 가지고 있으며 그 정보 또한 매우 신뢰성이 높은 것으로 인식하는 경향이 있다. 이는 해당 제품이나 서비스를 직접 사용해 본 소비자들의 정보가 가장 믿을 만하다고 생각하기 때문이며 이로 인해 광고나 다른 홍보물을 통해서 정보를 획득할 수 있음에도 불구하고 브랜드 커뮤니티에서 정보를 얻으려 하고 있는 것이다.
- 셋째, 커뮤니티 구성원들은 제품이나 관련 부품들을 직접 사고팔거나 서로 교환, 또는 공동구매하는 것과 같은 경제적 활동을 통해서 이익을 추구하고자 한다. 이는 인터넷상에서 다른 구매채널보다 소속되어 있는 커뮤니티에서의 거래를 더욱 신뢰하기 때문이다. 특히, 브랜드 커뮤니티에서 적극적으로 활동하고 있는 구성원들에 대해서는 높은 신뢰를 가지고 있으며 이들과 활발한 상호작용을 하고 싶어 하는 경향이 있다.
- 넷째, 브랜드 커뮤니티에서 구성원들은 제품 및 서비스에 대한 정보를 서로 공유할 뿐만 아니라 오프라인 모임들을 통한 직접 혹은 간접적인 만남으로 관계를 형성해나간다. 이러한 관계형성은 정보를 공유하는 활동만큼이나 활발히 발생하며 브랜드 커뮤니티에 가입하는 또 다른 동기가 되고 있다. 그러나 커뮤니티 구성원의 수가 많

아지면 상호 친밀감이 감소되면서 또 다른 소규모 커뮤니티로 분화되기도 한다.

- 다섯째, 브랜드 제공하는 기업이나 정부를 대상으로 소비자의 권익을 보호하려는 권익추구 활동을 전개해 나간다. 관계형성 및 유지활동이 활발하게 일어나면 브랜드 커뮤니티 구성원들은 특정 브랜드라는 공통된 관심사로 묶여 있기 때문에 이를 쉽게 공감할 수 있고 이를 해결하기 위해서 정부나 기업을 상대로 영향력을 행사하고자 한다.

- 여섯째, 브랜드 커뮤니티 주변을 둘러싸고 있는 사회전체에 관한 활동을 전개한다. 브랜드 커뮤니티의 구성원들은 사회공익성을 위해 브랜드 커뮤니티의 다른 활동에 참여하고 자발적으로 사회적 약자에 대한 도움을 주고자 한다. 이는 브랜드와는 직접적으로 관련이 없으며 수해복구 지원이나 결식아동 지원과 같은 사회적 활동을 예로 들 수 있다.

(3) 브랜드 커뮤니티의 효과

브랜드를 중심으로 커뮤니티 구성원, 브랜드를 제공하는 정부나 기업들 간의 상호작용이 발생하는 브랜드 커뮤니티는 이들의 관계를 중심으로 소비자 입장과 기업 입장에서 다음과 같은 효과를 얻을 수 있다.

소비자 입장

- 브랜드 커뮤니티는 정보탐색 및 정보제공의 기회를 크게 확장시키고 소비자들의 능동적인 정보활동을 가능하게 만들어 주어 소비자의 정보원으로 작용하고 있다. 따라서 브랜드 커뮤니티 내에서 구성원들 상호간에 원하는 제품 및 사용 등에 관한 정보를 공유하고 의사결정을 효과적으로 할 수 있다. 또한 여기서 획득한 정보는 상업적 정보원천에서는 얻기 어려운 특정 제품의 품질, 사용, 관리방법 등이 소비자들의 직접적인 경험을 바탕으로 제공되기 때문에 구성원들의 정보 수용도가 높게 나타난다.

- 브랜드 커뮤니티는 구성원들 간의 공통적인 상호작용을 통해서 사회적인 혜택을 제공하고 동일한 브랜드를 매개로 커뮤니티에 대한 소속감을 강화시켜 줌으로써 구성원들에게 의미있는 사회적 및 심리적 공간으로 작용한다. 아울러 브랜드를 매개로 친밀한 인간관계를 형성하여 공동구매를 통한 경제적인 소비패턴을 만들 수 있다. 또한 구성원들은 브랜드 커뮤니티 활동을 통해 자신의 정체성을 형성할 뿐만 아니

라 브랜드를 가꾸고 자신을 표현하는 과정에서 자긍심을 고취시키고 자신의 가치를 향상시킬 수 있게 된다.

- 브랜드 커뮤니티는 소비자의 대리인으로 기능할 수 있으며 소비자가 고립되고 원자화된 상태로 있을 때보다 큰 영향력을 발휘할 수 있도록 해주고 있다. 구체적으로, 브랜드 커뮤니티 구성원들은 구전(word-of-mouth)을 통해 브랜드의 사용후기나 피해사례를 전달하여 소비자들의 권익보호나 자신들만의 문화를 창출하여 해당 브랜드 가치를 제고시키기도 한다. 예를 들어, 기아자동차의 경우, 관련 브랜드 커뮤니티로부터 로체 차량에서 브레이크 작동시 솔레노이드 밸브(Solenoid Valve)의 정상 작동음이 다른 차량에 비해 크다는 지적에 따라 불만제기 차량에 대해서는 무상으로 부품교환을 실시하였다.

기업 입장

- 브랜드 커뮤니티는 고객과 브랜드와의 관계를 효과적으로 구축할 수 있게 만들어서 브랜드 자산 형성에 긍정적인 영향을 미친다. 즉, 브랜드 커뮤니티는 소비자의 니즈를 제대로 파악할 수 있는 정보의 원천이 되고 있으므로 기업은 적은 비용으로 고객과의 장기적인 관계를 만들어 나갈 수 있다. 아울러 브랜드 커뮤니티는 저비용 집단적 광고채널로서 작동할 수 있기 때문에 비용측면에서 목표고객에 대해 효과적으로 광고전략을 수행할 수 있게 해줄 수 있다.

- 브랜드 커뮤니티는 고객과 기업 간의 관계를 발전시켜 해당 기업의 경쟁우위 원천이 되고 있다. 아울러 브랜드 커뮤니티는 정보를 공유하고 브랜드에 대한 역사와 문화를 유지할 수 있게 해주며 구성원들에게 소비생활에 대한 도움을 제공해 주고 있다. 결과적으로 브랜드 커뮤니티는 구성원들로 하여금 해당 브랜드를 지속적으로 유지하도록 하여 기업과 소비자 간에 장기적인 관계를 구축하도록 만들어 주고 있다.

- 브랜드 커뮤니티는 고객과 제품 간의 관계를 개선시켜 기업에게 새로운 제품 및 시장 기회를 제공한다. 브랜드 커뮤니티를 통해 기업들은 실시간으로 사업기회 및 아이디어를 발굴하고 고객확보 및 비용절감 등을 모색할 수 있게 된다. 결국 커뮤니티 구성원들의 구매 및 소비활동을 통해 교차판매(cross-selling) 및 상향판매(up-selling) 등과 같이 판매기회를 확장해 나갈 수 있게 된다.

- 온라인 브랜드 커뮤니티를 통해 일반 소비자와의 관계를 개선하여 기업 이미지를 개선 등의 사회적 책임기능을 수행하는 기회를 제공한다. 즉, 브랜드 커뮤니티에서

자발적으로 이루어지는 사회적 봉사활동은 브랜드 커뮤니티를 홍보해 줄 수 있을 뿐만 아니라 구성원들의 자긍심을 고취시킴으로써 기업이 수행하여야 하는 사회적 책임기능을 대신 수행하는 효과도 거둘 수 있다.

표 9-1 브랜드 커뮤니티의 효과

구분		내용
소비자 입장	정보원으로 작용	제품 및 사용 등에 대한 정보 공유
	사회적 혜택	상호작용을 통한 다양한 사회적 혜택 수혜
	영향력 확대	소비자들의 발언권 향상
기업 입장	브랜드 자산 형성	브랜드 자산 형성에 긍정적인 영향
	경쟁우위 원천	장기적 관계를 통해 경쟁우위 전략 제공
	시장기회 창출	제품개발 기회 제공 및 판매기회 확장
	사회적 책임기능	기업의 사회적 책임기능 수행

2 브랜드 커뮤니티 운영전략

브랜드 커뮤니티는 해당 브랜드에 가장 열정적으로 몰입해서 활동하는 로열티 고객들의 집합이라고 할 수 있다. 따라서 이들은 커뮤니티가 제공하는 혜택을 통해 다른 구성원들과 연결되어 있다고 볼 수 있다. 결국 강력한 브랜드 커뮤니티를 발전시키는 것은 관계마케팅을 실현시키는 필수적 전제가 되고 있으며 이를 통해 기업은 고객들과의 장기적인 관계를 구축함으로써 경쟁적 우위를 점할 수 있으며 이와 관련된 전략적 원천을 제공받을 수 있다.

(1) 브랜드 커뮤니티의 기회 / 위협 요인

브랜드 커뮤니티는 정보적(informative) 및 전문적(expert) 측면에서 영향력을 행사하는 준거집단(reference group)의 역할을 하게 되는데, 기업은 이를 잠재고객들에게 보여줌으로써 이들에게 자사 브랜드에 대한 긍정적인 태도를 형성케 하고 집단규범에의 순응압력을 유발시킬 수 있다. 아울러 동질적인 구성원들 간의 강한 유대관계로 결속되어 있는 브랜드 커뮤니티에서는 신제품에 대한 커뮤니케이션이 활발하게 이루어질 수 있기 때문에 잠재고객들이 신제품을 수용하는 과정에서 의견선도자(opinion leader)의 역할을 효과적으로 수행할 수 있게 된다. 그리고 브랜드 커뮤니티는 정보탐색과 정보제공이라는 기회를 크게 확장시키는 역할도 하고 있다.

그러나 너무 강력한 브랜드 커뮤니티는 기업의 마케팅 노력이나 신제품 수용을 거부하고 이러한 거부를 확산시킴으로써 마케터에게 부담을 줄 수 있다. 이에 대한 대표적 사례로서는 많이 알려져 있는 Coca Cola Classic의 경우를 들 수 있다. 1985년에 Coca Cola사에서 기존의 콜라 생산을 중단하고 오랜 조사를 거쳐 출시한 New Coke가 소비자들에게 철저한 외면을 받았다. 새로 출시한 New Coke의 맛이 좋긴 했지만, 오랫동안 소비자들의 입맛을 사로잡았던 오리지널 제품에 대한 향수가 더 강했기 때문이다. 결국 브랜드 커뮤니티의 강력한 항의로 코카콜라사는 새 제품을 출시한 지 두 달만에 Coca Cola Classic이라는 이름으로 기존 콜라를 다시 판매하게 되었다. 또한 브랜드 커뮤니티는 일반 소비자들에게 불량정보, 거짓정보 등을 쉽게 노출시킬 수 있는 위치에 있기도 하다. 한번 생산되고 유통된 거짓정보, 불량정보 등은 확대 재생산이 가능하며 이를 통해 해당 브랜드 및 브랜드 커뮤니티는 물론 기업의 이미지와 신뢰성에 손상을 입히는 결과를 초래할 수도 있다. 이러한 결과는 궁극적으로 브랜드 커뮤니티의 활성화에 장애요인으로 작용하게 된다.

그림 9-3 강력한 브랜드 커뮤니티의 사례: Coca Cola

코카콜라사는 New Coke라는 새롭고 향상된 맛을 시장에 선보였지만 기존 고객들이 오리지널 콜라 맛에 대해서 강력하게 감정적인 관여를 하고 있음을 간과하였다.

(2) 브랜드 커뮤니티 활성화 장애요인

앞서 언급한 대로 브랜드 커뮤니티는 긍정적 구전효과를 창출할 수 있는 반면에, 기업에게 위협요인이 되기도 한다. 커뮤니티상의 정보원은 개방되어 있어 인터넷을 통해 누구나 정보를 게시하고 공유할 수 있다. 이에 따라 불량정보, 거짓정보 등이 용이하게 생성되고 공유될 수 있으며 이러한 정보들은 인터넷이라는 매체의 비동기적인 특성에 따라 주기적으로 반복되는 경향을 보이게 되는데 대개 정보의 진상이 확인되거나 문제가 해결되는 경우에는 급속하게 사라지게 된다. 즉, 일시적으로 급속히 확산되었다가 급격하게 줄어드는 대중매체와는 달리 시간의 경과에 따라 반복적으로 회자되고 소멸되는 커뮤니케이션 형태를 보이기 때문에 브랜드 커뮤니티에서 생산되는 부정적인 정보의 파급효과는 대단하다고 할 수 있다. 결국 브랜드 커뮤니티는 기업 입장에서 보았을 때 브랜드 가치를 제고시킬 수 있는 절호의 기회이자 동시에 커다란 위협이 되기도 하는 것이다.

온라인을 이용한 브랜드 커뮤니티는 정부나 기업의 상품 및 서비스에 불만을 지닌 소비자들이 합심해서 조직화된 것으로 초기에 단순한 항의나 불만을 토해내는 공간에서 직접 압력을 행사하는 공간으로 성장하였다. 이러한 가상공간에서의 파워를 배경으로 현실세계에서도 막강한 여론형성 세력으로 부상하고 있다. 기업의 입장에서는 안티(anti) 브랜드 커뮤니티의 활동은 매우 부담되는 일이다. 현실적으로 안티 사이트를 통해 반대의견을 개진하고 부정적 여론몰이를 해나가는 행위는 국내 대부분의 기업들 및 정부 사이트 등에 대하여 이루어지고 있다고 해도 과언은 아닌 것이다. 안티성향을 보이는 브랜드 커뮤니티의 구성원들은 해당 브랜드의 약점을 공략하고 언론이나 소셜미디어를 통해 이러한 사실을 유출시키고는 한다. 또한 일부의 사례에서는 건전한 반대의견을 개진하기보다는 욕설과 비난, 그리고 근거 없는 루머를 퍼뜨리고 있는 경우를 보이고 있다.

소비자들이 브랜드 커뮤니티를 찾는 이유는 무엇일까? 아마도 가장 큰 이유는 자신들이 관심을 갖고 있는 주제에 대한 정보를 획득하고 브랜드나 기업에 대해서 구성원들과 마음을 터놓고 대화를 나누고자 함일 것이다. 다시 말해서 기업의 마케팅활동을 보고 듣고 돕기 위해서 가입하는 것이 아니라는 것이다. 따라서 기업입장에서는 자사 사이트에서 활동하고 있는 커뮤니티가 반드시 자사 제품 및 브랜드와 어떠한 형태로든지 간에 연관성이 있어야만 된다고 생각해서는 절대적으로 성공적인 브랜드 커뮤니티를 구축할 수 없게 된다. 즉, 자사 제품과 연관된 소재를 가진 커뮤니티만을 개설하도록 제한을 둘 경우 결코 다양한 커뮤니티를 만들 수 없게 되고 결과적으로 상업성만이 강조되는 형국이 되기 때문에 해당 커뮤니티는 구성원들로부터 외면을 당하게 되는 것이다. 따라서 기업은 브랜드 커뮤니티에서 제공되는 정보에 대해 지속적으로 모니터링하면서 문제 발생 시에는 적극적이고도 즉각적인 대응을 해야 한다.

(3) 브랜드 커뮤니티 전략의 성공요소

커뮤니티 리더의 열정

그동안 수많은 기업들이 브랜드 커뮤니티를 구축하고 활성화시키기 위해서 노력해 왔지만 성공한 경우는 확률적으로 매우 낮았다. 실제적으로 다양한 이벤트와 경품을 내걸고 회원들을 유치했지만 대부분의 경우 이벤트가 종료되면 적극적으로 활동하는 회원의 수는 극히 미미하였다. 따라서 커뮤니티 운영진은 가입 이후 활동이 활발하지 못한 회원들에게는 지속적으로 관심과 애정을 가지고 커뮤니케이션을 수행하며 궁극적으로 이들 회원들이 커뮤니티에 로열티를 갖도록 만들어야 한다. 이 경우, 기업은 커뮤니티 운영진에게 명확한 권한과 책임을 부여해야 한다.

프리미엄 부여

기업은 브랜드 커뮤니티에 가입시키고 활동을 하도록 유인하기 위해서는 어떤 형태로든지 간에 회원들이 해당 브랜드 커뮤니티에 가입한 사실에 대해 프리미엄(premium)을 느낄 수 있도록 해주어야 한다. 이러한 인지된 가치(perceived value)는 반드시 물질적 보상일 필요는 없다. 어떤 측면에서는 심리적 혹은 사회적 가치를 느낄 수 있도록 만들어주는 것이 더 효과적일 수 있다. 예를 들어, 사회복지공동모금회는 이웃돕기에 참여하고 있는 회원들에게 '사랑의 열매'를 제공하면서 회원들의 활동에 대한 사회적 보상심리를 충족시켜주고 있다.

그림 9-4 사회복지공동모금회의 브랜드 커뮤니티 전략

'더불어 함께 사는 사회'를 만들어가자는 뜻인 '사랑의 열매'는 내 가족을 사랑하는 마음으로 이웃에게 사랑을 전하자는 나눔의 의미를 지니고 있다.

그림 9-5 Apple Support Community

고유개념 설정

브랜드 커뮤니티의 회원들은 대부분 다른 구성원들과 대화를 나누기를 원하기 때문에 브랜드의 기능적 우수성만을 강조하는 커뮤니티는 성공하기가 쉽지 않다. 오히려 긍정적인 경험뿐 아니라 부정적인 경험을 가진 다양한 사람들이 만나는 브랜드 커뮤니티에서는 고유개념(unique concept)을 설정하여 브랜드의 문화적 코드를 중심으로 하나의 문화적 장(場)이 될 수 있을 때 성공의 가능성을 훨씬 높일 수 있다. 다시 말해서, 브랜드 기능성에 대한 이야기는 기업에 의해서가 아니라 회원들 사이에서 대화를 하는 가운데 자연스럽게 거론될 수 있도록 해야 되며 기업은 단지 그러한 대화의 공간만을 만들어주고 회원들의 불만사항이 발견되면 즉시 제거하는 데 심혈을 기울여야 한다. 고유개념을 설정하는 방법에는 브랜드 정체성(identity)을 이용하는 방식과 소비자들의 브랜드 소비성향 및 라이프스타일 분석을 이용하는 방식을 생각해 볼 수 있다. 대표적으로, Apple은 혁신이라는 고유개념에서 자사가 지원하는 브랜드 커뮤니티에 소비자들이 자발적으로 참여해서 자사제품의 모든 것에 대해서 도움을 청하고 학습할 수 있는 Apple Support Community 운영을 적극적으로 활성화시키고 있다.

오프라인 모임

대부분의 브랜드 커뮤니티 활동이 온라인상에서 이루어지기 때문에 어느 정도 활성화되면 오프라인(offline) 모임을 가져 회원들 상호간에 면대면(face-to-face)을 통한 확인절차가 필요하다. 이러한 만남은 온라인상의 모임과는 친밀도가 다르게 되어서 다른 회원들에 대한 호기심이 생기고 이러한 호기심을 기업이 해소해 줄 경우에 해당 브랜드 커뮤니티에 대한 로열티가 크게 증가하게 되며 궁극적으로는 브랜드 마니아 층을 형성하게 된다. 이들은 기업의 또 다른 투자 없이도 다른 회원들의 로열티를 제고시키는 역할을 하게 된다.

(4) 브랜드 커뮤니티의 역할

준거집단의 역할
일반적으로, 준거집단(reference group)은 개인행동에 직접적 · 간접적으로 영향을 미치는 집단을 말하는바, 소비자들은 의사결정과정에서 준거집단의 의견을 신뢰성이 높은 정보원천으로 생각한다. 더 나가 이들은 준거집단의 행동을 모방하려는 성향도 지니게 된다. 특히, 브랜드 커뮤니티에서는 제공되는 정보가 대부분 준거집단의 경험을 토대로 제공되고 있기 때문에 소비자들의 정보 수용도가 높게 나타나고 있다. 또한 기업은 브랜드 커뮤니티를 통해서 회원들의 제품구매 행동과 라이프스타일을 그대로 보여줌으로써 일반 소비자들을 대상으로 자사 브랜드에 대한 긍정적 태도의 형성 및 집단규범에의 순응압력을 제고시키게 된다. 소비자들은 신제품에 대한 정보를 탐색할 때 자신들과 유사한 집단이 제공하는 정보에 더욱 신뢰하는 경향을 보이고 있기 때문에 신제품 수용과정에서 동료집단으로부터 영향을 받게 되는 것이다.

의견선도자의 역할
브랜드 커뮤니티는 신제품 수용과정에서 정보나 의견을 적극적으로 전달하여 다른 소비자들의 구매행동에 큰 영향을 미치게 된다. 즉, 브랜드 커뮤니티는 동질적인 구성원들 간에 강한 유대감이 형성되어 있기 때문에 신제품에 대한 커뮤니케이션이 활성화될 때 이들은 다른 소비자들의 신제품 수용과정에서 의견선도자 역할을 효과적으로 수행한다. 더 나아가 브랜드 커뮤니티는 새로운 유행과 시장을 개척하는 역할도 할 수 있게 된다.

고객만족 촉진 역할
기업과 소비자의 관계에서 브랜드 커뮤니티는 적은 비용으로 기업과 고객의 상호관계를 형성케 함으로써 고객만족을 촉진시키고 고객 로열티를 제고시킬 수 있

그림 9-6 Tate Gallery of Modern Art의 브랜드 커뮤니티

다. 브랜드 커뮤니티에 기반한 마케팅은 신제품 개발단계에서부터 시작하여 마케팅 과정의 전단계에 걸쳐 소비자를 참여시킬 수 있다는 특징을 가지고 있다. 예를 들어, Google, MicroSoft, 혹은 Napster 같은 온라인 기업들은 브랜드 커뮤니티를 구축하여 소프트웨어 제품의 고객이 될 최종 소비자들이 자신의 사이트에 설치하고 시험하도록 하는 베타 테스트(beta-testing) 프로그램을 활용하고 있으며 영국의 Tate Gallery와 같은 박물관은 방문자를 초대해 전시회 이름을 결정하도록 하여 참여를 권장하고 관람의 만족도를 촉진시키려고 노력하고 있다. 이를 통해서 기업은 제품에 대한 아이디어를 발굴하고 그 아이디어에 대한 평가를 할 수 있으며 제품개념을 수립하고 시장을 테스트할 수 있고 궁극적으로 고객확보에 대한 비용을 절감하고 거래수준도 향상시킬 수 있게 된다.

커뮤니케이션 활성화 역할

브랜드 커뮤니티는 다음과 같은 방식을 통해서 소비자들과의 커뮤니케이션을 더욱 활성화시키게 된다.

• 간접적 상호작용을 고취시킴으로써 소비자와 기업 간의 직접적 상호작용을 유도한다.
• 소비자가 기업과의 대화에 참여하는 대가로 금전적 또는 정보적 혜택을 제공하는 등의 명시적 협상을 제공한다.
• 소비자가 자신의 정보가 노출되는 위험을 감수하며 대화에 참여하는 것은 기업을

신뢰하기 때문이며 이는 소비자가 자신의 정보를 기업에게 제공하도록 하는 핵심요인이다. 따라서 신뢰의 형성이 중요하다.

• 소비자가 참여할 수 있는 다양한 경로의 구축과 지속적인 유지, 그리고 효과적인 반응시스템이 중요하다.

 ## 3 브랜드 커뮤니티의 유형

최근 기업의 마케팅전략이 기업 브랜드 중심에서 개별 브랜드 중심으로 바뀌고 있다. 따라서 브랜드에 대한 연구의 주제도 기능과 이성 중심에서 브랜드와 고객 간의 관계 중심으로 변화하고 있다. 이와 같은 변화의 배경에는 시장이 성숙하면서 제품차별화가 어려워지고 이를 통한 경쟁우위의 창출이 힘들어지면서 소비자들의 개별 브랜드에 대한 관심을 유발시키고 소비관련 경험을 강화시켜 고객과의 관계를 강화시키고자 하는 기업들의 트렌드가 작용하고 있다는 점을 먼저 꼽을 수 있다. 인터넷의 발달로 온라인상에서 다양한 커뮤니티 형성이 가능하게 되자 기업들을 포함한 많은 조직들은 브랜드 커뮤니티를 적극적으로 도입하여 활용하고 있다.

브랜드 커뮤니티가 존재하기 위해서는 선행적으로 커뮤니티 형성의 원천이 되는 브랜드가 존재하고 이 브랜드를 중심으로 모인 회원들 간의 관계가 존재해야 한다. 그러나 성공적인 브랜드 커뮤니티 운영에는 어떤 유형의 커뮤니티를 도입하고 활용할 것인지에 대한 이해가 절대적으로 필요하다. 브랜드 커뮤니티에 대한 유형은 여러 가지 방법으로 분류할 수 있는데 초기에는 포털형과 닷컴형으로 구분하였으나 그 활동 양상이 현저한 차이를 보이지 않으면서 개설한 주체가 누구인지에 따라 온라인 브랜드 커뮤니티를 분류하거나 아니면 운영방식에 의거해서 분류하였다(이승현·김수, 2009).

(1) 개설주체에 의한 분류

강명수(2004)나 심재희·김장용(2004)은 브랜드 커뮤니티를 누가 구성하였고 이를 개설한 주체가 누구인지에 따라 온라인 브랜드 커뮤니티의 유형을 다음과 같이 분류하였다.

첫째, '소비자 중심형 브랜드 커뮤니티'이다. 이는 특정 브랜드에 관심이 있는 소비자들이 회원이 되어 자발적으로 형성한 커뮤니티로 상호간에 제품에 대한 정보나 경험을 공유하고 때로는 제품을 서로 교환하거나 공동구매를 하기도 한다. 이들은 브랜드에 대한 긍정적 구전의 원천이 되기도 하고 자신들이 선호하는 브랜드가 경쟁력을 잃지 않도록 기업을 감시하는 역할도 수행한다. 상업적 목적보다는 마니아적 성향이 강하고 해당 브랜드에 대한 정보 공유, 스타일 공유, 공동구매, 벼룩시장 같은 다양한 형태의 활동을 하고 있다. 즉, '특정 브랜드를 사랑하는 사람들의 모임' 혹은 '특정 브랜드 마니아들의 모임' 등으로 활동하고 있다. 구체적으로 보면, 브랜드를 매개로 소비자들이 상호 관계를 갖는 사용자모임형, 이러한 관계에 기업의 제품후원 및 마케팅 활동이 더해지는 기업후원형, 그리고 사용자모임형에서 회원수가 어느 정도 임계점에 올라 커뮤니티가 성장하여 독립 웹사이트로 이전, 기업을 형성하는 소비자기업형이 있다.

둘째, '기업중심형 브랜드 커뮤니티'이다. 이는 기업이 브랜드 사용자들과의 관계를 형성하기 위해서 의도적으로 구축한 것으로 자사 브랜드에 대한 호감이 강한 소비자들을 육성할 수 있는 방안으로 커뮤니티를 운영하는 것이다. 이러한 유형의 커뮤니티에서는 기업이 주로 제품사용 방법이나 최신 정보를 제공하며 브랜드와 관련된 스토리텔링이나 스페셜 이벤트에 대한 내용도 전달하고 있다. 초기 단계의 커뮤니티 구축은 다수의 회원을 확보하는 것이 유일한 전략이었으나 점차 대고객 마케팅의 일환으로 수행해 오던 객원마케터의 업그레이딩 및 고객컨설턴트와 같은 모습으로 발전되고 있다. 구체적으로, 브랜드를 매개로 회원 상호간에 제품후원 및 마케팅 활동이 가해지는 기업주도형, 핵심고객 위주로 제품후원 및 마케팅 활동이 더해지는

표 9-2 브랜드 커뮤니티 개설주체에 의한 분류

브랜드커뮤니티	유형	내용
소비자중심형	사용자모임형	브랜드 매개로 소비자들 상호관계 구축
	기업후원형	기업의 제품후원 및 마케팅활동
	소비자기업형	사용자모임형에서 성장하여 기업형성
기업중심형	기업주도형	브랜드 매개로 제품후원 및 마케팅활동
	컨설턴트형	핵심고객 위주의 제품후원 및 마케팅활동
	소비자중심형	핵심고객 중심으로 브랜드-제품-일반고객-마케터 연결

컨설턴트형, 그리고 브랜드, 제품, 일반고객, 마케터 간의 관계에서 핵심고객이 중심이 되는 소비자중심형이 있다. 특히, 이러한 유형의 커뮤니티는 핵심고객과 함께 연결(connecting)하고, 협업(collaborating)하며, 공동창조(co-creating)하는 마케팅을 전개하며, 이들의 구전(word-of-mouth)에 의해 브랜드 옹호자(brand advocate)는 눈덩이처럼 커간다는 점이 가장 두드러진 특징이다.

(2) 운영방식에 의한 분류

삼성경제연구소에서는 성공적으로 운영되고 있는 국내 온라인 브랜드 커뮤니티 128개를 대상으로 운영방식을 〈초기방문 → 회원유지 → 회원활용〉의 3단계 관점에서 다음과 같은 9개 항목을 이용하여 군집분석을 통해 온라인 브랜드 커뮤니티의 유형을 '비즈니스 연계형', '이벤트형', '정보습득형', '친목도모형' 등 4개로 구분하였다(이승현·김수, 2009).

표 9-3 커뮤니티 운영방식 측정방목

구분	항목	내용
초기방문	제품지원기능	회원이 제품을 사용하는 과정에서 필요한 기능지원(펌웨어 다운로드, 최신 드라이브 제공 등)을 하는지 여부
	이벤트	정품 및 쿠폰 제공, 공모전 등으로 회원가입을 유도하는지 여부
회원유지	전문정보교환	다른 곳에서는 보기 힘든 제품관련 고급정보 혹은 타 회원의 경험담 등 특화된 정보를 제공하는지 여부
	제품이외의 의견 교환	제품 이외의 주제에 대해서도 의견교환이 가능한 공간을 제공하는지 여부
	하위모임구성	회원들이 자체적으로 하위모임을 구성할 수 있는지 여부
	오프라인 모임	회원들이 오프라인에서 만날 수 있도록 지원하는지 여부
회원활용	제품 판매	커뮤니티에서 매출을 발생시키는 판매장치가 있는지 여부
	홍보대사	회원을 직접적으로 홍보에 활용할 수 있는 제도가 있는지 여부
	신제품 홍보	신제품이 출시되었을 때 커뮤니티 회원에게 홍보하는지 여부

출처: 이승현·김수(2009), "기업의 온라인 브랜드 커뮤니티 활용전략," Issue Paper, 삼성경제연구소 p.7.

비즈니스 연계형 커뮤니티

- 제품의 활용도를 높일 수 있는 부가상품 및 콘텐츠를 커뮤니티에 판매하는 형태의 온라인 브랜드 커뮤니티
- 제품 업그레이드, 소프트웨어 제공, 사후지원 등을 커뮤니티에서 제공함으로써 고객

방문을 유도함
- 구매 후 소프트웨어 다운로드 및 주기적인 업데이트 등이 필요한 내비게이션, 스마트폰 등의 브랜드 커뮤니티에서 주로 나타남
- 활용도가 높은 콘텐츠를 지속적으로 업데이트하여 소비자의 니즈를 충족시킴으로써 재방문을 이끌어내는 것이 커뮤니티 활성화의 관건임

이벤트형 커뮤니티
- 제품과 연계한 이벤트를 반복함으로써 커뮤니티 방문을 유도하고 제품인지도와 고객 로열티를 높이는 형태의 브랜드 커뮤니티
- 제품에 대한 관여도가 낮고 전환비용이 적게 드는 식음료품 등의 브랜드 커뮤니티에서 주로 나타남
- 이벤트 사이의 공백을 최소화하고 방문고객에게 이벤트 이외의 추가적인 재미 혹은 효용을 줄 수 있는 콘텐츠를 마련하는 것이 중요함

정보습득형 커뮤니티
- 공통의 목표를 가진 회원들이 해당 분야의 전문정보와 지식을 교류하면서 콘텐츠를 축적해 나가는 형태의 브랜드 커뮤니티
- 각자가 특정한 목표를 추구하고 있으며, 목표달성을 위해 타인과 경험을 공유하기를 원하는 취업, 어학, 건강 등의 브랜드 커뮤니티에 주로 나타남
- 커뮤니티 진입장벽을 낮추고 자기계발 및 경쟁욕구를 자극하여 고객이 스스로 양질의 콘텐츠를 제공하도록 유도하는 것이 중요함

친목도모형 커뮤니티
- 커뮤니티 회원들 간에 감정을 공유하고 친목을 다질 수 있는 장(場)을 제공함으로써 자연스럽게 브랜드에 대한 충성도를 높이는 형태의 브랜드 커뮤니티
- 등산용품, 주방용품과 같이 고객층이 특정 취미나 직업을 가지고 있어 커뮤니티의 표적이 명확한 경우 혹은 제품에 대한 애착이 높은 고관여 제품군에서 주로 나타남
- 같은 소비자 입장에서 작성한 정보 혹은 감정을 표현한 콘텐츠의 비중을 높이고 오프라인 모임, 하위 커뮤니티 개설 등을 지원하여 커뮤니티에 대한 회원의 소속감과 회원 간의 유대감을 높이는 것이 중요함

SUMMARY

● 브랜드 커뮤니티는 특정 브랜드에 대한 사적인 공동의 관심사를 바탕으로 형성된 커뮤니티로서 전통적인 커뮤니티와 마찬가지로 공유된 의식(shared consciousness), 의례와 전통(rituals and traditions), 그리고 도덕적 책임감(sense of moral responsibility)과 같은 본질적인 특성을 지니고 있고 일반적인 커뮤니티와 비교하여 구성원들이 능동적이고 강한 몰입을 나타내기 때문에, 소비자는 브랜드 커뮤니티를 통해 생활 속에서 다양한 방법으로 브랜드를 체험하는 동안 브랜드와 자신의 정체성과의 일체감을 경험하게 되고 이는 다시 브랜드 로열티로 이어지게 된다. 또한 브랜드 커뮤니티는 브랜드를 중심으로 커뮤니티 구성원, 브랜드를 제공하는 정부나 기업들 간의 상호작용이 발생하면서 이들의 관계를 중심으로 소비자 입장과 기업 입장에서 여러 가지 효과를 얻을 수 있다.

● 브랜드 커뮤니티는 정보적(informative) 및 전문적(expert) 측면에서 영향력을 행사하는 준거집단(reference group)의 역할을 하게 되는데, 기업은 이를 잠재고객들에게 보여줌으로써 이들에게 자사 브랜드에 대한 긍정적인 태도를 형성케 하고 집단규범에의 순응압력을 유발시킬 수 있다. 그러나 너무 강력한 브랜드 커뮤니티는 기업의 마케팅 노력이나 신제품 수용을 거부하고 이러한 거부를 확산시킴으로써 마케터에게 부담을 줄 수 있다. 더욱이 기업의 입장에서는 안티(anti) 브랜드 커뮤니티의 활동은 매우 부담되는 일이다. 현실적으로 안티 사이트를 통해 반대의견을 개진하고 부정적 여론몰이를 해나가는 행위는 국내 대부분의 기업들 및 정부 사이트 등에 대하여 이루어지고 있다고 해도 과언은 아닌 것이다. 안티성향을 보이는 브랜드 커뮤니티의 구성원들은 해당 브랜드의 약점을 공략하고 공중파를 통해 이러한 사실을 유출시키고는 한다. 소비자들이 브랜드 커뮤니티를 찾는 가장 큰 이유는 자신들이 관심을 갖고 있는 주제에 대한 정보를 획득하고 브랜드나 기업에 대해서 구성원들과 마음을 터놓고 대화를 나누고자 함일 것이다. 여기서 브랜드 커뮤니티는 준거집단, 의견선도자, 고객만족 촉진, 그리고 커뮤니케이션 활성화 역할을 하게 된다.

● 성공적인 브랜드 커뮤니티 운영에는 어떤 유형의 커뮤니티를 도입하고 활용할 것인지에 대한 이해가 절대적으로 필요하다. 본 장에서는 상호작용에 의한 분류와 운영방식에 의한 분류로 브랜드 커뮤니티 유형을 크게 구분하였다. 먼저 상호작용에 의한 분류

는 크게 사람들 간의 상호작용과 기계(메시지)와의 상호작용으로 나누어 볼 수 있는데, 인적 상호작용에는 '구성원 간 상호작용' 및 '관리자-구성원 간 상호작용', 그리고 커뮤니티 사이트에서 항해(navigation), 통제(control) 등을 포함하는 '기계적 상호작용'으로 구분해 볼 수 있다. 또한 운영방식에 의한 분류는 〈초기방문→ 회원유지→ 회원활용〉의 3단계 관점에서 온라인 브랜드 커뮤니티의 유형을 '비즈니스 연계형 커뮤니티', '이벤트형 커뮤니티', '정보습득형 커뮤니티', '친목도모형 커뮤니티' 등 4가지로 구분하였다.

PART 4 브랜드 이슈

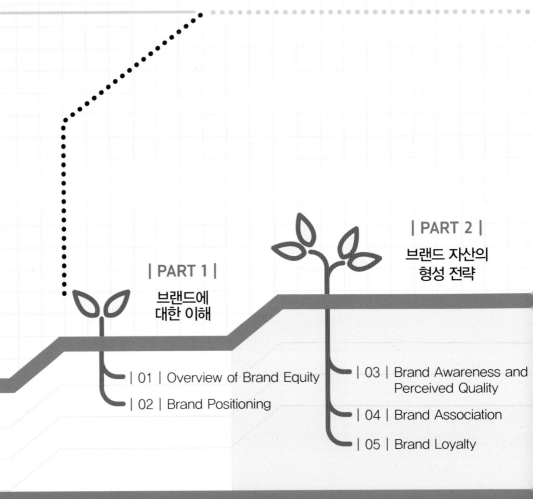

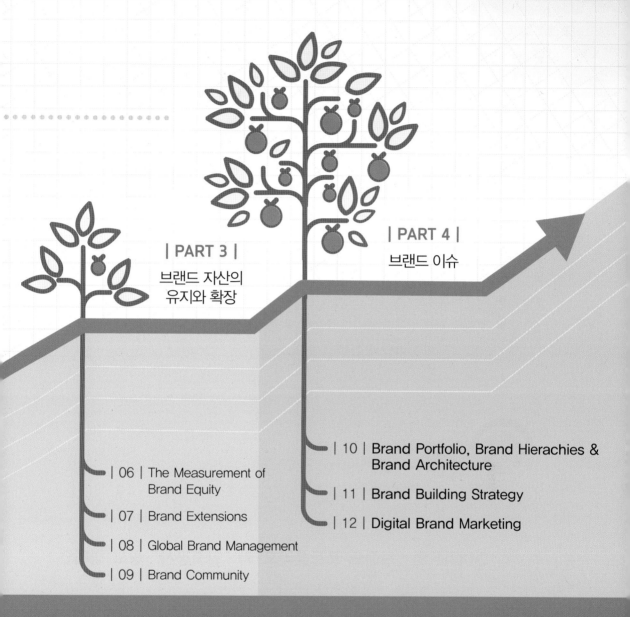

·STRATEGIC BRAND MARKETING

CHAPTER

10

브랜드 포트폴리오, 계층 구조 및 아키텍처

학습
목표

- 브랜드 포트폴리오, 브랜드 계층 구조, 브랜드 아키텍처 전략에 대해 이해한다.
- 전략적 브랜드 포트폴리오 및 아키텍처를 설계할 수 있도록 연습한다.
- 브랜드 수명주기에 따른 브랜드 재활성화의 필요성 및 과정에 대한 이해를 높이도록 한다.
- 브랜드 포트폴리오 진단 및 전략 수립 과정에 대해 이해하고 활용하도록 한다.
- 브랜드 전략적 체계 관리의 중요성 및 조직성장과 기업성장에 따른 브랜드 경영 관리의 능력을 배양하도록 한다.

도입
사례

현대카드의 "브랜드 포트폴리오"와 "신축공사" 광고 캠페인

현대카드의 브랜드 커뮤니케이션은 매우 신선하면서도 전략적이다. '브랜드 포트폴리오' 광고 캠페인은 동종업계에서 센세이션을 불러 일으키기에 충분한 소재라고 할 수 있다. 자사 상품을 알파벳이나 넘버 또는 컬러를 통해 라인업화시키는 것은 일부 자동차 회사나 전자제품 업계에서 있어왔던 방식이다. 카드업계에서는 현대카드가 최초로 상품의 라인업을 체계적으로 정리하였는데, 오랜 기간에 걸쳐 계획하고 완성하였다. 현대카드 상품들의 이름이 알파벳과 숫자로 이루어져 있다는 것은 해당 상품들이 개발 초기부터 라인업 체계라는 거시적인 부분을 감안하고 있었음을 반증한다. 현대카드의 브랜드 포트폴리오는 소비자들이 그들의 소비성향에 맞는 신용카드를 쉽고 합리적으로 선택할 수 있게 해 준다는 차원에서 큰 의미를 가지고 있다.

'신축공사'라는 새로운 캠페인은 현재의 브랜드 포트폴리오 구조에 새로운 축이 만들어지고 있음을 보여준다. 현대카드 브랜드 포트폴리오는 알파벳(라이프 스타일)과 넘버(혜택의 레벨) 그리고 컬러(프리미엄 카드)의 세 가지 축으로 이루어져 있고, 이들 축은 굉장히 다양한 현대카드의 모든 상품들을 체계적으로 위치시킬 수 있을 만큼 견고한 구조를 이루고 있다. 현대카드의 구성된 브랜드 포트폴리오의 세 개의 축에 또 다른 축이 만들어진다는 것은 지금껏 보지 못한 전혀 다른 혜택의 영역을 선보일 수 있다는 뜻을 전달한 것이다.

이 두 가지 접근은 브랜드 포트폴리오 전략 및 브랜드 확장 전략 관점에서는 매우 교과서적인 접근이다. 이러한 현대카드의 혁신적 면모는 이러한 브랜드 전문가들끼리 사용하던 브랜드 전문 개념을 일반 대중인 대상의 TV광고 캠페인의 소재로서 당당히 사용했다는 점에서 더 높이 평가할 만하다.

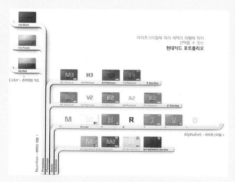

〈현대카드 "브랜드 포트폴리오" 캠페인〉

〈현대카드 "신축 공사 중" 캠페인〉

브랜드 관리의 중요한 기본 전략은 브랜드 확장, 브랜드 포트폴리오, 브랜드 계층 구조, 및 브랜드 아키텍처의 설계가 있다. 앞서 8장에서 브랜드 확장에 대해서는 상세 설명하였으므로 본 장에서는 브랜드 포트폴리오, 브랜드 계층 구조 및 브랜드 아키텍처 순으로 설명하겠다. 기본적으로 이 세 가지 전략적 개념은 매우 밀접하게 연계되어 있기 때문에 그 개념들의 차이를 명확히 구분하여 이해하여야 한다.

 ## 브랜드 포트폴리오 전략

(1) 브랜드 포트폴리오 전략의 정의

브랜드 포트폴리오(brand portfolio)는 한 기업이 운영하는 특정 제품군에서 모든 브랜드들을 말한다. 브랜드 확장은 한 제품군에서 성공한 브랜드명을 그대로 유지하면서 다른 제품군으로 브랜드를 확장할 것인가? 아니면, 새로운 브랜드(New Brand)를 런칭하는가의 이슈였다. 이와 달리, 브랜드 포트폴리오는 한 제품군 내 1개의 브랜드를 유지와 라인 확장(Line Extension) 아니면 다수의 브랜드를 출시하여 세분화된 세그먼트별로 다수 브랜드들을 가져가는 복수 브랜드(multi brands)에 대한 전략적 차원이다. 예를 들면, 현대자동차의 경우, 승용차 제품군에 소나타, 아반테, 그랜저, 에쿠스 등 다양한 브랜드들을 운영하는 복수브랜드 전략을 취하고 있다. 이렇게 특정제품군에서 한 기업이 소비자에게 판매하는 모든 브랜드의 집합을 '브랜드 포트폴리오'라고 한다. 따라서 브랜드 포트폴리오 전략은 최적의 브랜드 수, 각 브랜드의 특정시장을 커버하는 폭과 그 역할에 대해 명확화하는 작업이다.

브랜드 포트폴리오 전략이란 기업이 보유한 브랜드 포트폴리오의 구조, 범위, 역할을 파악하고 포트폴리오 브랜드들 간의 상호 관계를 구체화하는 것이다. 기업 내 브랜드들은 마스터 브랜드(master brand), 보증 브랜드(endorsed brand), 하위 브랜드(sub-brand), 공동 브랜드(co-brand), 기업 브랜드(company brand), 제품 브랜드(product brand), 브랜드 요소(brand association) 등 여러 브랜드 형태로 존재한다. 〈그림 10-1〉에서 제시하는 바와 같이 이러한 브랜드 포트폴리오 전략의 목표는 브랜드 포트폴리오 내 각

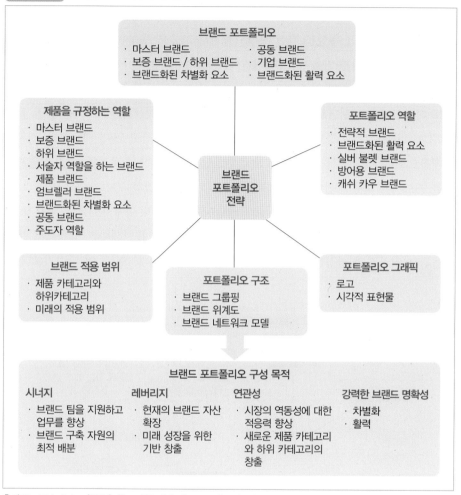

그림 10-1 브랜드 포트폴리오 전략

브랜드 포트폴리오
- 마스터 브랜드
- 보증 브랜드 / 하위 브랜드
- 브랜드화된 차별화 요소
- 공동 브랜드
- 기업 브랜드
- 브랜드화된 활력 요소

브랜드 포트폴리오 전략

제품을 규정하는 역할
- 마스터 브랜드
- 보증 브랜드
- 하위 브랜드
- 서술자 역할을 하는 브랜드
- 제품 브랜드
- 엄브렐러 브랜드
- 브랜드화된 차별화 요소
- 공동 브랜드
- 주도자 역할

포트폴리오 역할
- 전략적 브랜드
- 브랜드화된 활력 요소
- 실버 불렛 브랜드
- 방어용 브랜드
- 캐쉬 카우 브랜드

브랜드 적용 범위
- 제품 카테고리와 하위카테고리
- 미래의 적용 범위

포트폴리오 구조
- 브랜드 그룹핑
- 브랜드 위계도
- 브랜드 네트워크 모델

포트폴리오 그래픽
- 로고
- 시각적 표현물

브랜드 포트폴리오 구성 목적

시너지	레버리지	연관성	강력한 브랜드 명확성
· 브랜드 팀을 지원하고 업무를 향상 · 브랜드 구축 자원의 최적 배분	· 현재의 브랜드 자산 확장 · 미래 성장을 위한 기반 창출	· 시장의 역동성에 대한 적응력 향상 · 새로운 제품 카테고리와 하위 카테고리의 창출	· 차별화 · 활력

출처: David A. Aaker (2004), "Brand Portfolio Strategy: Creating Relevance, Differentiation, Energy, Leverage, and Clarity"

브랜드의 명확성을 창출 및 제고하고, 존재하는 연관성 유지하고, 차별화를 극대화하여, 궁극적으로 브랜드 포트폴리오 내에서의 시너지 효과를 증대하고, 디너지 효과를 최소화하고, 브랜드의 레버리지를 극대화하기 위함이다.

(2) 브랜드 포트폴리오 구조

브랜드 포트폴리오 구조는 브랜드 포트폴리오의 법칙을 명확히 설명해 주는 방법이다. 일반적인 브랜드 포트폴리오의 구조를 파악하기 위한 기술적인 방법으로는 브랜드 그룹핑, 브랜드 네트워크 모델, 브랜드 위계도 등이 있다. 브랜드 그룹핑(brand grouping)은 공통적인 특성을 가진 브랜드들끼리 그룹으로 묶는 것으로 그룹핑의 방법으로는 여러 가지가 있을 수 있다. 일반적인 방법으로는 인구통계적 방법인 타깃의 연령, 성별, 경제력 등의 기준으로 시장세분화된 브랜드들의 그룹핑할 수 있다. 이외에도 디자인이나 컨셉별로, 제품 카테고리별로도 그룹핑이 가능하다. 예를 들면, 로레알(L'Oreal)의 경우는 유통별로 브랜드 포트폴리오 관리를 하고 있다. 백화점 및 전문점 판매용으로 랑콤, 비오템 브랜드를, 약국과 할인점 판매용으로 로레알, 메이블린 브랜드를 레드켄은 미용실 판매용으로 그룹핑하여 운영하고 있다.

　　브랜드 네트워크 모델(brand network model)은 소비자의 구매의사결정 상에 모 브랜드가 관련 타 브랜드에게 미치는 영향을 시각적으로 표현해주는 방법으로 브랜드들간의 직간접적 영향을 알 수 있다. 〈그림 10-2〉에서 보여주듯이 나이키 브랜드

| 그림 10-2 | 나이키의 브랜드 네트워크 구성도

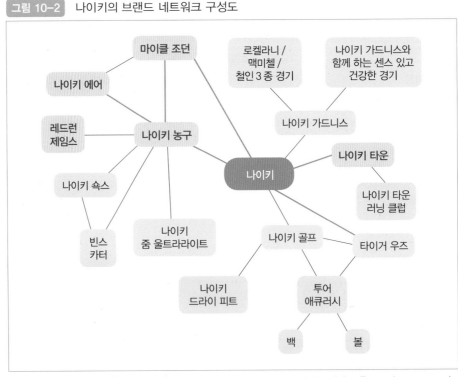

출처: David A. Aaker (2004), "Brand Portfolio Strategy: Creating Relevance, Differentiation, Energy, Leverage, and Clarity"

는 마이클조던과 타이거 우즈는 매우 중요한 조력자 역할을 하고 있다. 이러한 네트워크 모델은 확장이 가능한데, Sam Hill과 Chris Lederer의 세 가지 차원의 분자구조(molecule) 모델에 의하면, 원의 크기(원이 클수록 브랜드 파워가 큼), 마스터 브랜드와의 거리(거리가 가까울수록 영향력이 큼), 원의 색깔(흰색은 긍정적, 회색은 중립적, 검은색은 부정적) 등이 따라 다르게 해석할 수 있다.

 ## 2 브랜드 포트폴리오 전략 수립 및 관리

(1) 브랜드 전략의 유형

브랜드 포트폴리오 전략은 매우 중요하다. 기업(혹은 사업부별) 내, 각 브랜드에 차별화된 역할을 정리하여 부여하고 각 브랜드 간에 서로 협력하도록 정렬시킴으로써, 각 브랜드의 성장잠재력을 기반으로 한 재무적 목표와 마케팅 예산을 전략적으로 배치하는 중요한 의미를 갖는다. 이러한 브랜드 포트폴리오를 통해 각각의 개별 브랜드를 최적화할 수도 있다는 점에서 그 전략적 의미가 매우 높다. 브랜드 확장(brand extension), 리포지셔닝(repositioning), 가지치기(pruning), 오버−브랜딩(over-branding), 공동 브랜딩(co-branding), 합병(amalgamation), 분할/분리(partitioning), 조정(scaling) 및 브랜드 철수(harvesting) 등이 있다. 〈표 10-1〉은 브랜드 포트폴리오 전략들의 중요 이슈와 예시를 제시하고 있다. 이 중, 브랜드 확장 전략은 전략적으로 실무적으로 다양하게 논의가 되어야 하는 중요성을 고려하여 이전 8장에서 상세히 설명하였다.

표 10-1 브랜드 포트폴리오 전략의 8가지 유형

브랜드 포트폴리오 전략	중요 이슈
브랜드 확장 (brand extension)	기존 브랜드가 새로운 시장 진출 시, 경쟁사 대비 어떤 경쟁력이 존재하는지 점검 필요 예 McDonald's사가 스위스에서 호텔업 진출 시, Golden Arches를 브랜드화 예 Philip Morris가 기존 기업명의 제한점을 인식하여 Altria Group의 모회사를 설립
브랜드 리포지셔닝 (repositioning),	• 브랜드 포트폴리오의 새로운 방향을 알리는 새로운 커뮤니케이션 캠페인 필요 • 새로운 제품이나 서비스의 출시로 새로운 브랜드 방향을 명확화

	• 브랜드 포트폴리오가 가고자 하는 위치에 먼저 포지셔닝하고 있는 다른 기업이나 브랜드 포트폴리오와의 제휴 혹은 명확한 차별화 • 신규시장 타깃 시, 기존 브랜드의 재포지셔닝 추진이 더 바람직한지 검토 필요 • 기존 브랜드의 리포지셔닝 시, 리포지셔닝으로 인한 소비자의 예기되는 혼선, 브랜드 노후화에 대한 피로감 등을 선제적 점검
가지치기 (pruning)	• 브랜드 가지치기는 실적이 좋을 때나, 나쁠 때나 똑같이 주기적으로 실행 • 매우 신중하게 정리 대상을 선택하라. 규모나 성장성은 분명 중요한 기준이지만 전체 시스템에서 해당 브랜드의 역할이 더 중요 **예** 펩시 사가 상대적으로 작은 브랜드였던 마운틴 듀를 계속 보유하고 있었던 것은 해당 카테고리의 top브랜드가 되어 회사의 전체 영역에서 매우 중요한 부분을 차지하게 함 • 다양한 브랜드 요소들을 활용해 어떤 브랜드가 최소의 위험으로 정리될 수 있는지를 결정함으로써 가지치기의 성공 가능성 제고 • 브랜드가 고사되게 놔두지 말고 해당 포트폴리오에서 완전히 제거
오버 브랜딩 (over-branding)	• 오버 브랜드 또는 엄브렐러 브랜드(umbrella brand)는 소규모 포트폴리오에 규모의 기회를 제공 • 새로운 제품 출시 및 새로운 지역 진출 시 유리 • 합병 후 통합 시 추가적인 신뢰 표시 **예** 삼성 르노 자동차, 르노가 삼성자동차 인수합병 후에도 삼성 브랜드를 계속 사용 유지 • 소비자인식이 중요하며 브랜드 간의 유사점과 차이점을 명료화
공동 브랜딩 (co-branding)	• 브랜드 포트폴리오들이 동일한 포지셔닝을 차지하지 않으면서 중첩되고 목적의 공통성이 있는 브랜드 간에 효과적인 짝짓기를 해야 함 • 공동 브랜드가 이행할 목표와 지침을 분명히 밝혀야 함 • 결합된 메시지를 명확하고 직관적으로 명백해야 함 • 공동 브랜딩은 위험 또한 증가시키기 때문에 명확한 수익관계와 가치 창출을 계산해야 함
합병 (amalgamation)	• 기존 브랜드를 강화하기 위해 유사 업종 브랜드 인수 검토 **예** Whirlpool사는 Philips 대형 가전제품 인수를 통해 유럽시장에서 강력한 브랜드 자산 형성
분할/분리 (partitioning)	• 브랜드 포트폴리오가 성장하여 너무 방대해져서 통제하기 어려울 때 적절한 분할 시점 결정 • 재무적 관리상의 문제로 분할 혹은 분리 **예** 대표적인 사돈경영인 LG그룹이 2005년에 LG그룹(LG전자, LG화학, LG생활건강, LG텔레콤 등)과 GS그룹(LG유통, LG칼텍스정유, LG홈쇼핑 등)으로 분리함
브랜드 조정 (scaling)	매스 마켓을 위한 혁신인 브랜드 scaling up을 할지, 특정 시장을 타깃하기 위한 scaling down을 할지 검토 **예** Philip Morris가 해외 특정시장 진출 시, 대표적인 담배 브랜드인 Marlboro와 함께 병행할 수 있는 브랜드 선정
브랜드 철수 (harvesting)	브랜드 철수의 의사결정시, 기업의 수익성이나 시장 점유율을 상실하지 않고 브랜드 철수가 중요 **예** 1999년도에 Unilever사는 약 1,600여 개의 브랜드를 보유하였으나 비효율성 문제를 인식하여 브랜드들을 정리하여 400여 개의 파워 브랜드에 집중 투자

(2) 제품 – 브랜드 포트폴리오 전략

브랜드 포트폴리오(brand portfolio) 관리는 장기적 관점에서 브랜드 포트폴리오 내, 각 브랜드들의 역할 및 브랜드간의 상호적 관계 및 상호 역할을 시간의 흐름에 따라 진단하고 관리하는 것이 중요하다. 특히, 브랜드는 시간경과에 따라 변천하기 때문에 브랜드가 진화하는 시점별 체계적인 진단이 필요하다. 브랜드 이동전략(brand migration strategy)은 브랜드 런칭 이후 시간이 경과하면서 브랜드에 대한 소비자의 인식 변화, 누적된 다양한 경험들이 생기게 된다. 또한 트렌드 변화 및 시장 변화에 의해 소비자 욕구가 변화되든가 새로운 욕구가 생기게 되고 제품과 브랜드 자체가 변화되기도 된다. 이러한 여러 원인들에 의해 기업의 브랜드 포트폴리오 내에서 다양한 제품과 브랜드들이 어떻게 시장 및 소비자 욕구들을 충족시키기 위해 전략적으로 브랜드의 포트폴리오를 설계하고 실행해야 한다. 이러한 과정에서 브랜드 전환 관리(brand transition management)가 특히 중요하다.

LG전자의 세탁기 사업부의 제품 포트폴리오를 소개하자면 다음과 같다. 〈그림 10-3〉에서 보듯이, 세탁기의 기술 발전에 의해 드럼세탁기 브랜드 "트롬"을 런칭하였다. 1인 가구세대의 비중이 커지면서 작은 용량 세탁기에 대한 소비자 욕구가 증가하면서 미니세탁기의 새로운 브랜드인 "LG 꼬망스 미니세탁기"가 출시하였다. 전자제품의 고급화 트렌드와 함께, 걸어만 놓아도 새 옷처럼 주름을 펴주고 냄새 제거하

그림 10-3 LG 세탁기의 브랜드 제품 포트폴리오

세탁기 드럼형|일반형|스타일러|의류건조기

트롬 (드럼형 세탁기)
스마트씽큐로 더 똑똑한 세탁.
언제 어디서든 원격제어로 세탁을 시작하고 세탁 현황과 에너지 사용량을 모니터링, 제품의 문제까지 신속하게 해결

미니 세탁기
온 가족이 매일 쓰는 LG 꼬망스 미니세탁기

일반형
통과 판이 함께 도는 통돌이 세탁기

트롬 건조기
(의류 건조기)
빨래, 널지 말고 트롬 건조하세요!

스타일러
걸어만놔도 새 옷처럼!

트윈워시
하나의 바디, 두 개의 세탁기
드럼세탁기 하단에 통돌이 세탁기 트롬워시를 결합

출처: LG전자 홈페이지

는 등의 기능들을 제공하는 새로운 개념의 신상품 개발을 통해 "스타일러"라는 새로운 제품 카테고리의 브랜드를 런칭하였다. 세계 최초로 하나의 바디에 두 개의 세탁기가 결합된 "트윈워시"를 출시하였는데, 드럼세탁기 하단에 통돌이 세탁기를 결합한 형태로 큰 빨래와 자주 세탁이 필요한 작은 빨래를 분리해서 세탁할 수 있는 편의성을 제공한다.

또한, 세탁 후 의류를 자연 건조하던 문화에서, 드럼세탁기 등장으로 빠른 시간안에 의류 건조하고자 하는 소비자 욕구가 증대함에 따라, 드럼세탁기 브랜드 트롬의서브 브랜드로서 "트롬 의류건조기"가 별도로 출시되었다. 이러한 배경과 과정을 통해지금의 LG 세탁기 브랜드 제품 포트폴리오가 구성되었다.

(3) 브랜드의 수명주기와 장수 브랜드 전략

브랜드도 제품과 같이 수명주기를 가지고 있다. 〈그림 10-4〉에서 보여주듯이 고

그림 10-4 브랜드 수명주기 단계별 전략

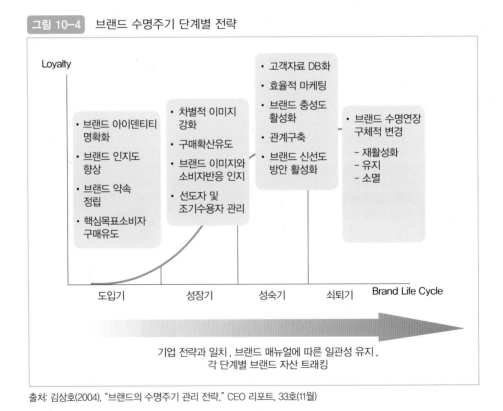

출처: 김상호(2004), "브랜드의 수명주기 관리 전략," CEO 리포트, 33호(11월)

객 충성도에 따라 도입기, 성장기, 성숙기, 쇠퇴기 단계를 경험한다. 도입기에는 브랜드 아이덴티티의 명확화에 주력해야 한다. 브랜드 인지도 향상을 마케팅 활동의 목표로 하여 브랜드의 고객과의 약속을 정립하고, 핵심 목표고객의 매출 유도에 주력한다. 성장기 단계에서는 브랜드의 타 경쟁사와의 차별적 이미지를 강화하고, 도입기 단계에 보였던 구매가 확산되도록 유도한다. 또한 브랜드 이미지와 소비자 반응을 조사를 통해 진단하고 판단하여야 한다. 고객 관점에서의 시장 선도자 및 브랜드 조기 수용자들을 집중 관리하여야 한다. 성숙기에는 브랜드의 충성도를 활성화하고 고객과의 관계 구축에 집중한다. 브랜드 관점에서는 브랜드가 성숙하면서 발생하는 노후화 문제를 해결하고 브랜드 신선도를 활성화하기 위한 방안 및 마케팅 실행들이 수반되어야 한다. 마지막으로 쇠퇴기 단계에서는 브랜드 수명을 연장하기 위한 다양한 전략들을 모색할 수 있는데 기존 브랜드의 재활성화 전략이 대표적인 전략이다. 이외에서 유지 전략, 소멸 전략 등도 하나의 대안이 될 수 있다. 이 모든 단계에서 브랜드 매니저들이 주의할 점은 기업 전략과 브랜드 전략이 일치하는지, 브랜드가 일관성 있게 유지되고 있는지, 각 단계별 브랜드 자산은 어떻게 변화하고 있는지 지속적인 트래킹이 중요하다.

한국의 최초 브랜드이면서 최장수 브랜드인 동화약품의 활명수의 경우는 다음 그림에서 보여주듯이 1897년에 브랜드 런칭하여 지금까지 활명수의 브랜드 마크인 부채표와 활명수의 패키지와 라벨 등을 사회상황과 소비자의 기호와 트렌드에 따라 일관성은 유지하되 시대흐름에 따라 일부 조금씩 변형해 왔다. 초창기부터 강력한 브랜드 자산을 구축한 활명수가 무려 115년 동안 브랜드의 충성도를 유지할 수 있었던

그림 10-5 부채표 변천사

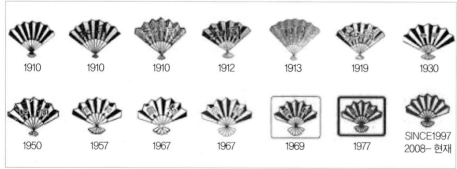

출처: 예종석(2012), "활명수 100년 성장의 비밀", 리더스북

비결은 전통적인 마케팅 전략에 철저히 근거한 브랜드 개발, 출시, 운영 관리의 결과이다.

그림 10-6　활명수 패키지 및 라벨 변천사

출처: 예종석(2012), "활명수 100년 성장의 비밀", 리더스북

활명수의 장수 브랜드의 비결은 첫째, 활명수가 시장에 출시된 해는 대한 제국의 원년 1897년이다. 마케팅, 브랜딩에 개념이 전혀 없던 시절인데도 불구하고 궁중비방을 양약의 장점과 결합된 혁신제품이며 강력한 제품력을 보유하고 있었다. 둘째, 시장진입 과정에서 제품을 무상으로 나누어 주고 그 반응을 수집하는 테스트 마케팅을 진행하였다. 궁중비방의 고가 제품이 일부 테스트 마케팅 일환으로 경험한 소비자를 통해 스토리텔링 마케팅이 되어 엄청난 구전효과를 누리게 된 것이다. 셋째, 당시 40전(현시가로 환산하면 1만 7,900원)의 초기 고가전략에 정찰가제도를 수행하였다. 초기에 이미 전국 유통경로를 확보하고 영업규례에 따른 철저한 특약점 관리를 하였다. 다양한 광고, 촉진행사, 최종 소비자 및 중간 유통망까지의 촉진 마케팅 활동들을 활발히 하였다. 무엇보다도 브랜드 차원에서 선도적인 마케팅력을 발견할 수 있는데, 브랜드명인 활명수는 "목숨을 살리는 물"이라는 의미로서 고객지향적 편익과 특성을 잘 나타내고, 욕구 해결형 브랜드 네임을 개발하였다. 1910년에 부채표를 한국 최초로 등록하였다. 다양한 유사 모방 경쟁 브랜드들 앞다투어 시장에 선보이자, 실제 판매하지 않았던 제품인데도 불구하고 유사상표 방어용 상표(활명액)를 등록하여 활명수 상표를 적극적으로 방어하였다.

(4) 브랜드 포트폴리오 관리의 중요 이슈

브랜드 포트폴리오의 전략적 관리를 위해서는 다음과 같이 중요한 이슈들이 있다. 첫째, 조직 내 중재, 조절 기능을 수행할 수 있도록 브랜드 전략팀의 구성은 무엇보다도 선행되어야 하는 작업이다. 브랜드 매니저가 조직 내 사업단위 간의 의견차이를 중재하기 위해 조직 내 영향력이 무엇보다 중요한 것이다. 브랜드 전략팀(혹은 브랜드 포트폴리오 매니저)은 선행적으로 각 브랜드별 역학관계를 분석하고, 각 브랜드의 요소들을 파악하여, 브랜드 포트폴리오의 크기와 구조를 구성해야 한다.

둘째, 소비자 관점에서 각 브랜드마다의 차별점에 대한 체계적인 분석과 이에 기반한 충분한 이해가 바탕이 되어야 한다. 현 브랜드가 소비자에게 충족시키는 것이 무엇인가를 알아야 하는 것이다. 현 브랜드가 해당 제품에 어떻게 기여하고 있는지 또한 체계적인 분석에 기반한 충분한 이해가 바탕이 되어야 한다. 그 브랜드가 그 제품을 얼마나 돋보이게 하고 있는지, 소비자의 마음속에 강력하고, 호의적이고 독특한 연상이 존재하는지 등을 파악해야 한다.

셋째, 기업 관점에서 브랜드 포트폴리오 선상에서 특정 브랜드의 역할들을 명확히 파악하는 것도 매우 중요하다. 예를 들면, 스위스는 정밀 기술을 기반으로 하여 과거 세계 시계시장의 3분의 1을 점유하였으나, 저렴한 노동력과 대량 생산 방식을 무기로 한 일본과 홍콩이 70년대 후반부터 시장을 급속히 잠식하였다. 스위스 시계제조회사 SMH 그룹은 이러한 시장 환경에 대응하기 위해 "시계는 패션이다"라는 전제로 전략을 수정하고, 스와치(Swatch) 브랜드를 런칭하였다. SMH 그룹은 시계 부품수를 이전의 평균 91개에서 51개로 최소화하고 새로운 조립 공정을 통해 원가를 대폭 절감하는 등 중저가 제품 제조 기반을 개선하였다. 또한 젊음, 스포티, 세련, 클래식의 4종류로 제품군을 재정의하고, 파격적인 시계 디자인과 함께 패션성을 유지하기 위해 제품 수명을 3개월~12개월 이내로 제한하여, 수명이 지난 제품은 매장에서 철수했다. 이러한 일관성 있는 브랜드 전략으로 스와치는 패션 시계의 대명사로 정착하였고, 1999년에 회사명이 SMH 그룹에서 스와치 그룹으로 변경되었다. 스와치 브랜드의 성공은 스와치그룹의 브랜드 포트폴리오에도 기여가 매우 컸는데, 수익성이 높은 고급 라인인 Omega와 Rado 브랜드를 경쟁브랜드로부터 보호하기 위해 방패브랜드(flanker brand) 역할도 하여 고가라인을 성공적으로 보호하였다.

넷째, 수립된 브랜드 포트폴리오를 일관성있게 운영 관리해야 한다. 이러한 일관성 있는 브랜드 포트폴리오 관리를 위해서는 체계화된 브랜드 매뉴얼이 개발이 필요하다. 그러나 여기서 꼭 언급되어야 하는 점은 기업 내외부적 환경의 변화로 인한 기업경영환경의 불확실성으로 인해 브랜드 매뉴얼의 지침에 따라서만 운영될 수가 없는 것이 실질적인 현실이다. 브랜드를 둘러싼 시장, 소비자, 기업의 상황들이 변화하기 때문에 철저하게 매뉴얼에 따라 관리하다 보면, 브랜드가 매우 경직되고 과잉 관리될 수 있기 때문이다. 이와 반대로, 매뉴얼에 입각하여 관리가 되지 않다 보면, 브랜드 간의 상충이 일어나고 혼란을 가져오기 때문이다. 따라서, 브랜드 매뉴얼이 다양한 상황에 적용이 될 수 있도록 어느 정도의 탄력성을 가지고 브랜드 사용할 수 있는지도 브랜드 매뉴얼 내 명확하게 명시되어야 한다.

 ## 3 브랜드 계층 구조 및 브랜드 체계 전략

(1) 브랜드 계층 구조의 정의 및 중요성

브랜드 계층 구조(brand hierarchies)는 기업 내 브랜드 수와 그 순서와 함께 각각 구별되는 브랜드 요소들의 상황을 명백히 보여줌으로써 기업의 브랜딩 전략을 그래픽적으로 한눈에 볼 수 있도록 해주는 수단이다. 이러한 브랜드 계층 구조는 기업브랜드에서 브랜드 수식어에 이르는 기업이 운영하는 모든 브랜드들의 계층 구조를 설명하며 기업의 처해진 환경과 운영하고 있는 제품들과 브랜드들에 따라 매우 다양하게 나타날 수 있다.

한국 시장에서 종종 그룹 브랜드가 기업 브랜드의 상위적 개념을 가지고 있기 때문에 브랜드 계층 구조에는 그룹 브랜드도 포함되기도 한다. 강력한 그룹 브랜드는 제품 모델명에도 확장 적용되는 경우가 많으며 전략적 브랜드 관리를 위해 지주회사(holdings company)가 총체적인 브랜드 관리를 하는 기업들이 많다. 그룹 브랜드의 긍정적인 이미지와 연상을 형성하고 유지하기 위해 상징적이고 이미지 중심에 마케팅 커뮤니케이션이 적극적으로 진행되고 있는 것이다. 특히, 기업의 사회적 책임(corporate social responsibility: CSR)의 중요성이 강조되는 요즘에 다양한 ATL 마케팅(Above The Line Marketing), BTL 마케팅(Below The Line Marketing)을 통해 그룹 브랜드를 위한 적극적 마케팅 커뮤니케이션을 하고 있다.

〈그림 10-7〉은 브랜드 계층 구조의 이해를 돕기 위한 것으로 삼성그룹의 사례를 보여주고 있다. 기업브랜드는 corporate brand 혹은 company brand라고 불리며, 기업 브랜드 아이덴티티(corporate brand identity)를 일반적으로 CI라고 부른다. 예시로는 삼성전자, 삼성화재, 에버랜드, 제일모직 등이 있다. 많은 학술연구들은 기업 이미지

가 보유한 제품 브랜드들과 제품에 대한 태도 및 구매관련 행동들에 직·간접적으로 강하게 영향을 미친다고 보고하고 있어 그 중요성은 매우 크다. 패밀리 브랜드(family brand)는 범위 브랜드(range brand) 혹은 우산 브랜드(umbrella brand)라고도 불리는데 하나 이상의 제품 카테고리들을 포괄적으로 부를 때 혹은 특정 사업부를 위한 브랜드이다. 일반적으로 기업브랜드가 패밀리 브랜드이지는 않는데 이는 기업이 패밀리 브랜드를 별도로 사용하는 경우는 첫째, 제품 브랜드와 기업브랜드 간의 의미가 유사하지 않아 연계 커뮤니케이션이 용이하지 않을 때이다. 둘째, 기업이 다수 제품과 브랜드들을 운영할 때, 이러한 다수 제품들 간에 연계된 총합된 이미지들을 효과적으로 구현할 때이다. 셋째, 마케팅 커뮤니케이션을 개별 브랜드별로 진행하는 것보다는 통합된 패밀리 브랜드를 위한 마케팅 커뮤니케이션이 비용 및 효과성 측면에서 더욱 합리적이기 때문이다.

이러한 대표 사례로는 삼성전자의 갤럭시가 있다. 제품 브랜드(product brand)는 특정 제품의 개별 브랜드(individual brand)로서 일반적으로 제품 브랜드 아이덴티티(product brand identity)의 약자인 PI라고 불린다. 그 예시로는 갤럭시 스마트폰, 갤럭시 카메라 등이 있다. 자브랜드(sub-brand)는 모브랜드의 품질과 신뢰의 증거로 보증을 받은 하위 개별 제품 브랜드로서, 앞서 브랜드 확장에서도 많이 논의된 바와 같이, 브랜드 확장 시 매우 많이 활용되는 브랜딩 전략 중에 하나이다. 그 예로는, 프리미엄 브

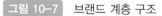
그림 10-7 브랜드 계층 구조

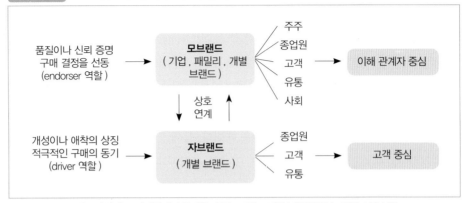

그림 10-8 모브랜드와 자브랜드 간의 관계

출처: 하쿠호도 브랜드 컨설팅(2002), "회사의 운명을 바꾸는 브랜드 경영," 원앤원북스. 일부 수정 보완

랜드 갤럭시S, 저가 보급형 브랜드 갤럭시A, 노트 기능이 강화된 갤럭시 노트가 있다. 마지막으로 브랜드 수식어(brand modifier)는 특정 아이템이나 제품의 세부 제품 속성, 모델 유형, 특정 버전 등을 구체적으로 명시함으로써 다른 패밀리 브랜드나 제품 브랜드들과 구별하기 위한 수단이다. 삼성 갤럭시의 예로는 갤럭시S8이라든가, 갤럭시 노트8 등으로 삼성 갤럭시는 제품의 기술 개발을 통해 버전이 올라가는 버저닝 전략 (versioning strategy)을 통한 브랜드 수식어이다. 브랜드 수식어의 유사 예시로는 빙그레 요플레 오리지널의 요플레 딸기, 요플레 복숭아, 요플레 블루베리, 요플레 마일드, 요플레 파인애플 등이 있다. 이 경우는 제품별 세부속성이 다른 점을 브랜드 수식어로 전달하는 목적을 가진다.

　　관련 브랜드들을 효과적으로 관리하기 위해서는 최적화된 브랜드 계층 구조를 명확히 하고 계층화된 브랜드들간에 밀접히 연계하여 서로의 시너지 효과를 배가시키는 것이 중요하다. 일반적으로 기업 브랜드나 패밀리 브랜드가 모브랜드가 되고 개별 제품 브랜드가 자브랜드가 되는 경우를 많이 볼 수 있다. 모브랜드와 자브랜드의 일반적 관계는 〈그림 10-8〉와 같다. LG패션의 패션브랜드 헤지스가 헤지스아이웨어를 런칭한 경우를 예를 들자면, 헤지스가 모브랜드이고 헤지스아이웨어는 자브랜드에 해당된다. 헤지스는 모브랜드이기도 하고 개별브랜드도 하면서 자브랜드인 헤지스아이웨어의 품질이나 신뢰를 증명하고 구매결정을 선동하는 보증인(endorser) 역할을 하는 것이다.

　　한 기업의 브랜드 체계는 다양한 브랜드 수준의 결합으로 구성되며, 일반적으로

표 10-2 브랜드 체계의 브랜드 수준의 결합 유형

단일체형 (single entity) 기업 브랜드=제품 브랜드	하나의 제품라인 또는 서비스만을 제공하는 기업의 경우, 기업의 이미지와 제품의 이미지가 동일하게 형성하게 함 예시) 귀뚜라미보일러, Federal Express
개별브랜드 중심형 (product dominance) 기업 브랜드 ≠ 제품브랜드	기업과 연계하지 않고 개별브랜드만 독립적으로 운영함 예시) 토요타의 "렉서스", 삼성물산의 "레미안 아파트", GS건설의 "자이아파트"
동등형 (equal dominance) 기업 브랜드+제품 브랜드	기업명과 개별 브랜드명이 동일한 비중을 가짐 예시) 현대자동차의 "현대 쏘나타", 삼성전자의 "삼성지펠" LG의 "LG디오스"
기업브랜드 중심형 (corporate dominance) 기업브랜드 → 제품 브랜드	기업 이미지가 뛰어나고 전문성 있는 경우 이러한 기업명을 자사의 제품브랜드로 사용함 예시) 애플, 닌텐도
혼합브랜드전략 추구형 (mixed dominance)	기업브랜드, 개별브랜드, 일부는 개별형 등 다양하게 브랜드 전략들을 혼합하여 사용함

그림 10-9 BMW의 브랜드 계층 위계도

〈표 10-2〉처럼 5가지 수준으로 분류하며, 브랜드명을 정할 때 브랜드 체계 검토의 기본이 된다. 이러한 브랜드 계층의 논리적 구조를 한눈에 그림으로 보여주는 것을 브랜드 계층 구조도 혹은 브랜드 위계도(brand hierarchy tree)라고 한다. 브랜드 계층 구조의 중요 요소에 대한 규정은 일부 학자들마다 상이한데, Aaker의 경우는 기업 브랜

드, 구간 브랜드, 제품라인 브랜드, 자브랜드, 브랜드 특징으로 제안하였다. 이해를 돕기 위해 BMW의 브랜드 계층 위계도를 살펴보면 〈그림 10-9〉와 같다. BMW의 경우는 기업 브랜드 아래, 제품라인 브랜드 8개를 한국시장에서 운영하고 있다. 브랜드 특징은 i(인젝션 엔진), d(디젤), c(쿠페), t(터보)로 명시한다. 예를 들면, 개별 제품 브랜드 325Ci는 3시리즈에 2500cc의 쿠페형에 인젝션 엔진의 제품 제품 특징을 가지고 있음을 자브랜드명에서 알 수 있다.

(2) 브랜드 체계 전략의 유형

브랜드 매니저는 구조화된 브랜드 계층 사이에서 브랜드 전개 전략을 결정하고 실행해야 한다. 이러한 대표적인 브랜드 체계 전략으로 단일 브랜드 전략, 복합 브랜드 전략, 개별브랜드 전략들이 있다. 〈표 10-3〉에서 보듯이 각 브랜드 체계 전략들은

표 10-3 브랜드 체계 전략의 대표적 패턴

전략 형태	단일 브랜드 전략	복합 브랜드 전략	개별 브랜드 전략
전략 특징	자사의 모든 상품을 단일 브랜드(기업 브랜드)로 통일	기업 브랜드와 개별 브랜드의 조합	제품이나 서비스에 독자 포지션과 브랜드명을 부여해 독립된 프로모션을 실행하는 전략
전형 예	• BMW(BMW3, BMW 528 등), 아이보리(아이보리 비누, 아이보리 샴푸 등) • 애플(iMac, iPod, iPhone, iPad, iWatch 등)	• 농심 신라면, 삼성 지펠, 삼성 갤럭시, Courtyard by Marriott(메리엇트호텔의 중가형 호텔), 오뚜기(오뚜기 카레, 오뚜기 진라면 등), 풀무원(풀무원 두부, 풀무원 콩나물 등)	• P&G, 필립모리스, GOOGLE
전략 메리트	• 일관된 아이덴티티의 창출 • 이미지 통일로 마케팅 비용의 효율화	• 기업 브랜드의 개별 브랜드 간의 시너지 효과로 시장상황에 대응하는 유연한 브랜드 전개가 가능함	• 카테고리를 대표하는 브랜드 개발 가능 • 개별 브랜드의 실패가 다른 브랜드나 기업 브랜드 전체에 영향을 미치지 않음
전략 리스크	• 아이덴티티의 희박 • 개별 상품의 실패가 기업 브랜드 전체에 영향을 미치기 쉬움	• 브랜드 체계의 복잡화 → 브랜드 자산 강화의 방향성에 일관성이 없어질 수 있음	• 마케팅 투자의 증가 • 개별 브랜드의 성공이 기업 이미지 전체에 기여하지 않음

출처: 하쿠호도 브랜드 컨설팅(2002), "회사의 운명을 바꾸는 브랜드 경영," 원앤원북스. 일부 수정 및 보완

전략적으로 이점들과 위험들을 가지고 있기 때문에 브랜드 매니저는 각 기업의 처해진 상황과 신규 제품의 강·약점 등을 고려하여 전략적인 의사결정이 필요하다.

① 단일 브랜드 전략(Single Parent Brand Strategy)

자사의 모든 상품들을 기업 브랜드를 부모 브랜드로 이용하여 단일 브랜드로 통일하는 전략이다. 그 예로는 앞서 소개한 BMW나 기아자동차의 K시리즈, 캐논, 필립스 등이 있다. 본 전략이 장점은 첫째, 광범위한 제품 카테고리들의 이미지들을 통일하기 때문에 일관성 있는 브랜드 아이덴티티를 창출하기가 용이하다. 둘째, 이를 통해 마케팅 커뮤니케이션 비용 절감 효과가 있고, 셋째, 효율적인 브랜드 운영이 용이성이 높다. 그러나 이 단일 브랜드 전략의 단점은 첫째, 단일 브랜드가 워낙 넓은 범위의 카테고리들 및 상품을 아울러야 하기 때문에 브랜드 아이덴티티를 명료하게 전달하기가 어렵다. 둘째, 쉽게 단일 브랜드가 희석될 수 있는 가능성도 높다. 셋째, 가장 결정적인 문제점으로 개별 브랜드의 상품 실패가 기업 브랜드에 바로 영향을 미칠 수 있기 때문에 기업 전체 이미지 손상의 위험도 높은 편이다.

② 복합 브랜드 전략(Brand Endorsement Strategy)

복합 브랜드 전략은 기업 브랜드나 혹은 패밀리 브랜드와 개별 브랜드의 조합을 전개하는 것으로 기본적으로 보증 전략(endorsement strategy)을 기반으로 하고 있다. 보증전략은 기업 브랜드나 패밀리 브랜드는 개별 브랜드에게 품질이나 신뢰를 증명하고 구매결정을 선동하고 보증하여 지각 위험을 감소시키는 역할을 한다. 그 예로는 삼성 아삭 김치 냉장고, 삼성 지펠, LG 디오스, 대우 프루지오 등이 있다. 본 복합 브랜드 전략의 장점은 첫째, 구매 동기가 되는 개별 브랜드와 보증을 하는 기업 브랜드 간의 높은 시너지 효과를 창출한다는 점에서 큰 이점을 가지고 있다. 둘째, 이에 따라, 기업 혹은 패밀리 브랜드가 보증하기 때문에 개별 브랜드는 시장 변화에 유연하게 대응 및 전개가 용이하다. 그러나 이러한 복합 브랜드 전략은 상대적으로 브랜드 체계가 복잡할 수밖에 없기 때문에 다수의 단점들도 가지고 있다. 첫째, 아이덴티티의 일관성이 결여되기 쉽고 브랜드 관리의 어려움이 있을 수 있다. 둘째, 혹 개별 브랜드가 크게 실패한 경우에는 개별 브랜드만의 부정적인 시장 피드백이 반영되는 것이 아니라 보증 역할을 한 브랜드에게도 부정적 영향이 있을 수가 있다. 셋째, 연관성이 결여되어 적합성이 낮은 기업과 제품 브랜드 간의 보증인 경우, 보증 브랜드의 이미지 희석 문제도 있을 수 있다.

③ 개별 브랜드 전략(Independent Brand Strategy)

개별 제품 및 서비스 제품을 개별 브랜드로 전개하는 전략으로 기존의 기업 브랜드, 제품 라인 브랜드, 제품 브랜드와 상관없이 독립적으로 브랜드를 개발하고 운영한다. 본 개별 브랜드 전략의 장점은 개별 브랜드가 혹 실패하더라도 기업 브랜드에 미치는 영향이 전혀 없고, 둘째, 카테고리를 대표하는 신규 브랜드 개발이 가능할 수도 있다는 점이나. 반면, 단점은 첫째, 독립적 개별 브랜딩 및 마케팅 커뮤니케이션에 의해 높은 마케팅 비용을 감수해야 하며, 둘째, 개별 브랜드의 성공이 기업 브랜드 전체에 기여하지 않는 한계점이 있을 수 있다.

실제 기존 브랜드들의 연관성을 의도적으로 배제하기 위해 기업 브랜드를 감추고 독립적으로 개별 브랜드를 운영하는 경우가 많다. 대표적인 성공 사례로 도요타의 렉서스가 있다. 일본이 미국에 진출하여 그 M/S를 늘려가는 중, 미국 고급 시장을 공략하기 위해 여러 시도를 하였으나 기존의 일본차의 저가의 대중 이미지를 극복할 수 없음을 인식하였다. 이에 따라 1989년에 도요타는 기업 브랜드와 연계성 없이 고급차종의 위상을 포지셔닝하기 위해 개별 독립 브랜드 렉서스로 런칭하였다. 유통 딜러도 기존의 도요타의 유통 딜러가 아닌 새로운 유통딜러 프렌차이징 시스템을 구축하고, 도요타와 완전히 별개인 새로운 고급 브랜드로서 렉서스를 마케팅 커뮤니케이션하여 미국 고급 승용차 시장에 성공적으로 진입하였다.

이러한 개별 브랜드 전략 전개는 우리나라의 다양한 브랜드 사례들에서 쉽게 발견할 수 있다. 예를 들면, 삼성은 고급 냉장고 라인에 지펠이라는 개별 브랜드로 전개하였고 LG도 디오스로 독립적으로 전개하였다. 이 두 기업의 공통적 특징은 브랜드 런칭 시 대용량 고급 냉장고 시장은 수입 브랜드들이 점령했었던 한국시장에서 개별 브랜드 전략을 통해 전개함으로써 백색 가전제품의 프레스티지화에 성공하였다. 이후 삼성과 LG 기업 브랜드의 시장 내 위상이 올라가고 브랜드 가치가 상승함에 따라, 개별 브랜드 전략을 구사했던 지펠과 디오스는 복합 브랜드 전략으로 그 브랜드 전략을 변경하여, 삼성 지펠, LG 디오스로 전개하고 있다. 즉 위상이 증대된 기업 브랜드가 기업 내 제품 브랜드들에게 보증 브랜드로서의 역할을 하고 있는 것이다.

(3) 브랜드 체계의 다이나믹성

최근 브랜드 체계는 날로 더욱 복잡해지고 있어서 브랜드 체계 전략도 복합적으로 전개하는 기업들이 늘어나고 있다. 앞서 소개한 삼성 아삭 김치냉장고의 브랜드 체계의 변화 사례를 들어 설명하자면, 삼성 김치 냉장고라고 평범한 브랜드명으로 제품이 출시되어 전개하다가 2000

그림 10-10 삼성 지펠 아삭 김치 냉장고

년 전반에 삼성 김치 냉장고 광고에서 아삭아삭이라고 김치의 신선한 식감을 의성어로 표현하면서 많은 사랑을 받게 되었다. 이후 "삼성 김치 냉장고 아삭아삭"이라고 브랜드 수식어로써 아삭아삭이 사용되기 시작하면서 복합 브랜드 전략이 더 다각화되기 시작했다. 이후 독립 브랜드 전략으로 전개해 왔던 지펠이 삼성 냉장고의 대표 브랜드 라인 브랜드가 되면서 일반 냉장고들에게도 적용되기 시작하면서 삼성 김치냉장고 아삭아삭에도 지펠이 적용되어 오늘날의 "삼성 지펠 아삭 김치 냉장고"에 브랜드 수식어가 붙는 체계가 되었다. 〈그림 10-10〉에서 보여주듯이 최근 냉장고의 초대형화 트렌드에 따라 출시된 자브랜드명은 "삼성지펠아삭 M9000"이다. 즉 카테고리별 상이한 브랜드 체계 전략을 전개해왔던 삼성 냉장고는 복합 브랜드 전략과 개별 브랜드 전략이 병합되어 오늘날의 복합 브랜드 전략으로 정착된 것이다. 따라서 앞서 설명한 품질, 신뢰 보증, 구매 동기라는 기본의 모브랜드와 자브랜드 간의 역학 관계, 새로운 브랜드와 기존의 브랜드 체계 전략들과의 역학관계 등을 명확히 규정하고, 시장 변화에 따라 브랜드 체계 구성을 설계하는 것이 중요한 포인트라고 하겠다.

4 브랜드 아키텍처

(1) 브랜드 아키텍처 전략의 중요성

브랜드 아키텍처(brand architecture)란 한 기업이 판매하는 여러 제품들에 적용되는 브랜드명 유형들 간의 서열을 보여주는 것으로 이는 앞장에서 소개한 브랜드 포트폴리오의 개념에서 브랜드명 유형 간의 서열관계까지 포함한 더 큰 개념이라 하겠다. 따라서, 브랜드 아키텍처의 설계는 기업이 다수 브랜드를 보유했을 때 각 브랜드의 역할과 관계를 정리해서 구조화하여 브랜드 전체를 포괄적으로 파악하고 운영 관리를 계획하는 것이다. 즉, 브랜드 아키텍처는 대상 제품에 어떤 식의 브랜드 하이어라키 믹스를 적용할 것인가 하는 것을 의사결정을 하는 것으로, 고객들로 하여금 우리 브랜드가 어떻게 불릴 것인가를 결정하는 것이 브랜드 아키텍처 설계이다. 예를 들어, 삼성 갤럭시 노트 7은 2016년에 배터리 결함으로 폭발사고들이 일어나면서 전 해외 시장에서 리콜한 초유의 사태가 일어났고 최종적으로 단종되었다. 이후 이러한 제품 자체의 문제점을 해결하고 혁신적으로 신제품을 개발하여 출시한다면 이 신제품을 노트 8이라고 할 것인가, 아님 아예 별도의 개별 브랜드로 할 것인가에 대한 브랜드의 큰 그림 안에서 브랜드명의 전략적 차원을 결정해야 하는 것이다.

브랜드 아키텍처 전략이 필요한 이유는 첫째, 기업이 보유한 각각의 브랜드들의 가치를 강화하여 효과적으로 강력한 브랜드를 실현하기 위함이다. 브랜드들의 적절한 조합을 효과적으로 운영함으로써 브랜드 관련 내·외부 이해관계자들이 보유한 브랜드 이미지와 의미를 일치시켜 브랜드 아이덴티티를 강하게 소구함으로써, 각각의 브랜드 가치를 증대할 수 있기 때문이다. 둘째, 한정된 자원을 잘 배분하여 브랜드 구축 및 관리를 하기 위함이다. 기업이 보유한 모든 브랜드들의 각각의 포지셔닝을 파악하고, 기업의 전략에 따라 주력 전략 브랜드와 철수할 브랜드 등 조직 내 전략에 따라 각 브랜드의 전략적 역할을 정의한다. 이에 따라 자원을 효과적으로 배분하여 브랜드 효율을 최대화할 수 있도록 의사결정을 가능하도록 해준다. 셋째, 브랜드 체계가 필요한 이유는 앞서 논의한 각 브랜드의 전략적 정의를 정리하다 보면, 신규 브랜드의 시장 기회를 발견할 수 있기 때문이다. 마지막으로, 급변화하는 시장환경과 자원의 한계 등의 이유로 브랜드 체계를 무시하고 전략에 근거하지 않은 브랜드 확장, 브랜드 리포지셔닝 등의 부적절한 운영 관리의 문제를 예방할 기본 체제를 보유한다는 점에서 매우 의미가 있다.

(2) 기업 브랜드의 전략적 관리의 중요성과 성공요소

최근 기업 브랜드의 역할이 중요해지면서 그 중요성의 인식 또한 날로 커지고 있다. 이에 따라 기업 브랜드의 조직 내 그 위상은 조직 전략상에서 상위 이슈로 다루어지고 있다. 우선 기업브랜드의 전략적 관리를 위해서는 조직행동 및 조직문화까지 확장하여 살펴보아야 한다. 더 나아가 조직전략 수립 및 운영에 기업브랜드가 중요한 전략적 이슈에 해당되는 것이다. 기업 브랜드와 제품 브랜드는 원천적으로 상이하다. 〈표 10-4〉에서 보여주듯이, 기업 브랜드는 회사 전반에 모든 이해 관계자로서 적용 범위 및 규모가 매우 넓다. 기업 브랜드 정체성 또한 회사의 전통, 구성원들의 공통된 가치와 신념이 그 근원을 이룬다. 그렇기 때문에 기업 브랜드의 관리 책임자는 단순 마케팅이나 제품 영업 담당자가 아닌 CEO 또는 마케팅, 홍보전략, 디자인, 인적자원 관리 등의 경영진이어야 한다. 기업 브랜드의 수명은 기업 그 자체의 수명 기간과 동일하다. 따라서 기업 브랜드를 중심으로 기업의 중장기적 관점에서 브랜드 경영 체계를 구축하는 것이 중요하며, 기업 브랜드와 각 제품 브랜드들과의 역학관계인 브랜드 체계를 명확하게 규정하는 것이 중요하다.

표 10-4 기업 브랜드와 제품 브랜드의 차이

	제품 브랜드	기업 브랜드
적용 범위와 규모	단일 제품(군)이나 서비스(군)	회사 전체 회사 내외 모든 이해 관계자들
브랜드 전체성의 근원	단일 제품(군)이나 서비스(군)을 위한 시장조사 결과 혹은 관련 아이디어	회사의 전통, 구성원들의 공통적으로 공유하는 가치와 신념
목표 타깃	외부 고객 (소비자)	다수의 이해 관계자 집단 외부고객, 내부고객(임·직원), 투자가, 협력회사, 정부 등)
관리 책임자	제품이나 서비스 관련 마케팅, 영업 담당 부서	CEO 또는 경영진(마케팅, 홍보전략, 디자인, 인적자원관리 등)
브랜드 육성 기간	제품 수명 기간	기업의 존속 기간

출처: Hatch, Mary Jo and Schultz, Majken(2008), "Taking Brand Initiative; How Companies Can Align Strategy, Culture, and Identity Through Corporate Branding," 재구성

그림 10-11 디즈니

월트디즈니는 월트 디즈니 기업 브랜드, 디즈니, 터치스톤, ESPN, abc의 마스터 브랜드와 다양한 제품 브랜드들을 월트디즈니의 브랜드 아키텍쳐에서 보여주듯이 브랜드 체계를 가지고 운영하고 있다.

월트디즈니의 브랜드 아키텍처

(3) 전략적 브랜드 경영

성공적인 브랜드 경영을 위해서는 기업의 최고 경영진의 전략적 비전과 기업의 임직원들(즉, 내부 고객)의 오랫동안 조직문화에 내재된 가치, 신념과 외부 이해관계자들(즉, 외부 고객)의 기업에 기대하고 요구하는 이미지 간의 일관성이 매우 중요하다. 이를 설명하는 원칙이 Vision Culture, Image(VCI) 정렬 모델로서, 비전, 문화, 이미지간의 일관성이 강할수록 그 기업 브랜드의 파워는 더 커진다. 따라서 VCI 정렬 모델은 이세 가지 요소들간의 정렬 정도에 따라 기업 브랜드의 성과가 도출되므로 정렬 정도가 매우 중요한데, 요소들간의 정렬이 잘 이루어지지 않으면 요소들간의 틈새들이 발생하면서 기업 브랜드의 성과가 나올 수 없게 된다. 기업 브랜드 관리자들은 기업 브랜드의 VCI 정렬 여부를 〈그림 10-12〉에서 제시한 바와 같이 정기적으로 평가하고 모든 접점에서의 정렬 여부를 관리하고, 문제점이 발생했을 때 조정해야 한다.

그림 10-12　기업 브랜드의 VCI 정렬여부 측정 질문

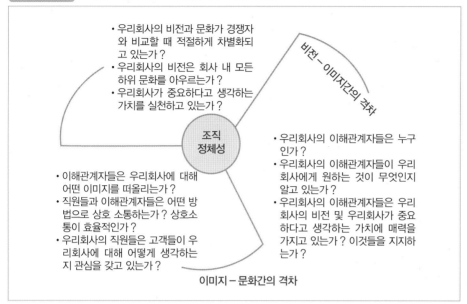

출처: Hatch, Mary Jo and Schultz, Majken(2008) "Taking Brand Initiative; How Companies Can Align Strategy, Culture, and Identity Through Corporate Branding" 일부 재구성

(4) 조직 성장과 기업 브랜드 관리

기업 브랜드의 수명주기는 앞서 언급한 바와 같이 기업 수명 그 자체와 같이 한다. 〈그림 10-13〉에서 보여주듯이, 래리 그레이너의 기업조직의 5단계 성장 단계 모델에 의하면 기업 조직이 성장하면서 4개의 위기 상황을 접하게 된다. 기업은 창업 단계-집합체 단계-권한위임 단계-공식화 단계- 쇄신 도는 몰락 단계의 5단계의 성장 단계를 경험하게 된다. 이러한 단계 과정 중에 4개의 위기를 접하게 되는데, 창업 → 집합체 단계로 넘어갈 때에 창업가 중심에서 전문 경영체제를 도입하면서 창업가 중심으로 익숙한 기업조직이 좀 더 복잡한 조직문화로 교체되면서 리더십의 위기를 경험하게 된다. 이러한 과정 속에서 중앙집권적 통제력이 강화되면서 자율성에 대한 요구가 증대되면서 집합체 → 권한 위임 단계로 넘어가게 된다. 권한위임 단계는 분권주의식 관리 시스템으로서, 중간관리자들에게 권한이 많이 위임되면서 통제의 위기를 경험하게 된다. 그 이후 경영진들은 조직이 성장하면서 좀 더 복잡한 의사결정에 접하게 되고, 이를 공식적으로 운영하기 위한 체계적인 규칙과 절차를 수립하게 하는 단계가 공식화 단계이다. 이후 너무 공식적 제도 및 절차가 강조되면서 불필요한 형

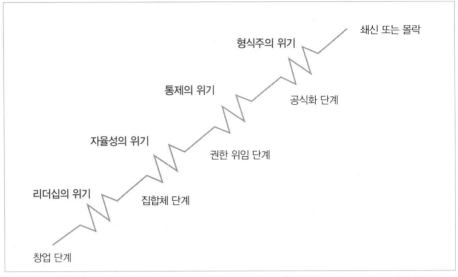

그림 10-13 래리 그레이너의 5단계 기업조직 성장 단계 모델

출처: Greiner L,(1982), "Evolution and Revolution as Organizations Grow", Harvard Business Review, 50, 37-46.

식과 규제 및 절차가 만연한 형식주의의 위기를 맞이하게 된다. 이러한 문제점을 쇄신의 길로 택하면 기업조직이 이전에 경험한 조직성장 과정의 한 단계로 되돌아가 과거 실수를 타산지석화하여 진화와 혁신의 과정을 다시 되풀이하게 된다. 이와 반대로 이러한 쇄신의 과정을 통해 성장하지 못하는 기업은 몰락할 수밖에 없게 된다.

조직이 창업 이후 성장하면 정반합의 과정들을 경험하게 되는데, 기업 브랜드 관리 차원에서 우선 가장 먼저 선행되어야 하는 부분은 창업단계에 기업의 비전과 기업 이미지와의 정렬이 매우 중요하다. 특히 창업단계에서는 창업자의 이미지가 기업 브랜드 창출에 큰 영향을 미친다. 그 대표적인 사례로는 버진이 있다. 버진의 창업자 리처드 브랜슨은 버진을 최고의 도전자 브랜드(the premier challenger brand)라고 선언하고 초기 음반산업에서의 혁명적인 변화를 주도하여 놀라운 초기 성공을 거두었고 이를 기반으로 항공산업까지 진출하여 버진 애틀랜틱을 런칭하였다. 이 외에도 버진은 음반매장, 웨딩드레스 리테일 사업, 콜라, 와인, 이동통신, 금융 및 열차 서비스 등 다수의 사업확장을 통해 수많은 사업을 전개하고 있다. 이러한 사업 확정의 성공의 기저에는 기존에 존재하는 진부한 산업에 진출하여 차별화되고 재미, 젊음, 유행 선도적 이미지를 소구하는 핵심 경쟁력을 통해 독특한 개성의 브랜드로서 입지를 다졌다. 결국 버진 메가스토어, 버진 머니, 버진 트레인즈, 버진 와인, 버진 브라이드 등의 다양

한 산업의 사업들을 버진이라는 기업 브랜드 하나로 연결하여 지속적인 버진의 브랜드 약속인 도전, 가격보다 높은 가치, 품질, 혁신, 그리고 즐거움 등의 가치를 일관성 있게 전달하고 있다. 버진 또한 그 핵심에는 창업자인 리처드 브랜슨의 창업자 효과가 있다.

(5) 기업 성장에 따른 브랜드 경영

기업 성장에 따라 브랜드가 확장되면서 브랜드 관리 시 가장 중요한 점은 브랜드 관리의 원칙을 유지한다는 것이다. LEGO그룹이 그 대표적인 사례로 덴마크 시골에서 목수로 일하던 올레 키르크 크리스티얀센(Ole Kirk Chrisitiansen)은 그의 인기 있던 목공예 장난감을 대량 생산하기 위해 1932년에 회사를 설립하였다. LEGO는 덴마크어로 'leg godt'(play well)의 축약형태로서, 의도된 것은 아니지만 라틴어로 '짓기'라는 어원을 가지고 있어 놀이를 통한 창조적 가치를 담은 브랜드이다. 레고의 설립 초기 사업철학은 브랜드 슬로건으로 잘 표현되어 있는데, "최고만이 만족스러울 뿐이다"이다. 오늘날 형태인 돌출된 징에 레고 상표가 박힌 플라스틱 재질의 블록 장난감이 첫선을 보인 것은 1948년이며 이후 10년에 걸쳐 제품 개선 이후에는 본질적인 변화 없이 브랜드의 정체성을 쭉 유지해 왔다. LEGO는 수십년 동안 놀라운 성장을 이어나갈 수 있었던 점은 레고 블록은 여덟 개의 돌기가 박힌 블록 6개만 있으면 9억 1,500만 가지 방법의 조합을 만들 수 있다고 한다. 이에 다른 색상의 블록을 사용하면 그 조합의 수는 실로 말할 수 없을 정도로 많아진다. 이런 제품의 원리를 기반으로 다양한 크기, 현태, 색상의 블록들을 각각의 상황과 소형인물들을 결합하여 즐기는 놀이 시스템을 보유하고 있는 것이다.

레고그룹의 마스터 브랜드인 레고는 다양한 연령층 고객을 타깃으로 하위브랜드로 확장되어 출시되었다. 어린이용 하위브랜드인 LEGO DUPLO, 소년층 대상인 LEGO TECHNIC, 다양한 컨텐츠 캐릭터로도 확장되어 해리포터, 스타워즈 시리즈 등이 있다. 그러나 1990년 초반에 컴퓨터 및 신종 하드웨어, 소프트웨어의 발달로 고전적인 놀이의 취향이 변화되는 상황에서 레고그룹은 경쟁자들을 의식하여 무분별한 브랜드 확장을 전개하였다. 레고의 경쟁자들인 디즈니, 마텔 등은 의류와 액서서리 사업으로 성공적인 브랜드 확장을 이루었다. 이와 반대로 레고그룹의 경우는 지나친 성장추구의 전략으로 TV와 출판, 유통사업, 라이프스타일, 인형, 로봇공학을 접목한 놀이, 테마 공원 등 무분별한 급한 사업확정으로 인해 브랜드 체계가 파괴되는 과정을 보여주었다.

2004년경에 거의 무너지고 있던 레고는 불필요한 사업을 줄이고 레고의 핵심 제품에 주력하고 레고의 테마 파크를 팔아치우는 등 그의 재임 기간 동안 레고의 블록 가지수를 12,900개에서 7,000개로 줄이고 혁신과 전통 사이에서 균형을 잡는 혁신의 노력을 했다. 또한 마인드스톰(Mind Storm) 개발과 레고 무비(The Lego Movie)의 성공적인 개봉을 통해 영화와 관련된 상품이 레고 매장을 채우게 하고 그러한 새로운 콘텐

표 10-5 레고그룹의 기업 브랜딩 4단계 전략

VCI 단계	단계 1 핵심가치 재 선언하기	단계 2 새로운 브랜드 관리 체계 구축하기	단계 3 임직원과 고객이 이해 할 수 있도록 브랜드 에 생명력 불어넣기	단계 4 미래 지향적 통합
주요 결정 사항	• 회사의 존재 이유는? • 미래에 성취할 것은?	• 미래의 브랜드 성과 창출을 위해 조직과 프로세스를 어떻게 재정비 해야 하는가?	• 핵심 고객층이 의미 있게 수용할 브랜드 전략 구축을 위해 임직원을 어떻게 참여시킬 것인가?	• 기업관련 모든 브랜드들의 이해관계자들을 어떻게 통합시킬 것인가?
주요 고려 사항	• 지나친 브랜드 확장을 하고 있는가?	• 일관된 브랜드 관리 조직 및 실행 체계 구축 • 영역별로 나눠진 브랜드 오너십 극복	• 회사 전반에 걸친 활동에 브랜드 가치를 깊게 반영하기. 이해관계 집단과의 브랜드 관계 재충전하기	• 브랜드의 핵심 콘셉트와 증가하는 이해관계자들의 참여 유도를 위한 중심점을 파악하고 이를 브랜드에 반영하여 육성
주요 활동	• 핵심가치를 재선언하고 브랜드 아이덴티티를 정의 • 브랜드 유산을 재조명하고 현재 이해관계자들이 가지고 있는 브랜드 인식 변환 시도	• 경계를 초월하여 부서간 협업을 재조정하고 강화 • 글로벌 협력 체계 단순화	• 사내 외의 이해관계 집단의 목소리에 귀를 기울여 반영할 부분 파악	• 시장과 사업 영역 전반에 걸쳐 사내외 이해관계자간의 통합 구축

출처: Mary Jo Hatch, Majken Schultz (2008), Taking Brand Initiative; How Companies Can Align Strategy, Culture, and Identity Through Corporate Branding.

그림 10-14   새로운 레고 그룹의 브랜드 가치

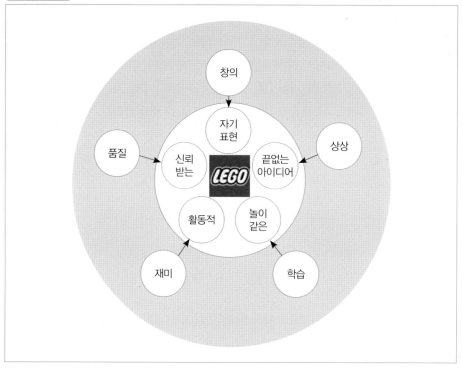

출처: 레고 그룹

츠들의 성공적인 OSMU(One Source Multi Uses) 전략은 지난 10년간 수익을 네 배로 늘리면서 엄청난 성장을 거듭했다. 2012년에는 하스브로(Hasbro)를 인수하면서 전 세계에서 두 번째로 큰 장난감 기업이 되고 글로벌 장난감시장 1위를 고수하고 있는 매텔(Mattel)을 위협하고 있다.

이러한 레고그룹의 성공에는 기업의 브랜드 경영이 크게 기여했는데, 레고그룹은 VCI 정렬 모델을 기반으로 기업 브랜딩 전략을 구축하기 위해서는, 〈표 10-5〉 레고 그룹의 기업 브랜딩 4단계 전략 수립 과정과 같이, 핵심가치를 재선언하고, 새로운 브랜드 관리 체계를 구축하고, 임직원과 고객이 이해할 수 있는 브랜드 생명력을 주입하고, 미래 지향적 통합 단계를 진행했다. 이러한 과정에서 새로운 직원을 채용하면서 기존직원들과 내부적 갈등이 심화되고 기업문화가 변경되면서 비전-문화-이미지, 즉 VCI 정렬 체계도 흔들려 각 세 요소간의 격차는 커지고 사업 수익은 격감하였다. 무분별한 사업확장으로 인한 심각한 타격을 받은 레고 그룹은 1998년에 레고의 사명

선언문(mission statement)을 "아이들의 상상력과 창의력을 자극하고 어린이들이 그들만의 세계, 즉 한계가 없는 세상을 탐구하고 경험하며 표현하도록 장려하는 것"이라 재작성하였다. 창의력을 자극한다는 점을 초점을 두어 브랜드 슬로건도 "한번 상상해보세요…"로 세우고 적극적은 마케팅 캠페인을 전개하였다. 〈그림 10-14〉와 같이 '자기표현,' '신뢰 받는,' '활동적,' '놀이같은,' '끊없는 아이디어'의 기존의 가치를 기반으로, '창의,' '품질,' '재미,' '학습,' '상상'의 새로운 다섯 가지의 브랜드 가치를 제공하고 있다.

SUMMARY

● 브랜드의 포트폴리오 전략은 브랜드 포트폴리오의 구조, 범위, 역할을 파악하고 기업이 보유한 모든 브랜드들간의 상호관계를 구체화하는 것을 브랜드들 간의 시너지효과를 극대화하고 디너지효과는 최소화하여 브랜드의 레버리지를 극대화하기 위한 것이다. 브랜드의 포트폴리오 구조는 브랜드 그룹핑, 브랜드 네트워크모델, 및 브랜드 위계도 등이 있다.

● 브랜드 계층구조는 그룹 브랜드, 기업 브랜드, 패밀리 브랜드, 개별 브랜드, 자브랜드, 브랜드 수식어 순으로 단계적 계층 구조를 지닌다. 기업 브랜드, 패밀리 브랜드, 개별 브랜드는 모브랜드 기능을 수행하여 품질이나 신뢰를 보증하는 보증자 기능을 하며 개별 브랜드는 구매 동기인 동인의 역할을 수행한다.

● 기업 내 모든 브랜드들의 역할 정리를 함에 따라, 재무적 기업 목표와 마케팅 예산을 전략적으로 배치한다는 점에서 브랜드 포트폴리오 전략은 전략적 의미가 매우 높다. 제품-브랜드 포트폴리오 관리는 시간경과에 따른 변천을 체계적으로 진단하는 것이 중요하며 변화하는 시장요구에 대응하기 위해 브랜드 전환 관리가 특히 중요하다.

● 브랜드도 제품과 같이 수명주기가 있으며 수명주기에 따라 브랜드의 신선도 유지 및 재활성화하기 위해서는 브랜드 자산의 지속적인 트래킹이 중요하다.

● 브랜드 아키텍처는 한 기업이 보유하는 모든 브랜드명 유형간의 서열을 보여주는 것으로 다수 브랜드를 보유했을 때, 각 브랜드간의 역할과 관계를 정리하여 구조화하였기 때문에 브랜드 전체를 포괄적으로 파악하고 운영 관리하기에 용이하다.

● 브랜드 체계가 필요한 이유는 내외부의 이해관계자의 보유 브랜드 이미지와 의미를 일치시키고 적절한 브랜드 조합과 효과적인 운영을 통해 브랜드 가치를 증대할 수 있기 때문이다. 한정된 자원을 잘 배분·관리할 수 있으며, 기존 브랜드들의 체계 관리하다 보면 신규 브랜드의 시장기회를 발견할 수 있다.

● 브랜드 체계 전략의 대표적 패턴은 단일 브랜드 전략과 복합 브랜드 전략과 개별 브랜

드 전략으로 나뉜다. 최근 브랜드 체계는 날로 더욱 복잡해지고 있어서 브랜드 체계 전략도 복합적으로 전개하는 기업들이 늘어나고 있는 추세이다.

- 특히 글로벌 시장이 경쟁심화, 산업별 다각화가 가속화되면서 전략적 수직적 사업 통합이 빈번히 일어남에 따라, 브랜드 전략의 의사결정은 전사적인 중요한 사업전략의 의사결정이 되었다. 브랜드 수직확장은 상향 브랜드 확장과 하향 브랜드 확장으로 나뉠 수 있는데 각각의 장단점이 존재 하는지라 기대 이점을 확대하는 브랜드 전략이 중요하다. 또한, VCI 정렬 여부에 검증을 통해 현 기업 브랜드의 현황을 파악하고 조직성장과 기업성장에 따른 경영관점의 브랜드 관리가 중요하다.

브랜드 전략 수립

**학습
목표**

본 장에서는 브랜드 전략의 개념과 전략 수립 절차를 학습하며, 이론과 사례를 통하여 이를 어떻게 실제 마케팅 활동에 적용할 수 있는지에 대해서 알아본다.

브랜드 전략의 개념과 중요성에 대해서 학습한다.

브랜드 전략 수립 방법 및 절차를 학습한다.

브랜드 전략과 마케팅 실행 방안의 일치에 대하여 학습한다

**도입
사례**

점점 커지는 반려동물 시장…"펫팸족 잡자" 기업들 新사업 열풍

식품 · 뷰티 · 유통 대기업들이 연 2조원 규모 반려동물 시장에 잇따라 뛰어들고 있다. 프리미엄 사료와 간식, 친환경 목욕용품, 의류 등 다양한 제품을 내놓고 '펫팸족(반려동물+패밀리 합성어)'을 겨냥하고 나섰다. 네슬레 퓨리나, 한국 마즈 등 외국계 브랜드가 주도해 온 반려동물 시장의 판도 변화가 이뤄질 것이라는 전망도 나온다.

주요 기업 반려동물 사업 진출 현황

기업명	브랜드	진출시기
CJ제일제당	오프레시 오네이쳐(사료)	2013년
풀무원	아미오(사료)	
동원F&B	뉴트리플랜(사료)	2014년
사조산업	러브잇(사료)	2015년
LG생활건강	시리우스(관리용품) · 시리우스웰(사료)	2016년
애경	휘슬	
서울우유	아이펫밀크(간식)	
하림	더리얼(사료)	2017년

*자료: 각 사

22일 관련 업계에 따르면 하림그룹은 반려동물 사료 브랜드 '더리얼'을 론칭하고 펫푸드 사업에 본격 도전한다. 업계 최초로 원료부터 제조, 유통까지 전 과정을 사람이 먹는 식품 기준을 적용했다.

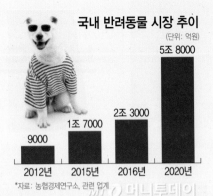

국내 반려동물 시장 추이
(단위: 억원)

- 2012년: 9000
- 2015년: 1조 7000
- 2016년: 2조 3000
- 2020년: 5조 8000

*자료: 농협경제연구소, 관련 업계

김홍국 하림그룹 회장은 이날 '하림펫푸드' 출범행사장에서 "시장을 선점한 글로벌 기업과 경쟁하려면 사람이 먹을 수 있는 수준의 100% 휴먼 그레이드 제품을 만드는 수밖에 없다고 판단했다"며 "모든 제품에서 인공 요소를 최소화하고 식품 본연의 맛과 품질을 유지하는 데 집중했다"고 말했다.

앞서 LG생활건강은 지난해 8월 애완용품 브랜드 '시리우스'를 론칭하고 인공색소 등 자극성 성분을 제외한 애견샴푸와 컨디셔너, 미스트 등 제품을 판매하고 있다. 올 초에는 유기농 한우와 홍삼 성분을 넣은 프리미엄 사료 '시리우스 윌'을 선보였다.

서울우유도 지난해 하반기 락토스(유당) 성분을 완전히 분해한 반려동물 전용우유 '아이펫밀크'를 출시했다. 동원F&B는 고양이용 습식사료 '뉴트리플랜', KGC인삼공사는 홍삼 성분을 활용한 반려견 사료 브랜드 '지니펫'을 내놓고 반려동물 시장에 가세했다. CJ제일제당(오프레시ㆍ오네이처), 풀무원(아미오), 사조산업(러브잇) 등도 반려동물용 사료를 내놓고 있다.

유통업계도 반려동물 사업에 적극적이다. 이마트는 애완동물전문점 '몰리스펫샵'을 운영하고 있다. '몰리스'라는 관련 용품 자체 브랜드까지 만들었다. 신라면세점은 매장에 반려동물 의류브랜드를 잇따라 입점시켰다.

이처럼 대기업들이 반려동물 사업에 나서는 것은 성장 가능성이 큰 산업이라는 판단 때문이다. 농협경제연구소와 관련 업계에 따르면 국내 반려동물 산업은 2012년 9,000억원에서 지난해 2조 3,000억원으로 커졌다. 오는 2020년에는 5조 8,000억원 규모까지 성장할 전망이다.

고령화와 1인 가구 증가 등 인구 구조가 변화하면서 반려동물 수요가 점점 늘어나고 있는 것도 한 요인이다. 간식과 사료, 의류 등 반려동물에 대한 지출을 아끼지 않는 트렌드도 시장 성장 배경으로 꼽힌다.

양재현 하림펫푸드 사장은 "가족과 같은 반려동물에 대한 지출을 아끼지 않는 소비자들이 늘고 있는 만큼 업계 프리미엄 제품 출시 경쟁도 치열해 질 것"이라며 "글로벌 브랜드와 소규모 수제사료 업체들이 양분했던 시장이 재편될 가능성이 크다"고 말했다.

머니투데이, '점점 커지는 반려동물 시장…"펫팸족 잡자" 기업들 新사업 열풍',
송지유ㆍ박상빈 기자, 2017년 6월 23일자 인터넷판

브랜드 전략이란?

(1) 브랜드 전략의 의의 및 중요성

브랜드 전략이란 브랜드의 개발 및 마케팅 프로그램의 설계와 실행, 그리고 브랜드와 관련된 모든 활동을 평가하고 이를 개선시키는 일련의 활동 계획을 이야기한다. 최근 이러한 브랜드 전략은 마케팅 활동에 있어서 점차 그 중요성을 더하고 있다. 과거에는 마케팅의 기능 부서별로 혹은 지역별로 최선의 마케팅 전략을 수립하여 활동을 하였다. 그러나 인터넷과 모바일이 일상화되어 소비자 간의 장벽, 지역 간의 장벽이 무너졌고, 개별 부서 혹은 지역간의 서로 다른 전략 수립 및 수행은 유통주체와 소비자들의 혼란을 가중시키는 문제가 나타나기 시작했다. 예를 들어, A라는 브랜드의 제품이 독일에서는 저가 브랜드로 포지셔닝하여 50만원으로 판매되고 있으나, 한국에서는 프리미엄 브랜드로 포지셔닝하여 100만원에 판매되고 있었다면, 이제는 해외 직구 사이트 등을 통하여 해외에서 50만원에 판매되는 저가형 제품인 것을 쉽게 알 수 있게 되었다. 또한 필요시 해외에서 구매할 수 있게 되어 국내의 프리미엄 브랜드 이미지로 프리미엄 가격을 받는 것을 지키는 것이 불가능해진 것이다. 또한 B라는 브랜드 제품이 매우 고급스런 제품이미지로 포지셔닝하고 싶어서 광고홍보 부서에서는 고급스럽게 광고를 내도, 영업 부서에서 보다 많은 판매량 달성을 위해 해당 제품의 가격 정책을 1+1(1개 사면 똑같은 1개를 덤으로 주는 것)으로 가져가게 되면 이를 바라보는 소비자들은 B브랜드를 진실한 브랜드로 인식하지 못하게 될 수도 있다.

이러한 전반적인 흐름 속에서 브랜드를 중심으로 부서별, 지역별 마케팅 활동을 통합해야 하는 필요가 나타나고 있으며 이에 따라 모든 기업 내 구성원 및 소비자들이 동의할 수 있는 브랜드를 종합적으로 구축하기 위한 체계적 브랜드 전략의 수립 및 실행이 성공적인 마케팅에 더욱 큰 영향을 미치게 되었다.

(2) 브랜드 전략 수립 및 관리 과정

Keller(2003)는 브랜드 전략의 수립 및 관리 과정을 다음과 같이 4단계로 나누어 설명하고 있다.

1단계: 브랜드 포지셔닝과 가치의 정의 및 구축

2단계: 브랜드 마케팅 프로그램의 계획 및 실행

3단계: 브랜드 성과의 평가 및 해석

4단계: 브랜드 자산의 성장 및 유지

브랜드 전략 수립은 브랜드 포지셔닝을 구축하는 것에서부터 시작한다. 본 교재 2장에서 제시했듯이 브랜드 포지셔닝은 바람직한 브랜드 지식구조를 소비자들에게 전달함으로써 기업이 원하는 방향으로 브랜드의 이미지를 형성하고자 하는 마케팅 활동의 기본적인 계획을 의미한다. 또한 브랜드 포지셔닝은 기업이 가장 유리하도록 브랜드를 소비자의 인지 속에 위치시키는 것이다. 대부분 시장에서 선두주자의 경우 경쟁사보다 전반적으로 우위에 있다는 이미지를 전달하는 것이 유리하며, 시장에서 후발주자의 경우 선발주자나 기타 경쟁사대비 뚜렷한 차별화 이미지를 전달하는 것이 시장에서 살아남는 것에 유리하다. 브랜드 포지셔닝을 하면서 마케터는 브랜드가 소비자에게 약속하고 제공하는 혜택들도 같이 제시할 필요가 있는데, 이를 브랜드 가치의 정의라고 한다. 보통 이러한 핵심 가치와 브랜드 포지셔닝은 포지셔닝맵이라는 도구를 통하여 보다 명확하게 정의되곤 한다.

브랜드 전략 수립 및 관리과정의 두 번째 단계는 브랜드 마케팅 프로그램의 계획 및 실행단계이다. 브랜드 마케팅 프로그램의 계획은 우선 브랜드 자산 요소들을 선택하고 설계하는 것부터 시작한다. 여기서 우선적으로 선택되고 설계되어야 하는 요소들은 브랜드 이름과 로고, 심벌, 브랜드 슬로건, 브랜드 패키지 등이며 이를 기반으로 마케팅 전략이 통일적으로 설계되어야 한다. 브랜드명은 인지도를 높일 수 있으며, 긍정적인 연상이 될 수 있도록 설계되어야 할 필요가 있다. 4P 전략은 계획된 브랜드 자산의 구축 목표 및 달성 방안과 일치하도록 수립할 필요가 있다. 제품은 목표한 지각된 품질을 전달할 수 있도록 설계되고 만들어질 필요가 있으며, 가격 전략 또한 브랜드의 지각된 품질을 효과적으로 전달하며, 좋은 브랜드 연상이 이루어질 수 있도록 수립될 필요가 있다. 촉진 전략은 브랜드 인지의 목표가 이루어질 수 있도록 하며, 긍정적인 브랜드 연상이 나타날 수 있도록 수립될 필요가 있다. 유통 전략 또한 브랜드 로열티가 달성되는 데 도움이 되는 방향으로 수립될 필요가 있을 것이다. 또한 이 모든 전략들이 첫 번째 단계에서 수행된 브랜드 포지셔닝과 전달하고자 하는 가치를 강화하는 측면에서 전개될 필요가 있다.

세 번째 단계는 브랜드 성과의 측정 및 해석의 단계이다. 본 교재 6장 브랜드 자산의 측정에서는 다양한 브랜드 자산의 측정 방법을 제시하고 있다. 이러한 브랜드 자산의 측정방법은 조직이 브랜드를 구축하고 운용하는 목표와 일치하는 측정방법을 활용할 필요가 있다. 예를 들어, 브랜드 조직이 공공 조직인 경우 브랜드를 운용하는 목적이 조직의 홍보 및 보다 조직 활동을 원활히 하는 데 있을 수 있다. 브랜드 운용 조직이 이익을 목표로 하는 조직이라면 브랜드를 운용하는 목적이 이익 극대화 혹은 시장 점유율 극대화일 수 있는 것이다.

마지막 단계는 브랜드 자산의 성장 및 유지이다. 안정적인 브랜드를 운용하다보면 브랜드를 다른 상품(제7장 브랜드 확장)이나 혹은 다른 지역에까지 확장(제8장 글로벌 브랜딩)하여 운용할 수 있다. 또한 단일 제품 브랜드를 관리하는 경우가 아니라 기업 내의 다양한 제품의 브랜드를 종합적으로 관리하는 경우라면, 기업 내의 브랜드간의 내부 경쟁을 지양하고 브랜드간의 시너지 효과를 극대화하기 위해서 적절한 브랜드 포트폴리오나 브랜드 아키텍처 전략의 수립이 필요하다.

브랜드 전략 수립 과정은 앞에서 이야기한 것과 같이 브랜드 포지셔닝부터 시작하여, 브랜드 마케팅 프로그램을 구체적으로 계획하고 실행한 후 이를 평가하고 보완 발전시켜 최종적으로는 브랜드 자산의 성장과 유지에 이르는 일련의 과정을 계획하고 실행하는 과정을 일컫는 것이다. 다음 절부터 브랜드 전략의 수립 및 관리과정에 대해서 보다 자세히 알아보도록 한다.

> ❝
> ### 사례: 버섯수출을 위한 마케팅 조직 통합과 브랜드 전략 수립방법은?
>
> 2017년 한국의 버섯 재배 농가와 수출업체들은 보다 효과적인 수출 마케팅을 위하여 '버섯류에 대한 글로벌 유통 브랜드 육성'을 목표로 전국의 수출 조직을 통합하여 단일한 수출 조직을 만들게 되었다.
>
> 농산물 수출을 위한 조직 통합은 유명한 키위 브랜드인 제스프리(Zespri)의 사례를 벤치마킹하고자 한 것이다. 뉴질랜드의 키위 생산자조직이 만든 제스프리 인터내셔널(Zespri International)은 97년에 단일 수출 조직을 설립하여 제스프리라는 키위 브랜드를 세계적 브랜드로 성장시키는 큰 성공을 거두게 되었으며, 현재는 제스프리라는 브랜드를 중심으로 글로벌 생산 기지를 운영하는 등 계속 발전하고 있다.

버섯류 수출 통합조직은 가장 많이 수출되고 있는 팽이버섯과 새송이버섯을 중심으로 만가닥, 양송이,느타리 등의 농가 및 수출업체가 참여할 예정이다. 버섯류 수출 통합조직은 체계적인 품질 관리로, 한국 버섯에 대한 신뢰도를 높이고 안정적으로 공급할 수 있는 생산기반을 확립할 수 있을 뿐만 아니라 통일된 브랜드를 통하여 보다 효과적인 글로벌 마케팅 전략들을 수행할 수 있을 것으로 기대하고 있다.

그러나 단일한 조직만 만들어졌을 뿐 이후 어떻게 브랜드 전략을 세워갈지에 대해서는 막막한 상황이다. 단일한 조직을 만들면 품목이나 품질 관리를 통한 품질의 균일화가 가능해지고, 안정적으로 많은 물량을 공급할 수 있는 기반을 가지게 되겠지만 단지 이것만으로 브랜드 전략이 완성된다고 보기는 어렵기 때문이다.

과연 처음 브랜드 전략을 수립해야 하는 버섯 수출 통합조직은 어떠한 방법으로 브랜드 전략을 수립하는 것이 좋을까? 단순히 품질관리를 잘하고 멋진 브랜드 이름을 만들면 브랜드 전략은 완성되는 것일까? 아니면 브랜드 전략을 보다 체계적으로 세울 수 있는 방법이 존재하는 것일까?

 ## 2 1단계: 브랜드 포지셔닝과 가치의 정의 및 구축

브랜드 포지셔닝을 위해서는 우선 시장세분화와 목표 고객의 정의가 필요하다. 본 교재 2장에서는 브랜드 포지셔닝을 위한 시장세분화와 목표 고객을 어떻게 정의하는지 자세히 설명하고 있다. 우선 시장 세분화를 위하여 시장 세분화에 필요한 다양한 기준을 검토할 필요가 있다. 인구통계변수, 지리적 변수, 사회−경제적 변수 등과 같은 물리적 속성기준과 사이코그래픽스, 사용상황, 추구효익 등과 같은 행동적 속성기준 중 시장을 가장 잘 세분화 할 수 있는 기준을 선택한다. 이후 분류한 세분시장이 의미가 있는지를 세분시장의 파악과 측정이 가능한지, 수익을 낼 수 있을 정도의 충분한 시장 규모가 되는지, 해당 세분시장에 우리 제품이 접근하는 것이 가능한지, 해당 세분시장이 얼마나 호의를 가지고 우리 제품의 브랜드 마케팅 활동에 반응해 줄 것인지 등을 가지고 판단하여 최종적으로 시장 세분화를 한다.

본 교재에서는 표적 시장 선정에 필요한 5가지 요인을 제시하고 있으며, 해당 요인은 시장규모, 기대 성장률, 도달비용, 공존가능성이다(제2장 참조). 예를 들어, 반려 동물에 대한 사료시장에 진출하려는 회사가 강아지를 위한 고급 습식 사료를 수입하여 저렴한 유통 방법인 인터넷 유통을 통하여 시장에 접근하려는 경우, 시장 세분화 및 목표고객을 정의하는 과정을 요약하면 〈표 11-1〉과 같다.

표 11-1 반려 동물 사료시장의 표적시장의 선정 기준 활용의 예

주요 세분시장	시장 규모	기대 성장률	경쟁	도달비용	공존 가능성	표적시장 선호도
20대 싱글	작다	높다	5개사 (온/오프라인)	낮음 (인터넷유통중심)	높음	중간
30대 싱글	크다	높다	5개사 (온/오프라인)	낮음 (인터넷유통중심)	높음	높음
40/50대 가족시장	중간	중간	3개사 (오프라인)	높음 (오프라인매장중심)	낮음 (고비용 오프라인 매장운용 어려움)	낮음
60대 이상	중간	높다	3개사 (오프라인	높음 (오프라인매장중심)		낮음

목표 고객이 선정된 이후 브랜드 포지셔닝 작업을 하게 된다. 브랜드 포지셔닝을 하기 위해서 가장 많이 사용되는 방법은 포지셔닝맵을 활용하는 방법이다. 브랜드 포지셔닝 맵을 활용하기 위해서는 우선 목표한 표적 시장의 고객들에게 우리의 상품을 보다 잘 소구할 수 있는 축을 찾을 필요가 있다. 〈그림 11-1〉은 위의 분석에 대한 가상적인 포지셔닝 맵을 제안하고 있다.

위와 같은 포지셔닝 맵을 작성할 때 가장 중요한 것은 자사의 특성과 자사 이미지의 위치가 가장 잘 나타나는 포지셔닝 맵의 축에 대한 속성을 찾는 방법이다. 이러한 방법으로 본 교재 2장에서는 제품의 속성, 사용상황, 제품 사용자 특성, 경쟁 제품 등을 주요한 포지셔닝 속성으로 제시하고 있다.

포지셔닝맵을 활용하여 브랜드 포지셔닝을 결정하면 핵심 가치를 쉽게 정의할 수 있다. 〈그림 11-1〉의 사례를 살펴보면 브랜드 포지셔닝에 의한 가치는 온라인 유통을 통하여 비용의 거품을 뺀 고급 애완견 기능성 사료, 즉 유통 혁신을 통하여 가격 대비 가치가 높은 사료임을 제시하는 것이 핵심적인 가치가 될 수 있을 것이다.

최종적으로 1단계에서 또 하나 정의할 것은 브랜드 활동의 궁극적인 목표이다. 브랜드 활동의 단계적인 목표 및 궁극적인 목표를 설정할 필요가 있다. 브랜드 도입

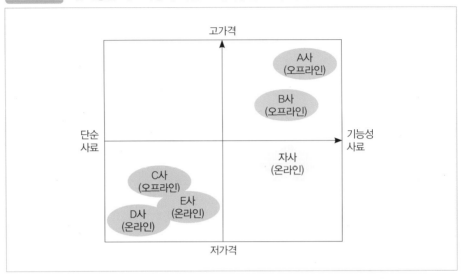

그림 11-1 반려동물 사료시장에 대한 포지셔닝맵 분석 사례

초기에는 브랜드 인지를 높이는 것이 목표가 될 수 있으며, 인지도가 어느 정도 향상된 이후에는 브랜드에 대한 선호도, 혹은 브랜드 정체성을 고객들이 이해하고 받아들이는 정도 등을 목표로 세울 수 있다. 브랜드에 대하여 인지도가 높고 전반적인 선호가 높은 경우 브랜드 상품의 매출이나 이익으로 목표를 수립하는 것이 적절하며, 이후 안정적인 브랜드 매출이나 이익을 내기 위해서는 고객-브랜드 관계나 고객들의 브랜드 공감 등을 확보하고 유지하는 쪽으로 목표를 정하는 것이 적절할 것이다.

 2단계: 브랜드 마케팅 프로그램의 계획 및 실행

(1) 브랜드 구성 요소의 선택 및 설계

브랜드 마케팅 프로그램을 계획하고 실행하기 위해서 가장 먼저 필요한 것은 브랜드를 구성하는 핵심 요소들을 선택하고 이를 설계하는 것이다. 대부분의 브랜드는 핵심적인 요소로 브랜드 이름과 로고, 심벌, 슬로건, 브랜드 패키지 등을 우선 선택하여 이에 대한 설계를 시도하는 경우가 대부분이다. 본 교재 4장에서 제시하고 있는 적절한 브랜드 이름과 로고, 심벌, 슬로건과 브랜드 패키지의 선정 기준은 〈표 11-2〉와 같다.

표 11-2 주요 브랜드 구성 요소 및 브랜드 요소의 선정 기준

브랜드 요소	브랜드 선정 기준
브랜드 이름과 로고	① 브랜드의 특성을 잘 표현하면서, 경쟁 브랜드와 뚜렷한 차별성 제시 ② 브랜드의 차별적 가치의 원활한 전달이 가능 ③ 발음하기 쉽고 기억이 용이해야 함 ④ 부정적인 연상 유발이 되지 않음
브랜드 심벌	① 브랜드 의미나 전달하고자 하는 가치를 간결하고 명확하게 표현 ② 소비자들로 하여금 브랜드를 쉽게 기억시키고 상기시킴 ③ 목표한 브랜드 연상을 강화할 것
브랜드 슬로건	① 브랜드 포지셔닝을 이해하기 쉽게 전달할 것 ② 브랜드 포지셔닝을 보다 명확하게 전달할 것
브랜드 패키지	① 브랜드 포지셔닝을 총체적으로 표현할 것 ② 브랜드 포지셔닝을 소비자들에게 명확하게 전달할 것

"

브랜드 심볼 사례: 삼성전자, 하우젠과 지펠 고품격 BI 선언

삼성전자의 프리미엄 생활가전 브랜드 하우젠과 지펠이 고품격 생활 인테리어 가전으로서의 이미지 도약을 위한 새로운 BI(Brand Identity)를 발표했다.

hauzen **zipel**

BI는 고객이 브랜드에 관해 연상하는 이미지로 모든 커뮤니케이션의 기본이 된다. 이번 신규 BI를 통해 대한민국 대표 프리미엄 생활가전 브랜드 하우젠과 지펠은 "여성은 물론 가족 모두가 꿈꾸는 보석"이라는 의미를 담아 냈다. 신규 BI는 영문 소문자를 채택해 편안함과 부드러운 여유를 감각적으로 더하는 한편 역동적인 디테일을 살린 곡선과 직선의 조화로 세련된 개성을 표현했다. 삼성전자 디자인센터 관계자는 "직선과 큰 키로 대표되는 대문자보다 곡선과 아담한 사이즈의 소문자는 좀 더 포근하고 부드러운 느낌을 준다"며 "소문자로 고객들에게 좀 더 가깝게 다가가고 싶은 하우젠과 지펠의 모습을 표현했다"고 말했다.

또한 하우젠과 지펠 워드마크 상단에 공통적으로 들어가는 '보석' 심볼은 모두가 꿈꾸는 이상적인 가치를 형상화하여 부드러운 곡선의 소문자 워드마크와 더해져 인간적이면서도 세련된 이미지를 창출했다. '보석' 심볼은 여성들이 가장 열망하는 보석이며 보석의 최고인 다이아몬드에

서 착안한 것이다. 250톤의 자갈과 바위를 뚫고 숙련된 기술자들의 세공을 거쳐 완벽한 보석의 여왕 다이아몬드가 만들어지듯이, 하우젠과 지펠도 최고의 기술을 바탕으로 여자들이 꿈꾸는 최상의 가치를 반영한 완벽한 제품을 만들겠다는 브랜드 철학을 전달하고 있다.

　하우젠은 2002년 국내 최초 생활가전 통합 브랜드로 탄생하여 세련된 디자인과 차별화된 기능을 통해 품격있는 하우젠만의 라이프스타일을 제안해 왔다. 지펠은 외산 브랜드 일색인 국내 양문형 냉장고 시장에 국내 최초 브랜드로 지난 11년간 한국 소비자의 생활패턴에 맞는 제품과 프리미엄 인테리어 디자인을 선보이며 명실상부한 양문형 냉장고의 최고 브랜드로 자리매김해 왔다. 삼성전자 마케팅팀 손정환 상무는 "하우젠과 지펠은 이번 신규 BI로 그동안 선도해온 프리미엄 인테리어 가전 시장에서 보다 젊고 인간적이면서 세련된 이미지로 다가가게 되었다"며 "앞으로도 하우젠과 지펠은 고품격 라이프스타일을 제안하는 프리미엄 가전으로서 고객과의 커뮤니케이션을 강화해 나갈 것이다"고 말했다.

삼성 뉴스룸 홈페이지(https://news.samsung.com/kr)

(2) 브랜드 전략 중심적 마케팅 프로그램의 계획 및 실행

　마케팅 프로그램은 대부분 4P(Product, Price, Place, Promotion)를 중심으로 이루어지고 있다. 브랜드 마케팅을 올바로 수행하기 위해서는 브랜드 포지셔닝과 고객들에게 제안하고 있는 브랜드 가치를 중심으로 마케팅 활동을 일치시키는 작업이 필요하다.

　제품 전략의 경우 대부분 상품의 종류와 상품 믹스, 상품의 품질, 상품 디자인, 포장, 크기나 규격, 사후 서비스 등이 주요한 전략으로 제시되고 있다. 이러한 제품 전략을 브랜드 포지셔닝에 일치시켜야 한다. 예를 들어, 상품 종류와 상품 믹스는 브랜드 포지션이 맞춤형 제품을 지향하는 것이라면 상품 종류가 고객의 취향에 따라 달라질 수 있어야 하며, 브랜드 포지션이 저렴한 가격을 중심으로 구성되어 있다면 단일한 종류의 제품을 대량 생산하여 비용과 가격을 낮추는 것이 적절한 제품 전략이 될 수 있다. 특히, 상품의 품질 부분에 있어서는 본 교재 3장에서 기술하고 있는 지각된 품질의 개념을 잘 이해하고 실천하는 것이 필요하다. 브랜드 포지셔닝에 맞는 제품의 품질을 전달하고자 할 때 대부분의 경우 소비자들은 기술적인 품질을 지각하지 못하는 경우가 많다. 이때 소비자들이 지각하는 품질 요인이 무엇인지를 이해하고, 브랜드 포지셔닝을 전달하기에 가장 적절한 지각된 품질 요인을 강조하는 것이 보다 효율적인 품질 관리 방법이 될 수 있다. 또한 포장의 크기나 규격도 브랜드 포지셔닝과 일치되게끔 할 필요가 있다.

가격 전략에는 타 제품 대비 고가/저가 전략 및 가격 할인을 어떻게 할 것인가와 가격의 유연성(유통업태별로 가격을 통일할 것인지 아니면 차별을 둘 것인지), 가격의 지급기간 및 방법 등에 대한 전략이 주요한 전략으로 제시되고 있다. 브랜드 포지셔닝을 고급 제품으로 가져가기 위해서는 고가격 전략을 활용할 필요가 있다. 미국에서 상품을 저렴하게 판매하는 것으로 유명한 회원제 창고 매장인 코스트코 홀세일의 경우, 한국에 처음 진입할 때 서울 강남지역의 상류층 고객을 공략하기 위해 저렴하지만 고급 이미지를 주는 매장으로 포지셔닝을 하기를 원했던 사례가 있다. 저렴하지만 고급스러운 이미지를 주기 위해서 코스트코 홀세일은 양재동에 매장을 오픈하면서 첫날 고급 수입 자동차를 전시 판매하는 전략을 활용하였다. 저렴한 가격이지만 싸구려 제품을 판매하는 것이 아니라 고급 제품을 저렴하게 판매한다는 이미지를 고객들에게 심는 전략, 즉 가격에 대하여 원하는 브랜드 포지셔닝을 하기 위한 전략이라고 할 수 있다. 대부분의 경우 고급 제품의 이미지를 고객에게 각인시켜야 하는 경우 고가격 전략을 사용하며, 저렴한 가격을 책정하는 경우에는 정말 싸다는 의미의 브랜드 포지셔닝을 한 경우와, 저렴하지만 실속있다는 브랜드 포지셔닝을 한 경우 다른 실행 전략을 구사할 수밖에 없다.

유통 전략에는 어떠한 유통망에 판매를 할 것인지, 유통 채널에서의 재고수준을 얼마나 가지고갈 것인지, 납품한 상품에 대한 대금 회수를 언제 할 것인지, 물류를 어떻게 할 것인지 등의 전략이 주요한 전략으로 제시되고 있다. 소비자에게 판매되는 소비재 상품의 경우 가장 중요한 전략은 유통 채널을 선택하는 것이다. 고급 이미지를 주는 경우 대부분 오프라인 점포 중 직원들이 많은 서비스를 활용하는 곳을 활용하여 유통을 전개하는 경우가 많으며, 저렴하게 판매하는 경우 최근에는 PC기반 인터넷이나 혹은 모바일로 판매하는 경우가 많다.

마지막 촉진 전략으로는 PR, 광고, 판매촉진 등의 전략이 제시되고 있다. 최근에는 이러한 PR, 광고 등이 전통적인 매체에서 디지털 매체로 그 축이 옮겨가고 있는 것이 사실이다. 고급이미지를 주려는 경우는 아직도 TV나 유명한 잡지를 중심으로 광고 홍보 활동을 전개하는 경우가 많으며, 저렴하고 실속있는 것을 강조하는 경우 SNS 등에 재미있는 내용을 중심으로 전개하는 경우가 많다. 또한 판매 촉진의 경우도 고급 이미지로 포지셔닝한 경우 가격 할인을 자제하며 주로 광고 등으로 소비자에게 소구하는 경우가 많으며, 실속있는 이미지로 포지셔닝한 경우 가격할인이나 혹은 1+1 등의 방법을 써서 소비자의 구매를 촉진시키려는 경우가 많다.

마지막으로 최근에는 온라인과 오프라인을 어떻게 통합하여 마케팅 프로그램을 전개할 것인지도 마케팅 프로그램을 구성할 때 중요한 고려요인이 되고 있다. 이러한 기존의 내용을 정리하여 〈표 11-3〉에서는 브랜드 포지셔닝과 마케팅 프로그램과의 일치 여부를 점검하는 표를 제시하고 있다.

표 11-3 마케팅 프로그램과 브랜드 포지셔닝 일치여부 체크 리스트

분류	마케팅 프로그램	일치 여부	'아니오'시 개선 전략
제품 전략	상품종류와 상품 믹스는 브랜드 포지셔닝을 반영하는가?		
	상품의 지각된 품질은 브랜드 포지셔닝을 반영하는가?		
	상품 디자인/포장은 브랜드 포지셔닝을 반영하는가?		
	상품 크기/규격은 브랜드 포지셔닝을 반영하는가?		
	사후 서비스 등은 브랜드 포지셔닝을 반영하는가?		
가격 전략	상품의 주 가격대는 브랜드 포지셔닝을 반영하는가?		
	가격 할인/유연성 정책은 브랜드 포지셔닝을 반영하는가?		
	가격 지급 기간(할부 등) 브랜드 포지셔닝을 반영하는가?		
유통 전략	주력 유통망은 브랜드 포지셔닝을 반영하는가?		
	물류/배송 시스템은 브랜드 포지셔닝을 반영하는가?		
촉진 전략	주 커뮤니케이션 채널은 브랜드 포지셔닝을 반영하는가?		
	광고모델 등은 브랜드 포지셔닝을 반영하는가?		
	광고/홍보 콘텐츠는 브랜드 포지셔닝을 반영하는가?		
	판촉방법은 브랜드 포지셔닝을 반영하고 있는가?		

3단계: 브랜드 성과의 평가 및 해석

브랜드 성과의 평가 및 해석에 있어서 가장 중요한 것은 여러 가지 브랜드 성공을 평가하는 지표를 모두 만족시키기보다는 1단계에서 지정한 브랜드 목표를 중심으로 평가를 진행하는 것이 타당하다. 브랜드 성과를 평가하고 해석하는 방법은 크게 두 가지로 나누어 볼 수 있다. 기업의 직접적인 성과라고 할 수 있는 브랜드의 매출이나 이익, 시장 점유율 등이 있을 수 있으며, 기업의 직접적인 성과를 선행하는 요인이라고 할 수 있는 소비자들의 태도(만족/충성도, 지각되는 품질, 리더십, 지각되는 가치 등) 요인이 있다. 구체적인 시장 성과인 매출과 이익, 시장 점유율 등의 지표 외에 소비자의 태도를 중심으로 브랜드 성과를 평가하는 브랜드 자산 형성 원천을 측정하는 방법으로는 본 교재 6장에서 있는 〈Aaker Brand Equity 10〉 등을 활용한 브랜드 평가 방법이 효과적인 브랜드 성과의 측정방법일 수 있다.

> **미니사례: 삼성전자 브랜드 가치 세계 6위**
>
> 삼성전자가 25일(미국 현지시간) 글로벌 브랜드 컨설팅 전문업체 인터브랜드(Interbrand)가 발표한 '글로벌 100대 브랜드(Best Global Brands)'에서 6위를 차지했다. 삼성전자 브랜드 가치는 지난해보다 9% 상승하여 562억 달러를 기록했으며, 순위도 전년보다 한 계단 상승했다.
>
> 인터브랜드는 삼성전자가 △투명하고 솔직한 커뮤니케이션으로 갤럭시 노트7의 위기를 빠르게 극복하고 브랜드 신뢰를 성공적으로 회복한 점 △인간적이고 감성적인 브랜드가 되기 위한 노력이 일관적으로 전세계 소비자들에게 전달되는 점 △갤럭시 S8, 애드워시 세탁기, 패밀리허브 냉장고, 더 프레임 등의 신제품으로 소비자에게 의미 있는 혁신을 지속한 점 등을 긍정적으로 평가했다.
>
> 메모리 반도체는 적기 투자와 기술 혁신을 통해 시장을 확대하고 시장 경쟁력을 강화했고, 브랜드 경쟁력 또한 크게 높인 것으로 평가 받았다. 생활가전 부문은 프리미엄 디자인과 소비자를 최우선으로 배려한 혁신제품을 출시해 새로운 시장을 창출하고 있는 점을, TV 부문은 새로운 라이프스타일을 제시하는 더 프레임(The Frame)을 출시하는 등 획기적인 혁신을 통해 시장을 선도하고 있는 점을 평가 받았다.

인터브랜드는 세계적인 브랜드 평가 및 컨설팅 전문 기업으로 매년 100대 브랜드를 발표하고 있다. 브랜드 가치는 △ 기업의 재무 성과 △ 고객의 제품 구매 시 브랜드가 미치는 영향 △ 브랜드 경쟁력 등을 종합 분석해 평가하고 있다.

※ 참고: 최근 삼성전자 인터브랜드 브랜드 가치 · 순위

연도	2011	2012	2013	2014	2015	2016	2017
브랜드 가치 (달러)	234억 (20%↑)	329억 (40%↑)	396억 (20%↑)	455억 (15%↑)	453억 (−)	518억 (14%↑)	562억 (9%↑)
순위	17위	9위	8위	7위	7위	7위	6위

삼성 뉴스룸 홈페이지

5 4단계: 브랜드 자산의 성장 및 유지

브랜드가 성장하여 충분한 시장 성과까지 내고 있는 경우 대개 이러한 브랜드를 잘 활용한다면 브랜드 자산을 보다 성장시킬 수 있는 경우가 많다. 많은 경우 브랜드 확장을 통하여 기존의 획득한 브랜드 성과를 다른 제품에게 이전하여 추가적인 이익을 내거나, 국제적으로 브랜드를 확장하여 매출을 늘릴 수 있다.

본 교재의 7장에서는 브랜드를 확장하여 어떻게 추가적인 이익을 낼 수 있는지를 보여주고 있다. 새로운 브랜드의 성공확률이 5%인 데 반하여, 기존의 성공한 브랜드를 확장하는 것은 상대적으로 안전하게 브랜드를 성공시킬 수 있는 것이다. 다만, 브랜드 확장 대상의 제품이 기존의 브랜드 포지셔닝을 받아들이기 어려운 제품인 경우나 혹은 브랜드를 확장한 새로운 제품이 문제가 생겨 모브랜드의 포지셔닝 등에 부정적인 영향을 미칠 수 있는지에 대해서 면밀히 검토할 필요가 있다. 구체적인 확장 전략은 〈그림 11−2〉와 같다.

브랜드를 국경을 넘어서 세계로 확장하기 위해서는 몇 가지 고려사항이 존재한다. 브랜드 구성 요소의 언어적, 비언어적인 측면에 대한 고려가 필요하며, 브랜드 포

그림 11-2 브랜드 확장 및 평가 과정

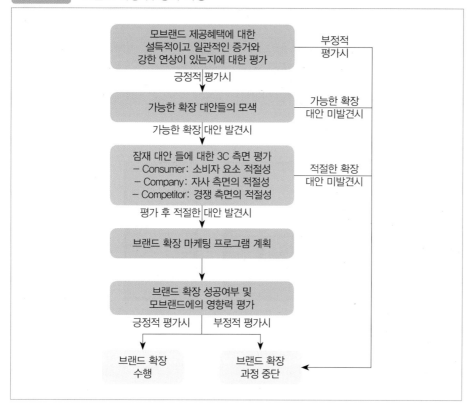

그림 11-2 브랜드 확장 및 평가 과정

지셔닝을 국내와 똑같이 가져갈 것인지 혹은 해외 현지에 맞추어서 브랜드 포지셔닝을 재구성해야 하는지 등도 면밀히 검토할 필요가 있다. 또한 글로벌 브랜드의 경우 브랜드 자체의 포지셔닝을 할 때 브랜드가 시작된 국가에 의한 '원산지 효과'도 고려할 필요가 있다.

　마지막으로 여러 개의 브랜드를 활용하고 있는 기업이 혼란없이, 상호 시너지를 낼 수 있도록 관리하기 위해서는 10장에서 소개한 브랜드 포트폴리오 관리 전략을 활용할 필요가 있다. 특히, 브랜드 계층구조와 동일 기업 내 다른 브랜드간의 부정적 간섭을 최소화하고 시너지를 높이기 위해서는, 각 브랜드 포지셔닝의 차별화 및 목표 세분시장의 차별화가 잘 이루어져 간섭을 최소화할 필요가 있으며 다른 브랜드라 할지라도 상위 단계의 브랜드 즉, 제품 브랜드의 경우 기업 브랜드 포지셔닝을 해치지 않고 더 강화하는 방향으로 브랜드 포지셔닝 및 마케팅을 전개할 필요가 있다.

삼성전자의 냉장고 브랜드 포트폴리오 전략

삼성전자는 자사의 일반 소비자용 양문여닫이형 냉장고 브랜드를 크게 4개로 만들어서 운용하고 있다. 2017년 현재 최고 등급의 '셰프컬렉션', 와이드 상냉장 T타입형인 'T9000', 신개념 5도어 냉장고인 'H9000', 도어 수납의 편리함을 강조한 'F9000' 브랜드를 운용하고 있다. 각 브랜드의 특징은 아래 표와 같다.

브랜드명	셰프 컬렉션	T9000	H9000	F9000
목표고객	최고 품질의 상품을 구매하려는 최상류층	디자인을 중시여기는 고객	깔끔한 살림살이를 추구하는 전업 주부 (어린이가 없는 가족)	냉장고를 자주 열어보는 어린 아이가 있는 가족 고객
가격	623 ~ 1,516만원	200 ~ 371만원 (패밀리 허브 기능 제외시)	262 ~ 314만원 (패밀리 허브 기능 제외시)	148 ~ 201만원 (패밀리 허브 기능 제외시)

전반적으로 삼성전자의 양문여닫이형 냉장고의 하위 브랜드는 유사한 이미지를 전달하여 삼성전자의 양문여닫이형 제품 브랜드 포지셔닝의 일관성을 유지할 수 있도록 하면서도, 양문 여닫이형 냉장고를 구매하려는 고객층을 세분화하여 다른 브랜드 포지셔닝을 전달하고 있는 모습을 볼 수 있다.

삼성전자 홈페이지

SUMMARY

● 브랜드 전략이란 브랜드의 개발 및 마케팅 프로그램의 설계와 실행, 그리고 브랜드와 관련된 모든 활동을 평가하고 이를 개선시키는 일련의 활동 계획을 이야기한다. 최근 마케팅의 기능이 부서별로 세분화되고 전세계적인 브랜드 마케팅을 수행하게 되어 개별부서 혹은 지역간 서로 다른 브랜드 마케팅 전략 수립으로 인하여 소비자의 혼란을 가중시키고 있다. 이에 전사가 공유할 수 있는 체계적인 브랜드 전략의 수립과 시행이 매우 중요해지고 있다

● 브랜드 전략의 수립 및 관리과정은 1단계 브랜드 포지셔닝과 가치의 정의 및 구축, 2단계 브랜드 마케팅 프로그램의 계획 및 실행, 3단계 브랜드 성과의 평가 및 해석, 4단계 브랜드 자산의 성장 및 유지로 구성할 수 있다.

● 1단계 브랜드 포지셔닝과 가치의 정의 및 구축단계에서는 소비자들이 선호하며 경쟁사들에 비해서 차별적인 브랜드 포지셔닝을 구축하고 고객에게 전달하려는 가치를 약속하는 것이 중요하며, 이러한 브랜드 포지셔닝은 브랜드 포지셔닝맵을 통하여 보다 효율적으로 분석되고 제시될 수 있다.

● 2단계 브랜드 마케팅 프로그램의 계획 및 실행에서는 우선 브랜드 구성 요소를 선정하고 이에 대한 설계를 수행할 필요가 있으며, 브랜드 포지셔닝에 따라 마케팅 4P 수행 방향을 일치시킬 필요가 있다

● 3단계인 브랜드 성과의 평가 및 해석 단계에서는 우선 브랜드 성과를 측정해야 하는데, 측정하는 브랜드 자산 및 평가는 조직이 브랜드를 구축하고 운용하는 초기 목표와 일치하도록 브랜드 활동의 측정 및 평가를 하는 것이 중요하다.

● 4단계인 브랜드 자산의 성장 및 유지를 위해서는 브랜드를 다른 상품 등으로 확장하거나 혹은 다른 지역에까지 확장하여 운용할 수 있는 브랜드 전략을 숙지할 필요가 있다. 또한 단일 제품 브랜드를 관리하는 경우가 아니라 기업 내의 다양한 제품의 브랜드를 종합적으로 관리하는 경우라면, 기업 내의 브랜드간의 내부 경쟁을 지양하고 브랜드간의 시너지 효과를 극대화하여 브랜드 자산을 적극적으로 성장하고 유지시키는 것이 필요하다.

CHAPTER

12

디지털 브랜드 마케팅

학습
목표

- 디지털시대 도래로 브랜드 마케팅 관련 주요 변화들을 이해한다.
- 디지털 브랜드 마케팅의 주요 전략과 실행 방법들을 이해한다.
- 디지털 브랜드 마케팅의 성공사례를 통해 활용능력을 키운다.
- 소셜미디어를 활용한 브랜드 마케팅의 방법에 대하여 학습한다.

1 디지털시대의 브랜드 마케팅 관련 주요 변화들

4차산업의 디지털시대가 도래하면서 새로운 브랜드 마케팅 전략이 절대적으로 필요하게 되었다. 디지털시대에 효과적인 브랜딩 및 브랜드 관리를 이해하기 위해서는 기본적으로 디지털시대의 주요 변화들을 우선 이해하는 것이 중요하다. 이에 이세부 장에서 디지털시대에 주요 변화들과 이와 관련된 디지털 브랜드 마케팅 사례들을 소개하겠다.

(1) 강력한 소셜 미디어와 C세대의 등장

C세대는 Connected Generation을 지칭하는 것으로 IT 기술에 의해 네트워킹과 확장성이 높은 디지털시대에 등장한 대표적인 세대이다. 이들은 강한 유대 → 상호 영향력 → 입소문 → 높은 충성도를 보인다. 소셜미디어를 통한 쌍방향 커뮤니케이션을 기반으로, 고객은 고객들과 관계를 맺고 싶어하고, 그들은 정보를 공유하기 원하며, 선 경험자들의 평가와 반응을 신뢰한다. 이러한 과정 속에서 매체파워가 있는, 스

스로 콘텐츠를 올리는 사람인 소셜 허브는 소셜 네트워크의 약 1%에 해당되나 막강한 파워를 가지게 된다. 소셜 허브는 9% Bee(Hub의 콘텐츠에 반응하고 확산시키는 사람)를 통해 나머지 90% 관망자에게 메시지가 노출되고 확산되는 메커니즘을 가지고 있다. 따라서 기업은 이러한 소셜 허브를 타깃으로 하는 것이 매우 중요하다.

(2) TGIF 에서 FANG 의 시대로 변화

선도적인 글로벌 IT기업 Big가 TGIF(Twitter, Google, iPhone, Facebook)에서 FANG (Facebook, Amazon, Netflix, Google)로 변화하고 있다. FANG의 비즈니스 개요는 다음과 같다.

- Facebook: 모바일 메신저, 가상현실, 소셜미디어 쇼핑몰 개시, 구글과는 다른 콘텐츠 플랫폼으로 진화 포지셔닝
- Amazon: 태블릿 제조, 드론 배달, 로켓 사업, 빅데이터 등 제조부터 유통까지 전방위적으로 사업 확장
- Netflix: 개인 제작 콘텐츠의 판매 플랫폼으로 빅데이터를 활용한 콘텐츠 제작
- Google: 로봇, 인공지능, 가상현실, 자율자동차, 디지털 헬스케어에 적극적 투자를 통해 4차산업 시장에 선점 노력

FANG이 주목받는 이유는 첫째, 기존 산업에서 벗어난 디지털 비즈니스 창출을 위한 투자/개발에 적극적으로 진행하여 2015년 기준, 미국 다우지수가 2.2% 하락한 가운데에서도 이 Big 4 기업들의 주가가 평균 83% 상승할 정도로 높은 기업 성과를 보이기 때문이다. 둘째, FANG은 주 비즈니스 모델은 디지털 기술을 통해 여러 데이터를 모으고, 이를 기반으로 사물과 장소와 사람을 연결하여 새로운 고객가치 창출을 통해 시장 기회를 제공하고 있기 때문이다. 이런 FANG의 선전은 브랜드 마케팅 분야에도 시사하는 바가 크다. 기존의 TGIF는 IT 기반의 커뮤니케이션 메신저, 정보검색, 스마트폰, 소셜커뮤니케이션, 각 영역의 선도기업이었다. 그러나 FANG은 앞서 언급된 바와 같이 단순히 해당 영역의 선도적 기능을 넘어 사물, 장소, 사람 등 모든 주체들이 연결되면서 새로운 고객 창출이 되기 때문에 브랜드 마케팅 관리상의 기업 내 업무 영역의 구분도 모호해질 수밖에 없어진다. 또한 기업의 제품, 유통, 고객 등이 총체적으로 연결되면, 기업 입장에서는 브랜드 마케팅 영역의 구분이 모호해진다. 즉 경

계의 모호성들은 달리 말하자면 총체적 관점의 브랜드 마케팅 영역이 엄청나게 확장된 것이고 브랜드 매니저에게 요구되는 업무도 융·복합적이면서 확대되어야 하는 것이다.

(3) 디지털시대의 소셜 마케팅 플랫폼의 변화

디지털시대에 여러 변화 중에 중요한 변화는 개인과 개인 간의 커뮤니케이션 채널이었던 기존의 소셜 플랫폼들이 비즈니스 툴로 진화하고 기업의 중요 마케팅 플랫폼으로 자리 잡고 있다는 점이다. 예를 들면, 〈표 12-1〉에서 보듯이, 페이스북은 과거 취미로서의 소셜 네트워크였으나, 현재는 비즈니스로서의 소셜 네트워크가 되어 실시간 동기화가 되어 프로세스 추구가 가능하게 되었다. 이를 통해, 전략적으로 브랜드 전략과 실행의 도구가 가능하게 되어 세부적 세분화 및 P2P(Person to Person) 네트워크와 같이 브랜드도 함께 연결되고 통합되어 진정한 커뮤니케이션이 가능하게 되었다. 또한 기업의 브랜드 커뮤니케이션 도구일 뿐만 아니라 더 나아가 매출 촉진이 직접적으로 가능한 아울렛으로 진화하고 있다.

표 12-1 페이스북의 진화

과거	현재
개인의 취미로서의 소셜 네트워크 (Social Network as an Individual Hobby)	비즈니스로서의 소셜 네트워크 (Social Network as a Business Tool)
혼돈(chaotic) 반응적(reactive) 통제 속의 소비자(consumer in control) 연결되었으나 활성화가 안 된(disconnected but not activated) 플랫폼에 의해 유도된 성과(platform-led KPIs, "Likes") 커뮤니티 관리(community management) 가짜 친구관계(faux friendships) 수익성이 없는(no sale & no profit)	동기화된(synchronized) 프로세스 추구의(process-driven) 연결과 통합된(connected and integrated) 브랜드 커뮤니케이션 도구(brand communication tool) 브랜드에 의해 유도된 성과(brand-led KPIs) 고객 세분화(customer segmentation) 고객에게 승인을 받는(permission based) 비즈니스에 개방된(open for business) 수익 구조를 추구하는(seeking for profits)

(4) 콘텐츠 유형의 변화

디지털 브랜딩은 콘텐츠의 기획과 관리의 중요성이 더욱 중요하다. 콘텐츠 유형은 일반적으로 기업 생성 콘텐츠, FGC(Firm-Generated Content)와 고객생성 콘텐츠, UGC(User-Generated Content)로 구분된다. 기업생성 콘텐츠는 기업이 주체가 되어 생성한 콘텐츠로서, 기업의 마케팅 관점에서 계획되고 선별된 내용을 고객에게 전달하는 푸쉬전략의 일환이다. FGC의 주요 미디어 채널은 기업 운영 웹사이트와 앱 그리고 기업 운영 페이스북, 블로그, 인스타그램 등 다양한 SNS들이 있다. FGC는 체계적인 운영 관리 및 모니터링이 가능한 장점이 있는 반면, 특정 브랜드의 매출 예측 불가능, 콘텐츠 공유 및 확장이 상대적으로 적다는 단점을 가지고 있다. 고객생성 콘텐츠는 주체가 고객으로, 고객이 브랜드 지식, 생각 및 지각을 쉽게 파악할 수 있으며 기업입장에서는 PULL 전략에 해당된다. UGC의 중요 미디어 채널은 고객 운영 페이스북, 블로그 및 다양한 SNS들이다. UGC는 특정 브랜드의 매출 예측 가능하다는 장점과 함께 콘텐츠의 공유 및 확장성이 FGC에 비해 좋은 반면, 체계적인 운영 관리 및 모니터링이 불가능한 단점을 가지고 있다. 기본적으로 브랜드 관련 콘텐츠가 과거 FCG중심으로 온라인이나 모바일상에서 콘텐츠가 유통되었다면, 디지털시대에 접어들면서는 다양한 고객이 다양한 형태로 생성하는 수많은 UGC가 유통되고 있다.

2 디지털 브랜드 마케팅의 전략과 실행

하루에도 수많은 브랜드들이 런칭되고 사장되고 있는 시장에서 소비자 마음을 사로 잡기 위해서는 제품이나 서비스의 차별화로만은 살아 남을 수 없을 정도로 경쟁은 날로 치열해지고 있다. '어떻게 해야 소비자에게 관심을 얻고 그들 기억 속에 오래 남게 할 수 있을까'에 대한 고민은 브랜드 마케터는 끊임 없는 질문일 것이다. 디지털 시대가 도래하면서 소셜 미디어와 스마트폰의 확산에 따라, 커뮤니케이션 매체들은 더욱더 다양해지고 소비자의 정보 주도권은 더욱 강화되게 되었다. 이에 소비자들은 기업들이 일방적으로 전달하던 메시지에 대한 관심 및 신뢰가 낮아져서 AKQA의 창립자인 Ajaz Ahmed는 "The best advertising isn't advertising"라 할 정도로 기업입장에서 브랜드 마케팅하기가 어려운 상황이 직면하였다.

'드림 소사이어티(Dream Society)'의 덴마크의 미래학자 롤프 엔센(Rolf Jensen)은 '정보화 사회'는 곧 종식되고 이제 '꿈의 사회', 곧 드림 소사이어티가 전개될 것이라고 주장했다. 그의 저서 첫장은 덴마크의 달걀 소비를 소개하였는데, 덴마크에서는 방목한 암탉이 낳은 달걀이 달걀시장의 50% 이상을 차지하는데 이는 소비자들은 좁은 닭장 안에 갇힌 채 길러진 암탉보다는 자연 속에서 자란 암탉을 선호하기 때문이다. 즉, 옛날식 생산물(retro-products), 할아버지 할머니 시대의 방식과 기술로 생산된 달걀은 비싸지만 소비자들은 기꺼이 15~20% 정도 가격을 더 지불한다. 이러한 동물윤리, 시골의 목가적인 낭만주의 등, 의미와 상징의 소비에 소비자는 높은 가치를 인식하고 기꺼이 높은 가격을 지불할 용의가 있는 것이다. 기업들은 디지털 포화시대에 소비자의 욕구에 집중하고 물질과 지식정보를 뛰어 넘는 무언가를 제공해야 해야 계속적으로 수익을 창출할 수 있을 것이다. 이에 본 세부 장에서는 디지털시대에 부합한 제품이나 서비스의 경쟁보다는 가치 경쟁력을 중시하는 브랜드 차별화를 위한 중요 마케팅 전략과 실행을 소개하겠다.

(1) 브랜드 스토리텔링 마케팅

디지털 시대에는 스토리텔링이 더욱 중요한 시대가 되었다. 브랜드 마케팅에서 스토티텔링의 중요한 이유는 첫째, 인간의 우뇌는 본능적으로 스토리를 좋아한다. 본래 인간의 뇌의 구조는 사실(fact)을 중심으로 한 논리를 좋아하는 좌뇌와 감정적인 판단 체계를 가진 우뇌로 구성되어 있다. 서사형태의 인물, 등장, 배경 등의 좌뇌를 자극하는 구조와 다양한 감정과 느낌을 제공하여 우뇌를 자극하는 서사형태의 스토리야말로 뇌가 좋아하는 정보인 것이다. 둘째, 스토리텔링은 기억이 용이하다. 앞서 설명한 우뇌는 이야기 형태의 정보를 감정적 프로세스로 인해 인지적 작업을 하는 좌뇌보다 쉽게 잊지 않고 더 오래 기억하기 때문이다. 셋째, 사실를 기초로 한 객관적인 메시지에 비해, 스토리를 기초로 한 메시지는 고객의 마음을 움직이고 감정을 형성시키기 때문에 공감 형성이 용이하다. 넷째, '롤프 엔센'은 그의 저서 드림 소사이어티(Dream Society)에서도 언급한 바와 같이, 스토리와 같은 감성적이고 비물질적인 요소가 소비자의 상품 선택과 구매행태에 더 많은 영향력 준다고 하였다. 스토리는 브랜드와 고객 간의 감정의 고리와 같은 것으로 브랜드와 연계된 스토리텔링은 고객의 브랜드 브랜드 애착을 형성시키고 더 나아가 기존 브랜드 애착을 더 강화시키기 때문이다.

　스토리텔링 기법을 마케팅에 접목한 것을 일반적으로 스토리텔링 마케팅 (storytelling marketing)이라고 하는데, 〈표 12-2〉에서 나열되었듯이, 스토리텔링의 중요 구성요소는 메시지, 갈등, 등장인물, 플롯 등이 있다. 반면, 디지털 환경에서의 스토리텔링의 중요 구성요소는 유연성(flexibility), 보편성(universality), 상호교환(interactivity), 실시간성(real - time) 등이 있다. 최근 온라인 스토리텔링에 브랜드 매니저가 주력하는 이유는 고전적 스토리텔링과 비교하여 그 파급효과가 훨씬 크기 때문이다. 온라인 스토리텔링은 PC 및 모바일에 의해 전달되므로 고전적 스토리텔링에 비해 빠른 전달성 (velocity of dissemination)을 가지기 때문에 놀라운 파급성을 가지고 있기 때문이다. 또한, 스토리의 재창조성(re-creation)이 높아 온라인 스토리텔링은 공동체 형성을 용이하게 한다. 웨렌 헤그(Warren Hegg)에 의하면 온라인 스토리텔링에 의해 많은 사람들이 인생에 관한 스토리의 힘을 표현하기 위해 이야기를 전달하고 이를 통해 공동체가 자연스럽게 형성하게끔 해야 한다고 했다. 조 랜버튼(Joe Lambert)은 온라인 스토리텔링이 대화의 형태까지도 재창조한다고 주장하였다.

표 12-2 　스토리텔링의 중요 구성요소

고전적 스토리텔링의 중요 구성 요소	디지털 스토리텔링을 위한 중요 구성 요소
1. 메시지: 분명하게 정의된 핵심적으로 소구하는 내용, 스토리의 전반에 걸친 중심 테마 　예 어벤져스: '정의는 승리한다' 2. 갈등: 스토리의 흥미를 유도하며 조화를 깨뜨리는 역동적 변화, 스토리의 생명 　예 어벤져스: 지구의 평화를 깨는 에너지원 '큐브'를 이용한 적대세력 3. 등장인물: 스토리를 만드는 주체자가 등장하여 스토리 전개를 위한 행동을 만들어 나감 　예 어벤져스: 지구 최강의 히어로 군단(아이언맨, 토르, 헐크, 캡틴 아메리카, 블랙 위도우 등) 4. 플롯: 스토리 전개과정으로 스토리의 배경, 갈등, 결말의 흐름	1. 유연성(flexibility): 스토리 흐름을 소비자가 직접 선택할 수 있고 등장인물의 역할을 소비자 스스로 맡아 스스로 표현할 수 있음 2. 보편성(universality): 독점적 미디어채널 소유가 아닌 누구나 해당 미디어패널을 통해 이야기할 수 있음 3. 상호교환(Interactivity): 소비자가 직접 스토리 구성의 과정에 참여하거나 또 다른 독특한 이야기로 변형할 수 있어야 하며 그런 참여 과정들의 경험 공유가 가능함 4. 실시간성(real-time): 온라인 게임, 실시간 로그인 대화 등 즉각적인 반응을 통해 실시간이나 실시간에 가까운 형태로 이야기가 진행됨 5. 정보형태의 복합성(complexity in data formats): 온라인에서는 문자, 그림, 사진, 동영상 등 다양하고 복합된 형태로 스토리가 전달됨

　실제 많은 기업들이 그들의 마케팅캠페인으로 스토리텔링을 다양한 형태로 접목하여 실행해 왔고 다양한 성공사례들이 보고되고 있다. 〈표 12-3〉에 정리된 바와 같

이, 기업이나 제품과 둘러 싼 에피소드나 체험단 중심의 사실기반 스토리텔링 기법, 루머, 패러디 등의 스토리를 수정 및 가공을 통해 흥미와 집중을 이끄는 수정/가공 스토리텔링, 드림, 시리즈, 기념일, 캐릭터 등을 활용한 순수 창작 스토리텔링 등 그 기법들도 다양하다.

표 12-3 스토리텔링 마케팅 유형들

스토리텔링 유형	특 징	사 례
사실기반의 스토리텔링		
에피소드 스토리텔링	창업자의 비전과 브랜드 가치가 녹아 있는 창업스토리 소개	– 베스킨라빈스 – 제2차 세계대전에서 만난 어니라빈스와 버튼베스킨 두 청년은 병사들에게 맛있는 아이스크림을 만들어주자는 목표를 가지고 천연과일로 맛을 낸 아이스크림을 개발. 이루 두 청년의 이름을 따서 브랜드를 런칭하고 한달 내내 매일 새로운 아이스크림을 선보인다는 의미의 베스킨라빈스31을 탄생시킴
체험담 스토리텔링	소비자가 직접 경험한 것을 소비자가 전함으로써 브랜드의 유대감과 브랜드 경험을 제고시킴	– 존슨즈 베이비 베드타임 캠페인 – 아기의 수면시간에 관심 많은 어머니를 타깃으로 캠페인과 제품을 알리기 위해 키워드 광고, 배너 광고, 제휴 이벤트를 사용하여 고객들을 홈페이지에 유입시킴. 이를 통해 1,000명의 체험단을 선정해 3주간 '아기잠 진단'과 함께 수면에 관련된 정보와 해결책을 제시하는 베드타임을 체험하게 하고 그 성공적인 결과를 이야기를 통해 공유하게 함으로써 자연스러운 정보의 확장 및 고객들에게 믿음을 제공함
수정/가공 스토리텔링		
루머 스토리텔링	리얼리티가 아닌 흥미롭고 재미있는 이야기를 실제인 듯 만들어 관심을 끌도록 함	– 바나나는 원래 하얗다 – 마케팅부서의 대화 내용을 몰카 형식으로 전달하는 형태를 통해 해당 신제품 탄생과 브랜드 네이밍 배경을 전달함
패러디 스토리텔링	기존의 인기 스토리들에 제품의 컨셉을 연계하고 새로운 시각으로 가공하여 전달함으로써 친근함과 함께 쉽게 부각시킬 수 있음	– 롯데리아의 크랩버거 – 헤밍웨이의 유명 소설 '노인과 바다'의 주요 소재를 활용하여 원작 속의 상어를 게로 바꾸어 유머스럽게 표현하고 과장함으로써 새 메뉴 컨셉인 크랩을 강조함
창작 스토리텔링		
드림 (dream) 스토리텔링	소비자가 동경하는 꿈과 희망을 브랜드 메시지에 연계하여 브랜드 동경을 형성시킴	– 나이키 – 스포츠 스타 선수들의 승리를 위한 의지와 열정들로 가득 찬 멋진 플레이 모습을 통해 동경심을 자극하고 스포츠십 형성을 유도
시리즈 스토리텔링	하나의 주제를 기반으로 일관된 컨셉 아래 연속적이고 다양한 스토리들을 연재하듯이 전달함	– 박카스 – 대학, 군대, 직장인 등의 일상생활 및 각 라이프 단계에서 경험하는 다른 어려움과 도전들을 드링크제와 연관성을 부여함으로써 브랜드 친근성을 제고

기념일 스토리텔링	특정한 기념일과 맞는 이야기 를 개발하여 관련 타깃 소비 자 그룹에게 공감을 유도하고 참여하게 함	– 빼빼로 – 빼빼로 과자 모양과 같은 11월 11일을 빼빼로 데이로 만들어 친구 들끼리 빼빼로를 선물함으로써 친구의 의미를 전달
캐릭터 스토리텔링	브랜드명을 기반으로 다양한 캐릭터들을 개발하여 사회적 이슈나 이벤트에 맞춘 공감대 형성하는 일러스트 및 스토리 전개를 통한 공감과 확산이 되게 함	– 아딸– 분식 브랜드 "아버지가 만든 튀김, 딸이 만든 떡볶이" 페이스북 페이지를 통해 새우튀김의 아빠캐릭터와 떡볶이 딸 캐 릭터를 바탕으로 사회적 이슈나 이벤트에 맞춘 공감대 형성하는 일러스트로 두터운 팬층 확보 이외 분식재료들의 다양한 캐릭터들이 등장한 재치있는 스토리 전개를 통해 사용자의 자발적 확산 유도

출처: Easter Report "Storytelling in Web," 2008. 6. 부분 수정 및 보완

(2) 디지털마케팅 커뮤니케이션의 전파 체계, 소셜 태깅

소셜 태깅의 중요성과 활용 필요

소셜 태깅(social tagging)은 콘텐츠를 사용자 생성한 키워드들을 통해 연결하는 것으로 이 키워드들을 통해 더 쉽게 찾고 공유할 수 있게 하여 사용자 관점의 공유와 확산이 용이하게 만든다. 이러한 소셜 확산 과정을 통해 사용자의 해석이 함께 반영되어서 사용자들은 다시 의미의 삽입하기도 하고 해석의 내용을 파악할 수도 있다. 이러한 소셜 태깅 시스템은 사람들(folk)과 경제(economy)의 합성어로 "folksonomy"라고도 불리는데, 일반 웹사이트의 북마크(bookmark)의 기본 기능에서 진화한 소셜 북마크(social bookmark)의 개념을 가지고 있다. 따라서 소셜 태깅은 디지털 브랜드 커뮤니케이션 콘텐츠 전파의 중요한 체계인 것이다.

소셜 태깅 진화 발전의 배경은 첫째, 무한 공유되는 정보에 대한 피로감과 함께 다수를 위한 일방적인 개방적 정보보다는 개인 관심사에 맞춘 큐레이션된 정보만을 받아보고 싶은 이용자들이 늘어났기 때문이다. 둘째, 일반화된 스마트폰 사용으로 인한 모바일 기반의 콘텐츠 소비 증대로 텍스트보다는 모바일 기기에 적합한 사진이나 동영상 등의 멀티미디어 콘텐츠들이 더 선호되고 이러한 멀티콘텐츠에 맞는 간결한 키워드형 메시지들이 전달성이 높기 때문이다. 셋째, 실질적인 사용자 맞춤형 소셜 네트워크서비스들이 제공이 가능하게 됨으로써 소셜 태깅을 통해 소셜 큐레이션이 가능하게 되었기 때문이다.

브랜드 마케팅 성과 관점에서 소셜 태깅의 중요 성과지표는 ① 규모, ② 균형, ③ 고객 관점의 브랜드 연상이다. 특히, 소셜 태깅은 관련 브랜드의 고객 관점의 풍요롭

고 다양한 언어적 정보를 가지고 있는 브랜드 연상들을 파악할 수 있도록 하기 때문에 UGC의 대표적인 콘텐츠이기도 하다. 또한 고객 중심의 브랜드 자산(Customer-Based Brand Equity: CBBE)이라 할 수 있기 때문에 중요한 브랜드 관리 대상이 되어야 한다.

소셜 태깅의 중요성은 학술연구에서도 보고되고 있는데, Nam과 Kannan 연구에 의하면, 소셜과 강하게 연결된 유명 키워드는 브랜드의 미래 현금흐름의 긍정적인 시그널인 반면, 단순히 북마크의 규모를 주가에 영향을 미치지 않는다. 또한, 소셜 태깅과 관련된 브랜드 연상의 호감성은 주가에 영향을 미치는 반면, 소셜 태깅과 관련된 부정적인 브랜드 연상은 단기적 시장 비효율성에 영향을 미칠 뿐만 아니라 장기적으로 기업 평가에도 영향을 미치는 것으로 나타났다.

소셜 태깅을 이용한 UGC 브랜드 마케팅 캠페인의 대표적인 성공사례는 IKEA이다. 스웨덴의 가구 카테고리 킬러인 IKEA는 전통적으로 카탈로그를 통해 촉진활동을 한 대표적인 소매점이다. 정규적으로 발간되는 카탈로그를 고객들에게 배송하여 고객에게 신제품 소개 및 다양한 인테리어 코디 제안을 통해 촉진 활동을 해 왔다. 이러한 IKEA가 진행한 소셜 마케팅은 소셜 태깅의 이용한 UGC 브랜드 마케팅 캠페인은 FGC 형태로써 IKEA 카탈로그를 인스타그램에 올려 놓는 방식 대신, UGC 형태의 인스타그램 이벤트였다. 사용자가 직접 IKEA 제품을 사진을 찍어 인스타그램에 올려 놓고 #제품명을 올리게 했는데, 이는 인스타그램의 피드(feed)로 온라인 카탈로그를 완성할 수 있었다. 수많은 제품 수를 자랑하는 IKEA의 전 제품들이 4주만에 해시태그와 함께 전 제품이 다 올라올 정도로 사용자의 높은 관심을 얻었다.

그림 12-1   IKEA PS 2014

출처: https://digiday.com/

소셜 태깅을 활용한 브랜드 마케팅 실행 및 관리 지침

소셜 태깅은 일시적인 현상이 아니라 디지털시대에 쌍방향, UGC 중심의 정보 확장성은 지속될 것이다. 따라서 이러한 소셜 태깅의 중요성을 고려하여, 브랜드 관리자는 다음과 같은 소셜 태깅의 관련하여 기획 및 관리가 필요하다.

첫째, 기본적으로 고객 관점의 실시간성이 확보된 브랜드 연상, 호감성 및 그 구체적인 내용과 정도를 상시적 소셜 태깅의 키워드 모니터링을 통해 측정 및 분석을 하여 브랜드 관련 중요 정보로 활용해야 한다. 둘째, 소셜 태깅 내용 분석 결과, 발견된 해당 제품 및 카테고리의 기본 연상을 강화하여 카테고리 리더로서의 이미지를 강화하는 소셜 마케팅을 진행해야 한다. 셋째, 소셜 태깅에서 혹 예상치 못한 브랜드 연상들이 발견되면 그 연상들을 제거하기 위한 즉각적인 후속 소셜 마케팅이 필요하다. 넷째, 브랜드 매니저는 발견된 새로운 브랜드 관련 연상들을 강화하기 위해 POD전략을 취해야 하며 이와 동시에 동일 카테고리 내 다른 브랜드들의 연상들과 연계성을 높이는 POP 전략도 추진해야 한다. 즉, 강력한 브랜드는 해당 카테고리 내 리더로서의 POD전략을, 경쟁 브랜드 대비 약한 브랜드는 경쟁브랜드들과 공유되는 기본 연상들을 유지함으로써 시장 내 지위를 확보해 나가는 POP 전략을 취해야 하는 것이다.

(3) 트럼펫 고객관계 관리 패러다임

효과적인 소셜 미디어 전략 수립을 위해서는 기업은 소비자와 기업체와의 감정적 연결이 필요하고 사업과 연결된 인간성 넘치는 브랜드를 확립할 수 있어야 한다. 디지털 시대의 기업경영에서 감성적으로 고객과 관계를 맺고 감성적인 브랜드 커뮤니케이션이 매우 중요한 것이다. 디지털 기술은 기업에게 개인에게 특화되어 있고 고객지향적인 관계를 설정할 수 있는 기회를 제공한다. 하지만 이를 달성하기 위해서는 표면적인 소셜 프로모션의 차원을 넘어서는 노력이 필요하다. 최근 IT기술의 진화는 마케팅 전략에서 무엇보다도 강조해오던 STP 전략을 더욱더 정교한 실행이 가능하게 하였고, 실질적으로 개인 1인만을 위한 특화 맞춤화가 실시간 가능한 환경이 되었다. 따라서, 마케터나 브랜드 매니저는 성공적인 브랜드 관리를 위해서 단순히 기술적으로 디지털 마케팅 기법들을 사용하는 것이 아니라 완벽한 고객지향적 브랜드 관리 및 브랜드-고객의 관계를 형성 및 관리가 필요하다. 〈그림 12-2〉 트럼펫 패러다임은 디지털 시대에 요구되는 브랜드와 고객간의 관계를 설명하고 있다.

트럼펫 고객 관계 패러다임은 트럼펫의 원리를 활용해서 고객과 관계를 맺고, 깊은 관계를 만들고 그리고 고객 관계를 확장해 가기 위한 가이드라인을 제공해준다. 첫째, 마우스피스와 같이 고객 관계를 맺기 위해서는 맞춤형 소리를 내야 한다. 트럼

그림 12-2 트럼펫 패러다임: 관계 맺기-깊은 관계 만들기-관계 확장하기

고객 관계 맺기
(마우스 피스)

고객 관계 확장하기
(벨)

깊은 고객 관계 만들기
(1,2,3차와 튜닝슬라이드들과 1,2,3차 밸브들)

펫은 마우스피스에 입을 대고 입 모양을 달리 하면서 다른 소리들을 내듯이, 각 고객의 요구에 부합하기 위해서는 기업은 다양하게 입 모양을 바꾸어 다른 소리를 낼 줄 알아야 한다. 고객 맞춤형 마케팅이 절대적으로 필요한 것이다. 둘째, 트럼펫 본관에는 세 개의 피스톤 밸브들이 있는데 이 밸브를 1개, 2개, 혹은 3개를 눌러 다른 길이의 관을 연결하게 함으로써 결국 7개의 관을 얻게 된다. 또한 3개의 슬라이드와 튜닝 슬라이드를 통해 섬세한 음정 조절을 하게 되어 더 다양한 음정을 내게 된다. 이러한 원리로 길게 꼬여 있는 하나의 관에서 다양한 음과 음역들을 만들어 냄으로써 깊이를 만들어 낸다. 기업이 고객에 제공하는 제품과 서비스와 부대적인 것들은 한정될 수밖에 없는 듯 하나, 한정된 기업의 자원들을 활용해서 최대한의 다양하고 깊은 관계들을 만들어내는 것이다. 셋째, 트럼펫의 끝 부분인 벨은 본관의 끝부분에 위치하며 나팔꽃 모양으로 활짝 열려 있는 구멍을 말하는데 트럼펫의 화려한 음색을 얻는 데 중요한 역할을 한다. 즉, 기업과 고객 간에 깊은 관계를 형성되면 이후 벨을 통해 다른 사람들에게 화려한 음색을 통해 전파되도록 해준다.

 3 디지털 브랜드 마케팅 사례

최근 마켓 트렌드가 급변하면서 많은 기업들이 변화에 대한 민첩성, 유연성과 함께 디지털화를 대한 고민을 지속하고 있다. 예를 들면, 국내 생활용품 제조·생산 기업인 유한킴벌리는 Full-Potential, Digitalization, Agility라는 3대 경영키워드를 정하고 빠른 시대적 변화에 대처, 대응하는 방법을 적극 모색하고 있다. 본 세부 장에서는 기존 브랜드의 디지털 마케팅 사례와 디지털비즈니스 브랜드의 마케팅 전략 사례, 그리고 초연결 디지털시대의 고객소통의 브랜딩 개발사례를 소개하겠다. 이를 통해, 이 디지털시대에 어떻게 브랜드를 만들고, 혁신해야 하며, 성공적으로 유지·관리해야 하는가에 대해 알아보도록 하자.

(1) 기존 브랜드의 디지털 브랜드 마케팅 전략과 실행 사례 : 버버리

버버리의 유래는 토머스 버버리가 1888년에 보온과 방수효과에 뛰어난 혁신 소재인 개버딘을 개발하여 만든 트렌치 코트로서, 비가 많이 오는 영국의 기후에 적합하여 큰 히트상품이 되었고, 1900년 들어서 영국군의 군복으로 채택되어 전 유럽에 확산된 제품이다. 1891년 런던의 헤이마켓(Haymarket) 지역에서 첫 브랜드 매장을 열었으며, 1910년 파리 시내에서 첫 해외 매장을 오픈했다. 현재 버버리는 50개국 이상에 500개 이상의 매장을 보유하고 있다. 1997년까지는 버버리의 브랜드 라이센스 정책은 홍콩, 싱가폴, 스페인등의 국가들의 제휴기업들에게 라이센스권을 주고 각국에서 버버리 브랜드 운영의 재량권을 부여하였다. 그러다 보니 각국에서는 버버리 브랜드 라이센스를 남발했고 버버리 로고와 패턴을 적용한 제품이 넘쳐나게 되어 브랜드 이미지를 추락하게 만들었다. 이러한 브랜드 관리의 실패로, 버버리의 트렌치 코트의 대표 브랜드인 강력한 연상 이미지를 잃어 버리고 국가별로 통일성 없는 중구난방 이미지로 인해 버버리의 브랜드 이미지는 추락하였다. 또한 과거 급변화하는 패션 트렌드에 선도하기 위해 명품 브랜드들은 혁신적 디자인들을 선보일 때, 버버리는 체크패션과 트렌치코트의 전설에 스스로 갇혀 있어서 최근의 글로벌 명품 열풍에 동참 못한 실패 명품 사례로 회자되기도 했다.

그러나 버버리는 2006년 안젤라 아렌츠(Adriana Ahrendts) 전 CEO의 재임기간 2006년부터 2014년 동안 적극적인 디지털 브랜드전략을 통해 브랜드 회생을 모색하였다. 그 결과, 명품 패션 브랜드 중 디지털 기술을 창의적으로 활용하여 명품브랜드의 민주화를 이루었다는 평가를 받고 있다. 이러한 버버리의 디지털 방식의 브랜드 회생전략은 〈그림 12-3〉에서 보여주듯이 재무적 성과로도 명확히 확인된다.

버버리의 브랜드의 회생전략의 성공의 원인은 크게 네 가지로 정리할 수 있다. 첫째, 앞에서 지적한 대로 중구난방인 브랜드 이미지를 바로 세우고 브랜드 아이덴티티를 관리할 수 있는 브랜드 정책을 재수립하였다. 둘째, 낡은 이미지에 반사회적인 사

그림 12-3   버버리의 재무성과: '94~'16년

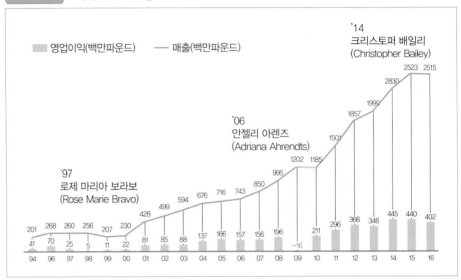

람들의 브랜드라는 이미지를 깨뜨리고 새롭고 젊은 이미지를 부여했다. 셋째, 디지털 마케팅을 통해 다른 경쟁 명품브랜드들과의 차별화를 구현하였다. 넷째, 빠르게 변화하는 유통 소비자 환경 변화에 유연하게 대응하여 새로운 경험을 고객에게 제공하였다. 패션 명품 버버리의 혁신적인 디지털 마케팅 전략 사례를 통해 기존의 전통적 브랜드가 중점을 두어야 하는 디지털 브랜딩의 실행의 가이드라인을 소개하면 다음과 같다.

① 기존 브랜드의 활성화를 위해 젊은 디지털 세그먼트를 공략

안젤라 아렌츠는 "우리의 첫 번째 전략회의에서 나온 가장 큰 전략은 브랜드를 통합하는 것이었다. 우리는 브랜드 메시지를 정제하고 그 메시지를 어떻게 할 것인지를 알고 싶어했고 그것은 디지털에 집중하고 젊은 고객에 초점을 맞춤으로써 가능하다고 보았다"라고 언급했다. 기존 브랜드의 활성화를 위해서는 브랜드 통합과 브랜드 메시지를 정제에 초점은 젊은 고객과 디지털에 초점을 맞추는 것이다. 기존 브랜드의 가장 선제적 관리의 시작은 기존 브랜드가 젊은 디지털 세그먼트를 타깃으로 하고 있는가를 점검하는 것부터 시작한다. 타깃으로 하는 젊은 디지털 세그먼트의 요구와 욕구를 파악하는 것에서부터 시작되어야 하는 것이다.

② 디지털 환경에 맞게 브랜드 요소들을 변경

버버리는 젊은 층을 공략하고 디지털 환경에 맞추기 위해 다양한 브랜드 요소들을 변경했다. 우선적으로 〈그림 12-4〉와 같이, 브랜드 아이덴티티(brand identity: BI)를 체크 무늬에서 말 탄 기사 문양과 창업자 토머스 버버리의 흘림체 서명이 들어간 버버리 브랜드 아이덴티티로 변경하였다. 원래 체크 무늬는 버버리의 150년 역사속에서 버버리의 상징으로 통했다. 그러나 버버리 브랜드가 낡고 보수적인 이미지가 고착되어 가고 라이센싱을 통해 체크 무늬가 너무 남발되면서 새로운 일신이 필요할 뿐 아니라 디지털 콘텐츠에 다양하게 현대적으로 적용하기 위해서는 새로운 BI가 필요했기 때문이다.

그림 12-4 버버리 브랜드 아이덴티티 변화

IMC 마케팅 요소를 가장 영국적인 것으로 채워서 일관성을 갖도록 하였다. 음악, 모델, 매장 장식 등 모든 커뮤니케이션 요소가 영국적인 것으로 전세계 모든 매장을 일관성을 갖도록 한 것이다. 또한 세계 각국의 패션 피플들이 이러한 영국의 멋을 즐기는 모습을 연출함으로써, 버버리 브랜드를 즐기는 것은 버버리 브랜드의 영혼이 담긴 영국의 멋을 즐기는 것이란 인식을 갖도록 하였다. 또한 버버리는 널리 쓰이는 S/S나 F/W 시즌성으로 구분되는, 매년 4회 선보였던 남성과 여성 컬렉션을 통합해서 1년에 두 번, 2월과 9월에 남녀 통합 컬렉션을 진행했다. 버버리 컬렉션이란 브랜드 아래 브릿, 런던, 프로섬 라벨로 구분된 세 가지 서브라인들도 없앴다. 패션쇼 시기도 조정해서 실제 매장에 옷이 도착하는 시기에 맞춰 패션쇼를 열어서 소비자들이 쇼에 등장한 옷을 바로 살 수 있도록 하였다. 상품라인도 진부한 버버리 체크무늬 고수 방침을 버리고 과감한 디자인과 색상의 변화 및 다양한 액서러리 라인을 강화함으로써 젊은층을 타깃으로 하였다.

③ 혁신적인 디지털 기술을 이용하여 고객에게 인터랙티브 경험을 제공

2009년 9월부터 버버리는 컬렉션을 온라인 생중계하였는데 이는 패션쇼는 기자, 바이어, 브랜드 관계자들과 VIP들만의 전유물이라고 여겼던 명품브랜드의 배타성을 스스로 내려 놓아 전 세계 1억 명이 패션쇼를 동시에 관람할 수 있도록 한 것이다. 더 나아가 버버리는 2010년부터 디지털 인터랙티브 방식을 적극 도입하여 온라인

런웨이 투 리얼리티(Runway to Reality) 서비스

상에서도 제품을 자세히 확대하고, 회전해볼 수 있는 환경을 구축하여 마치 매장에서 쇼핑을 하는 것과 같은 쇼핑 경험을 제공하였다. 2011년부터는 '런웨이 투 리얼리티(Runway to Reality)' 서비스를 시작했는데, 매장에 대형 스크린인 '버버리 리테일 시어터(Burberry Retail Theatre)'를 설치하여 새로운 컬렉션을 소개하는 패션쇼를 생중계하고, 매장 곳곳에 아이패드들을 배치하여 생중계 도중에 맘에 드는 의상을 곧바로 주문할 수 있도록 했다.

④ 1인 고객 맞춤화에 집중

버버리는 앞서 언급한 바대로 트렌치 코트의 상징적 브랜드로 출시 당시 혁신 제품, 트레디셔널 it's 아이템으로서 패션마켓에서 오랫동안 사랑 받아왔다. 그러나 이러한 전통성 이미지와 특정 제품의 브랜드 현저성은 오히려 패션의 변화와 혁신의 장애가 되어 왔었던 것이다. 버버리는 2011년 온라인에서 이러한 버버리의 상징적 아이템인 트렌치 코트를 한 명의 취향과 스타일에 맞게 맞춤형으로 제작하는 맞춤형 수트를 제작할 수 있는 비스포크 서비스를 런칭했다. 비스포크 서비스는 고객들이 원하는 대로, 나만의 트렌치코트를 주문 및 제작할 수 있도록 한 것으로 한정판임을 증명하는 특별한 번호와 함께 주문한 고객에게 8주만에 전달되는 방식으로 비록 가격은 비싸지만, 남들과 차별적인 아이템을 원하는 이들에게 좋은 반응을 얻었다.

⑤ 적극적으로 온라인 플랫폼을 사용

2010년 6월 시작한 버버리 어쿠스틱 캠페인은 버버리 의상을 입은 젊은 영국의 음악 아티스트를 선보이는 독점 비디오 세트로 시작하여, 버버리 아쿠스틱 마이크로 사이트를 운영했다. 이를 통해 새로운 아티스트를 홍보하고 동시에 젊은 소비자 층과

버버리 키시스 플랫폼

버버리 어쿠스틱 미국 메인 페이지

소통하고 소비자와 커뮤니케이션을 강화하였다. 2013년에 구글과 손을 잡고 버버리 키시스라는 플랫폼을 만들었다. 고객은 이 플랫폼을 방문하여 구글 크롬, 카메라, 휴대폰 등의 디지털 기기들을 이용해서 화면에 자신의 실제 키스 마크 담고 버버리에서 제공하는 립 컬러를 선택해 키스 마크의 컬러를 바꿀 수도 있게 했다. 이렇게 만든 키스 마크는 SNS를 통해 친구 또는 애인에게 공유할 수 있게 하며 버버리를 통해 가상 키스를 보낼 수 있도록 하고, 3D 스트리트 뷰를 사용하는 Google 스트리트 뷰를 통해서 사용자가 키스를 받는 사람을 실제로 따라갈 수 있게 했다. 즉, 디지털에 감성을 전달한 것이다.

⑥ 사용자 제작 콘텐츠(UGC)를 공유캠페인을 통해 실제 사용자 참여를 증대

버버리의 2009년 "The Art of Trench" 캠페인은 캠페인의 효과성을 증대하기 위해 패션 블로그 The Schartan으로 널리 알려진 Scott Schuman과 마이크로 사이트 'The Art of the Trench'(artofthetrench.burberry.com)를 운영하였다. 기존 고객이 자신의 트렌치 코트를 착용한 스냅 사진을 게시, 공유할 수 있는 콘텐츠를 올리고 댓글을 달

"The Art of the Trench" 마이크로 플랫폼

고 Facebook, Twitter 및 전자 메일에서 스냅을 공유할 수 있도록 했다. 이 캠페인을 통해 고객에게 주목받고 있다는 느낌을 전달하고 특별하다고 느낄 수 있도록 함으로써 브랜드 충성도를 높이고 고객과의 관계를 더 강력하게 유지했다.

(2) 기존 디지털 브랜드의 브랜드 전략과 실행 사례 : 애플사의 i 시리즈 브랜딩

애플사의 창업자인 스티브 잡스의 혁신적 이미지는 애플의 기업 브랜드 이미지의 중요한 브랜드 구성요소가 되었다. 신제품이 출시되는 날이면 며칠 전부터 매장 앞에서 밤새워 애플사의 신제품을 구매하려는 소비자들로 장사진을 이루는 진풍경들을 만들었으며, 신제품 출시를 알리는 잡스의 프리젠테이션은 지금까지도 두고두고 혁신의 이미지로 전달되고 있다. 이러한 창업자의 혁신의 이미지는 애플 기업 브랜드의 혁신의 이미지를 구현하였으며, 이를 기반으로 출시된 iPad, iPhone, iPad 등 제품 브랜드들에게도 보증효과를 만들어 주었다. 즉, 스티브잡스 창업자 자체가 애플사의 혁신 아이콘으로 자리 잡았고 오늘날의 혁신의 대표 브랜드로 포지셔닝되어 있는 브랜드이다.

창업자인 스티브 잡스가 내부 경영권 다툼에 밀려 1986년 회사에서 밀려났다가 1997년 최고경영자(CEO)로 돌아온 뒤, 아이팟과 아이폰, 아이패드로 이어지는 'i 시리즈'를 내놓으며 애플 회생을 주도했다. 애플의 성공 비결은 첫째, 창의와 혁신이다. 2001년 직관적 작동과 혁신의 디자인의 MP3플레이어 iPod과 2003년 선도적으로 온라인 음악서비스를 제공하는 iTUNES, 그리고 2007년 혁신적인 디자인을 장착한 스마트폰 iPhone 등으로 세계 IT 제품 시장을 석권했다. 둘째, 컴퓨터, 스마트폰 및 일부 액서서리만의 아주 단순한 제품라인을 운영하여 고객에게 설득하는 메시지는 복잡하지 않고 단순하다. 애플이 표방하는 매우 단순하고 직관적인 경험들과 그 맥을 같이 한다. 이는 생산관리의 효율성을 제공하는 것뿐만 아니라 고객의 지각속에 애플의 포지셔닝이 명확하게 자리 잡게 해주면, 브랜드의 핵심자산의 명료성을 더 제공해주었다. 셋째, 이러한 지속적인 IT 혁신 제품 출시를 통해 모바일 생태계의 주도권을 장

악했다는 점이다. 실질적으로
iPhone 등의 하드웨어는 경쟁
사들보다 뒤지나 애플리케이
션(응용 소프트웨어) 거래 장터인
앱스토어를 장악했다. 넷째,
디자인과 UX관점의 사용 편의
성이라는 애플의 철학이 성공
의 밑바탕이다. 다섯째, 창업
자 스티브 잡스의 혁신 상징성

그림 12-5　애플사의 CI 변천사

1976
Original Logo　　1976-1998　　1998-2010　　2010-현재

또한 이러한 애플의 성공에 큰 한 몫을 했다. CEO 개인의 '완벽주의'에 의해 OS부터
하드웨어까지 모든 것을 스스로 해결하고 이러한 혁신형 제품들을 출시할 때도 스티
브 잡스의 직관적 프리젠테이션을 통해 성공적으로 팬들을 열광하게 만들었다. 마지
막으로 여섯째, 애플스토어를 통해 제품의 가치를 감각적으로 경험할 수 있도록 해준
다. 큰 규모의 매장은 디지털 라이프를 표방하면서 도시 번화가에 자리 잡고 전면 통
유리의 현대적 이미지의 매장 안에 파란색 티셔츠 차림의 트렌디한 판매직원, 개방된
제품 디스플레이로 누구나 편하게 애플 제품을 경험할 수 있도록 했다.

반면 애플사의 기업 아이덴티티(Corporate Identity: CI)는 1976년 창립 시 사용된 오
리지널 로고는 공동창업자가 만든 시용한 복잡한 뉴톤이 사과나무 아래서 중력에 대
해 심오하게 고민하는 모습이었다. 매우 복잡하고 그림처럼 보인다 하여 아주 잠시
사용되었다가 한입 베어 물은 사과의 지금의 모습의 로고를 새로이 개발하여 변경되
었다. 이 새 로고는 무지개와 다른 배열의 화려한 무지개 컬러를 채택했는데 이는 열
정, 지식, 희망과 무질서를 상징한다고 한다. 2007년에 스티브잡스가 다시 애플사로
복귀하면서 무채색으로 바뀌고 회사명도 애플컴퓨터에서 애플로 변경하였다. 〈그림
12-5〉와 같이, 이후 2010년에 모바일에 맞도록 지금의 모습이 되었다.

(3) 투 트랙 브랜드 포트폴리오 전략 사례 : 구글의 브랜드 포트폴리오 전략

구글은 대표적인 서치 엔진 서비스를 통해서 다양한 사업 다각화를 통해 브랜드
확장을 진행하고 있다. 구글의 브랜드 로고는 시대의 흐름에 따라 〈그림 12-6〉과 같은

변화를 가져왔는데, 최근에는 모바일 환경에 부합하기 위하여 더욱 단순화된 특성을 가지고 있다.

구글의 브랜드 로고 변천

구글의 두들(doodle)은 특별한 날이나 이벤트를 기념하여 일시적으로 바뀐 구글 메인의 로고를 의미하는 것으로 브랜드 로고 이벤트성으로 일시적인 변형을 통해 고객과 브랜드 커뮤니케이션하는 도구로 활용한다는 점에서 매우 흥미롭다. 두들은 시초는 Google이 설립되기도 전인 1998년에 Google공동 창립자인 Larry와 Sergey가 네바다 버닝맨 축제에 참석했음을 나타내기 위하여 Google의 두 번째 'o' 뒤에 막대기 사람 모양의 그림을 넣어 Google 사용자들에게 창립자들이 '휴가 중'임을 코믹하게 전달하였다. 이후 2년 후인 2000년에 프랑스 혁명 기념일을 위한 로고를 만든 것이 사용자들에게 큰 인기를 끌면서 기념일 로고가 활성화되기 시작했다. 이 구글 기념일 로고는 Google 여섯 글자를 디자인 원형을 기반으로 다양한 각 국가별 알려진 기념일과 이벤트를 위한 로고가 개발되고 있고 또한 동영상, 미니게임까지 연동되는 등 다양한 형태들로 선을 보이고 있다. 구글 발표에 의하면, 구글 두들은 사용자의 수많은 아이디어들 공모도 받으면서 구글 내 기념일 로고 전담팀 소속의 일러스트레이터와 엔지니어들이 담당하고 있으며, 현재 전세계 2,000여 개 이상의 구글 로고가 개발되었다고 한다.

구글 두들의 브랜드 관점의 의미는 첫째, 첫페이지가 서치창만 존재하는 매우 단순하고 제약된 구글 홈페이지에 생기를 불어 넣어 비주얼 커뮤니케이션에 효과적이라는 장점이 있다. 둘째, 구글 사용자에게 매번 신선한 웃음을 선사하여 구글 이미지에 긍정적인 효과가 있다. 셋째, 〈그림 12-7〉과 같이 구글 두들은 같은 날이어도 각국의 구글 로고는 상이하다. 이는 각 국가별 맞춤형 기념일 및 이벤트를 반영한 것으로 로컬 맞춤형 로고 디자인을 보임으로써 로컬 고객의 충성도를 높이는 효과가 있다.

Google은 서치 엔진 서비스뿐만 아니라, 다양한 인수합병 및 미래지향적 제품과 서비스 출시를 통해 다수의 기업들은 운영하고 있는데 최근 구글은 〈그림 12-8〉과 같은 브랜드 포트폴리오는 구성하여 운영하고 있다. 우선 지주회사 Alphabet을 만들어 다양한 사업들의 포트폴리오를 관리하고 있는데 개별 브랜드 전략(independent brand strategy)과 구글의 모브랜드의 보증을 받는 브랜드 보증전략(brand endorsement strategy)의 투 트랙(two track) 브랜드 전략을 구사하고 있다. 개별 독립브랜드 전략은 검색 및 광고(구글), IOT(Goodle X), 헬스케어 사업(Calico), 스마트 홈(Nest) 등의 서비스 기업에서 사용되고 있는 전략으로 각 기업의 전문성과 제공하는 서비스의 명료성을 강화하게 한다. Google Glass, Google Pay 등의 제품과 서비스들은 구글 모 브랜드의 브랜드확장 전략의 일환으로 개별적으로 구글과 분리된 서비스가 아니고 연동 및 혁신 보완성이 높은 제품과 서비스들은 구글 모 브랜드의 보증전략을 채택하여 구글이 엄브렐라 브랜드 혹은 하우스 브랜드가 된 경우이다. 이러

그림 12-7 구글 두들의 동일한 날을 위한 국가별 다른 로고 디자인들

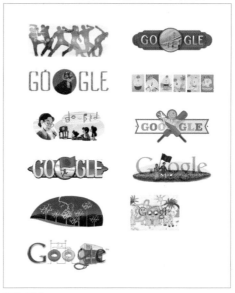

출처: 구글

한 구들의 브랜드 관리 전략은 브랜드 관점에서 매우 효과적이고 스마트하다.

첫째, 다수의 인수합병 및 새로운 제품과 서비스의 출시로 인한 다수 브랜드들을

그림 12-8   구글의 브랜드 포트폴리오 현황

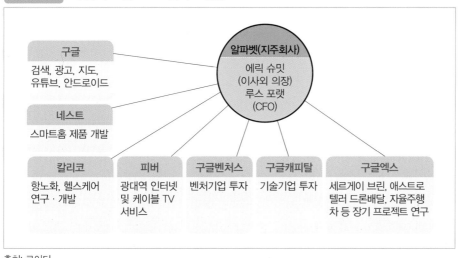

출처: 로이터

매번 출시하는 것이 아니라 투 트랙의 브랜드 전략들을 하나로 묶어서 알파벳 지주회사 체제하의 브랜드 관리를 효과적이고 통합적으로 운영하기 때문이다. 둘째, 앞서 언급한 대로 구글의 막강한 모 브랜드의 파워를 극대화할 수 있는 혁신적 제품과 서비스에는 보증전략을 적절히 활용하여 모 브랜드의 혁신적 이미지를 지속하고 확대한다는 점에서 브랜드 확장에 효과적이다. 신규 서브 브랜드 입장에서도 개별 브랜드를 알리고 포지셔닝하는 마케팅 자원을 최소화하고 모 브랜드의 지원을 받는다는 점이다. 셋째, 최근 다양한 미래 사업을 위한 인수합병된 기업들의 개별 브랜드 전략은 각 기업별 전문성은 그대로 승계·강조함으로써 구글에게도 후광효과(halo effect)의 이점이 있다는 점이다. 넷째, Google X는 구글이 추진하는 드론배달, 자율주행차와 같은 다양한 근미래 기술들의 장기 프로젝트를 수행하는 자회사이면 연구소이다. 구글의 경쟁력을 지속 생성하는 근원적 이미지를 제공하면서 확정된 이미지로 고정되지 않도록 "X" 명명한 것 또한 바람직하다.

(4) 디지털 브랜딩 사례 : 서울브랜드 "I SEOUL YOU"

서울브랜드 사례는 앞서 소개한 버버리나 애플사와 같은 기존 브랜드의 디지털 브랜드 마케팅이나, 구글과 같은 IT기업의 브랜드 포트폴리오 전략과는 좀 다른 관점의 사례이다. 우선, 서울브랜드는 앞서 소개한 민간기업의 브랜드와 달리 공공재(public goods) 특성을 가진 소셜 브랜드이기 때문이다. 소셜 브랜드(social brand)란 단순히 소셜 미디어상에서 존재하는 브랜드가 아니라 소셜적 사고방식과 체계를 통한 통합적인 브랜드 활동을 영위하는 브랜드서 사회적 가치(social value)를 목표로 하는 브랜드이다.

서울시는 2014년 8월부터 시작하여 시민주도형 서울브랜드 "I SEOUL YOU"을 〈그림 12-9〉에 제시된 과정을 통해 2015년 11월, 약 1년 3개월 만에 개발을 완료하였다. 시민 공모전들을 통해 모여진 브랜드명의 400안(1단계), 200안(2단계), 60안(3단계), 10안(최종심사)로 압축되었고 최종 3안에 대한 사전투표 → 1,000인 시민회의를 통해 "I SEOUL YOU" 브랜드명이 선정되었다. 이러한 과정 속에서 일반 시민과 시민 거버넌스 및 전문가가 각자의 역할에 맞게 교차 협업하여 시민의 공감과 전문성을 모두 적극 활용한 디지털시대의 걸맞는 고객 주도의 소통형 브랜딩 사례이다.

그림 12-9 서울브랜드 "I SEOUL YOU" 개발 과정도

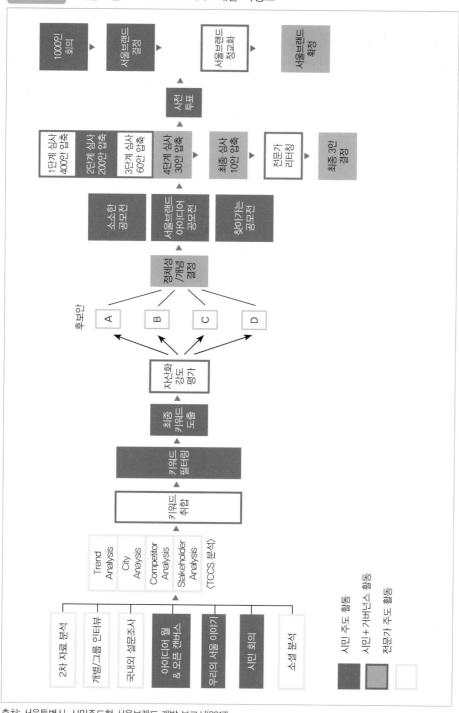

출처: 서울특별시, 시민주도형 서울브랜드 개발 보고서(2017)

서울브랜드는 앞서 소개한 버버리나 애플사와 같은 기존 브랜드를 위한 디지털브랜드 마케팅이나, 구글과 같은 IT기업의 브랜드 포트폴리오 전략과는 조금 다른 관점의 브랜드 사례이다. 서울브랜드는 앞서 소개한 민간 기업의 브랜드와 다른 공공재(public goods) 특성을 가진 소셜 브랜드이기 때문이다. 소셜 브랜드(social brand)란 단순히 소셜 미디어상에서 존재하는 브랜드가 아니라 소셜적 사고방식과 체계를 통해 통합적인 브랜드 활동을 영위하는 브랜드로서 사회적 가치(social value)를 목표로 하는 브랜드이다.

그림 12-10 서울브랜드 로고

그림 12-11 서울브랜드 Brand Application 예시

서울시는 2014년 8월부터 시작하여 시민주도형 서울브랜드 "I SEOUL YOU"을 〈그림 12-9〉에 제시된 과정을 통해 2015년 11월, 약 1년 3개월 만에 개발을 완료하였다. 시민 공모전들을 통해 모여진 브랜드명의 400안(1단계), 200안(2단계), 60안(3단계), 10안(최종심사)로 압축되었고 최종 3안에 대한 사전투표 → 1,000인 시민회의를 통해 "I SEOUL YOU" 브랜드명이 선정되었다. 이러한 과정 속에서 일반 시민과 시민 거버넌스 및 전문가가 각자의 역할에 맞게 교차 협업하여 시민의 공감과 전문성을 모두 적극 활용한 디지털 시대의 걸맞은 고객 주도의 소통형 브랜딩 사례이다.

브랜드 로고는 SEOUL 옆의 두 점은 열정(붉은 점)과 여유(푸른 점)를 상징하며, 열정과 여유가 공존함을 담아낸 것으로 SEOUL의 O는 옛이응으로 대체하여 동양과 서양의 공존을 표현하며, 문고리 모양을 상징하여 서울의 문을 두드려 열고 함께 들어가자는 의미를 내포한다. 서울브랜드의 브랜드 응용(brand application)인 'I•SEOUL•U'는 오픈 플랫폼 형태의 브랜드로서 시민의 손을 거쳐 다양한 방식으로 활용 가능하도록 개발되었다. 가운데 SEOUL 위치에 사용자 관점에서 다양한 콘텐츠를 자유롭게 반영할 수 있게 한 것이다. 이러한 브랜드 응용의 오픈성은 서울브랜드의 시민 주도형 역동성을 강조하고 있으며 다양한 방식으로 사용자가 브랜드를 활용할 수 있다는 큰 장점을 가지고 있다.

디지털시대는 진정성을 가진 고객과 초연결된 소셜 브랜드를 요구하고 있다. 성공적인 소셜브랜드 개발을 위해서는 다음의 여섯 가지 중요요소들이 확보해야 한다.

① 소셜 브랜드 개발을 위한 모든 마케팅 활동이 가치 생성(value generation)의 과정임을 인식하고 개발 원칙을 선제적으로 수립하고 이에 따라 개발 진행하는 것이 중요함

② 관련 사회적 관계들을 고려하여 브랜딩 작업에 자발적이고 능동적이고 고객 참여가 이루어질 수 있도록 소셜 브랜딩 운영체계를 갖추어야 함

③ 고객 주도형 개발과정에서 야기될 수 있는 문제점들을 보완하고 전략적 검토할 수 있도록 브랜드전문가가 유기적으로 참여하고 전문가적 조력자로서의 역할을 할 수 있도록 정교한 브랜딩 거버넌스 구축이 중요함

④ 디지털시대에 부합하도록 고객 주도형, 사용자 관점의 자유로운 변형, 다양한 콘텐츠들을 유기적으로 담아내고, 소통 및 거래가 원활히 이루어질 수 있는 오픈 플랫폼의 브랜드 요소를 확보하는 것이 중요함

⑤ 설득력 있는 사실과 근거를 바탕으로 이해 관계자들과 공감하는 유기적 대화들을 통해 투명한 브랜드 개발 활동을 진행해야 함

⑥ 성공적인 소셜브랜딩은 개발 과정과 거버넌스가 중요함으로 브랜드 개발과정의 시간적 금전적 투자와 노력이 필요함

 ## 소셜미디어를 활용한 브랜드 마케팅 커뮤니케이션

앞서 소개한 디지털시대의 주요 변화들은 기업의 브랜드 마케팅 커뮤니케이션에도 큰 변화를 주었다. 특히, 다양한 미디어들의 등장 및 소셜 미디어의 성장은 기업의

브랜드 전략 및 브랜드 커뮤니케이션 전략을 송두리째 바꾸어야 하는가 질문을 던질 정도로 슈퍼 태풍급의 마켓 트렌드 변화이다. 이 세부 장에서는 소셜미디어를 활용한 브랜드 마케팅 커뮤니케이션의 성공사례로 Orlando Magic과 LG의 FACEBOOK 캠페인을 소개한다. 소셜미디어를 브랜드 마케팅과 커뮤니케이션에 구체적으로 어떻게 활용해야 하는가를 생각해보도록 하자.

(1) Orlando Magic 의 'Home for the Holidays' FACEBOOK 캠페인

미국의 프로농구팀인 Orlando Magic은 연말연시 홈경기 관중 증가를 위한 계획으로 페이스북 기업 페이지을 통해 맞춤 타깃으로 팬들에게 맞춤 링크 광고를 제공하여 단일 경기 티켓 판매를 늘리고 광고 지출 대비 수익률의 52배와 다른 채널의 광고 지출대비 수익률을 84% 높이는 성공적인 브랜드 캠페인 실행의 실질적 성과를 냈다. 이와 아울러, 정교화된 타기팅이 되고 맞춤화가 된 브랜드 마케팅 캠페인을 통해 과거, 현재 고객과의 관계를 강화하고 동시에 잠재고객에게도 도달 확대한 브랜드 관점의 성과를 만들었다.

Orlando Magic의 'Home for the Holidays' Facebook 캠페인

캠페인 목표:
- Orlando Magic은 단일 경기 티켓 판매를 위한 'Home for the Holidays' 캠페인의 성과를 극대화하기 위해 특정 팬들에게 도달
- 동시에 단일 경기 판매 증진을 목표로 세움

브랜드 솔루션: 단일 경기 티켓의 온라인 판매 증대를 위해 타기팅(기존 팬 및 잠재고객) 및 메시지 맞춤화
- Orlando Magic의 기존 팬 데이터베이스를 활용하여 맞춤 타깃을 구축
- 이메일 리스트와 CRM(고객 관계 관리) 앱의 데이터를 사용하여 맞춤 타깃 생성
- 이전에 Orlando Magic 경기 티켓을 구매한 경우가 있는 사람에게 광고를 타기팅
- 웹사이트 맞춤 타깃을 사용하여 이전에 팀 웹사이트를 방문했지만 티켓을 구매하지 않은 사람들에게 도달

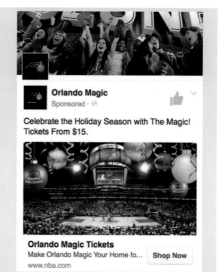

- 가능한 한 많은 잠재 고객에게 도달하기 위해 올랜도에 거주하며 라이브 이벤트, Orlando Magic 또는 농구에 관심이 있는 18세 이상인 사람들로 이루어진 광범위한 타깃에 광고를 타기팅
- 이와 아울러, 타깃 그룹을 세분화하여 메시지를 맞춤화하는 맞춤형 광고 캠페인 실행
- 각각의 타깃에게 Orlando Magic의 홈경기장인 Amway Center에 가득 찬 열광적인 팬들의 이미지가 포함된 링크 광고 시리즈를 푸쉬함
- 광고는 연말연시 분위기를 내기 위해 팀의 상징인 은색과 파란색 띠와 장식으로 'Make Orlando Magic Your Home for the Holidays!'라는 광고 카피와 함께 저렴한 티켓 가격을 제시하고 '지금 구매하기' 행동 유도 버튼으로 구매 유도

https://ko-kr.facebook.com/
"

(2) LG 전자 블루투스 헤드셋의 영국시장 런칭 FACEBOOK 캠페인

LG Tone은 넥밴드형태의 블루투스 헤드셋 제품으로 스마트한 모바일 라이프를 표방하는 LG전자의 대표적인 모바일 폰 액세서리 브랜드이다. 2010년 첫 출시 이후, 50여 국에서 1,000만대(2015년 7월 기준) 이상의 판매고를 올렸으며, 특히 미국에서는 40% 이상의 시장점유율을 기록한 1위 브랜드이다. LG전자는 신제품인 LG Tone Infinim을 영국 시장에 출시하기 위해서 2015년 5월 19일부터 8월 23일까지 약 3개월간 두 차례의 페이스북을 통한 신제품 출시 마케팅 캠페인을 두 차례에 걸쳐 시행하여 2.2배의 동영상 조회수 초과 달성, 2.24배의 동영상 조회당 비용(CPV) 효율 증가, 25%의 광고 클릭률 증가 등의 캠페인 성과를 거두어 영국 시장에 성공적으로 블루투스 헤드셋을 출시하였다.

LG전자 블루투스 헤드셋의 영국시장 런칭 Facebook 캠페인

LG전자는 영국 시장에 LG Tone Infinim을 신규 출시하면서, 제품과 브랜드에 대한 긍정적인 인지도 제고

캠페인 목표:
- 신제품 브랜드 인지도 제고를 통한 매출 증대
- 스마트폰에 관심이 있는 다양한 층의 소비자가 블루투스 헤드셋을 효과적으로 인지히도록 동영상 크리에이티브 조회수 제고
- 블루투스 헤드셋 제품에 대한 세부 정보 제공을 통해 Facebook에서 영국 Amazon의 제품 판매 페이지로의 전환을 유도해 궁극적으로 소비자들이 제품을 실제 구매와 연동

브랜드 캠페인 솔루션: 2단계에 걸친 타기팅 솔루션

1단계) 제품과 브랜드의 인지도를 높이고자 다양한 층의 소비자를 대상으로 광범위하게 동영상 광고 진행. 특히, 언어적 장벽이 없는 '춤' 소재로 '외계인' 콘셉트를 활용한 Facebook 채널 전용 크리에이티브를 제작해 첨단 기술이 집약된 미래적인 브랜드 이미지를 전달과 함께 제품의 흥미 제고 시도함. 특히, 춤, 스마트폰, 모바일 액세서리에 관심이 많은 18세 이상 40세 미만의 젊은 세대 타깃으로 동영상 광고 진행함

2단계) 구체적인 LG Tone Infinim 제품의 특장점을 강조한 이미지 크리에이티브를 제작해서 동영상 광고를 조회한 소비자들을 맞춤 타깃(동영상을 시청한 리타기팅 그룹과 관심사 타깃 그룹으로 세분화)으로 설정하여 리타기팅 링크 광고를 진행. 각 소비자 그룹의 특성에 맞도록 전자기기, 패션, 예술, 라이프스타일 등 다양한 이미지를 전략적으로 노출시키며 제품에 대한 친밀감을 제고

https://ko-kr.facebook.com/

SUMMARY

● 디지털시대는 강력한 소셜 미디어와 C세대가 등장과 함께 TGIF에서 FANG의 IT BIG4 가 글로벌 시장을 선도하고 있다. 또한, 오픈소스를 오픈함으로써 새로운 시장을 형성 하는 혁신적 전략들이 등장하고 소셜 마케팅 플랫폼이 과거 개인의 커뮤니케이션 도구 에서 비즈니스 도구로 변화하고 콘텐츠도 기업 생성의 FGC에서 고객 생성의 UGC로 변화하고 있다.

● 소비자는 의미와 상징의 소비에 더 높은 가치를 두며, 정보의 홍수와 경쟁은 날로 심화 되고 있다. 이러한 상황을 대응하기 위해서 디지털 브랜드 마케팅의 전략 수립과 실행 시, 가치 경쟁력을 중시하는 브랜드 차별화를 위한 중요 마케팅 전략과 실행은 다음과 같다.
첫째, 인간은 본능적으로 스토리를 더 선호하고 어 오래 기억하기 때문에 마케터는 고 전적 스토리텔링 구성요소를 충족할 뿐만 아니라 디지털 스토리텔링의 중요 요소인 유 연성, 보편성, 상호교환 및 실시간성 요소를 반영하여 브랜드 스토리텔링 마케팅을 적 극적으로 활용해야 한다. 스토리텔링 마케팅의 유형으로는 에피소드, 체험담 등의 사 실기반의 스토리텔링과 루머, 패러디, 디리버티브 등의 수정/가공 스토리텔링, 드림, 시리즈, 기념일 및 캐릭터 등의 창작 스토리테링 유형들이 있다. 둘째, 디지털 마케팅 커뮤니케이션의 중요한 전파체계는 소셜 태킹이다. 소셜 태킹은 콘텐츠가 사용자가 생 성한 키워드들을 통해 연결되는 것으로 이를 통해 사용자 관점에서 쉽게 찾고 공유할 수가 있다. 소셜 태킹의 중요 성과지표는 ① 규모, ② 균형, ③ 고객 관점의 브랜드 연상 에 도움을 주었는지를 분석하고 이에 대한 브랜드 관리가 필요하다. 셋째, 디지털시대 의 고객관계 관리는 트럼펫 패러다임에 근거하여 고객 관계 맺기-깊은 고객 관계 만들 기-고객 관계 확장하기를 해야 한다. 넷째, Do Marketing과 Run Marketing이 결합 된 관리를 통해 새로운 시대의 고객의 라이프스타일과 브랜드를 관리해야 한다.

● 본 장은 기존 브랜드 디지털 브랜드 전략과 실행 사례로 버버리를 소개하였다. 글로벌 명품 열풍에 동참 못한 실패 브랜드였던 버버리가 브랜드 리뉴얼과 디지털마케팅으로 젊은층을 성공적으로 공략하여 브랜드 회생의 대표적인 사례이다. 또한 기존 브랜드의 디지털 브랜딩 전략과 실행 사례로는 애플사의 i시리즈 브랜딩과 투 트랙 브랜드 포트 폴리오 전략사례로 구글의 브랜드 포트폴리오 전략 및 서울시 도시브랜드 "아이 서울 유" 디지털 브랜딩을 소개하였다.

REFERENCE

[CHAPTER 01]
- 이명식 · 구자룡(2004), "소비자−브랜드 관계 유형에 따른 브랜드 자산 구성요소들 간의 상호 작용에 관한 연구," 소비문화연구, 6(3), 99−123.
- 조선비즈 2017년 5월 27일자 기사
- Aaker, David(1991), *Managing Brand Equity*, New York, Free Press.
- Aaker, Jennifer(1997), "Dimensions of Brand Personality," *Journal of Marketing Research*, 34(8), 347−356.
- Keller, Kevin Lane(2013), *Strategic Brand Management*, 9th ed., John Willey & Sons.
- Kotler, Phillip(1991), *Marketing Management: Analysis. Planning, Implementation and Control*, 7th ed., Englewood, Prentice−Hall.
- Kotler. Phillip and Kevin Lane Keller(2012), *Marketing Management: Global Edition*, Person Education Limited.
- Lamb, Charles W., Joseph F. Hair, Carl MaDaniel, Jane Summers, and Michael Gardner(2009), *MKTG*, Asia−Pacific ed, Cengage Learning.
- http://brandfinance.com
- http://news.jtbc.joins.com
- http://flyasian.com
- www.nike.com
- www.mercedes−benz.com
- www.tiffany.com
- www.harley−davidson.com
- www.marlboro.com
- www.bourjois.com

[CHAPTER 02]

- 김지헌 · 민동원(2010), "브랜드 개성의 선행변수와 결과변수에 관한 연구: 브랜드가 노출 되지 않은 서비스 상품을 중심으로," 상품학연구, 28(2), 117-131.
- 조선비즈 2017년 3월 15일자 기사.
- Aaker, Jennifer(1997), "Dimensions of Brand Personality," *Journal of Marketing Research*, 34(8), 347-356.
- Brand Asset Valuator USA(2014).
- Keller, Kevin Lane(2013), Strategic Brand Management, 9th ed., John Willey & Sons.
- Kotler, Phillip(1991), *Marketing Management: Analysis. Planning, Implementation and Control*, 7th ed., Englewood, Prentice-Hall.
- Lamb, Charles W., Joseph F. Hair, Carl MaDaniel, Jane Summers, and Michael Gardner(2009), *MKTG*, Asia-Pacific ed, Cengage Learning.
- Ries, Al and Jack Trout(2000), Positioning: *The Battle for Your Mind*, McGraw-Hill Inc.
- Trout, Jack(2005), "Brand Can't Exist without Positioning," *Advertising Age*, 14(March), 28.
- http://cafe.naver.com/aboutfashiongraphic/682 패션디자인을 위한 포트폴리오, 의류상품 학, 한국산업인력공단, 예림
- www.sk-ii.com
- www.bayer.com
- www.7up.com
- www.locknlock.com
- www.gore-tex.com
- www.avis.com

[CHAPTER 03]

- 안광호 · 한상만 · 전성률(2008), 전략적 브랜드관리, 서울, 학현사.
- David, A, Aaker (1994), 브랜드 자산의 전략적 관리, 서울, 나남.
- Don E. Schultz-Heidi F. Schultz 지음, 문달주 · 김태원 옮김(2005), 브랜드 배틀, 서울, 이치.
- Parasuraman, A., Valarie A Zeithaml and Leonard Berry(1988), "Servqual: A Multiple-Item Scale for Measuring Consumer Perception of Service Quality", Journal of Retailing, 64(1), 12-37.
- http://cu.bgfretail.com

- http://gs25.gsretail.com
- http://www.7-eleven.co.kr
- http://www.sarbucks.com
- http://www.gmarket.com
- https://news/samsung.com/kr

[CHAPTER 04]
- David, A. Aaker(1994), 브랜드 자산의 전략적 관리, 서울, 나남.
- http://store.emart.com
- http://store.lotteshopping.com
- http://www.chamzone.co.kr
- http://www.aekyung.co.kr
- http:// www.beige-tokyo.com
- http://www.samsung.com/sec
- http://www.jangsoo.com
- http://www.clubespresso.co.kr

[CHAPTER 05]
- David, A. Aaker(1994), 브랜드 자산의 전략적 관리, 서울, 나남.
- Pessemier, Edgar A.(1959), "A New Way to Determine Buying Decisions", *Journal of Marketing*, 24(2), 41-46.
- http:// www.songlim1936.com
- http://www.apple.com
- http://www.dell.com
- http://www.nintendo.com
- http://www.claridges.co.uk

[CHAPTER 06]
- 김유(2002), "브랜드 가치평가의 방법과 기업의 대응," Brand Forum, 43호, 17-25.
- 연합뉴스 2017년 3월 1일자 기사.
- Aaker, David(1991), *Measuring Brand Equity: Capitalizing on a Value of Brand Name*, The Free Press: NY.
- Fournier, Susan M.(1997), "Consumers and Teir Brands: Developing relationship

Theory in Consumer Research," *Journal of Consumer Research*, 24(3). 342−373.

- Keller, Kevin Lane and Don Lehmann(2003), "How Do Brands Create Value?" *Marketing Management*, (May/June), 26−31.

- Keller, Kevin Lane(2013), *Strategic Brand Management*, 9th ed., John Willey & Sons.

- Knowles, Jonathan(2004), "In Search of Reliable Measure of Brand Equity," *Marketing* NPV, 2(3), 60−63.

- Park, Chansu and V. Srinivasan(1994), "A Survey−Based Method for Measuring and Understanding Brand Equity and Its Extendibility," *Journal of Marketing Research*, 31(May), 271−288.

- Simon, Carol J. and Mary W. Sullivan(1993), "The Measurement and Determinants of Brand Equity: Financial Approach," *Marketing Science*, 12(Winter), 28−52.

- www.apple.com

- www.hyundaicard.com

- m.blog.naver.com/PostView

- www.oreo.com

[CHAPTER 07]

- 김장훈(2011), "국내 커피전문점 시장에서 중견 강소기업의 전략적 우위에 관한 탐색적 연구: 카페베네 사례를 중심으로," 중견기업연구, 2(1), 37−58.

- 이원재(2007), "제 살 깎아먹기를 두려워 말라," 한겨레 21, 2007년 4월 19일 제656호.

- Bottomly, P. A. and Holder, S.(2001), "The Formation of Attitudes towards Brand Extensions: Empirical Generations Based on Secondary Analysis of Eight Studies," *Journal of Marketing Research*, November, 494.

- Tauber, Edward M.(1988), "Brand Leverage: Strategy for Growth in A Cost−Control World," *Journal of Advertising Research*, 28(4), 26−30.

- Kirmani, A., Sood, S., and Bridges, S.(1999), "The Ownership Effect in Consumer Responses to Brand Line Stretches," *Journal of Marketing* 63(1), 88−101.

- Roedder John, D. and Loken, J. B.(1993), "Diluting Brand Equity: The Impact of Brand Extensions," *Journal of Marketing*, July, 71−84.

- Romeo, J. B.(1990), "The Effect of Negative Information on The Evaluation of Brand Extensions and The Family Brand," in Advances in Consumer Research, Rebecca H. Holman and Michael R. Solomon, eds., Prove, UT: Association for Consumer Research, 18, 399−406.

- Smith, D. C.(1992), "Brand Extension and Advertising Efficiency: What Can and Cannot Be Expected," Journal of Advertising Research, November/December, 11–20.

[CHAPTER 08]
- 김주헌 · 이상윤(2009), "글로벌 SPA 의류 브랜드의 한국시장 진출: 유니클로(Uniqlo)와 자라(Zara)," 국제경영리뷰, 13(4), 271–297.
- "지금, 세계인은 빙그레," KMAC, 2013, 12–53.
- Chakravarthy, B. A. and Perlmuter, H. V.(1985), "Strategic Planning for A Global Business," *Columbia Journal of World Business*, Summer, 3–10.
- Choi, Eun Jung(2014), MCM of Sung Joo Group: An MCM Licensee Wrote a Creation Myth in the Luxury Industry, *Asian Case Research Journal*, 18(2), 227–316.
- Riesenbeck, Hajo and Freeling, Anthony(1992), "How Global are Global Brands?"
- McKinsey Quarterly, 4(September), 3–18.
- Levitt, Theodore(1983), "The Globalization of Markets," *Harvard Business Review*, May/June, 92–102.

[CHAPTER 09]
- 강명수(2002), "온라인 커뮤니티 특성이 커뮤니티 몰입과 이용의도에 미치는 영향에 관한 연구," 경영저널, 3(1), 77–98.
- 강명수 · 김동원(2006), "브랜드 커뮤니티 운영전략–브랜드 커뮤니티 상호작용을 중심으로," 상품학연구, 24(April), 143–160.
- 서구원 · 이철영 · 백지희(2007), "온라인 브랜드 커뮤니티 유형과 소비자의 태도와의 관계에 관한 연구," 광고학연구, 18(5), 91–104.
- 오영석 · 김사혁(2004), "온라인 커뮤니티를 이용한 브랜드 마케팅 전략," 정보통신정책, 16(12), 20–37.
- 이승현 · 김수(2009), "기업의 온라인 브랜드 커뮤니티 활용정략," Issue Paper 4월호, 삼성경제연구소.
- 조선일보 2017년 9월 30일자 기사.
- McAlexander, James H., John H. Schouten, and Haroid F. Koeing(2002), "Building Brand Community," *Journal of Marketing*, 66(January), 377–402.
- Monroe, Friedman T., Piet Vandem Abeele, and Koen De Vos(1993), "Boorstin's Consumption Community Concept: A Tale of Two Countries," *Journal of Consumer Polocy*, 16, 35–60.

- Muniz, Albert M. and Thomas C. O'Guinn(2001), "Brand Community," *Journal of Consumer Research*, 27(4), 412-432.
- Rosenbaum, Mark S. and Drew Martin(2012), "Wearing Community: Why Customers Purchase a Service Firm's Logo Products," *Journal of Services Marketing*, 26(5), 310-321.
- www.harley-davidson.com
- https://members.hog.com
- www.jeep.com
- www.coca-cola.com
- www.networks.or.kr
- www.apple.com
- www.tate.org.uk

[CHAPTER 10]
- 김상호(2004), "브랜드의 수명주기 관리 전략," CEO 리포트, 33호(11월).
- 브랜드 포트폴리오의 관리와 전략, 오리콤 브랜드 저널, 2004년 3월, 16호.
- 예종석(2012), "활명수 100년 성장의 비밀," 리더스북
- 인터브랜드 '2013 The Top 100 Brands http://www.interbrand.com/ko/best-global-brands/2013/top-100-list-view.aspx
- 하쿠호도 브랜드 컨설팅(2002), "회사의 운명을 바꾸는 브랜드 경영," 원앤원북스.
- Aaker, Daviid A.(2004), "Brand portfolio strategy: Creating relevance, differentiation, energy, leverage, and clarity," Free Press.
- Greiner, L.(1982), "Evolution and Revolution as Organizations Grow," *Harvard Business Review*, 50, 37-46.
- Hatch, Mary Jo and Majken Schultz(2008), "Taking Brand Initiative; How Companies Can Align Strategy, Culture, and Identity through Corporate Branding": A Wiley Imprint.
- Hill, Sam and Lederer, Chris(2001), "The Infinite Asset: Managing Brands to Build New Value": Harvard Business School Publishing.

[CHAPTER 11]
- 송지유, 박상비(2017), "점점 커지는 반려동물 시장 … 펫팸족 잡자. 기업들 신사업 열풍", 머니투데이 2017년 6월 23일 인터넷판.
- David, A. Aaker(1994), 브랜드 자산의 전략적 관리, 서울, 나남.

- Keller, Kevin Lane(2003), Strategic Brand Management: Building, Measuring, and Managing Brand Equity, New York, PEARSON.
- https://news/samsung.com/kr

[CHAPTER 12]
- 서울특별시 시민주도형 서울브랜드 개발 보고서, 2017. 12. 8.
- 이명희 · 이주민(2011), "스토리텔링 기반의 온라인 마케팅에 관한 연구," 경영관리연구, 4(2), 77-103.
- Easter Report "Storytelling in Web,"2008. 6.
- Jensen, Rolf(2001), "Dream Society," McGraw Hill Professional.

INDEX

❧ 저자 소개 ❧

이명식

(현) 상명대학교 경영대학 경영학부 교수

▶ 학력
서울대학교 공과대학 졸업
서울대학교 대학원 경영학과 (경영학 석사)
The University of Alabama (Ph. D. in Marketing)

▶ 주요 경력
포스코 경영연구소 책임연구원
국민은행 경제연구소 연구위원
서비스마케팅학회 회장
소비문화학회 회장
(현) 한국신용카드학회 회장

▶ 주요 저서
소비자행동(공역), CENGAGE Learning, 한경사
개인 신용평점제도: 이론과 실제, 서울출판미디어
서비스마케팅, 형설출판사
마케팅 리서치, 형설출판사
사이버공동체 발전론, 아산재단총서, 집문당
관광서비스 마케팅, 형설출판사
브랜드자산의 전략적 관리(공역), 나남출판사
The Usefulness of life Style Segmentation in
a Discrete Choice Analysis 등 논문 다수

양석준

(현) 상명대학교 경영대학 경영학부 교수

▶ 학력
서울대학교 농화학과 졸업
서울대학교 대학원 경영학과 (경영학 석사)
서울대학교 대학원 경영학과 (경영학 박사)

▶ 주요 경력
롯데마트 신선식품 매입팀
(주)베스트케이씨 대표이사
(현) 글로벌경영학회 부회장
(현) 한국유통학회 이사

▶ 주요 저서
역발상으로 성공한 창의적 마케터들
농업인이 꼭 알아야할 브랜드경영 핸드북
농수축산물 납품업체를 위한 대규모 소매업체의 불
　공정거래행위 대응매뉴얼
농수축산물 납품업체를 위한 대규모유통업에서의
　거래 공정화에 관한 법률안내 및 불공정거래행
　위 극복 경영전략

최은정

(현) 상명대학교 경영대학 경영학부 교수

▶ 학력

상명여자대학교 경영학과 (BA)
고려대학교 경영대학원 마케팅 (MBA)
Michigan State University (Ph. D. in Retailing)

▶ 주요 경력

㈜ Interfashion Planning, 컨설턴트
㈜ B.M.C.(Brand Marketing Consulting), 대표이사
㈜ 앤더모스트컨설팅, 창립자 & 대표이사
(현) Digital Marketing Lab, Chief Directing Officer
(현) Living Lab, 연구소장

▶ 주요 저서

마케팅관리: 디지털시대를 위한 네오 마케팅(2018),
　P&C미디어
4차산업과 스타트업 트렌드(2017), 공저, 마인드탭
User Experience Innovation(2014), 역서, 이프레스

Strategic Brand

Planning Form

첫인상 나누기

🕐 15 분

학번 : _____ 성명 : _____

· 서로 둘러 앉는다
· 2분간 침묵하며 팀원들의 인상만보고 팀원들에게 칭찬을 할 준비를 한다.
· 가장 앞쪽 오른쪽에 앉은 팀원을 대상으로 다른 팀원들은 칭찬을 해준다. 단지 인상과 외모만 보고 칭찬을 해야하며,
  칭찬의 이유를 설명한다.
  예) "침착하게 보여서, 일을 잘 하실 것 같아요." "쾌활하게 보여, 늘 다른 사람들을 재미있게 해줄 것 같아요."
· 칭찬을 듣는 사람은 자신에 대한 칭찬을 이 종이의 말풍선에 하나하나 적어본다.
· 돌아가면서 칭찬을 실시하고, 칭찬의 대상이 된 사람은 받아적는다.
· 내 인상만으로 다른 사람들이 생각한 나는 어떤 사람일까?(생각해보기)

1

2

3

4

5

6

7

다른 사람들이 생각한 나는?

조원별 역할과 책임의 분담

⏱ 20 분   조명 : _____

1. 그룹 프로젝트를 운영할 때 우리가 해야 할 일들을 적어봅시다.
   예) 회의 운영 / 미팅시간 정하기 / 파워포인트 그리기 / 프로젝트 진행 단계 점검하기 / 발표하기 등

2. 역할(팀장, 총무, 발표자, 파워포인터 등)과 책임업무(미팅시간 정하기, 회의 운영 등)를 우선 결정하고 이를 어떤 사람이
   맡으면 좋은지 토의하여 담당자를 결정합니다. 단, 일이 고르게 배분되도록 결정합니다.

	역할(역할명칭: 팀장 등)	담당 책임 업무	담당자 성명
1			
2			
3			
4			
5			
6			
7			

애플은 어떻게 강력한 브랜드가 되었나?(개별)

⏰ 10 분

학번 : _____   성명 : _____

1. 애플이 강력한 브랜드가 된 이유를 브랜드 자산 형성의 5가지 요인으로 나누어 적어봅시다. 단, 모두 적을 필요는 없으며 생각나는 요인만 적어도 됩니다.

브랜드 인지도	(소비자가 어떻게 용이하게 애플 브랜드를 떠올릴 수 있게 되었나?)
지각된 품질	(소비자들이 애플의 품질을 어떻게 인식하고 있나? 타 제품과의 차이는 무엇인가?)
브랜드 연상	(애플 브랜드는 어떠한 차별적인 브랜드 개성을 가지고 있는가?)
브랜드 로열티	(소비자 중 계속 재구매하는 성향이 있는 소비자가 얼마나 있는가? 왜 그런가?)
독점적 자산	(애플 브랜드만이 가지고 있는 특징이나 자원은 무엇이 있을까?)

2. 종합하면 애플은 (_____)
   이유로 강력한 브랜드가 되었다고 생각합니다.

⏰ 25 분

조명 : _____

1. 팀원끼리 생각한 바를 서로 이야기한 후 가장 적절한 결론을 적어 보세요.

브랜드 인지도	(소비자가 어떻게 용이하게 애플 브랜드를 떠올릴 수 있게 되었나?)
지각된 품질	(소비자들이 애플의 품질을 어떻게 인식하고 있나? 타 제품과의 차이는 무엇인가?)
브랜드 연상	(애플 브랜드는 어떠한 차별적인 브랜드 개성을 가지고 있는가?)
브랜드 로열티	(소비자 중 계속 재구매하는 성향이 있는 소비자가 얼마나 있는가? 왜 그런가?)
독점적 자산	(애플 브랜드만이 가지고 있는 특징이나 자원은 무엇이 있을까?)

2. 종합하면 애플은 (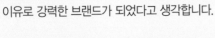)

　이유로 강력한 브랜드가 되었다고 생각합니다.

⏱ 10 분   학번 : _____   성명 : _____

1. 도입사례의 불가리 하이주얼리와 대중 브랜드인 제이에스티나, 오에스티(O.S.T)의 포지셔닝을 비교해 보시오.

	가격대	목표 세분시장	목표세분시장핵심욕구	포지셔닝 전략
하이주얼리	고가격대			
제이에스티나				
오에스티(OST)				

2. 하이주얼리와 제이에스티나, 오에스티의 포지셔닝 맵을 그려보자. (X축과 Y축은 분석한 포지셔닝 전략을 참고하여 결정)

Y축(_____)

X축(_____)

3. 위의 포지셔닝 맵에 귀하가 새로운 브랜드를 도입한다면 어떤 포지셔닝 전략을 제안하겠는가? 위의 포지셔닝 맵에 귀하가 제안하는 포지셔닝을 표시하고 그 이유를 기술하여 봅시다.

▶ **활용 방법**

1. (10분) 위의 개인 과제는 개별적으로 수행한다.
2. (15분) 각자 자신이 그린 포지셔닝 그림을 다른 조원에게 보여주고 설명한 후, 자신이 제안한 브랜드의 목표시장과 포지셔닝에 대하여 설명한다.
3. (20분) 토론을 통하여 가장 효율적인 새로운 브랜드의 포지셔닝을 찾아내고, 발표준비를 한다.
4. (25분) 발표를 통하여 다른 조와 결과를 공유한다.

브랜드 포지셔닝 분석(조별)

⏱ 35 분   조명 : _____

1. 도입사례의 불가리 하이주얼리와 대중 브랜드인 제이에스티나, 오에스티(O.S.T) 그리고 토론을 통하여 정해진 새로운 브랜드의 포지셔닝을 비교해 보시오.

	가격대	목표 세분시장	목표세분시장핵심욕구	포지셔닝 전략
하이주얼리	고가격대			
제이에스티나				
오에스티(OST)				
새로운 브랜드				

2. 위의 포지셔닝 전략에 따른 포지셔닝 맵을 그려보자.

Y축(_____)

X축(_____)

3. 새로운 브랜드의 포지셔닝 전략을 설명하여 보자.

⏰ 15 분   학번 : _____   성명 : _____

1. 도입사례에 있는 편의점 도시락의 지각된 품질 향상을 이루기 위한 기존 전략을 분석하고 개선 전략을 제안하여 봅시다.

분석대상 도시락 이름: _____

제품	기존전략	개선전략
성능		
외형		
사용설명서와 일치성		
신뢰성		
내구성		
서비스능력		
제품의 마무리		

제품 전략의 예: (성능) 스마트폰의 경우 화면 크기 확대, (외형) 편안한 디자인/고급스런 디자인

▶ **활용 방법**

1. (15분) 조별 토론을 통하여 분석하고자 하는 도시락을 구체적으로 선정한 후 위의 전략 분석을 개별적으로 실시하여 본다.
2. (25분) 각자의 분석을 서로 토의해보고 최적안을 도출하여 본다.
3. (10분) 전지 등을 통하여 발표 준비를 한다.
4. (20분) 조별 발표

⏰ 25 분   조명 : _____

1. 도입사례에 있는 편의점 도시락의 지각된 품질 향상을 이루기 위한 기존 전략을 분석하고 개선 전략을 제안하여 봅시다.

분석대상 도시락 이름: _____

제품	기존전략	개선전략
성능		
외형		
사용설명서와 일치성		
신뢰성		
내구성		
서비스능력		
제품의 마무리		

⏰ 15 분

학번 : _____   성명 : _____

1. 삼성전자 디지털 플라자 브랜드가 만일 사람이라면?

(1) 나이는 _____세
(2) 성별은? ① 남 ② 여
(3) 직업은?
　　① 사무직 ② 생산직
　　③ 전문직 ④ 공무원
(4) 디지털 플라자 브랜드 개성을
　　그림으로 그려봅시다!

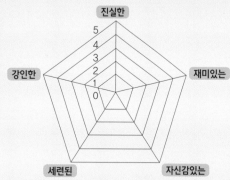

2. 농협 하나로 클럽 브랜드가 만일 사람이라면?

(1) 나이는 _____세
(2) 성별은? ① 남 ② 여
(3) 직업은?
　　① 사무직 ② 생산직
　　③ 전문직 ④ 공무원
(4) 하나로 클럽 브랜드 연상을
　　그림으로 그려봅시다!

▶ **활용 방법**

1. (15분) 개인적으로 답을 적어본다. (제1장도 함께 참조하여 주세요)
2. (20분) 조원들과 토론하여 조별 결론을 도출한다.
　　삼성전자 디지털 플라자 브랜드와 농협 하나로 클럽 브랜드 개성이 일치하여 시너지를 낼 수 있는지, 상호 충돌하여 역시
　　너지가 날 수 있는지 토의한다.
3. (15분) (전지, PPT 등 이용) 삼성전자와 농협 브랜드에 대한 결론을 그려본다.
4. (20분) 조별로 발표한다.

⏰ 20 분   조명 : _____

1. 삼성전자 디지털 플라자 브랜드가 만일 사람이라면?

---

(1) 나이는 _____세
(2) 성별은? ① 남 ② 여
(3) 직업은?
   ① 사무직 ② 생산직
   ③ 전문직 ④ 공무원
(4) 디지털 플라자 브랜드 개성을
   그림으로 그려봅시다!

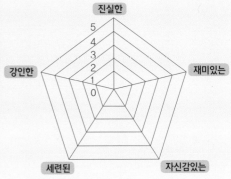

2. 농협 하나로 클럽 브랜드가 만일 사람이라면?

---

(1) 나이는 _____세
(2) 성별은? ① 남 ② 여
(3) 직업은?
   ① 사무직 ② 생산직
   ③ 전문직 ④ 공무원
(4) 하나로 클럽 브랜드 연상을
   그림으로 그려봅시다!

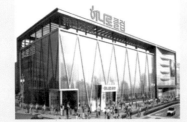

브랜드 로열티 분석 전략(개별)

⏰ 15 분

학번 : _____ 성명 : _____

1. 송림수제화의 고객을 헌신적인 구매자로 만들기 위한 로열티 전략이 무엇이었는지 분석하여 봅시다.

항목		송림수제화의 전략
고객 관리	고객 존중	
	고객과의 밀착	
	고객만족관리	
전환비용창출		
특별함의 제공		
데이터베이스 마케팅		

▶ **활용 방법**

1. (15분) 위의 전략 분석을 개별적으로 실시하여 본다.

2. (25분) 각자의 분석을 서로 토의해보고 최적안을 도출하여 본다.

3. (10분) 전지 등을 통하여 발표 준비를 한다.

4. (20분) 조별 발표

브랜드 로열티 분석 전략(조별)

⏱ 25 분   조명 : _____

1. 송림수제화의 고객을 헌신적인 구매자로 만들기 위한 로열티 전략이 무엇이었는지 분석하여 봅시다.

항목		송림수제화의 전략
고객 관리	고객 존중	
	고객과의 밀착	
	고객만족관리	
전환비용창출		
특별함의 제공		
데이터베이스 마케팅		

학번 : _____   성명 : _____

1. 도입사례에 나온 '이지부스트 지브라', '나이키 에어맥스95'의 브랜드 자산 10요소를 그래프로 그려서 서로 비교한 후 두 브랜드의 개선안을 도출하여 보시오.

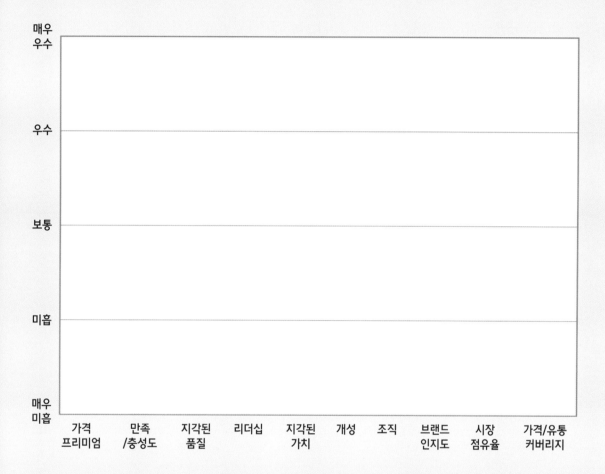

매우 우수										
우수										
보통										
미흡										
매우 미흡	가격 프리미엄	만족 /충성도	지각된 품질	리더십	지각된 가치	개성	조직	브랜드 인지도	시장 점유율	가격/유통 커버리지

▶ **활용 방법**

1. (15분) 제시된 두 브랜드를 제시된 10개의 측정치별로 "매우 미흡(1점)"부터 매우 우수(5점)까지 점수를 매긴 후 도표에 점으로 표시한다. 이후 같은 브랜드끼리 선을 그어 브랜드 자산의 정도 및 형태를 그래프로 확인하여 본다. (총 2개 그래프)

2. (5분) 두 브랜드 자산 측정 결과에 대해서 각 브랜드별로 개선안을 제시하여 본다.

3. (20분) 각자의 분석을 서로 토의해보고 두 브랜드의 최적 개선안을 도출하여 본다.

4. (10분) 전지 등을 통한 발표 준비

5. (20분) 조별 발표

⏱ 20 분   조명 : _____

1. 도입사례에 나온 '이지부스트 지브라', '나이키 에어맥스95'의 브랜드 자산 10요소를 그래프로 그려서 서로 비교한 후 두 브랜드의 개선안을 도출하여 보시오.

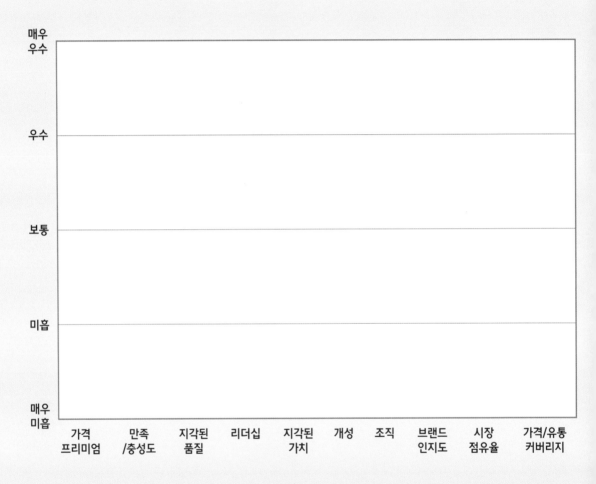

⏰ 15 분

학번 : _____ 성명 : _____

1. 도입사례에 나온 토니모리의 라비오뜨의 브랜드 확장 전략이 적절한 것인지에 대해서 분석하여 보시오.

범주	주요질문내용	검토결과
브랜드 확장의 기본명제	① 소비자들이 기억 속에 있는 모 브랜드(토리모리)에 대한 긍정적인 연상들을 인지하고 있는가?	
	② 모 브랜드들의 적어도 일부 중요한 긍정적인 연상들은 브랜드 확장 시, 떠오를 수 있는가?	
	③ 모 브랜드의 부정적인 연상들은 브랜드 확장 시, 함께 전달되지 않고 있는가?	
	④ 브랜드 확장을 통해 부정적인 브랜드의 연상이 생성되지 않는가?	

▶ 활용 방법

1. (15분) 모브랜드인 토니모리의 확장 브랜드로서 라비오뜨에 대해서 조사하여 보고 주요 질문 내용에 대해서 응답하여 본다.

2. (25분) 각자의 분석을 서로 토의해보고 최적안을 도출하여 본다.

3. (10분) 전지 등을 통하여 발표 준비를 한다.

4. (20분) 조별 발표

⏰ 25 분

조명 : _____

1. 도입사례에 나온 토니모리의 라비오뜨의 브랜드 확장 전략이 적절한 것인지에 대해서 분석하여 보시오.

범주	주요질문내용	검토결과
브랜드 확장의 기본명제	① 소비자들이 기억 속에 있는 모 브랜드(토리모리)에 대한 긍정적인 연상들을 인지하고 있는가?	
	② 모 브랜드들의 적어도 일부 중요한 긍정적인 연상들은 브랜드 확장 시, 떠오를 수 있는가?	
	③ 모 브랜드의 부정적인 연상들은 브랜드 확장 시, 함께 전달되지 않고 있는가?	
	④ 브랜드 확장을 통해 부정적인 브랜드의 연상이 생성되지 않는가?	

⏰ 15 분

학번 : _____　　성명 : _____

1. 도입사례의 빙그레 바나나맛우유는 어떤 방식으로 국제화되었는가?
   (1) 진출지역의 다변화　　　(2) 진입방법의 고도화　　　(3) 진출제품의 다각화

2. 도입사례의 빙그레 바나나맛우유의 글로벌 브랜드 마케팅 프로그램을 분석하고 개선 전략을 제시하여 보시오.

기존전략	개선전략

▶ **활용 방법**

1. (15분) 개인별로 도입사례를 〈그림 8–3〉을 참조하여 기존 전략과 개선 전략을 생각해보고 적어본다.

2. (25분) 각자의 분석을 서로 토의해보고 최적안을 도출하여 본다.

3. (10분) 전지 등을 통하여 발표 준비를 한다.

4. (20분) 조별 발표

글로벌 브랜딩 전략(조별)

🕙 25 분

조명 : _____

1. 도입사례의 바나나맛 우유는 어떤 방식으로 국제화되었는가?

   (1) 진출지역의 다변화   (2) 진입방법의 고도화   (3) 진출제품의 다각화

2. 도입사례의 바나나맛 우유의 글로벌 브랜드 마케팅 프로그램을 분석하고 개선 전략을 제시하여 보시오.

기존전략	개선전략

브랜드 커뮤니티(개별)

⏱ 15 분　　　　　　　　　　　학번 : _____　　성명 : _____

1. 도입사례의 중고나라의 브랜드 커뮤니티 운영 전략을 분석하여 보자.

항목	브랜드 커뮤니티 운영 전략
목표 세분 시장 및 목표 고객의 욕구	
브랜드 커뮤니티의 기회/위협요인	
브랜드 커뮤니티 활성화 장애요인	
브랜드 커뮤니티 전략의 성공요소	
브랜드 커뮤니티 역할	

▶ **활용 방법**

1. (15분) 개인별로 브랜드 커뮤니티 분석을 적어본다.
2. (25분) 각자의 분석을 서로 토의해보고 최적안을 도출하여 본다.
3. (10분) 전지 등을 통하여 발표 준비를 한다.
4. (20분) 조별 발표

⏰ 25 분

조명 : _____

1. 도입사례의 중고나라의 브랜드 커뮤니티 운영 전략을 분석하여 보자.

항목	브랜드 커뮤니티 운영 전략
목표 세분 시장 및 목표 고객의 욕구	
브랜드 커뮤니티의 기회/위협요인	
브랜드 커뮤니티 활성화 장애요인	
브랜드 커뮤니티 전략의 성공요소	
브랜드 커뮤니티 역할	

⏰ 15 분   학번 : _____   성명 : _____

1. 도입사례 '현대카드'와 마켓사례 '디즈니'를 참고하여 현대카드의 브랜드 아키텍처를 그려보자.

2. 위 브랜드 아키텍처는 효율적이라고 판단하는가? 효율적이라고 판단한 이유는 무엇인가?
   혹은 효율적이 아니라고 생각하면 무엇이 문제이고 개선점은 무엇인가?

▶ **활용 방법**

1. (15분) 개인별로 기존 브랜드 아키텍처를 분석하여 보고 적어본다.
2. (25분) 각자의 분석을 서로 토의해보고 최적안을 도출하여 본다.
3. (10분) 전지 등을 통하여 발표 준비를 한다.
4. (20분) 조별 발표

브랜드 아키텍처 전략(조별)

⏰ 25 분   조명 : _____

1. 도입사례 '현대카드'와 마켓사례 '디즈니'를 참고하여 현대카드의 브랜드 아키텍처를 그려보자.

2. 위 브랜드 아키텍처는 효율적이라고 판단하는가? 효율적이라고 판단한 이유는 무엇인가?
   혹은 효율적이 아니라고 생각하면 무엇이 문제이고 개선점은 무엇인가?

브랜드 전략의 수립(개별)

⏰ 20 분 　　　　　　학번 : _____　　　성명 : _____

1. 도입 사례를 읽고 반려동물 관련 브랜드 중 하나를 선택한 후 〈표 11-3〉을 참고하여 해당 브랜드 전략을 분석하여 보시오.

구분	마케팅 프로그램	포지셔닝과 일치 여부	불일치시 개선 전략
제품 전략	상품종류와 상품 믹스는 브랜드 포지셔닝을 반영하는가		
	상품의 지각된 품질은 브랜드 포지셔닝을 반영하는가?		
	상품 디자인/포장은 브랜드 포지셔닝을 반영하는가?		
	상품 크기/규격은 브랜드 포지셔닝을 반영하는가?		
	사후 서비스 등은 브랜드 포지셔닝을 반영하는가?		
가격 전략	상품의 주 가격대는 브랜드 포지셔닝을 반영하는가?		
	가격 할인/유연성 정책은 브랜드 포지셔닝을 반영하는가?		
	가격 지급 기간(할부 등) 브랜드 포지셔닝을 반영하는가?		
유통 전략	주력 유통망은 브랜드 포지셔닝을 반영하는가?		
	물류/배송 시스템은 브랜드 포지셔닝을 반영하는가?		
촉진 전략	주 커뮤니케이션 채널은 브랜드 포지셔닝을 반영하는가?		
	광고모델 등은 브랜드 포지셔닝을 반영하는가?		
	광고/홍보 콘텐츠는 브랜드 포지셔닝을 반영하는가?		
	판촉방법은 브랜드 포지셔닝을 반영하고 있는가?		

▶ 활용 방법

0. (5분) 도입사례를 읽고 조별로 관심있는 반려동물 관련 브랜드를 선정한다.

1. (20분) 개인별로 조별로 결정한 반려동물 관련 브랜드에 대해서 인터넷 등을 찾아보면서 분석하여 보고 적어본다.

2. (15분) 각자의 분석을 서로 토의해보고 최적안을 도출하여 본다.

3. (10분) 전지 등을 통하여 발표 준비를 한다.

4. (20분) 조별 발표

🕐 15 분

조명 : ＿＿＿＿＿＿＿＿＿＿＿＿

1. 도입 사례를 읽고 반려동물 관련 브랜드 중 하나를 선택한 후 〈표 11-3〉을 참고하여 해당 브랜드 전략을 분석하여 보시오.

구분	마케팅 프로그램	포지셔닝과 일치 여부	불일치시 개선 전략
제품 전략	상품종류와 상품 믹스는 브랜드 포지셔닝을 반영하는가		
	상품의 지각된 품질은 브랜드 포지셔닝을 반영하는가?		
	상품 디자인/포장은 브랜드 포지셔닝을 반영하는가?		
	상품 크기/규격은 브랜드 포지셔닝을 반영하는가?		
	사후 서비스 등은 브랜드 포지셔닝을 반영하는가?		
가격 전략	상품의 주 가격대는 브랜드 포지셔닝을 반영하는가?		
	가격 할인/유연성 정책은 브랜드 포지셔닝을 반영하는가?		
	가격 지급 기간(할부 등) 브랜드 포지셔닝을 반영하는가?		
유통 전략	주력 유통망은 브랜드 포지셔닝을 반영하는가?		
	물류/배송 시스템은 브랜드 포지셔닝을 반영하는가?		
촉진 전략	주 커뮤니케이션 채널은 브랜드 포지셔닝을 반영하는가?		
	광고모델 등은 브랜드 포지셔닝을 반영하는가?		
	광고/홍보 콘텐츠는 브랜드 포지셔닝을 반영하는가?		
	판촉방법은 브랜드 포지셔닝을 반영하고 있는가?		

디지털 브랜드 전략(개별)

🕐 15 분   학번 : _____   성명 : _____

1. 〈표 12–2〉를 참조하여 3절에서 제시한 버버리 브랜드의 디지털 스토리텔링 성공 요인을 분석하여 보시오.

	구성요소	주요 전략 내용	전략에 대한 평가
디지털 스토리텔링을 위한 중요 구성 요소	유연성		
	보편성		
	상호교환		
	실시간성		
	정보형태의 복잡성		

▶ **활용 방법**

1. (15분) 개인별로 분석하여 보고 적어본다.

2. (25분) 각자의 분석을 서로 토의해보고 최적안을 도출하여 본다.

3. (10분) 전지 등을 통하여 발표 준비를 한다.

4. (20분) 조별 발표

디지털 브랜드 전략(조별)

⏰ 25 분

조명 : _____

1. 〈표 12-2〉를 참조하여 3절에서 제시한 버버리 브랜드의 디지털 스토리텔링 성공 요인을 분석하여 보시오.

	구성요소	주요 전략 내용	전략에 대한 평가
디지털 스토리텔링을 위한 중요 구성 요소	유연성		
	보편성		
	상호교환		
	실시간성		
	정보형태의 복잡성